中国近代
思想家文库

◎

严复卷

黄克武 编

中国人民大学出版社
·北京·

《中国近代思想家文库》编纂委员会名单

总 序

对于近代的理解，虽不见得所有人都是一致的，但总的说来，对于近代这个词所涵的基本意义，人们还是有共识的。一个国家、一个民族走入近代，就意味着以工业化为主导的经济取代了以地主经济、领主经济或自然经济为主导的中世纪的经济形态，也还意味着，它不再是孤立的或是封闭与半封闭的，而是以某种形式加入到世界总的发展进程。尤其重要的是，它以某种形式的民主制度取代君主专制或其他不同形式的专制制度。中国是个幅员广大、人口众多、历史悠久的多民族国家，由于长期历史发展是自成一体的，与外界的交往比较有限，其生产方式的代谢迟缓了一些。如果说，世界的近代是从 17 世纪开始的，那么中国的近代则是从 19 世纪中期才开始的。现在国内学界比较一致的认识，是把 1840 年到 1949 年视为中国的近代。

中国的近代起始的标志是 1840 年的鸦片战争。原来相对封闭的国门被拥有近代种种优势的英帝国以军舰、大炮再加上种种卑鄙的欺诈打开了。从此，中国不情愿地加入到世界秩序中，沦为半殖民地。原来独立的大一统的中央集权的君主专制国家，如今独立已经极大地被限制，大一统也逐渐残缺不全，中央集权因列强的侵夺也不完全名实相符了。后来因太平天国运动，地方军政势力崛起，形成内轻外重的形势，也使中央集权被弱化。经历第二次鸦片战争、中法战争、甲午战争、八国联军入侵的战争以及辛亥革命后的多次内外战争，直至日本全面侵略中国的战争，致使中国的经济、政治、教育、文化，都无法顺利走上近代发展的轨道。古今之间，新旧之间，中外之间，混杂、矛盾、冲突。总之，鸦片战争后的中国，既未能成为近代国家，更不能维持原有的统治秩序。而外患内忧咄咄逼人，人们都有某种程度“国将不国”的忧虑。

“天下兴亡，匹夫有责”，读书明理的士大夫，或今所谓知识分子，尤为敏感，在空前的危机与挑战面前，皆思有所献替。于是发生种种救亡图存的思想与主张。有的从所能见及的西方国家发展的经验中借鉴某些东西，形成自己的改革方案；有的从历史回忆中拾取某些智慧，形成某种民族复兴的设想；有的则力图把西方的和中国所固有的一些东西加以调和或结合，形成某种救亡图强的主张。这些方案、设想、主张，从世界上“最先进的”，到“最落后的”，几乎样样都有。就提出这些方案、设想、主张者的初衷而言，绝大多数都含着几分救国的意愿。其先进与落后，是否可行，能否成功，尽可充分讨论，但可不必过为诛心之论。显而易见，既然救国的问题最为紧迫，人们所心营目注者自然是种种与救国的方案直接相关的思想学说，而作为产生这些学说的更基础性的理论，及其他各种知识、思想，则关注者少。

围绕着救国、强国的大议题，知识精英们参考世界上种种思想学说，加以研究、选择，认为其中比较适用的思想学说，拿来向国人宣传，并赢得一部分人的认可。于是互相推引，互相激励，更加发挥，演而成潮。在近代中国，曾经得到比较广泛的传播的思想学说，或者够得上思潮的，主要有以下几种：

（一）进化论。近代西方思想较早被引介到中国，而又发生绝大影响的，要属进化论。中国人逐渐相信，进化是宇宙之铁则，不进化就必遭淘汰。以此思想警醒国人，颇曾有助于振作民族精神。但随后不久，社会达尔文主义伴随而来，不免发生一些负面的影响。人们对进化的了解，也存在某些片面性，有时把进化理解为一条简单的直线。辩证法思想帮助人们形成内容更丰富和更加符合实际的发展观念，减少或避免片面性的进化观念的某些负面影响。

（二）民族主义。中国古代的民族主义思想，其核心是“非我族类，其心必异”，所以最重“华夷之辨”。鸦片战争前后一段时期，中国人的民族思想，大体仍是如此。后来渐渐认识到“今之夷狄，非古之夷狄”，“西人治国有法度，不得以古旧之夷狄视之”。但当时中国正遭受西方列强的侵略和掠夺，追求民族独立是民族主义之第一义。20世纪初，中国知识精英开始有了“中华民族”的概念。于是，渐渐形成以建立近代民族国家为核心的近代民族主义。结束清朝君主专制，创立中华民国，是这一思想的初步实现。第一次世界大战爆发，中国加入“协约国”，第一次以主动的姿态参与世界事务，接着俄国十月革命爆发，这两件事对近代中国的发展历程造成绝大影响。同时也将中国人的民族主义提升到一个新的层次，即与国际主义（或世界主义）发生紧密联系。也可以说，中国人更加自觉地用世界的眼光来观察中国的问题。新生的中国共产党和改组后的国民党都是如此。民族主义成为中国的知识精英用来应对近代中国所面临的种种危机和种种挑战的一个重要的思想武器。

（三）社会主义。社会主义作为一种模糊的理想是早在古代就有的，而且不论东方和西方都曾有过。但作为近代思潮，它是于19世纪在批判近代资本主义的基础上产生的。起初仍带有空想的性质，直到马克思和恩格斯才创立起科学社会主义。20世纪初期，社会主义开始传入中国。当时的传播者不太了解科学社会主义与以往的社会主义学说的本质区别。有一部分人，明显地受到无政府主义的强烈影响，更远离科学社会主义。直到五四新文化运动兴起之后，中国人始较严格地引介、宣传科学社会主义。但有一段时间，无政府主义仍是一股很大的思想潮流。中国共产党的成立，从思想上说，是战胜无政府主义的结果。中国共产党把在中国实现社会主义乃至共产主义作为自己的奋斗目标。此后，社会主义者，多次同各种非科学社会主义思想的信仰者进行论争并不断克服种种非科学社会主义思想的影响。

（四）自由主义。自由主义也是从清末就被介绍到中国来，只是信从者一直寥寥。直到五四新文化运动兴起，具有欧美教育背景的知识精英的数量渐渐多起来，自由主义始渐渐形成一股思想潮流。自由主义强调个性解放、意志自由和自己承担责任，在政治上反对一切专制主义。在中国的社会条件下，自由主义缺乏社会基础。在政治激烈动荡的时候，自由主义者很难凝聚成一股有组织的力量；在稍稍平和的时候，他们往往更多沉浸在自己的专业中。所以，在中国近代史上，自由主义不曾有，也不可能有大的作为。

（五）激进主义与保守主义。处于转型期的社会，旧的东西尚未完全退出舞台，新的东西也还未能巩固地树立起来，新旧冲突往往要持续很长的时间，有时甚至达到很激烈的程度。凡助推新东西成长的，人们便视为进步的；凡帮助旧东西排斥新东西的，人们便视为保守的。其实，与保守主义对应的，应是进步主义；与顽固主义相对的则应是激进主义。不过在通常话语环境中人们不太严格加以区分。中国历史悠久，特别是君主专制制度持续两千余年，旧东西积累异常丰富，社会转型极其不易。而世界的发展却进步甚速。中国的一部分精英分子往往特别急切地想改造中国社会，总想找出最厉害的手段，选一条最捷近的路，以最快的速度实现全盘改造。这类思想、主张及其采取的行动，皆属激进主义。在中共党史上，它表现为“左”倾或极左的机会主义。从极端的激进主义到极端的顽固主义，中间有着各种程度的进步与保守的流派。社会的稳定，或社会和平改革的成功，都依赖有一个实力雄厚的中间力量。但因种种原因，中国社会的中间力量一直未能成长到足够的程度。进步主义与保守主义，以及激进主义与顽固主义，不断进行斗争，而实际所获进步不大。

（六）革命与和平改革。中国近代史上，革命运动与和平改革运动交替进行，有时又是平行发展。两者的宗旨都是为改变原有的君主专制制度而代之以某种形式的近代民主制度。有很长一个时期，有两种错误的观念，一是把革命理解为仅仅是指以暴力取得政权的行动，二是与此相关联，把暴力革命与和平改革对立起来，认为革命是推动历史进步的，而改革是维护旧有统治秩序的。这两种论调既无理论根据，也不合历史实际。凡是有助于改变君主专制制度的探索，无论暴力的或和平的改革都是应予肯定的。

中国近代揭幕之时，西方列强正在疯狂地侵略与掠夺殖民地和半殖民地，中国是它们互相争夺的最后一块、也是最大的资源地。而这时的中国，沿袭了两千年的君主专制制度已到了奄奄一息的末日，统治当局腐朽无能，对外不足以御侮，对内不足以言治，其统治的合法性和统治的能力均招致怀疑。革命运动与改革的呼声，以及自发的民变接连不断。国家、民族的命运真的到了千钧一发之际，危机极端紧迫。先觉分子救国之心切，每遇稍具新意义的思想学说便急不可待地学习引介。于是西方思想学说纷纷涌进中国，各阶层、各领域，凡能读书读报者，受其影响，各依其家庭、职业、教育之不同背景而选择自以为不错的一种，接受之，信仰之，传播之。于是西方几百年里相继风行的思想学说，在短时期内纷纷涌进中国。在清末最后的十几年里是这样，五四时期在较高的水准上重复出现这种情况。

这种情况直接造成两个重要的历史现象：一个是中国社会的实际代谢过程（亦即社会转型过程）相对迟缓，而思想的代谢过程却来得格外神速。另一个是在西方原是差不多三百年的历史中渐次出现的各种思想学说，集中在几年或十几年的时间里狂泻而来，人们不及深入研究、审慎抉择，便匆忙引介、传播，引介者、传播者、听闻者，都难免有些消化不良。其实，这种情况在清末，在五四时期，都已有人觉察。我们现在指出这些问题并非苛求前人，而是要引为教训。

同时我们也看到，中国近代思想无比的多样性与复杂性呈现出绚丽多彩的姿态，各种思想持续不断地展开论争，这又构成中国近代思想史的一个突出特点。有些论争为我们留下了非常丰富的思想资料。如兴洋务与反洋务之争，变法与反变法之争，革命与改良之争，共和与立宪之争，东西文化之争，文言与白话之争，新旧伦理之争，科学与人生观之争，中国社会性质的论争，社会史的论争，人权与约法之争，全盘西化与本位文化之争，民主与独裁之争，等等。这些争论都不同程度地关联着一直影响甚至困扰着中国人的几个核心问题，即所谓中西问题、古今问题与心物关系问题。

中国近代思想的光谱虽比较齐全，但各种思想的存在状态及其影响力是很不平衡的。有些思想信从者多，言论著作亦多，且略成系统；有些可能只有很少的人做过介绍或略加研究；有的还可能因种种原因，只存在私人载记中，当时未及面世。然这些思想，其中有很多并不因时间久远而失去其价值。因为就总的情况说，我们还没有完成社会的近代转型，所以先贤们对某些问题的思考，在今天对我们仍有参考借鉴的价值。我们编辑这套《中国近代思想家文库》，希望尽可能全面地、系统地整理出近代中国思想家的思想成果，一则借以保存这份珍贵遗产，再则为研究思想史提供方便，三则为有心于中国思想文化建设者提供参考借鉴的便利。

考虑到中国近代思想的上述诸特点，我们编辑本《文库》时，对于思想家不取太严格的界定，凡在某一学科、某一领域，有其独立思考、提出特别见解和主张者，都尽量收入。虽然其中有些主张与表述有时代和个人的局限，但为反映近代思想发展的轨迹，以供今人参考，我们亦保留其原貌。所以本《文库》实为“中国近代思想集成”。

本《文库》入选的思想家，主要是活跃在1840年至1949年之间的思想人物。但中共领袖人物，因有较为丰富的研究著述，本《文库》则未收入。

编辑如此规模的《文库》，对象范围的确定，材料的搜集，版本的比勘，体例的斟酌，在在皆非易事。限于我们的水平，容有瑕隙，敬请方家指正。

《中国近代思想家文库》编纂委员会

目　录

感时咏事 …… 445

开启民智　会通中西（代导言）

——严复与清末民初的历史变局

一、成长与受教阶段（1854—1879）

严复，福建侯官人，1854 年 1 月 8 日出生于福州府侯官县南台区的苍霞洲，其祖厝则在福州郊外的阳崎。苍霞洲位于福州城南、闽江之北，是一个热闹的港口，有繁荣的国际贸易与多样的文化活动。严复幼年时代，除了曾短暂地搬回阳崎居住外，主要在此一口岸中渡过。他的祖父严秉符与父亲严振先（1821—1866）是当地的名医（父亲有“严半仙”之美名），熟悉儒道经典与医书，但并无科举功名，母亲陈氏（1833—1889）也来自平民家庭。严氏家族在福州属于中下层地方菁英。①

严复从幼年时代开始，一方面成长于国际交会的海港环境，另一方面沉浸于祖父与父亲重视实际的医学传承。这对他的一生有所启迪。严复 5 岁开始跟随家人与几位老师读书，背诵《大学》、《中庸》等儒家经典。1863 年，当他 9 岁时，他的父亲聘请了当地有名的学者黄宗彝来担任其启蒙教师。在《福建通志》的“文苑”中，留有黄宗彝的一篇小传：

> 黄宗彝，初名熥，字圣谟，又字少岩，侯官人，自号左鼓右旗

---

① 本文中所述严复的生平事迹与言论均征引自拙著：《自由的所以然：严复对约翰·弥尔自由思想的认识与批判》，上海，上海书店出版社，2000；Max K. W. Huang，*The Meaning of Freedom*：*Yan Fu and the Origins of Chinese Liberalism* ，Hong Kong，The Chinese University Press，2008；黄克武：《惟适之安：严复与近代中国的文化转型》，北京，社会科学文献出版社，2012。

> 山人……幼聪颖……然屡试不售。父行贾建宁暴卒，遗箧金五千，尽没于其族父某。家人大哗，令与较。宗彝曰：以财故令吾族恶名暴于世，吾不为也。……宗彝与同里刘家谋、谢章挺交最笃，治古文有义法，尤精小学，遗诗一卷、婆娑词二卷、方言古音考八卷、杂文若干篇。①

由此可见黄宗彝受到经学考据、古文义法之影响，此外他极重伦理道德，然并无科举功名。1865 年黄宗彝过世之后，严复又跟随其子黄孟修读书，孟修秉承其父，乃“同治癸酉科拔贡，通经学、小学、史学，院试辄冠其曹，与张侍郎亨嘉齐名，顾懒不着……身后不存一字矣”②。严复在他们的教导之下研习传统典籍，也开始喜好书法与诗词，后来写字、吟诗、作词等成为他一生的嗜好，因而留下不少墨迹。③

1866 年，严复与一位王姓女子结婚，她和严复一样，并非出身于士绅家庭。几个月之后，严复的父亲因为从病人身上感染霍乱，不幸逝世，此事对严复一生产生了重大的影响。父亲过世后，家庭出现经济危机，这使得严复不得不放弃科举正途，投考福州船政局刚开始兴办的船政学堂。

这所新式学校是由沈葆桢（1820—1879）在法人日意格（Prosper Marie Giquel，1835—1886）的协助下所创办的军事学堂，训练学生造船与驾驶，属于洋务新政中模仿西法的一部分。该校第一次入学考试于 1866 年冬天举行。严复参加了这场包括口试、笔试与体能测验的入学考试。其中的笔试考作文，题目出自《孟子》的“大孝终身慕父母论”，当时严复的父亲刚去世，他对此题目深有感触，结果以第一名被录取。后来严复和五四时期的许多反传统学者如陈独秀（1879—1942）、胡适（1891—1962）、鲁迅（1881—1936）等人不同，他一生都肯定儒家价值，坚持以“孝”为核心的家庭伦理观。次年初，他和一百多位其他的学生，在城中的定光寺上课，在诵经声中开始学习英文。6 月，学校迁到马尾。从 1867 年至 1871 年，严复在该校驾驶学堂读书，此科目以英文为专业语言，负责人是英国人 James Carroll。严复在此开始以英文修习算术、几何、物理、化学、机械等航海的课程。

---

① 陈衍等编纂：《福建文苑传》，见《福建通志》卷 9，3 下～4 上页，福州，福建通志局，1922。

② 陈衍等编纂：《闽侯县志》，303 页，台北，成文出版社，1966（据 1933 年刊本）。

③ 参见卢美松主编：《严复翰墨》，福州，福建美术出版社，2005。

该校虽以西学为主，但同时也强调中学。严复与其他的学生必须以部分时间来学习古文，并研读《孝经》与《圣谕广训》等。很显然，对这些学生来说，他们并不感觉到中西学之间的矛盾，严复后来会通中西的理念应植根于此。不过从此开始一直到他自英国返国之间，严复学习的重心始终是西学。1871 年 5 月，17 岁的严复从该校毕业。在其后的 6 年间，严复在英国皇家海军 Captain Tracey 的教导下，分别在"建威"与"扬武"军舰上实习，其间曾赴新加坡、日本与台湾省各地。

严复在实习船上的表现不错，然并非顶尖。沈葆桢在 1873 年 9 月 15 日所写的奏折中提到表现优异的学生有张成（生卒年不详）、吕翰（1853—1884）、刘步蟾（1852—1895）、林泰曾（1851—1894）等人，严复不在其中。在日意格所写的报告上（1873 年 11 月 18 日）则说严复和其他六位同学已经获得有关驾驶船只的理论知识与实务经验，有资格成为海军的一员了。日意格同时建议派遣学生出洋留学，清政府接受了他的建议。

1877 年，23 岁的严复和其他十一名同学被选派赴英国读书。这一群留学生在李凤苞（1834—1887）与日意格带领之下，于 3 月 31 日搭船离境，5 月 11 日抵达英国的朴次茅斯港（Portsmouth）。两天之后，他们去伦敦会见驻英大使郭嵩焘（1818—1891，大使任期自 1877 年 1 月至 1879 年 1 月）。其后严复等学生在朴次茅斯海军基地实习了 3 个月，9 月参加考试，结果严复被位于格林威治的皇家海军学院所录取。在英国外交部，有严复当时留下来的一份履历：

> 年龄：23
> 在福州船政学堂就读时间：5 年
> 在实习船的时间：6 年
> 在中国海军任职状况：担任实习船的驾驶
> 在英国期间：从 1877 年 5 月开始
> 级别：第五级船员
> 实习船指导者之评语：非常聪明的船员与驾驶①

在接下来的两年间，严复在皇家海军学院求学，至 1879 年的夏天毕业返国。英国皇家海军学院设立于 1873 年，其目的是提供各层次的海军军事训练。严复在此读书时负责校务的是校长 Sir Charles Shadwell

---

① General Correspondence，FO 17/768，p. 118.

与学务长 Dr. Hirst 等人。[①] 有关严复留英的经历，在郭嵩焘的日记中有不少的记载。学校的东区是弹道学、工程学、科学、数学以及德国与意大利研究的专区，西区则是餐厅、教堂、博物馆等。[②] 学期在 10 月开始，至次年 6 月结束。严复主修海军驾驶，上课的内容包括数学、化学、物理、机械、航海与国际关系等。就在这一段时间，严复与郭嵩焘成为忘年之交。两人第一次比较深入地交谈可能是在 1878 年 2 月 2 日，在郭的伦敦寓所举行的庆祝中国旧历年的聚会上，与严复的谈话给郭嵩焘留下了深刻印象。1878 年 5 月 30 日，郭和几位官员访问了皇家海军学院，他们到严复的宿舍参观，了解学习状况，并观看严复为他们示范的科学实验。严复还告诉郭嵩焘，他深深地为西方学术所吸引，但担心可能无法在短时间内充分掌握其精髓。1878 年的 6 月、7 月，严复随郭赴法国访问，参观了许多地方，还留下了一幅珍贵的照片，照片中他穿着清朝的官服，并留着辫子。[③]

严复也在这时开始接触西方的社会、政治思想，如达尔文（Charles Darwin，1809—1882）、斯宾塞（Herbert Spencer，1820—1903）、培根（Francis Bacon，1561—1626）、赫胥黎（Thomas Henry Huxley，1825—1895）、边沁（Jeremy Bentham，1748—1832）、孟德斯鸠（Montesquieu，1689—1755）、亚当·斯密（Adam Smith，1723—1790）、穆勒（John Stuart Mill，1806—1873）等人的学说。同时严复也开始观察英国社会，注意中西文化间的差异。他看到英国人从小锻炼身体，因而较为强壮，这引发了他后来对民德、民智之外，对于民力的提倡。再者，严复在观察英国法庭之后，对英国法律的执法公正印象深刻。这些经验让他了解到中国制度的缺陷，并思索未来应努力的方向。

留学欧洲期间，严复开始反省中西学之间的关系，并开始批判中国士人间颇为流行的“西学中源”论。1878 年 3 月 12 日，在英国留学的严复与当时担任驻英公使的郭嵩焘讨论到张自牧（1833—1886）的《瀛海论》。[④] 张自牧是郭嵩焘的好友，《郭嵩焘日记》中曾多次记载两人讨

---

① James Russell Soley, *Report on Foreign System of Naval Education*, Washington, Government Printing Office, 1880, p. 49.

② 参见郭嵩焘：《伦敦与巴黎日记》，587 页，长沙，岳麓书社，1984。

③ 参见王栻主编：《严复集》，第一册，卷首附图，北京，中华书局，1986。

④ 参见郭嵩焘：《郭嵩焘日记》卷 3，444～445 页，长沙，湖南人民出版社，1982。

论时事、洋务，甚至一些重要的人事任命案，郭嵩焘称赞他“于洋务所知者多，由其精力过人，见闻广博，予每叹以为不可及”（1879 年 5 月 9 日日记）[①]，由此可见两人关系匪浅，且在积极认识西学上具有共识。在郭嵩焘出使之前，曾保举当时为“布政使衔贵州候补道”的张自牧作为二等参赞官，后张因故未能成行。严复在与郭嵩焘讨论时很直率地批评了张自牧的“西学中源”论。

严复也知道郭、张为好友，并认识到张自牧的“西学中源”论说法具有积极开拓西学的意义，张自牧借此指出不应排斥西学，且儒者应以不知西学为耻。不过严复也看到张自牧思想中对旧有观念的妥协面，他批评张自牧对铁路、机器的保守态度，以及对海防工作的忽略。由此可见严复对“西学中源”论，或借此论来接引西学的做法，早有质疑，后来他在《天演论》自序中说“必谓彼之所明，皆吾中土所前有；甚者或谓其学皆得于东来，则又不关事实，适用自蔽之说也”，可谓其来有自。

二、水师学堂任教与翻译事业的开始（1879—1900）

严复返国之后，在船政大臣、光禄寺卿吴赞诚（1823—1884）的任命下，任教于福州船政学堂。为标示这个新阶段的开始，严复将名字由“宗光”改为“复”，字几道。“复”来自《易经》，取其“复其见天地之心乎”（复卦）；“几道”则出自《老子》“上善若水，水利万物而不争，处众人之所恶，故几于道”（第 8 章）。上述的选择，反映出严复儒家与道家的思想倾向。次年，严复在李鸿章（1823—1901）的邀约下，从福州北上，赴天津北洋水师学堂任教。他在北洋水师学堂由“洋文总教习”一职开始其教学生涯。至 1884 年他以“教习都司”的身份，“以天津水师学堂办有成效”得到奖叙。1888 年“报捐同知，双月选用”，后因功免选同知，直接以知府（从四品）选用。1889 年初“奉委会办天津水师学堂事宜”，1891 年升为道员（正四品），再于 1893 年底“委办天津水师学堂”，此后他的头衔为“北洋水师学堂总办道员严复”。

就在此一阶段，严复开始崭露头角，以他的翻译作品与政治评论文章闻名于世。然而很多人或许不知道，他对中国的关怀与未来的构思是在苦闷、不得志的心情之下所发抒出来的。在这时期他身体状况不好、

---

① 《郭嵩焘日记》卷 3，855 页。

沾染鸦片恶习、科举失利，又与他的同僚及直属长官李鸿章关系欠佳。

在1890年代中期，严复因不受重用，曾打算离开李鸿章阵营投奔张之洞（1837—1909），也大约在这个时期他开始沾染了吸食鸦片的习惯，一直到死前才勉强戒除。严复在1895年初写给四弟观澜的信中表示："兄北洋当差，味同嚼蜡。张香帅于兄颇有知己之言，近想舍北就南，冀或乘时建树耳。"可惜的是，严、张两人观念有差距，尤其是严复在《直报》上发表四篇评论时政的文章后，张之洞大怒，命御史屠仁守（？—1900）在《时务报》撰文反驳。其后，严复私下称张之洞是"妄庸巨子……恐此后祸国即是此辈"，并公开反驳张的"中体西用"论。[①] 随后，张、严两人关系破裂，严复继续留在北洋水师学堂。

1897年严复和王修植（1858—1903）、夏曾佑（1863—1924）等在天津仿英国的《泰晤士报》，创办《国闻报》和《国闻汇编》，宣传变法维新，《天演论》的译稿最早即曾在《国闻汇编》发表。1898年9月14日严复觐见了光绪帝，然而他的命运并未因此改变。在此之前，曾有人参奏他在天津办《国闻报》时"借外人为护符"（按，该报有日本人参与），皇帝因而怀疑他"与外人勾串"，后来经北洋大臣王文韶（1830—1908）调查，表示"实未闻有勾串情事"，皇帝才释怀。[②] 无论如何，严复在受光绪帝召见后，并未蒙受恩宠，仍在水师学堂任职。他在戊戌变法中，除了在《国闻报》上呼吁改革之外，没有参与以康有为（1858—1927）、梁启超（1873—1929）为首的变法维新之活动。

在天津的二十年间，严复的仕途限于水师学堂，而无法更上层楼，进入统治阶层的核心，这和他缺乏科举功名有直接的关系。在严璩所写的《侯官严先生年谱》中，谈到严复"自思职微言轻，且不由科举出身（当时仕进，最重科举），故所言每不见听。欲博一第入都，以与当轴周旋"。因此严复捐了一个监生，从1885年开始四度参与科举考试：1885年参加福建乡试、1888年参加顺天乡试、1889参加顺天恩科乡试、1893年再次返回福建参加乡试。遗憾的是他在这四次考试中均名落孙山。

---

① 参见孙应祥、皮后锋编：《〈严复集〉补编》，226页，福州，福建人民出版社，2004；《严复集》，558～559页。

② 不过，较新的研究指出，日本人支持《国闻报》，确实有其政治企图，欲培养中国北方的亲日势力。有关《国闻报》与日本人之关系，见村田雄二郎：《清末之言论自由と新闻——天津〈国闻报〉の场合》，载《近きに在りて》第54号（2008），2～16页。作者指出《国闻报》确实受到日人之支持，其目的在对抗俄国，并培育在中国北方的亲日言论基地。见14页。

当时有一些师友对严复未能获得功名，因而受到歧视，无法大展长才，感到愤愤不平。郑孝胥（1860—1938）曾说“严书满天下，身世尚相弃。吾侪怀不平，扼腕定谁冀”。大力抨击科举制度、主张“废科举，兴学校”的吴汝纶（1840—1903）也说“执事兼总中西二学，而不获大展才用，而诸部妄校尉皆取封侯，此最古今不平之事”。

严复科举失败的经验使他对八股文感到反感，他在1895年《直报》上写的《救亡决论》一文批评八股取士有三大弊病：锢智慧、坏心术、滋游手，因而“使天下无人才”。这无疑与其科举失败的经验有关。严复怨恨科举的情结至1909年、1910年才略为抒解。1909年底，由梁敦彦（1857—1924）、于式枚（1865—1916）、绍昌（生卒年不详）等人，考察各省表现优异的留学生，分别授以进士与举人出身。1910年初决定该次共审核通过23人，其中名列榜首的是办理铁路有成的詹天佑（1861—1919），赏给“工科进士”，其次则是严复，赏给“文科进士”，此外法政学堂总教习张康仁（1860—1926）则授予“法科进士”。严复的学生伍光建（1867—1943）、王劭廉（1866—1936）也同列文科进士。1月17日，消息传来，58岁的严复并不感到特别的高兴，据说“泊然无所动”，只写了一首诗，“平生献玉常遭刖，此日闻韶本不图。岂有文章资黼黻？敢从前后说王卢”，诗中表达了“遭刖”的痛苦经验，也谦虚地说自己的文章对国家没有什么帮助，不敢讲论排名先后。①

严复在1893年后，显然打消了参加科考的尝试。值得注意的是，准备科举考试对严复来说，可能不完全是负面的。余英时曾指出一个“塞翁失马”的现象。他认为严复从30岁至40岁之间为准备考试而阅读经史典籍，此一功夫不失为对于运用古典文字的一种有效训练。因此严复在此十年间，有系统地沉浸于举业，使他补足了自15岁开始便中断的传统教育，“经过这一阶段，他虽然是‘半路出家’的留学生，他在中国古典文化的一般修养已与同时代的士大夫没有很大的区别了”②。

在准备科考的同时，严复也继续接触西学。1880年至1881年间他曾阅读斯宾塞的著作，又通过像上海“别发书坊”（Kelly and Welsh Limited，Shanghai）等书店，购买了不少西书。他的个人藏书可能多达数千册，其中现存于世的还包括一套美国 The Colonial Press 出版的

---

① 参见《严复集》，378页。

② 余英时：《严复与古典文化》，见《现代危机与思想人物》，115页，北京，三联书店，2005。

The World's Great Classics（《世界经典名著》，共 40 册，现藏南京大学图书馆，严复在其中的 Immanuel Kant 的 *Critique of Pure Reason* 上留下许多批注），与有关西方政治思想的书籍［如现存北京图书馆的 John Morley 所著 *Burke*（London，Macmillan and Co.，1897）一书，其上注明为 1902 年 7 月所购］。这显示严复在天津时期，不但因为准备科考而具备了中国古典文化的修养，同时他也比较系统地阅读西方典籍，对西学有更深入的认识。

这时严复的生命出现了一个重大转折。1894 年到 1895 年，中国在甲午战争中遭到挫败，战争之中严复的多位同窗与学生丧命疆场，这对严复造成莫大的冲击。他领悟到中国的失败不只是军事的落后，而更有政治、经济、社会，以及思想方面的因素，因此必须师法西方，才能突破困境。在甲午战争期间，严复写了一封信给长子严璩，一方面感叹"时势岌岌，不堪措想"，另一方面则说根本之计唯有通晓西方的学问，才能"治国明民"，达到"天地位焉，万物育焉"。

在战后他发表了四篇影响深远的文章，分别是《论世变之亟》、《原强》、《辟韩》与《救亡决论》，各文均围绕着中西文化的对比，并探讨中国积弱之由。文中他批评中国的专制、八股取士以及鸦片、缠足等恶习，提倡三项要政："一曰鼓民力，二曰开民智，三曰新民德。"他更积极地从事开民智之中的一项重要工作，亦即翻译西书。甲午战争后不久，严复便开始从事翻译工作，其中使他"暴得大名"的作品，即是 1896 年至 1898 年翻译的《天演论》。严复首倡翻译工作的信、达、雅标准，在《天演论》的例言中他说："译事三难：信、达、雅。求其信已大难矣。顾信矣不达，虽译犹不译也，则达尚焉。"上述几句话几乎成为近代以来国人翻译工作的典范。不但如此，《天演论》出版之后，立刻轰动，成为人们喜爱阅读甚至背诵的一个经典。例如鲁迅（1881—1936）和好友许寿裳（1883—1948）就常一边吃花生米一边比赛背诵《天演论》，鲁迅还帮严复起了一个绰号叫"不佞"。①

很多人都认为严复透过此书将达尔文的"物竞天择，适者生存"的进化论思想或斯宾塞的"社会达尔文主义"介绍到中国，对中国近代社会变革起了重要推动作用。这样的解释虽大致正确，然忽略了严复通过翻译在达尔文、赫胥黎、斯宾塞思想之间细致的取舍，以及同一文本的

---

① 参见许寿裳：《亡友鲁迅印象记》，8～9 页，北京，人民文学出版社，1977。

原文与译本乃处于截然不同的文化脉络之中。赫胥黎原书的主旨，是在批判达尔文与斯宾塞的观点。赫胥黎认为，虽然自然界存在着弱肉强食的残酷现实，但在人类社会却不可以完全遵从“丛林法则”，应该依赖伦理原则“以物不竞为的”。这一辩论源于 19 世纪末期英国思想史中关于伦理力量与自然法则矛盾的论争。

《天演论》在中国的焦点则不在上述的论争，而在思索国人要如何应变、图强的现实考虑。严复同意斯宾塞所谓“物竞天择”适用于人类社会，但是他觉得斯宾塞太强调自然的力量（即所谓“任天为治”），而不够重视个人自由。他接受赫胥黎对斯宾塞的修正，以为人的能力虽源于天，但个人的自由与努力实际上扮演着更重要的角色，可以突破自然的限制，与天争胜，而创造新局，因此天人之间是相互冲突的。换言之，严复同意天行与人治一方面“相反相毁”，另一方面则出于同原，所以“天行人治，同归天演”。

质言之，严复在翻译此书的过程中一方面同意自然有难以抗拒的力量，另一方面则发挥了赫胥黎反对弱肉强食的“丛林法则”，肯定伦理原则，并进一步推演到认为“人治可以对抗天行”，最终得出了“自强保种”的结论。此一思路再经过吴汝纶的序言与《吴京卿节本天演论》（1903）的阐发，“自强保种”成为《天演论》的最醒目的讯息，并在 20 世纪初引发了举国疯狂的阅读潮流。

总之，在天津的教书岁月，严复不受当局重用，在教学方面也得不到成就感，加上科举考试的失利，又沉迷于吸食鸦片，其心情之落寞，可想而知。然而，也就在此一阶段，他开始接触中国古典文化，磨炼文字技巧，又广泛地阅读西方的著作，最后终于在甲午战败的刺激下，走上了以翻译来救国的道路，因而声名大噪。

三、晚年译著、文教工作与政治参与（1900—1921）

1900 年的义和团事件对严复的公私生活均有所影响。列强的战火摧毁了北洋水师学堂与他绝大部分的藏书，也使得严复不得不离开生活了近二十年的天津，避居上海。在上海他参加了唐才常（1867—1900）发起的“中国议会”，被选为副会长，又创办“名学会”，讲演名学（逻辑学）。

此时严复的私人生活也有所转变，在从天津逃至上海的途中，他的幼子因病过世，1900 年 4 月，他与第二任夫人朱明丽在上海结婚。实际上严复在第一任夫人王氏过世后，曾另娶妾江氏。朱与江出身背景截然不同，江不识字且个性较强，朱则既能干又识字（还略通英文），在上海经营了一家黄包车行。从1901年至1910年严复曾携妾北上任职，将朱明丽留在上海。在此期间严复与朱明丽之间书信往来十分频繁。①

移居上海之后，严复在事业上并不顺利，1901年春天他返回天津，任职于开平矿务局，月薪500两。但是严复并不喜欢这份待遇优渥的工作，他白天上班，晚上则努力地翻译《穆勒名学》。他坦承：写作、思考是他的长处，处理商务则是他的弱点。1902年3月，他辞去开平矿务局的工作，返回北京。1902年至1904年他在京师大学堂附设的译书局工作，主要负责编辑小学堂教科书。

严复此时也开始享有盛名，在几部重要的翻译著作出版之后，他获得了"西学第一人"的美名。1900年至1908年间，他在上海、天津等地演讲，广受欢迎。1905年至1906年他应上海基督教青年会之邀，做了八次演讲，商务印书馆将之出版，名为《政治讲义》，该书主要依赖西莱（John Robert Seeley，1834—1895）的《政治学导论》，被认为是近代中国第一本介绍西方政治学的书籍。②

1905年他接受安徽巡抚诚勋（1848—?）之邀，出掌安庆高等学堂。严复欣然赴任，他是一位严格的老师，在中学与西学方面都要求很高，因而获得学生的尊敬。1907年6月因为学校中师生冲突，他辞去了职位，转赴南京与北京等地负责选派学生出洋留学。1909年至1912年，他在北京出任"编订名词馆"总纂，主要工作是统一译名与编辑《国民必读》一书。有关翻译名词的统一工作在民国成立之后继续进行，1912年教育部委任严复主持了一个统一译名的委员会，核定了约30 000个"部定"的译词。这些译词收录在1916年赫美玲（K. Hemeling，1878—1925）编辑的字典《官话》之中。③

---

① 参见黄克武：《严复的异性情缘与思想境界》，见黄克武编：《思想、政权与社会力量：第三届汉学会议论文集》，97～135页，台北，"中央研究院"近代史研究所，2002。

② John Robert Seeley，*Introduction to Political Science* ，London，Macmillan and Co.，1896；戚学民：《严复政治讲义研究：文本渊源、言说对象和理论意义》，北京，清华大学博士论文，2002。

③ Karl Ernst Georg Hemeling ed.，*English-Chinese Dictionary of the Standard Chinese Spoken Language and Handbook for Translators*，*Including Scientific*，*Technical*，*Modern*，*and Documentary Terms*，Shanghai，Statistical Department of the Inspectorate General of Customs，1916 ，p. i.

1900年至1912年之间，他先后翻译出版了《原富》、《群己权界论》、《群学肄言》、《法意》、《社会通诠》、《名学浅说》、《穆勒名学》等西方重要的典籍。在晚清思想史上，这些书倾向所谓“资产阶级改良派”，并与孙中山（1866—1925）的革命主张分道扬镳。1905年他因开平煤矿讼事赴伦敦，据记载严复曾与孙中山会面，在会谈中严复表示：

> 中国民品之劣、民智之卑，即有改革，害之除于甲者，将见于乙，泯于丙者，将发之于丁。为今之计，惟急从教育上著手，庶几逐渐更新乎！

孙氏则回答，“俟河之清，人寿几何，君为思想家，鄙人乃实行家也”①。由此可见就清末改革与革命的议题来说，严复显然与康有为、梁启超类似，倾向改革，主张以渐进的方式尤其是教育的方法，培育超越种族界线的国民，而与高举种族革命之大旗，主张以激烈方法推翻清朝、建立共和的革命派，如章炳麟（1869—1936）、孙中山等人的观点，有所不同。

与批判革命主张有关的是，严复大约从1906年开始，也针对革命派理论的根基——卢梭的思想进行反省，认为此一以“社会契约”为基础，强调平等、自治政府、主权在民的想法，其理想虽好，实行起来却是弊端百出，尤其是由卢梭思想引发出的暴力革命的主张，更会造成无穷的祸害。

从清末改革派的立场出发，严复对1911年的辛亥革命与其后民主共和的建立，抱持着怀疑与悲观的态度，以为中国当时国民的程度连采取君主立宪都不够资格，又怎么能立刻施行民主共和呢？他预言勉强实行将酿成大乱。1914年他针对民国成立之后的乱象，撰写《〈民约〉平议》一文，借着对卢梭理论的再反省，抨击“暴民政治”。

这时严复不但在政治上主张渐进改革、反对革命，在思想上也更为强调传统文化的价值。1913年他支持“孔教会”，提倡尊孔与读经，并在“孔教会”所举行的祭孔大典上演讲《论语》“民可使由之，不可使知之”。他说此一看法不是“愚民主义”，而是认为“无论何等文明，其中冥昧无所知与程度不及之分子恒居多数”，所以在治理国家之时，对于士君子之外大多数的“氓庶无所知者”，在道德、宗教与法律三个领域，都是“可使由，不可使知”，“何则，知之转于乱而近于治远耳”②。

---

① 王蘧常：《严几道年谱》，74～75页，台北，商务印书馆，1977。

② 《严复集》，326～329页。

由此可见他对人民程度与社会规范之关系的关怀。这也反映出严复抱持着“精英主义”的立场，对他来说，知识分子与一般老百姓在智慧方面有所不同，人们不能期望一般老百姓对道德、宗教、法律有深入的了解之后，再遵循这些规范。这一种精英主义和严复反对卢梭主义、倾向穆勒式自由主义也有直接的关系。

严复在民国初年的经历与袁世凯（1859—1916）有密切的关系。严复与袁氏的交往，始于1896年至1897年袁世凯在小站练兵之时。严复记载：周末的时候袁世凯会到天津来与他和几位友人彻夜交谈，“斗室纵横，放言狂论，靡所羁约”，袁和严复的老师吴汝纶亦熟识。辛亥革命前后袁世凯开始位居要职，严复的命运也随之改善。1911年12月2日，严复会见袁世凯，提供了有关解决时局的一些建言，如与梁启超合作、废止宦官与磕头制度、聘任德法军事专家等。[①] 六天之后，袁任命唐绍仪（1862—1938）率领严复等人与南方代表在上海谈判。[②]

1912年2月，袁世凯顺利成为总统之后，随即任命严复为京师大学堂（5月改为北京大学）校长，月薪320两。严复仅担任了八个月的校长，辞职主因是内部纷争、财政问题，以及与革命派、留日学生所主导的教育改革理念不合。后来袁世凯又在1913年至1915年间，任命他担任总统府外交法律顾问、参政院参政，以及宪法研究会与宪法起草委员会的委员。

严复与袁世凯的密切关系，以及他深信当时君主立宪要比民主共和更适合中国的主张，使他成为支持袁氏帝制的绝佳人选。后来在支持帝制的“筹安会”名单上，严复名列其上。但是，这一举动事先并未得到严复的认可。严复私下表示，袁世凯只不过利用他的声名牟取私利。严复深信恢复帝制并不实际，且会为中国带来灾难，然而，他拒绝撰文反驳梁启超所写的攻击袁氏帝制的《异哉所谓国体问题者》一文。这可能表明严复对袁氏称帝的态度有些摇摆不定。他未能公开表明反袁立场，使他在袁氏帝制失败之后受到批评。

袁氏帝制运动失败后，中国进入军阀混战时期，严复的政治生涯也陷入最低潮。1916年7月，国会要求惩办祸首及“筹安会六君子”，为避免遭到逮捕，严复从北京逃到天津。他几乎停止了所有的活动，只有

---

① 参见孙应祥：《严复年谱》，383页，福州，福建人民出版社，2003。

② 参见上书，383～384页。

偶尔写信给友人，抨击军阀与激进主义者所导致的灾难。他甚至批评民主共和制度。他认为此时中国应该实行中国古代申不害（公元前420—前337）与商鞅（公元前390—前338）的法家模式，或与之类似的日本和德国的模式，而非英国的自由民主模式，来解救危亡。

1917年，严复在写给熊纯如的一封信中表示认同康有为的想法，怀疑共和、肯定复辟，并以"数千年旧有之教化"或"断断不可厚非"的"旧法"作为建立新中国的重要契机：

> 鄙人年将七十，暮年观道，十八九殆与南海相同，以为吾国旧法断断不可厚非……总之，共和国体即在欧美诸邦，亦成于不得已，必因无地求君，乃行此制，而行之亦乱弱其常，治强其偶，墨西哥、南美诸邦，可以鉴矣。至于中国，地大民众，尤所不宜，现在一线生机，在于复辟，然其事又极危险，使此而败，后来只有内讧瓜分，为必至之结果。大抵历史极重大事，其为此为彼，皆有天意存焉，诚非吾辈所能预论者耳。即他日中国果存，其所以存，亦恃数千年旧有之教化，绝不在今日之新机，此言日后可印证也。[①]

严复晚年的政治主张和他的学术思想有关。他十分肯定儒家传统，对道家也深感兴趣，曾评点老、庄。严复评点《老子》始于1903年，至1905年12月，该书于日本东京付梓刊行。至于评点《庄子》，最早是在1912年，该书后为友人借去不还，严氏因此怏怏不乐。1916年他第二次批《庄子》。目前流传于世的是由曾克端印行、严氏在马其昶《庄子故》一书上所下的评语，名为《侯官严氏评点庄子》。

严复对道家思想的兴趣涉及他对宗教经验的看法。他曾劝他的孩子："人生阅历，实有许多不可纯以科学通者，更不敢将幽冥之端，一概抹杀。"他相信在科学的范畴之外有一个超越的、"不可知的"宗教领域，有时他借用佛教观念，将此一境界称为"不可思议"。对他而言，了解不可思议的境界有重要的意义。因为就像20世纪许多中国哲学家所强调的，作为道德之基础（包括严复所强调的儒家伦理，如"孝"）与痛苦之避难所的内在生活，必须奠基于某种形而上的本体论之上。如此可以避免陷入"最下乘法"、"一概不信"的物质主义（materialism）。[②]

---

① 《严复集》，661～662页。

② 参见黄克武：《思议与不可思议：严复的知识观》，收入习近平主编：《科学与爱国：严复思想新探》，247～257页，北京，清华大学出版社，2001。

严复晚年曾在家乡阳崎筹建尚书祖庙，祀奉宋代的忠臣陈文龙（1232—1277），并自称是“信士”。1920 年 12 月 25 日他在庙中扶乩之后，曾依罗真人指示，服下符咒指示之药方以治病。此外严复还肯定探索鬼神与死后世界的“灵学”研究。1917 年秋天陆费逵（1886—1941）、俞复（1866—1930）与丁福保（1874—1952）等人，组织了一个研究鬼神、灵异的团体，称为“上海灵学会”，又于次年 1 月出版会刊《灵学丛志》。在《灵学丛志》第 1、2 期出版之后，俞复曾寄给严复。严复在阅读这两期杂志之后，深有所感，他不但写信给俞复、侯毅，肯定鬼神的存在，还与陈宝琛（1848—1935）谈论此事，陈则与严复分享扶乩经验。严复又在 1918 年 4 月 29 日写信给郑孝胥，畅谈“灵魂不死之说”。①

综言之，严复虽提倡实证科学，但他不是一个极端的实证主义者，也不是一个科学主义者，他从赫胥黎所谓的“不可知论者”开始，进一步以佛教“不可思议”的概念来掌握科学以外的世界，这样的知识观使他至晚年接受“灵魂不死”的观念、承认鬼神的存在，并肯定灵学研究在探讨未知世界的价值。这种将自然、社会科学与源于中西传统的宗教、哲学观点结合在一起的主张，表现出严复思想的重要特点。从这个角度来看，我们绝不能简单认为，严复在晚年完全放弃了早期宣扬的西方科学与民主的价值，而回归中国传统。严复晚年思想虽有所变化，然无疑地仍然坚持建立富强、文明的现代中国，也肯定自由、民主的终极价值。只是他更为了解到，此一目标的实现需要采取渐进调适的方法，一方面要更为尊重中国的“国情”或“立国精神”，另一方面他也认识到西方国家在科学与民主的主流启蒙传统之外，有更复杂的知识传承。严复乐观地认为“道通为一”，中西文化中各种不同的思想取向可以会通在一起，他坚信这不但是未来中国应遵循的道路，也是历史发展的必然走向。遗憾的是，历史的实际走向并不如他意。1921 年严复 67 岁，中国仍处于军阀混战之中，这一年秋天他因肺疾病逝于福州郎官巷。他留下的遗言是：一、中国不灭，旧法可损益，必不可叛；二、新知无尽，真理无穷，人生一世，宜励业益知；三、两害相权：己轻，群重。②

---

① 参见黄克武：《民国初年上海的灵学研究：以“上海灵学会”为例》，见《“中央研究院”近代史研究所集刊》，2007（55），99～136 页。

② 参见《严复集》，411 页。

四、严复的思想遗产与历史意义

严复一生的贡献主要在学术与思想方面。他的好友陈宝琛在为他撰写墓志铭时曾说："君于学无所不窥，举中外治术学理，靡不究极原委，抉其失得，证明而会通之。"① 文中的"会通"二字，正是严复一生思想的核心。他的思想本身即结合了中学与西学、传统与现代，以及科学、宗教与伦理等。他一生均以典雅的桐城古文翻译西方新知，讨论古今学问，此举形象地展现其会通中西的思想特征。

这种对中西学的态度，亦即一方面认为中西文化有所不同，另一方面两者却是部分相合而可以会通成为一个更圆融之思想体系，此乃严复毕生追求的目标。严复有关"中学和西学的异同及其互相关系"的看法在清末民初具有独特的意义。在 1890 年代末期，严复批评"西学中源"论；1900 年代，他又把焦点放在攻击张之洞的"中体西用"论；而民国成立之后，他再将矛头对准五四时期鲁迅、陈独秀、胡适等的"全盘西化"论。严复与清末民初三种最具影响力的文化理论的对垒，足以映现他本身"会通中西"的理想。

然而严复的思想不但有学术意义，也具有政治意涵，因而表现出学术与政治一以贯之的精神。他所引介的理论围绕着自由主义、资本主义、社会演化论与逻辑学，此四者是一套具有整合观点的国家构想，并与 20 世纪末至 21 世纪初海峡两岸所追求的政治目标十分契合。此一学术、政治一以贯之的精神充分表现在其家中悬挂的两副对联上：一是"随时纵论古今事，尽日放怀天地间"，一是"有王者兴必来取法，虽圣人起不易吾言"。前者显示出"纵论古今、放怀天地"的恢弘气魄；后者则凸显了学以致用、经世济民的一贯目标，以及对自身理念的高度自信。

严复结合中西的努力和他的成长经历有密切的关系，他幼年时代研读中国典籍，进入福州船政学堂与赴英留学期间，开始接触西学，致力于吸收西方知识，同时，却未抛下对中国传统古典价值的信念。返国后，严复师事吴汝纶，学习桐城古文，又研习八股制艺，继而系统地阅

---

① 陈宝琛：《清故资政大夫海军协都统严君墓志铭》，见《严复集》，第五册，1542～1543页。

读西书，奠定中西学问的基础。他不但用这种态度培养他的子女，后来在主持几个教育机构时，更将中西合璧的构想付诸实际，来教育学生。他一生秉持的理念是："中国必不灭，旧法可损益，而必不可叛"、"新知无尽，真理无穷，人生一世，宜励业益知"。

然而身处中西文化接轨之关键时刻，也让严复的一生充满了冲突与挫折，使他在中国与西方、传统与现代、理想与现实之间拉扯。严复深深感受到悲伤与苦痛是人生所难以避免的经历，在遗嘱之中他说"做人分量，不易圆满"，人生的智慧不在于达到完美的境地，而是在体认人生的不圆满之中，超越现实的痛苦。他幼年丧父；留学期间即表现出狂傲的个性；返国之后，不受李鸿章、张之洞等人重用；任职北洋期间，与同僚、下属相处不佳；四次参加科举考试，均名落孙山；任职安庆高等学堂、北京大学等时间很短而建树不多；他深知烟瘾害人，自身又无法戒除；更重要的是，他虽能"坐而言"，却无法像日本的伊藤博文（1841—1909）那样返国之后"得君行道"；他的调适、稳健的"继往开来"的主张，在五四以后"激进化"的反传统时代中被国人讥为保守、落后。在礼赞他为"引介西学的第一人"之时，很多人忽略了严复一生其实充满了矛盾、失败与挫折。他的好友林纾（1852—1924）感叹地说，"君著述满天下而生平不能一试其长，此可哀也"。林氏并说，严复有如庄子所说的大鹏鸟，它无法展翅高飞，不是因为翅膀太小、能力不足，而是因为没有时代的支持，缺乏"厚风之积"，使之扶摇而上。[①]不过严复在个性上的缺失也不容忽略，他恃才傲物，在某些关键时刻却又无法坚持原则，反因软弱与摇摆而蒙受他人要挟利用，进而成为众人批评的焦点，这使其始终无法得意于政界。然而，就是因为官场上的不得意，严复才转而投身翻译事业，系统地引进西方学术，替近代中国学术开创了一个新的局面，而他的学术成就时至今日仍深具意义。

五、编辑说明

本卷所选录的内容为严复的著作，含括论文与部分发抒时代感怀相关之诗作，而不包括往来书信与他的翻译作品。导言为编者所著，是对严复一生的简要叙述。卷中之内容以王栻主编的《严复集》（1986），王

---

① 参见《严几道年谱》，135 页。

庆成、叶文心、林载爵编《严复合集》（1998）与孙应祥、皮后锋编《〈严复集〉补编》（2004）为主要依据，再加上编者搜集到的一些近年来各地学者所发现的严复未刊文字编纂而成。本卷除了导言与年谱简编之外，主体部分为：政论、文化评论、西学、启事等。各单元文章之安排依照时间先后排列。文章的部分搜集较全，几乎包括了所有的重要文字。本卷之作希望能使读者对严复的作品有一贯而整合性的认识。在各篇文章时间断定上，编者除了尽可能地查考原始史料之外，也参考了孙应祥著《严复年谱》以及苏中立、涂光久编《百年严复——严复研究资料精选》等书，并尽可能改正其中的错误。其中错谬较多的部分是严复著作之中涉及外文者（包括人名、书名、专有名词与引文等），目前已出版的《严复集》、《严复合集》、《〈严复集〉补编》中都有不少误植之处。

本卷在内容上尽可能地将严复最重要的文字包含其中，同时对于各篇文章所涉及的出版来源、人物、事件、书籍等，也尽可能地加上批注。其中有几篇未刊的文字尤其值得注意。这几篇文章，编者是利用了台湾“中央研究院”的近代史电子数据库，并在福建师范大学林平汉教授、复旦大学历史系张仲民教授的协助下搜集到的。本卷后附有严复的遗嘱，此外还收录《清代官员履历档案全编》中严复的履历与严复的一篇英文传记。

本卷之完稿，从编辑、体例拟定到校对等，承蒙韩承桦、赵席敻两位助理之多方协助。此外，编者还要特别感谢林平汉、张仲民教授提供的相关数据，以及中国人民大学出版社于书稿编排上的诸多协助。编者的心愿是编辑一部有助于学者研究严复生平与思想的精确、实用的史料集。如有不当之处仍乞方家指正。

政论

论世变之亟*（1895）

呜呼！观今日之世变，盖自秦以来未有若斯之亟也。夫世之变也，莫知其所由然，强而名之曰运会。运会既成，虽圣人无所为力，盖圣人亦运会中之一物。既为其中之一物，谓能取运会而转移之，无是理也。彼圣人者，特知运会之所由趋，而逆睹其流极。唯知其所由趋，故后天而奉天时；唯逆睹其流极，故先天而天不违。于是裁成辅相，而置天下于至安。后之人从而观其成功，遂若圣人真能转移运会也者，而不知圣人之初无有事也。即如今日中倭之构难，究所由来，夫岂一朝一夕之故也哉！

尝谓中西事理，其最不同而断乎不可合者，莫大于中之人好古而忽今，西之人力今以胜古；中之人以一治一乱、一盛一衰为天行人事之自然，西之人以日进无疆，既盛不可复衰，既治不可复乱，为学术政化之极则。盖我中国圣人之意，以为吾非不知宇宙之为无尽藏，而人心之灵，苟日开瀹焉，其机巧智能，可以驯致于不测也。而吾独置之而不以为务者，盖生民之道，期于相安相养而已。夫天地之物产有限，而生民之嗜欲无穷，孳乳寖多，镌镵日广，此终不足之势也。物不足则必争，而争者人道之大患也。故宁以止足为教，使各安于朴鄙颛蒙，耕凿焉以事其长上，是故春秋大一统。一统者，平争之大局也。秦之销兵焚书，其作用盖亦犹是。降而至于宋以来之制科，其防争尤为深且远。取人人尊信之书，使其反复沉潜，而其道常在若远若近、有用无用之际。悬格为招矣，而上智有不必得之忧，下愚有或可得之庆，于是举天下之圣智

---

* 原发表于1895年2月4日到5日，天津《直报》。本篇选自《严复集》，第一册，1～5页。

豪杰，至凡有思虑之伦，吾顿八纮之网以收之，即或漏吞舟之鱼，而已暴鳃断鳍，颓然老矣，尚何能为推波助澜之事也哉！嗟乎！此真圣人牢笼天下，平争泯乱之至术，而民智因之以日窳，民力因之以日衰。其究也，至不能与外国争一旦之命，则圣人计虑之所不及者也。虽然，使至于今，吾为吾治，而跨海之汽舟不来，缩地之飞车不至，则神州之众，老死不与异族相往来。富者常享其富，贫者常安其贫。明天泽之义，则冠履之分严；崇柔让之教，则嚣凌之氛泯。偏灾虽繁，有补苴之术；萑苻虽夥，有剿绝之方。此纵难言郅治乎，亦用相安而已。而孰意患常出于所虑之外，乃有何物泰西其人者，盖自高颡深目之伦，杂处此结衽编发之中，则我四千年文物声明，已涣然有不终日之虑。逮今日而始知其危，何异齐桓公以见痛之日为受病之始也哉！

夫与华人言西治，常苦于难言其真。存彼我之见者，弗察事实，辄言中国为礼义之区，而东西朔南，凡吾王灵所弗届者，举为犬羊夷狄，此一蔽也。明识之士，欲一国晓然于彼此之情实，其议论自不得不存是非善否之公。而浅人怙私，常詈其誉仇而背本，此又一蔽也。而不知徒塞一己之聪明以自欺，而常受他族之侵侮，而莫与谁何。忠爱之道，固如是乎？周孔之教，又如是乎？公等念之，今之夷狄，非犹古之夷狄也。今之称西人者，曰彼善会计而已，又曰彼擅机巧而已。不知吾今兹之所见所闻，如汽机兵械之伦，皆其形下之粗迹，即所谓天算格致之最精，亦其能事之见端，而非命脉之所在。其命脉云何？苟扼要而谈，不外于学术则黜伪而崇真，于刑政则屈私以为公而已。斯二者，与中国理道初无异也。顾彼行之而常通，吾行之而常病者，则自由不自由异耳。

夫自由一言，真中国历古圣贤之所深畏，而从未尝立以为教者也。彼西人之言曰：唯天生民，各具赋畀，得自由者乃为全受。故人人各得自由，国国各得自由，第务令毋相侵损而已。侵人自由者，斯为逆天理，贼人道。其杀人、伤人及盗蚀人财物，皆侵人自由之极致也。故侵人自由，虽国君不能，而其刑禁章条，要皆为此设耳。中国理道与西法自由最相似者，曰恕，曰絜矩。然谓之相似则可，谓之真同则大不可也。何则？中国恕与絜矩，专以待人及物而言；而西人自由，则于及物之中，而实寓所以存我者也。自由既异，于是群异丛然以生。粗举一二言之：则如中国最重三纲，而西人首明平等；中国亲亲，而西人尚贤；中国以孝治天下，而西人以公治天下；中国尊主，而西人隆民；中国贵一道而同风，而西人喜党居而州处；中国多忌讳，而西人众讥评。其于财用也，中国重节流，而西人重开源；中国追淳朴，而西人求欢虞。其接物也，中国美谦屈，而西人务发舒；中国尚节文，而西人乐简易。其于为学也，中国夸多识，而西人尊新知。其于祸灾也，中国委天数，而西人恃人力。若斯之伦，举有与中国之理相抗，以并存于两间，而吾实未敢遽分其优绌也。

自胜代末造，西旅已通。迨及国朝，梯航日广。马嘉尼之请不行，东印度之师继至。道咸以降，持驱夷之论者，亦自知其必不可行，群喙稍息，于是不得已而连有廿三口之开。此郭侍郎《罪言》所谓："大地气机，一发不可复遏。士大夫自怙其私，求抑遏天地已发之机，未有能胜者也。"自蒙观之，夫岂独不能胜之而已，盖未有不反其祸者也，惟其遏之愈深，故其祸之发也愈烈。不见夫激水乎？其抑之不下，则其激也不高。不见夫火药乎？其塞之也不严，则其震也不迅。三十年来，祸患频仍，何莫非此欲遏其机者阶之厉乎？且其祸不止此。究吾党之所为，盖不至于灭四千年之文物，而驯致于瓦解土崩，一涣而不可复收不止也。此真泯泯者智虑所万不及知，而闻斯之言，未有不指为奸人之言，助夷狄恫喝而扇其焰者也。

夫为中国之人民，谓其有自灭同种之为，所论毋乃太过？虽然，待鄙言之。方西人之初来也，持不义害人之物，而与我构难，此不独有识所同疾，即彼都人士，亦至今引为大诟者也。且中国蒙累朝列圣之庥，幅员之广远，文治之休明，度越前古。游其宇者，自以谓横目冒耏之伦，莫我贵也。乃一旦有数万里外之荒服岛夷，鸟言夔面，飘然戾止，叩关求通，所请不得，遂而突我海疆、虏我官宰，甚而至焚毁宫阙，震惊乘舆。当是之时，所不食其肉而寝其皮者，力不足耳。谓有人焉，伈伈伣伣，低首下心，讲其事而咨其术，此非病狂无耻之民，不为是也。是故道咸之间，斥洋务之污，求驱夷之策者，智虽囿于不知，术或操其已促，然其人谓非忠孝节义者徒，殆不可也。然至于今之时，则大异矣。何以言之？盖谋国之方，莫善于转祸而为福，而人臣之罪，莫大于苟利而自私。夫士生今日，不睹西洋富强之效者，无目者也。谓不讲富强，而中国自可以安；谓不用西洋之术，而富强自可致；谓用西洋之术，无俟于通达时务之真人才，皆非狂易失心之人不为此。然则印累绶若之徒，其必矫尾厉角，而与天地之机为难者，其用心盖可见矣。善夫！姚郎中之言曰："世固有宁视其国之危亡，不以易其一身一瞬之富贵。"故推鄙夫之心，固若曰：危亡危亡，尚不可知；即或危亡，天下共之。吾奈何令若辈志得，而自退处无权势之地乎？孔子曰：“苟患失之，无所不至。”故其端起于大夫士之怙私，而其祸可至于亡国灭种，四分五裂，而不可收拾。由是观之，仆之前言，过乎否耶？噫！今日倭祸特肇端耳。俄、法、英、德，旁午调集，此何为者？此其事尚待深言也哉？尚忍深言也哉！《诗》曰：“其何能淑，载胥及溺。”又曰：“瞻乌靡止。”心摇意郁，聊复云云，知我罪我，听之阅报诸公。

原 强*

(1895)

今之扼腕奋舌而讲西学、谈洋务者，亦知五十年以来，西人所孜孜勤求，近之可以保身治生，远之可以利民经国之一大事乎？

达尔文者，英国讲动植之学者也。承其家学，少之时，周历寰瀛。凡殊品诡质之草木禽鱼，褎〔裒〕集甚富。穷精眇虑，垂数十年而著一书，名曰《物类宗衍》。自其书出，欧美二洲几于无人不读，而泰西之学术政教，为之一斐变焉。论者谓达氏之学，其彰人耳目，改易思理，甚于奈端氏之天算格致，殆非溢美之言也。其为书证阐明确，厘然有当于人心。大旨谓：物类之繁，始于一本。其日纷日异，大抵牵天系地与凡所处事势之殊，遂至阔绝相悬，几于不可复一。然此皆后天之事，因夫自然，而驯致若此者也。书所称述，独二篇为尤著，西洋缀闻之士，皆能言之：其一篇曰《争自存》，其一篇曰《遗宜种》。所谓争自存者，谓民物之于世也，樊然并生，同享天地自然之利。与接为构，民民物物，各争有以自存。其始也，种与种争，及其成群成国，则群与群争，国与国争。而弱者当为强肉，愚者当为智役焉。迨夫有以自存而克遗种也，必强忍魁桀，趫捷巧慧，与一时之天时、地利洎一切事势之最相宜者也。且其争之事，不必爪牙用而杀伐行也。习于安者，使之处劳，狃于山者，使之居泽，不再传而其种尽矣。争存之事，如是而已。是故每有太古最繁之种，风气渐革，越数百年，或千余年，消磨歇绝，至于靡有孑遗，如卵学家所见之古禽古兽是已。此微禽兽为然，草木亦犹是也；微动植二物为然，而人民亦犹是也。人民者，固动物之一类也。达

---

* 原发表于1895年3月4日到9日，天津《直报》。本篇选自《严复集》，第一册，5～15页。

尔文氏总有生之物，而标其宗旨，论其大凡。

而又有锡彭塞者，亦英产也，宗其理而大阐人伦之事，帜其学曰“群学”。“群学”者何？荀卿子有言：“人之所以异于禽兽者，以其能群也。”凡民之相生相养，易事通功，推以至于兵、刑、礼、乐之事，皆自能群之性以生，故锡彭塞氏取以名其学焉。约其所论，其节目支条，与吾《大学》所谓诚正修齐治平之事有不期而合者，第《大学》引而未发，语而不详。至锡彭塞之书，则精深微妙，繁富奥衍。其持一理论一事也，必根柢物理，征引人事，推其端于至真之原，究其极于不遁之效而后已。于一国盛衰强弱之故，民德醇漓翕散之由，尤为三致意焉。于五洲之治中，狉榛蛮夷，以至著号最强之国，指斥发麾，十九罄尽。而独于中国之治嘿如也，此亦于其所不知，则从盖阙之义也。锡彭塞殚毕生之精力，阅五十载而后成书。全书之外，杂著丛书又十余种，有曰《动〔劝〕学篇》者，有曰《明民要论》者，以卷帙之不繁而诵读者为尤众。《动〔劝〕学篇》者，劝治群学之书也。其大旨以谓：天下沿流溯源，执因求果之事，惟于群学为最难。有国家者，施一政，著一令，其旨本以坊民也，本以拯弊也，而所期者每不可成，而所不期者常以忽至。及历时久而曲折多，其利害蕃变，遂有不可究诘者。是故不明群学之理，不独率由旧章者非也，而改弦更张者乃愈误，因循、卤莽二者必与居一焉。何则？格致之学不先，褊僻之情未去，束教拘虚，生心害政，固无往而不误人家国者也。是故欲治群学，且必先有事于诸学焉。非为数学、名学，则其心不足以察不遁之理、必然之数也；非为力学、质学，则不知因果功效之相生也。力学者，所谓格致七〔之〕学是也。炙〔质〕学者，所谓化学是也。名、数、力、炙〔质〕四者已治矣，然其心之用，犹审于寡而荧于纷、察于近而迷于远也。故非为天、地、人三学，则无以尽事理之悠久博大与蕃变也，而三者之中，则人学为尤急切。何则？所谓群者，固积人而成者也。不精于其分，则末由见于其全。且一群一国之成之立也，其间体用功能，实无异于生物之一体，大小虽殊，而官治相准。故人学者，群学入德之门也。人学又析而为二焉：曰生学，曰心学。生学者，论人类长养孳乳之大法也；心学者，言斯民知行感应之秘机也。盖一人之身，其形神相资以为用；故一国之立，亦力德相备而后存；而一切政治之施，与其强弱盛衰之迹，特皆如释民所谓循业发现者耳，夫固有为之根而受其蕴者也。夫唯此数学者明，而后有以事群学，群学治，而后能修齐治平，用以持世保民以日进于郅治馨香之极盛也。呜呼！美矣！备矣！自生民以来，未有若斯之懿也。虽文、周生今，未能舍其道而言治也。

呜呼！中国至于今日，其积弱不振之势，不待智者而后明矣。深耻大辱，有无可讳焉者。日本以寥寥数舰之舟师，区区数万人之众，一战而翦我最亲之藩属，再战而陪京戒严，三战而夺我最坚之海口，四战而覆我海军。今者款议不成，而畿辅且有旦暮之警矣。则是民不知兵而将帅乏才也。曩者天子尝赫然震怒矣，思有以更置之。而内之则殿阁宰相以至六部九卿，外之洎廿四行省之督抚将军，乃无一人焉足以胜御侮之任者。深山猛虎，徒虚论耳。夫如是尚得谓之国有人焉哉！兵连仅逾年耳，而乃公私赤立，洋债而外，尚不能无扰闾阎，是财匮而蹈前明之覆辙也。夫一国犹一身也，击其首则四肢皆应，刺其腹则举体知亡。而南北虽属一君，彼是居然两戒。首善震矣，四海晏然，视邦国之颠危，若秦越之肥瘠。则是臣主君民之势散，而相爱相保之情薄也。将不素讲，士不素练，器不素储。一旦有急，蚁附蜂屯，授以外洋之快枪机炮，则扞格而不操，窒塞而毁折。故其用之也，转不如陋钝之抬枪。而昧者不知，遂诩诩然曰：是内地之利器也。又有人焉，以谓吾习一枪之有准，遂可以司命三军，且大布其言以慑敌。此其所见，尚何足与言今日之军械也哉！更何足与言战陈之事也哉！夫督曰制军，抚曰抚军，皆将帅也，其居其名不习其事乃如此。十年已来，朝廷阙政亦已多矣。其谋谟庙廊、佐上出令者，与下为市翘污浊苞苴之行以为天下标准，且靦然曰：弊者，固中国之所以养天下者也。此其言是率中国举为穿窬而后已也。即目击甚不道之政，亦谓吾已无可奈何于吾君，或为天下后世所共谅。且此数公者，又非不知与乱同事之罔不亡也。正如息夫躬所言："以狗马齿保目所见。"苟幸及吾身之无亲见而已，而国家亿万年之基，由此而臬兀焉，非所恤矣，而孰谓是区区者之尚不余畀耶！至所谓天子顾问献替之臣，则于时事时势国家所视以为存亡安危者，皆茫然无异瞽人之捕风。其于外洋之事，固无责矣。所可异者，其于本国本朝与其职分所应知应明之事，亦未尝稍留意焉。一考其情实，是故有所论列，则嗥呓稺骀，传闻远方，徒资笑虐。有所弹劾，则道听涂说，矫诬气矜。人经朝廷数十年之任事，在辇毂数百里之中，于其短长功罪、得失是非，昏然毫未有知。徒尚叫嚣，自鸣忠谠。而一时之论，亦以忠谠称之，此皆文武百执事天子缓急所恃以为安者，其人材又如此。至其中趋时者流，自命俊杰，则矜其浅尝，夸为独得，徒取外洋之疑似，以乱人主之聪明。而尤不肖者，则窃幸世事之纠纷，又欲因之以为利。求才亟，则可以侥幸而骤迁；兴作多，则可以居间以自润。凡此云云，其皆今日逆耳之笃论，抑为鄙人丧心之妄言也。

夫人才求之于有位之人，既如此矣。意者沉废伏匿于草野闾巷之间，乃转而求之，则消乏雕亡，存一二于千万之中，即竟谓之无，亦蔑不可审矣。神州九万里之地，四百兆之民，此廓廓者徒土荒耳，是熙熙者徒人满耳。尚自谓吾为冠带之民，灵秀所钟，孔孟之所教，礼义之所治，抑何其无愧而不知耻也。夫疆场之事，一彼一此，战败何足以悲。今且无论往古，即以近事明之：八百三十年，日耳曼不尝败于法国乎？不三十年，洒耻复亡，蔚为强国。八百六十余年，法兰西不尝破于德国乎？不二十年，救敝扶伤，褎然称富，论世之士，谓其较拿破仑之日为逾强也。然则战败又乌足悲哉！所可悲者，民智之已下，民德之已衰，与民气之已困耳，虽有圣人用事，非数十百年薄海知亡，上下同德，痛刮除而鼓舞之，终不足以有立。而岁月悠悠，四邻耽耽〔眈眈〕，恐未及有为，而已为印度、波兰之续；将锡彭塞之说未行，而达尔文之理先信，况乎其未必能遂然也。吾辈一身即不足惜，如吾子孙与中国之人种何！於戏！天地父母，山川神灵，其尚无相兹下士民以克诱其衷，咸俾知奋！

闻前言者造而开〔问〕余曰：甚矣先生之言，无异杞人之忧天坠也！今夫异族之为中国患，不自今日始也。自三代以迄汉氏，南北狺狺，互有利钝，虽时见侵，无损大较，固无论已。魏晋不纲，有五胡之乱华，大河以北，沦于旃裘羶酪者近数百年。当是之时，哀哀黔首，衽革枕戈，不得喙息，盖几靡有孑遗，耗矣！息肩于唐，载庶载富。及至李氏末造，赵宋始终，其被祸乃尤烈。金源女真更盛迭帝。青吉斯汗崛起鄂诺，威憺欧洲。忽必烈汗荐食小朝，混一华夏，南奄身毒，北暨俄罗，幅员之大，古未有也。然而块肉沦丧，不及百年，长城以南，复归汉产。至国朝龙兴辽沈，圣哲笃生，母我群黎，革明弊政，湛恩汪秽，盖三百祀于兹矣。此皆著自古昔者也。其间递嬗，要不过一姓之废兴，而人民则犹此人民，声教则犹古声教，然则即今无讳，损益可知。林林之众，讵无噍类！而吾子耸于达尔文氏之邪说，一将谓其无以自存，再则忧其无以遗种，此何异众人熙熙，方登春台，而吾子被发狂叫，白昼见魅也哉？不然，何所论之怪诞不经，独不虑旁观者之闵笑也？况夫昭代厚泽深仁，隆基方永，景命未改，讴歌所归，事又万万不至此。殷忧正所以启圣明耳，何直为此叫叫也？且而不见回部之土耳其乎？介夫俄与英之间，壤地日蹙，其逼也可谓至矣，然不闻其遂至于亡国灭种、四分五裂也，则又何居？吾子念之，物强者死之徒，事穷者势必反，天道剥复之事，如反覆手耳。安知今之所谓强邻者不先笑后号咷，而吾子漆叹嫠忧，所贬君而自损者，不俯吊而仰贺乎？

余应之曰：唯唯，客之所以袪吾惑者，可谓至矣！虽然，愿请间，得为客深明之。若客者，信所谓明于古而暗于今、得其一而失其二者也。姑微论客之所指为异族者之非异族。盖天下之大种四：黄、白、赭、黑是也。北并乎锡伯利亚，南襟乎中国海，东距乎太平洋，西苞乎昆仑墟，黄种之所居也。其为人也，高颧而浅鼻，长目而强发。乌拉以西，大秦旧壤，白种之所产也。其为人也，紫髯而碧眼，隆准而深眶。越裳、交趾以南，东萦吕宋，西拂痕都，其间多岛国焉，则赭种之民也。而黑种最下，则亚非利加及绕赤道诸部，所谓黑奴是矣。今之满、蒙、汉人，皆黄种也。由是言之，则中国者，遂〔邃〕古以还，固一种之所君，而未尝或沦于非类，区以别之，正坐所见隘耳。彼三代、春秋时，秦、徐、燕、越、吴、楚、闽、濮，胥戎狄矣，又乌足以为典要也哉！第就令如客所谈，客尚不知种之相强弱者，其故有二：有鸷悍长大之强，有德慧术智之强；有以质胜者，有以文胜者。以质胜者，游牧射猎之民是也。其国之君民上下，截然如一家之人，忧则相恤，难则相赴。生聚教训之事，简而不详，骑射驰骋，云屯飙散，旃毳肉酪，养生之具，益力耐寒。故其为种乐战而轻死，有魁杰者要约而驱使之，其势可以强天下。虽然，强矣，而未进夫化也。若夫中国之民，则进夫化矣，而文胜之国也。耕凿蚕织，城郭邑居，于是有刑政礼乐之治，有庠序学校之教。通功易事，四民乃分。其文章法令之事，历变而愈繁，积久而益富，养生送死之资无不具也，君臣上下之分无不明也，冠婚丧祭之礼无不举也。故其民也偷生而畏法，治之得其道则易以相安，失其道亦易以日窳，是故及其敝也，每转为质胜者之所制。然而此中之安富尊荣，声明文物，固游牧射猎者所心慕而远不逮者也。故其既入中国也，虽名为之君，然数传而后，其子若孙，虽有祖宗之遗令切诫，往往不能不厌劳苦而事逸乐，弃惇德而染浇风，遁天倍情，忘其所受，其不渐靡而与汉物化者盖已寡矣。善夫苏子瞻之言曰："中国以法胜，而匈奴以无法胜。"然其无法也，始以自治则有余，迨既入中国而为之君矣，必不能弃中国之法，而以无法之治治之也，遂亦入于法而同受其敝焉。此中国所以经其累胜以常自若，而其化转以日广，其种转以日滋。何则？物固有无形之相胜，而亲为所胜者每身历其境而未之或知也。是故取客之言而详审之，则谓异族常受制于中国也可，不可谓异族制中国也。

然而至于至今之西洋，则与是断断乎不可同日而语矣。彼西洋者，无法与法并用而皆有以胜我者也。自其自由、平等观之，则捐忌讳、去烦苛、决壅敝，人人得以行其意、申其言，上下之势不相悬，君不甚尊，民不甚贱，而联若一体者，是无法之胜也。自其官工商贾章程明备观之，则人知其职，不督而办，事至纤悉，莫不备举，进退作息，未或失节，无间远迩，朝令夕改，而人不以为烦，则是以有法胜也。其民长大鸷悍既胜我矣，而德慧术知较而论之，又为吾民所必不及。故凡所谓耕凿陶冶、织纴树牧，上而至于官府刑政、战斗转输，凡所以保民养民之事，其精密广远，较之中国之所有所为，其相越之度，有言之而莫能信者。且其为事也，又一一皆本之学术；其为学术也，又一一求之实事实理，层累阶级，以造于至大至精之域，盖寡一事焉可坐论而不可起行者也。推求其故，盖彼以自由为体，以民主为用。一洲之民，散为七八，争雄并长，以相磨淬，始于相忌，终于相成，各殚智虑，此日异而彼月新，故能以法胜矣，而不至受法之敝，此其所以为可畏也。

往者中国之法与无法遇，故中国常有以自胜；今也彼亦以其法与吾法遇，而吾法乃颓堕蠹朽膛〔瞠〕乎其后也，则彼法日胜而吾法日消矣。此曩者所以有四千年文物傫然不终日之叹也，此岂徒客之所甚恨！石介有言："吾岂狂痴也者。"但天下事既如此矣，则安得塞耳涂目，不为吾同胞者垂涕泣而一道之耶！且客过矣，吾所谓无以自存，无以遗种者，夫岂必"死者以国量平〔乎〕泽若蕉"而后为尔耶？第使彼常为君而我常为臣，彼常为雄而我常为雌，我耕而彼食其实，我劳而彼享其逸，以战则我居先，为治则我居后，彼且以我为天之僇民，谓是种也固不足以自由而自治也。于是束缚驰骤，奴使而虏用之，使吾之民智无由以增，民力无由于奋，是蚩蚩者长为此困苦无聊之众而已矣。夫如是，则去无以自存无以遗种也，其间几何？不然，夫岂不知其不至于无噍类也，彼黑与赭且常存于两间矣，矧夫四百兆之黄也哉！民固有其生也不如其死，其存也不如其亡，贵贱苦乐之间异耳。

且物之极也，必有其所由极；势之反也，必有其所由反。善保其强，则强者正所以长存；不善用其柔，则柔者正所以速死。彼《周易》否泰之数，老氏雄雌之言，固圣智者之妙用微权，而非无所事事俟其自至之谓也。无所事事而俟其自至者，正《太甲》所谓“自作孽，不可活”者耳，天固不为无衣者减寒，岁亦不为不耕者减饥也。客亦知之否耶？至土耳其之所以尚存，则彼之穆哈蓦德，固以敢死为教，而以武健严酷之道狃其民者也。故文不足而质有余，术知虽无可言，而鸷悍胜兵尚足有以自立，故虽介两雄乎而灭亡犹未也。然而日侵月削，所存盖亦仅矣。若我中国，则军旅之事，未之学矣，又乌得以土耳其自广也哉！

虽然，使今有人焉，愤中国之积贫积弱，攘臂言曰：曷不使我为治？使我为治，则可以立致富强而厚风俗。然则其道何由？曰：中国之所不振者，非法不善也，患在奉行不力而已。祖宗之成宪有在，吾将遵而用之而加实力焉。于是督责之政行，而刺举之事兴。如是而期之十年，吾知中国之贫与弱犹自若也。何则？天下之势，犹水之趋下，夫已浩浩然成江河矣，乃障而反之使之在山，此人力之所不胜也。

乃又有人焉曰：法制者，圣人之刍狗也，一陈而不可复用。天下之势已日趋于混同矣，吾欲富强，西洋富强之政有在也，何不踵而用之。于是其于朝也，则建民主，开议院；其于野也，则合公司，用公举。练通国之兵以御侮，加什二之赋以足用。如是而亦期之以十年，吾知中国之贫与弱有弥甚者。

今夫人之身，惰则窳、劳则强，固常理也。而使病夫焉日从事于超距赢越之间，则有速其死而已。中国者，固病夫也。且其事有不能以自行者，苏子瞻知之矣。其言曰：“天下之祸，莫大于上作而下不应。上作而下不应，则上亦将穷而自止。”锡彭塞亦言曰：“富强不可为也，特可以致致者何？相其宜，动其机，培其本根，卫其成长，使其效不期而自至。”今夫民智已下矣，民德已衰矣，民力已困矣。有一二人焉，谓能旦暮为之，无是理也。何则？有一倡而无群和也。是故虽有善政，莫之能行。善政如草木，置其地而能发生滋大者，必其天、地、人三者与之合也，否则立槁而已。王介甫之变法，如青苗，如保马，如雇役，皆非其法之不良，其意之不美也，其浸淫驯致大乱者，坐不知其时之风俗人心不足以行其政故也。而昧者见其敝而訾其法，故其心不服，因而党论纷殽，至于亡国而后已。而后世遂鳃鳃然，举以变法为戒，其亦不达于理矣。苟曰：今之时固不然，则请无论其大而难明者，得以小小一事众所共见者证之可乎？曩者有西洋人游京师，见吾之贡院，笑谓导者曰：尔中国乃选士于此乎？以方我国之囹圄不如，其湫秽溷浊不中以畜吾狗马，此至不恭之言也，然亦著其事实而已。今无论辟治涂塈为其中以选士者，上之人有不克也，费无从出一也。幸而费出矣，而承其事之司官胥吏所不盗蚀而有以及工者几何？其土木之工，所不偷工减料者又几何？幸而吏廉工庀矣，他日携席帽而入居于此者，其知此为上之深恩，士之公利而爱惜保全焉，不恣毁瓦画墁以为快者，又有几人哉？然则数科之后，又将不中以畜狗马。然则此一事也，固不如其勿治之为愈也。此虽一事，而其余可以类推焉。

凡为此者，士大夫也。士大夫者，固中国之秀民也，斯民之坊表也。圣贤之训，父兄之诏，此其最深者也。其所为卓卓如是，则于农工商以至皂隶舆台，夫又何说？往者尝见人以僧徒之滥恶而訾释迦，今吾亦窃以士大夫之不肖而訾周孔，以为其教何入人心浅也。惟其入人心之浅，则周孔之教固有未尽善焉者，此固断断乎不得辞也。何则？中国名为用儒术者，三千年于兹矣，乃徒成就此相攻、相感、不相得之民，一旦外患忽至，则糜烂废痿不相保持。其究也，且无以自存，无以遗种，则其道奚贵焉？然此特鄙人发愤之过言，而非事理之真实。子曰："人能宏道，非道宏人。"儒术之不行，固自秦以来，愚民之治负之也。

第由是而观之，则及今而图自强，非标本并治焉，固不可也。不为其标，则无以救目前之溃败；不为其本，则虽治其标，而不久亦将自废。标者何？收大权、练军实，如俄国所为是已。至于其本，则亦于民智、民力、民德三者加之意而已。果使民智日开，民力日奋，民德日和，则上虽不治其标，而标将自立。何则？争自存而欲遗种者，固民所受于天，不教而同愿之者也。语曰："同舟而遇风，则胡越相救如左右手。"特患一舟之人举无知风水之性，舟楫之用者，则其效必至于倾覆。有篙师焉，操舵指挥，而大难济矣。然则三者又以民智为最急也。是故富强者，不外利民之政也，而必自民之能自利始；能自利自能自由始；能自由自能自治始，能自治者，必其能恕、能用絜矩之道者也。

今夫中国人与人相与之际，至难言矣。知损彼之为己利，而不知彼此之两无所损而共利焉，然后为大利也。故其敝也，至于上下举不能自由，皆无以自利；而富强之政，亦无以行于其中。强而行之，其究也，必至于自废。夫自海禁既开以还，中国之仿行西法也，亦不少矣：总署，一也；船政，二也；招商局，三也；制造局，四也；海军，五也；海军衙门，六也；矿务，七也；学堂，八也；铁道，九也；纺织，十也；电报，十一也；出使，十二也。凡此皆西洋至美之制，以富以强之机，而迁地弗良，若亡若存，辄有淮橘为枳之叹。公司者，西洋之大力也。而中国二人联财则相为欺而已矣。是何以故？民智既不足以与之，而民力、民德又弗足以举其事故也。颜高之弓，由基用之，辟易千人，有童子懦夫，取而玩弄之，则绝膑而已矣，折壁〔臂〕而已矣，此吾自废之说也。嗟乎！外洋之物，其来中土而蔓延日广者，独鸦片一端耳。何以故？针芥水乳，吾民之性，固有与之相召、相合而不可解者也。夫唯知此，而后知处今之日挽救中国之至难。亦唯知其难，而后为之有以依乎天理，批大郤而导大窾也。至于民智之何以开，民力之何以厚，民德之何以明，三者皆今日至切之务，固将有待而后言。

辟　韩*
(1895)

往者吾读韩子《原道》之篇，未尝不恨其于道于治浅也。其言曰："古之时，人之害多矣。有圣人者立，然后教之以相生、相养之道，为之君，为之师，驱其虫蛇、禽兽而处之中土。寒，然后为之衣；饥，然后为之食。木处而颠，土处而病也，然后为之宫室。为之工以赡其器用，为之贾以通其有无，为之医药以济其夭死，为之葬埋、祭祀以长其恩爱，为之礼以次其先后，为之乐以宣其湮郁，为之政以率其怠倦，为之刑以锄其强梗。相欺也，为之符玺、斗斛、权衡以信之；相夺也，为之城郭、甲兵以守之。害至而为之备，患生而为之防。"如古无圣人，人之类灭久矣。何也？无羽毛、鳞介以居寒热也，无爪牙以争食也。如韩子之言，则彼圣人者，其身与其先祖父必皆非人焉而后可，必皆有羽毛、鳞介而后可，必皆有爪牙而后可。使圣人与其先祖父而皆人也，则未及其生，未及成长，其被虫蛇、禽兽、寒、饥、木、土之害而夭死者，固已久矣，又乌能为之礼、乐、刑、政，以为他人防备患害也哉？老之道，其胜孔子与否，抑无所异焉，吾不足以定之。至其明自然，则虽孔子无以易。韩子一概辞而辟之，则不思之过耳。

而韩子又曰："君者，出令者也；臣者，行君之令而致之民者也；民者，出粟米麻丝、作器皿、通货财以事其上者也。君不出令，则失其所以为君；臣不行君之令〈而致之民〉，则失其所以为臣；民不出粟米麻丝、作器皿、通货财以事其上，则诛。"嗟乎！君民相资之事，固如

---

* 原发表于1895年3月13日到14日，天津《直报》。本篇选自《严复集》，第一册，32～36页。

是焉已哉？夫苟如是而已，则桀、纣、秦政之治，初何以异于尧、舜、三王？且使民与禽兽杂居，寒至而不知衣，饥至而不知食，凡所谓宫室、器用、医药、葬埋之事，举皆待教而后知为之，则人之类其灭久矣，彼圣人者，又乌得此民者出令而君之。

且韩子胡不云：民者，出粟米麻丝、作器皿、通货财以相为生养者也，有其相欺、相夺而不能自治也，故出什一之赋，而置之君，使之作为刑政、甲兵，以锄其强梗，备其患害。然而君不能独治也，于是为之臣，使之行其令，事其事。是故民不出什一之赋，则莫能为之君；君不能为民锄其强梗，防其患害则废；臣不能行其锄强梗，防患害之令则诛乎？

孟子曰："民为重，社稷次之，君为轻。"此古今之通义也。而韩子不尔云者，知有一人而不知有亿兆也。老之言曰："窃钩者诛，窃国者侯。"夫自秦以来，为中国之君者，皆其尤强梗者也，最能欺夺者也。窃尝闻"道之大原出于天"矣。今韩子务尊其尤强梗，最能欺夺之一人，使安坐而出其唯所欲为之令，而使天下无数之民，各出其苦筋力、劳神虑者，以供其欲，少不如是焉则诛，天之意固如是乎？道之原又如是乎？"呜呼！其亦幸出于三代之后，不见黜于禹、汤、文、武、周公、孔子也；其亦不幸不出于三代之前，不见正于禹、汤、文、武、周公、孔子也！"

且韩子亦知君臣之伦之出于不得已乎？有其相欺，有其相夺，有其强梗，有其患害，而民既为是粟米麻丝、作器皿、通货财与凡相生、相养之事矣，今又使之操其刑焉以锄，主其斗斛、权衡焉以信，造为城郭、甲兵焉以守，则其势不能。于是通功易事，择其公且贤者，立而为之君。其意固曰，吾耕矣织矣，工矣贾矣，又使吾自卫其性命财产焉，则废吾事。何若使子专力于所以为卫者，而吾分其所得于耕织工贾者，以食子给子之为利广而事治乎？此天下立君之本旨也。是故君也臣也，刑也兵也，皆缘卫民之事而后有也；而民之所以有待于卫者，以其有强梗欺夺患害也。有其强梗欺夺患害也者，化未进而民未尽善也。是故君也者，与天下之不善而同存，不与天下之善而对待也。今使用仁义道德之说，而天下如韩子所谓"以之为己，则顺而祥；以之为人，则爱而公；以之为心，则和且〔而〕平"。夫如是之民，则将莫不知其性分之所固有，职分之所当为矣，尚何有于强梗欺夺？尚何有于相为患害？又安用此高高在上者，朘我以生，出令令我，责所出而诛我，时而抚我为后，时而虐我为仇也哉？故曰：君臣之伦，盖出于不得已也！唯其不得已，故不足以为道之原。彼佛之弃君臣是也，其所以弃君臣非也。而韩子将以谓是固与天壤相弊也者，又乌足以为知道者乎！

然则及今而弃吾君臣，可乎？曰：是大不可。何则？其时未至，其俗未成，其民不足以自治也。彼西洋之善国且不能，而况中国乎！今夫西洋者，一国之大公事，民之相与自为者居其七，由朝廷而为之者居其三，而其中之荦荦尤大者，则明刑、治兵两大事而已。何则？是二者，民之所仰于其国之最急者也。昔汉高入关，约法三章耳，而秦民大服。知民所求于上者，保其性命财产，不过如是而已。更骛其余，所谓"代大匠斲，未有不伤指"者也。是故使今日而中国有圣人兴，彼将曰："吾之以藐藐之身托于亿兆人之上者，不得已也，民弗能自治故也。民之弗能自治者，才未逮、力未长、德未和也。乃今将早夜以孳孳求所以进吾民之才、德、力者，去其所以困吾民之才、德、力者，使其无相欺、相夺而相患害也，吾将悉听其自由。民之自由，天之所畀也，吾又乌得而靳之！如是，幸而民至于能自治也，吾将悉复而与之矣。唯一国之日进富强，余一人与吾子孙尚亦有利焉，吾曷贵私天下哉！"诚如是，三十年而民不大和、治不大进，六十年而中国有不克与欧洲各国方富而比强者，正吾莠言乱政之罪可也。彼英、法、德、美诸邦之进于今治者，要不外百余年、数十年间耳。况夫彼为其难，吾为其易也。

嗟夫！有此无不有之国，无不能之民，用庸人之论，忌讳虚骄，至于贫且弱焉以亡，天下恨事孰过此者！是故考西洋各国，当知富强之甚难也，我何可以苟安？考西洋各国，又当知富强之易易也，我不可以自馁，道在去其害富、害强，而日求其能与民共治而已。语有之曰："曲士不可与语道者，束于教也。"苟求自强，则六经且有不可用者，况夫秦以来之法制！如彼韩子，徒见秦以来之为君。秦以来之为君，正所谓大盗窃国者耳。国谁窃？转相窃之于民而已。既已窃之矣，又惴惴然恐其主之或觉而复之也，于是其法与令蝟毛而起，质而论之，其什八九皆所以坏民之才、散民之力、漓民之德者也。斯民也，固斯天下之真主也，必弱而愚之，使其常不觉，常不足以有为，而后吾可以长保所窃而永世。嗟乎！夫谁知患常出于所虑之外也哉？此庄周所以有胠箧之说也。是故西洋之言治者曰："国者，斯民之公产也，王侯将相者，通国之公仆隶也。"而中国之尊王者曰："天子富有四海，臣妾亿兆。"臣妾者，其文之故训犹奴虏也。夫如是则西洋之民，其尊且贵也，过于王侯将相；而我中国之民，其卑且贱，皆奴产子也。设有战斗之事，彼其民为公产、公利自为斗也，而中国则奴为其主斗耳。夫驱奴虏以斗贵人，固何所往而不败？

原强续篇*
（1895）

夫所谓标本并治者，岂非以救时之道通于治病者乎？盖察病而知致病之原，则其病将愈，唯病原真而后药物得，药物得而后其病乃有瘳，此不易之理也。

今日之东事，横决大溃，至于不可收拾者，夫岂一朝夕之故，而审其原者谁乎？方其未发也，上下晏安，深忌讳而乐死亡。当是之时，虽有前识，破脑刳心，痛哭阙下，亦将指为妖言，莫之或省。及其始发也，无责者不审彼己之情实，不图事势之始终，徒扬臂奋呼，快一发而不虑其所以为收。迨至事功违反，则共咤嗟骇荡。众难群疑曰：“是必有强国焉阴助之耳，不然倭乌能如是！”又曰：“是必吾国有枭杰焉为之谋主，不然倭又乌能如是！”又曰：“是必我之居津要者与表里为奸，不然倭又乌以至此！”嗟乎！诸君自视太高，视人太浅，虚骄之气不除，虽百思未能得其理也。夫所恶于虚骄恃气者，以其果敢而窒，如醉人之勇，俟其既醒，必怯懦而不可复作也。夫以中国今日政治之弛缓不收，人心之浇薄自私与百执事人才之消乏，虑无起者耳。有枭雄焉，操利仗驱数万训练节制之师，胜广之祸殆莫与遏。况乎倭处心积虑十余年，图我内地之山川，考我将帅之能否，举中国一切之利病，微或不知之。此在西洋为之则甚难，彼倭为之则甚易者，书同文而壤地相接故也。今乃谓其必待西洋之相助，与中国奸人之借资，诸君能稍贬此〔所〕谓人莫己若之心，庶有以审今日之乱源，而国事尚有豸耳。

悲夫！窃尝谓国朝武功之盛，莫著于高宗，而衰端即伏于是。降及道咸，官邪兵窳极矣。故发捻之乱，蔓延浸淫，几天下无完土。湘淮二

* 原发表于1895年3月29日，天津《直报》。本篇选自《严复集》，第一册，36～40页。

军起煨烬之中，百折不回，赫然助成中兴之业，其功诚有不可没者。然究切言之，则不外以匪之术治匪，其营规军制，多一切苟且因应之图，断然不足以垂久远。世人成败论世，且依附者众，遂举世莫敢非之。顾祖宗数百年缔造之远略宏规，所谓王者之师，至此而扫地尽矣！使今日而祖制尚有孑遗，则存其法而易其器，补其敝而师其心，则武备之坏，尚不至此，而军政尚可用也，惜乎今万不能。又窃尝谓百十年来中国之至不幸，其兵所相与磨砻者，皆内地乌合之土匪，即遇外警，皆不过西洋之偏师，扣关搪呼，求得所愿而遂止。致吾国君臣上下，谓经武之事，不外云云。而文人学士，不耻佞谀，相与扬厉铺张，其身受与侧听者，皆信为果然。故其病愈深痼而不可疗。今乃知未履之而艰，未及之而知，是唯度量超绝，决荡拘挛，极物理之精者为能，讲俗学者必不能也。

然而今日之事，诸君为我识之，螳螂捕蝉，而黄雀已从其后。今之胜我者亦将谓天下之兵皆若所遇于北洋之易欤；不言所攻者之甚瑕，独信攻者之实坚，举国若狂，中毒尤剧，虽有明识，将莫能救。继此以往，必有乘其蔽而覆之者。姑前言之，以为他日左验而已。

彼之跳掷决躁，至今极矣。如是之敌，尚不知制为所以待之之术，公等又安用读书学道为哉！今夫倭者务胜好乱，儳然不终日之民也，然其谋则已大矣。其谋云何？曰："将兴亚以拒欧。"尝自论曰："吾东洲之英吉利也。"十余年间，变服式，改制度，初自谓与西之国齐列而等夷，而西人乃儿抚而目笑之，大失所望，归而求亲于中国，中国视之，益蔑如也。于是深怒积怨，退而治兵，蛇入鼠出，不可端倪。而我尚晏然不知蜂虿之有毒，般乐怠傲，益启戎心。是故推既往之迹，以勘倭之隐：使中国而强，则彼将合我；使中国而弱，则彼将役我。为合为役，皆以拒欧。其拒欧之中，则拒英为尤甚，其次乃俄。何则？英固西洋之倡国也，其民沈质简毅，持公道，保盛图，而不急为翕翕热者，故其中倭忌也尤深，而俄则亦实逼处此者也。故处今之日，无论中国之弱与强，倭之谋皆必出于战而后已。盖必战而后有以示我以其强，去我蔑视之心，以后有以致其所谓合与役者。

虽然，倭之谋则大矣，而其术乃大谬。夫一国一洲之兴，其所以然之故，至繁赜矣。譬诸树木，其合抱参天，阴横数亩，足以战风雨而傲岁寒者，夫岂一曙之事！倭变法以来，凡几稔矣。吾不谓其中无豪杰能者，主权势而运国机，然彼不务和其民，培其本，以待其长成而自至，乃欲用强暴，力征经营以劫夺天下。其民才未长也，其民力未增也，其民德未和也，而唯兵之治，不知兵之可恃而长雄者，皆富强以后之果实。无其本而强为其实，其树不颠仆者寡矣。

夫中国者，倭之母也。使中国日益蕃昌，兴作日多，通商日广，则首先受其厚利者，非倭而谁？十年以来，中国出入口之货籍具在，可覆案也。顾倭狠而贪，未厌厥欲。善夫西人之设喻也，曰：埃及人甲养神鹅，一日，鹅生卵，坠地化黄金，甲大喜，以为是腹中皆此物也，刲而求之，无所得而鹅死。夫使物类之繁衍，国土之富强，可倒行逆施而得速化之术，且不至于自灭者，则达尔文、锡彭塞二子举无所用著书矣。华人好言倭学西法徒见皮毛，岂苛论哉！彼二子之所谆谆，倭之智固不足以与之耳。《黄石公记》曰："务广地者荒，务广德者强；有其有者安，贪人有者残。残贼之政虽成必害。"今倭不悟其国因前事事太骤以致贫，乃日用其兵，求以其邻为富，是盗贼之行也，何西法之不幸，而有如是之徒也。故吾谓教顽民以西法之形下者，无异假轻侠恶少以利矛强弓，其入市劫财物、杀长者固矣。然亦归于自杀之驱而已矣。害农商，戕民物，戾气一消，其民将痛。倘军费无所得偿，吾不知倭之所以为国也。其与我不得已而起，民心日辑合，民气日盈者，岂可同日而论哉？是故今日之事，舍战固无可言，使上之人尚有所恋，而不早自断焉，则国亡矣。且三五百年间，中土无复振之一日。

夫倭之条款，众所宜知矣，姑无论割地、屯兵诸大端，即此数万万之军费，于何应之？倭患贫而我适以是拯之，以恣其虐我。是何异驱四百兆之赤子，系颈面缚以与其仇，以求旦夕之喘息，此非天下之至不仁者不为。今日款议所关，实天下之公祸公福。陛下仁圣，岂忍妄许。呜呼！和之一言，其贻误天下，可谓罄竹难书矣。唯"终归于和"之一念，中于人心者甚深，而战事遂不可复振。是故举今日北洋之糜烂，皆可于"和"之一字推其原。仆生平固最不喜言战者也，每谓有国者，虽席极可战之势，据极可战之理，苟可以和，切勿妄动。迨不得已战矣，则计无复之，唯有与战相终始，万万不可求和，盖和则终亡，而战可期渐振。苟战亦亡，和岂遂免！此中国之往事然，而西国之往事又莫不然也。唯始事而轻言战，则既事必轻言和。仆尝叹中国为倒置之民者，正为轻重和战之间所施悖耳。

为今日之计，议不旋踵，十年二十年转战，以任拼与贼倭没尽而已。诚如是，中倭二者，孰先亡焉，孰后倦焉，必有能辨之者。天子以天下为家，有以死社稷教陛下者，其人可斩也。愿诸公绝“望和”之一念，同德商力，亟唯军实之求。兵虽乌合，战则可以日精；将虽愚怯，战则日来智勇；器虽苦窳，战则日出坚良。此时不独宜绝求和之心，且当去求助各国之志。何则？欲求人助者，必先自助。使我自坐废，则人虽助我，亦必不力，而我之所失多矣。

救亡决论*
（1895）

天下理之最明而势所必至者，如今日中国不变法则必亡是已。然则变将何先？曰：莫亟于废八股。夫八股非自能害国也，害在使天下无人才。其使天下无人才奈何？曰：有大害三。

其一害曰：锢智慧。今夫生人之计虑智识，其开也，必由粗以入精，由显以至奥，层累阶级，脚踏实地，而后能机虑通达，审辨是非。方其为学也，必无谬悠影响之谈，而后其应事也，始无颠倒支离之患。何则？其所素习者然也。而八股之学大异是。垂髫童子，目未知菽粟之分，其入学也，必先课之以《学》、《庸》、《语》、《孟》，开宗明义，明德新民，讲之既不能通，诵之乃徒强记。如是数年之后，行将执简操觚，学为经义，先生教之以擒挽之死法，弟子资之于剽窃以成章。一文之成，自问不知何语。迨夫观风使至，群然挟兔册，裹饼饵，逐队唱名，俯首就案，不违功令，皆足求售，谬种流传，羌无一是。如是而博一衿矣，则其荣可以夸乡里；又如是而领乡荐矣，则其效可以觊民社。至于成贡士，入词林，则其号愈荣，而自视也亦愈大。出宰百里，入主曹司，珥笔登朝，公卿跬步，以为通天地人之谓儒。经朝廷之宾兴，蒙皇上之亲策，是朝廷固命我为儒也。千万旅进，人皆铩羽，我独成龙，是冥冥中之鬼神，又许我为儒也。夫朝廷、鬼神皆以我为儒，是吾真为儒，且真为通天地人之儒。从此天下事来，吾以半部《论语》治之足矣，又何疑哉！又何难哉！做秀才时无不能做之题，做宰相时自无不能做之事，此亦其所素习者然也。谬妄糊涂，其曷足怪？

---

* 原发表于1895年5月1日到8日，天津《直报》。本篇选自《严复集》，第一册，40～54页。

其二害曰：坏心术。揆皇始创为经义之意，其主于愚民与否，吾不敢知。而天下后世所以乐被其愚者，岂不以圣经贤传，无语非祥，八股法行，将以“忠信廉耻”之说渐摩天下，使之胥出一途，而风俗亦将因之以厚乎？而孰知今日之科举，其事效反于所期，有断非前人所及料者。今姑无论试场大弊，如关节、顶替、倩枪、联号，诸寡廉鲜耻之尤，有力之家，每每为之，而未尝稍以为愧也。请第试言其无弊者，则孔子有言：“知之为知之，不知为不知，是知也”，故言止于所不知，固学者之大戒也。而今日八股之士，乃真无所不知。夫无所不知，非人之所能也。顾上既如是求之，下自当以是应之。应之奈何？剿说是已。夫取他人之文词，腆然自命为己出，此其人耻心所存，固已寡矣。苟缘是而侥幸，则他日掠美作伪之事愈忍为之，而不自知其为可耻。然此犹其临场然耳。至其平日用功之顷，则人手一编，号曰揣摩风气。即有一二聪颖子弟，明知时尚之日非，然去取所关，苟欲求售，势必俯就而后可。夫所贵于为士，与国家养士之深心，岂不以矫然自守，各具特立不诡随之风，而后他日登朝，乃有不苟得不苟免之概耶！乃今者，当其做秀才之日，务必使之习为剿窃诡随之事，致令羞恶是非之心，旦暮梏亡，所存濯濯。又何怪委贽通籍之后，以巧宦为宗风，以趋时为秘诀。否塞晦盲，真若一丘之貉。苟利一身而已矣，遑恤民生国计也哉！且其害不止此。每逢春秋两闱，其闱内外所张文告，使不习者观之，未有不欲股弁者。逮亲见其实事，乃不徒大谬不然，抑且变本加厉。此奚翅当士子出身之日，先教以赫赫王言，实等诸济窍飘风，不关人事，又何怪他日者身为官吏，刑在前而不栗，议在后而不惊。何则？凡此又皆所素习者然也。是故今日科举之事，其害不止于锢智慧，坏心术，其势且使国宪王章渐同粪土，而知其害者，果谁也哉？

其三害曰：滋游手。扬子云有言：“言，心声也；书，心画也。”故知言语、文字二事，系生人必具之能。人不知书，其去禽兽也，仅及半耳。中国以文字一门专属之士，而西国与东洋则所谓四民之众，降而至于妇女走卒之伦，原无不识字知书之人类。且四民并重，从未尝以士为独尊，独我华人，始翘然以知书自异耳。至于西洋理财之家，且谓农工商贾皆能开天地自然之利，自养之外，有以养人，独士枵然，开口待哺。是故士者，固民之蠹也。唯其蠹民，故其选士也，必务精，而最忌广；广则无所事事，而为游手之民，其弊也，为乱，为贫，为弱。而中国则后车十乘，从者百人，孟子已肇厉阶。至于今日之士，则尚志不闻，素餐等诮。十年之间，正恩累举，朝廷既无以相待，士子且无以自存。棫朴丛生，人文盛极。然若以孙文台杀荆州太守坐无所知者例之，则与当涂公卿，皆不容于尧舜之世者也。况夫益之以保举，加之以捐班，决疣溃痈，靡知所届。中国一大豕也，群虱总总，处其奎蹄曲隈，必有一日焉，屠人操刀，具汤沐以相待，至是而始相吊焉，固已晚矣。悲夫！

夫数八股之三害，有一于此，则其国鲜不弱而亡，况夫兼之者耶！今论者将谓八股取士，固未尝诚负于国家，彼自明以来用之矣，其所收之贤哲巨公，指不胜屈，宋苏轼尝论之矣。果循名责实之道行，则八股亦何负于天下？此说固也，然不知利禄之格既悬，则无论操何道以求人，将皆有聪明才智之俦入其彀。设国家以饭牛取士，亦将得宁戚、百里大夫；以牧豕取士，亦将得卜式、公孙丞相。假当日见其得人，遂以此为科举之恒法，则诸公以为何如？夫科举之事，为国求才也，劝人为学也。求才、为学二者，皆必以有用为宗。而有用之效，征之富强；富强之基，本诸格致。不本格致，将无所往而不荒虚，所谓“蒸砂千载，成饭无期”者矣。彼苏氏之论，取快一时，盖方与温公、介甫立异抵巇，又何可视为笃论耶！总之，八股取士，使天下消磨岁月于无用之地，堕坏志节于冥昧之中，长人虚骄，昏人神智，上不足以辅国家，下不足以资事畜，破坏人才，国随贫弱。此之不除，徒补苴罅漏、张皇幽渺，无益也，虽练军实、讲通商，亦无益也。何则？无人才，则之数事者，虽举亦废故也。舐糠及米，终致危亡而已。然则救之之道当何如？曰：痛除八股而大讲西学，则庶乎其有鸠耳。东海可以回流，吾言必不可易也。

难者曰：夫八股锢智慧、坏心术、滋游手，积将千年之弊，流失败坏，一旦外患凭陵，使国家一无可恃。欲战则忧速亡，忍耻求和，则恐寖微寖灭。当是之时，其宜改弦更张，不待议矣。顾惟是处存亡危急之秋，待学问以图功，将何殊播谷饲蚕，俟获成献功，以救当境饥寒之患。道则是矣，于涂无乃迂乎？今先生论救亡而以西学格致为不可易，夫格致何必西学，固吾道《大学》之始基也，独其效若甚赊，其事若甚琐。朱晦翁《补传》一篇，大为后贤所聚讼。同时陆氏兄弟，已有逐物破道之讥。前明姚江王伯安，儒者之最有功业者也，格窗前一竿竹，七日病生。其说谓“格”字当以孟子格君心之非，及今律格杀勿论诸“格”字为训，谓当格除外物，而后有以见良知之用、本体之明。此尤事功无待格致之明证，而先生谓富强以格致为先务，蒙窃惑之。其说得详闻欤？

应之曰：不亦善乎，客问之也。夫中土学术、政教，自南渡以降，所以愈无可言者，孰非此陆王之学阶之厉乎！以国朝圣祖之圣，为禹文以后仅见之人君，亦不过挽之一时，旋复衰歇。盖学术末流之大患，在于徇高论而远事情，尚气矜而忘实祸。夫八股之害，前论言之详矣。而推而论之，则中国宜屏弃弗图者，尚不止此。自有制科来，士之舍干进梯荣，则不知焉所事学者，不足道矣。超俗之士，厌制艺则治古文词，恶试律则为古今体；鄙折卷者，则争碑版篆隶之上游；薄讲章者，则标汉学考据之赤帜。于是此追秦汉，彼尚八家，归、方、刘、姚、恽、魏、方、龚；唐祖李杜，宋祢苏黄；七子优孟，六家鼓吹。魏碑晋帖，南北派分，东汉刻石，北齐写经。戴、阮、秦、王，直闯许郑。深衣几幅，明堂两个。钟鼎校铭，珪琮著考，秦权汉日，穰穰满家。诸如此伦，不可殚述。然吾得一言以蔽之，曰：无用。非真无用也，凡此皆富强而后物阜民康，以为怡情遣日之用，而非今日救弱救贫之切用也。其又高者曰：否否，此皆不足为学。学者学所以修己治人之方，以佐国家、化民成俗而已。于是侈陈礼乐，广说性理。周、程、张、朱，关、闽、濂、洛。学案几部，语录百篇。《学蔀通辨》，《晚年定论》。关学刻苦，永嘉经制。深宁、东发，继者顾黄。《明夷待访》，《日知》著录。褒衣大袖，尧行舜趋。訑訑声颜，距人千里。灶上驱虏，折箠笞羌。经营八表，牢笼天地。夫如是，吾又得一言以蔽之，曰：无实。非果无实也，救死不赡，宏愿长赊。所托愈高，去实滋远。徒多伪道，何裨民生也哉！故由后而言，其高过于西学而无实；由前而言，其事繁于西学而无用。均之无救危亡而已矣。

客谓处存亡危急之秋，务亟图自救之术，此意是也。固知处今而谈，不独破坏人才之八股宜除，与〔举〕凡宋学汉学，词章小道，皆宜且束高阁也。即富强而言，且在所后，法当先求何道可以救亡。惟是申陆王二氏之说，谓格致无益事功，抑事功不俟格致，则大不可。夫陆王之学，质而言之，则直师心自用而已。自以为不出户可以知天下，而天下事与其所谓知者，果相合否？不径庭否？不复问也。自以为闭门造车，出而合辙，而门外之辙与其所造之车，果相合否？不龃龉否？又不察也。向壁虚造，顺非而泽，持之似有故，言之若成理。其甚也，如骊山博士说瓜，不问瓜之有无，议论先行蜂起，秦皇坑之，未为过也。盖陆氏于孟子，独取良知不学、万物皆备之言，而忘言性求故、既竭目力之事，惟其自视太高，所以强物就我。后世学者，乐其径易，便于惰窳敖慢之情，遂群然趋之，莫之自返。其为祸也，始于学术，终于国家。故其于己也，则认地大民众为富强，而果富强否，未尝验也；其于人也，则神州而外皆夷狄，其果夷狄否，未尝考也。抵死虚㤭，未或稍屈。然而天下事所不可逃者，实而已矣，非虚词饰说所得自欺，又作盛气高言所可持劫也。迨及之而知，履之而艰，而天下之祸，固无救矣。胜代之所以亡，与今之所以弱者，不皆坐此也耶！前车已覆，后轸方遒，真可叹也！若夫词章一道，本与经济殊科，词章不妨放达，故虽极蜃楼海市，惝恍迷离，皆足移情遣意。一及事功，则淫遁诐邪，生于其心，害于其政矣；苟且粉饰，出于其政者，害于其事矣。而中土不幸，其学最尚词章，致学者习与性成，日增慆慢。又况以利禄声华为准的，苟务悦人，何须理实，于是慆慢之余，又加之以险躁，此与武侯学以成才之说，奚啻背道而驰。仆前谓科举破坏人才，此又其一者矣。

然而西学格致，则其道与是适相反。一理之明，一法之立，必验之物物事事而皆然，而后定之为不易。其所验也贵多，故博大；其收效也必恒，故悠久；其究极也，必道通为一，左右逢原，故高明。方其治之也，成见必不可居，饰词必不可用，不敢丝毫主张，不得稍行武断，必勤必耐，必公必虚，而后有以造其至精之域，践其至实之途。迨夫施之民生日用之间，则据理行术，操必然之券，责未然之效，先天不违，如土委地而已矣。且西士有言：凡学之事，不仅求知未知，求能不能已也。学测算者，不终身以窥天行也；学化学者，不随在而验物质也；讲植物者，不必耕桑；讲动物者，不必牧畜。其绝大妙用，在于有以炼智虑而操心思，使习于沉者不至为浮，习于诚者不能为妄。是故一理来前，当机立剖，昭昭白黑，莫使听荧。凡夫洞〔恫〕疑虚猲，荒渺浮夸，举无所施其伎焉者，得此道也，此又《大学》所谓“知至而后意诚”者矣。且格致之事，以道眼观一切物，物物平等，本无大小、久暂、贵贱、善恶之殊。庄生知之，故曰道在屎溺，每下愈况。王氏窗前格竹，七日病生之事，若与西洋植物家言之，当不知几许轩渠，几人齿冷。且何必西士，即如其言，则《豳诗》之所歌、《禹贡》之所载，何一不足令此子病生。而圣人创物成能之意，明民前用之机，皆将由此熄矣。率天下而祸实学者，岂非王氏之言欤？

且客过矣。西学格致，非迂涂也，一言救亡，则将舍是而不可。今设有人于此，自其有生以来，未尝出户，但能读《三坟》、《五典》、《八索》、《九邱》，而于门以外之人情物理，一无所知。凡舟车之运转流行，道里之险易涩滑，岩墙之必压，坎陷之至凶，擿埴索涂，都忘趋避，甚且不知虎狼之可以食人，鸩毒之可以致死。一旦为事势所逼，置此子于肩摩毂击之场、山巅水涯之际，所不残毁僵仆者，其与几何？知此，则知中国由今之道，无变今之俗，欲求不亡之必无幸矣。盖欲救中国之亡，则虽尧、舜、周、孔生今，舍班孟坚所谓通知外国事者，其道莫由。而欲通知外国事，则舍西学洋文不可，舍格致亦不可。盖非西学洋文，则无以为耳目，而舍格致之事，将仅得其皮毛，眢井瞽人，其无救于亡也审矣。且天下唯能者可以傲人之不能，唯知者可以傲人之不知；而中土士大夫，怙私恃气，乃转以不能、不知傲人之能与知。彼乘骐骥，我独骑驴；彼驾飞舟，我偏结筏，意若谓彼以富强，吾有仁义。而回顾一国之内，则人怀穿窬之行，而不自知羞；民转沟壑之中，而不自知救。指其行事，诚皆不仁不义之尤。以此傲人，羞恶安在！至一旦外患相乘，又茫然无以应付，狂悖违反，召败蕲亡。孟子曰："不仁而可与言，则何亡国败家之有？"夫非今日之谓耶！

且客谓西学为迂涂，则所谓速化之术者，又安在耶？得毋非练军实之谓耶？裕财赋之谓耶？制船炮、开矿产之谓耶？讲通商务树畜之谓耶？开民智、正人心之谓耶？而之数事者，一涉其流，则又非西学格致皆不可。今以层累阶级之不可紊也，其深且远者，吾不得与客详之矣。今姑即其最易明之练兵一端言之可乎？今夫中国，非无兵也，患在无将帅。中国将帅，皆奴才也，患在不学而无术。若夫爱士之仁，报国之勇，虽非自弃流品之外者之所能，然尚可望由于生质之美而得之。至于阳开阴闭，变动鬼神，所谓为将之略者，则非有事于学焉必不可。即如行军必先知地，知地必资图绘，图绘必审测量，如是，则所谓三角、几何、推步诸学，不从事焉不可矣。火器致人，十里而外；为时一分，一机炮可发数百弹，此断非徒裎奋呼、迎头痛击者所能决死而幸胜也。于是则必讲台垒、壕堑之事，其中相地设险，遮扼钩联，又必非不知地不知商功者所得与也。且为将不知天时之大律，则暑寒风雨，将皆足以破军；未闻遵生之要言，则疾疫伤亡，将皆足以损众。二者皆与扎营踞地息息相关者也。乃至不知曲线力学之理，则无以尽炮准来复之用；不知化学涨率之理，则无由审火棉火药之宜；不讲载力重学，又乌识桥梁营造？不讲光电气水，又何能为伏桩旱雷与通语探敌诸事也哉？抑更有进者，西洋凡为将帅之人，必通敌国之语言文字，苟非如此，任必不胜。此若与吾党言之，愈将发狂不信者矣。若夫中国统领伎俩，吾亦知之：不知道里而迷惑，则传问驿站之马夫；欲探敌人之去来，则暂雇本地之无赖。尤可笑者，前某军至大同，无船可渡，争传州县办差；近某军扎新河，海啸忽来，淹死兵丁数百。是于行军相地，全所不知。夫用如是之将领，使之率兵向敌，吾国不亡，亦云幸矣！尚何必以和为辱也哉？且夫兵之强弱，顾实事何如耳，又何必如某总兵所称，铜头铁额如蚩尤，驱使虎豹如巨无霸。中国史传之不足信久矣，演义流布，尤为惑世诬民。中国武夫识字，所恃为韬略者，不逾此种。无怪今日营中，多延奇门遁甲之家，冀实事不能，或仰此道制胜。中国人民智慧蒙蔽弇陋，至于此极，虽圣人生今，殆亦无能为力也。哀哉！

议者又谓：自海上军兴以来，二十余年，师法西人不遗余力者，号以北洋为最，而临事乃无所表见如此，然则曷贵师资？此又耳食之徒，不考实事之过也。自明眼人观之，则北洋实无一事焉师行西法。其详不可得言，姑举一端为喻。曩者法越之事，北洋延募德酋数十人，洎条约既成，无所用之，乃分遣各营，以为教习。彼见吾军事多不可者，时请更张。各统领恶其害己也，群然噪而逐之。上游筹所以慰安此数十人者，于是乎有武备学堂之设。既设之后，虽学生年有出入，尚未闻培成何才，更不闻如何器使，此则北洋练兵练将，不用西法之明征。夫盗西法之虚声，而沿中土之实弊，此行百里者所以半九十里也。呜呼！其亦可悲也已！然此不具论。论者见今日练兵，非实由西学之必不可耳。至于阜民富国之图，则中国之治财赋者，因于西洋最要之理财一学，从未问津，致一是云为，自亏自损，病民害国，暗不自知。其士大夫亦因于此理不明，故出死力与铁路机器为难，自遏利源，如近日京师李福明一案，尤足令人流涕太息者也。不知是二事者，乃中土真不容缓之图，富强所基，何言有损？果其有损，则东西二洋其贫弱而亡久矣。《淮南子》曰："栉者堕发而栉不至〔止〕者，为堕者少而利者多也。"彼唯有见于近而无见于远，有察于寡而无察于多，肉食者鄙，端推此辈。中国地大民众，谁曰不然，然地大在外国乃所以强，在中国正所以弱；民众在外国乃所以富，在中国正所以贫。救之之道，非造铁道、用机器不为功；而造铁道、用机器，又非明西学格致必不可。是则一言富国阜民，则先后始终之间，必皆有事于西学，然则其事又曷可须臾缓哉！

约而论之，西洋今日，业无论兵、农、工、商，治无论家、国、天下，蔑一事焉不资于学。锡彭塞《劝学篇》尝言之矣。继今以往，将皆视物理之明昧，为人事之废兴。各国皆知此理，故民不读书，罪其父母。日本年来立格致学校数千所，以教其民，而中国忍此终古，二十年以往，民之愚智，益复相悬，以与逐利争存，必无幸矣。《记》曰："学然后知不足。"公等从事西学之后，平心察理，然后知中国从来政教之少是而多非。即吾圣人之精意微言，亦必既通西学之后，以归求反观，而后有以窥其精微，而服其为不可易也。夫中国以学为明善复初，而西人以学为修身事帝，意本同也。惟西人谓修身事帝，必以安生利用为基，故凡遇中土旱干水溢、饥馑流亡，在吾人以为天灾流行，何关人事，而自彼而论，则事事皆我人谋之不臧，甚且谓吾罪之当伐，而吾民之可吊，而我尚傲然弗屑也，可不谓大哀也哉！

嗟嗟！处今日而言救亡，非圣祖复生，莫能克矣。圣祖当本朝全盛之日，贤将相比肩于朝，则垂拱无为，收视穆清，宜莫圣祖若矣！而乃勤苦有用之学，察究外国之事，亘古莫如。其所学之拉体诺，即今之辣丁文，西学文字之祖也。至如天算、兵法、医药、动植诸学，无不讲，亦蔑不精。庙谟所垂，群下莫出其右，南斋侍从之班，以洋人而被侍郎卿衔者，不知凡几，凡此皆以备圣人顾问者也。夫如是，则圣者日圣，其于奠隆基致太平也何难。不独制艺八股之无用，圣祖早已知之，即如从祀文庙一端，汉人所视为绝大政本者，圣祖且以为无关治体，故不许满人得鼎甲，亦不许满人从祀孔子庙廷，其用意可谓远矣。而其所以不废犹行者，知汉人民智之卑，革之不易，特聊顺其欲而已。然则圣祖之精神默运，直至二百年而遥。而有道曾孙，处今日世变方殷，不追祖宗之活精神，而守祖宗之死法制，不知不法祖宗，正所以深法祖宗。致文具空存，邦基陧阢，甚或庙社以屋，种类以亡，孝子慈孙，岂愿见此！曩已丑、庚寅之间，祈年殿与太和门，数月连毁。一所以事大，一所以临民，王者之大事也！灾异至此，可为寒心，然安知非祖宗在天灵爽，默示深痌也哉！总之，驱夷之论，既为天之所废而不可行，则不容不通知外国事；欲通知外国事，自不容不以西学为要图。此理不明，丧心而已。救亡之道在此，自强之谋亦在此。早一日变计，早一日转机，若尚因循，行将无及。彼日本非不深恶西洋也，而于西学，则痛心疾首、卧薪尝胆求之。知非此不独无以制人，且将无以存国也。而中国以恶其人，遂以并废其学，都不问利害是非，此何殊见仇人操刀，遂戒家人勿持寸铁；见仇家积粟，遂禁子弟不复力田。呜呼，其傎甚矣。

虽然，吾与客皆过矣。运会所趋，岂斯人所能为力。天下大势，既已日趋混同；中国民生，既已日形狭隘。而此日之人心世道，真成否极之秋，则穷变通久之图，天已谆谆然命之矣。继自今，中法之必变，变之而必强，昭昭更无疑义，此可知者也。至变于谁氏之手，强为何种之邦，或成五裂四分，抑或业归一姓，此不可知者也。吾与客茫茫大海，飘飘两萍，委心任运可耳，又何必容心于鼠肝虫臂，而为不祥之金也哉！客言下大悟，奋袖低昂而去。

建言有之：天不变，地不变，道亦不变。此观化不审似是实非之言也。夫始于涅菩，今成椭轨；天枢渐徙，斗分岁增；今日逊古日之热，古晷较今晷为短，天果不变乎？炎洲群岛，乃古大洲沉没之山尖；萨哈喇广漠，乃古大海浮露之新地；江河外啮，火山内溯，百年之间，陵谷已易；眼前指点，则勃澥旧界，乃在丁沽，地果不变乎？然则，天变地变，所不变者，独道而已。虽然，道固有其不变者，又非俗儒之所谓道也。请言不变之道：有实而无夫处者宇，有长而无本剽者宙；三角所区，必齐两矩；五点布位，定一割锥，此自无始来不变者也。两间内质，无有成亏；六合中力，不经增减，此自造物来不变者也。能自存者资长养于外物，能遗种者必爱护其所生。必为我自由，而后有以厚生进化；必兼爱克己，而后有所和群利安，此自有生物生人来不变者也。此所以为不变之道也。若夫君臣之相治，刑礼之为防，政俗之所成，文字之所教，吾儒所号为治道人道，尊天柱而立地维者，皆譬诸夏葛冬裘，因时为制，目为不变，去道远矣！第变者甚渐极微，固习拘虚，末由得觉，遂忘其变，信为恒然；更不能与时推移，进而弥上；甚且生今反古，则古昔而称先王，有若古之治断非后世之治所可及者，而不知其非事实也。

中国秦火一事，乃千古诿遇〔过〕渊丛。凡事不分明，或今世学问为古所无，尊古者必以秦火为解；或古圣贤智所不逮，言行过差，亦必力为斡旋，代为出脱。如阮文达知地圆之说必不可易，则取“旁陀四陨”一语，谓曾子已所前知；又知地旋之理无可复疑，乃断《灵宪》地动仪，谓张平子已明天静。此虽皆善傅会，而无如天下之目不可掩也。至于孔子，则生知将圣，尤当无所不窥。于是武断支离，牵合虚造，诬古人而厚自欺，大为学问之蔀障。且忧海水之涸，而以洎益之，于孔子亦何所益耶！往尝谓历家以太阳行度盈缩不均，于是于真日之外，更设平日，以定平晷，畴人便之，儒者亦然。故今人意中之孔子，乃假设之平圣人，而非当时之真孔子。世有好学深思之士，于吾言当相视而笑也。

夫稽古之事，固自不可为非。然察往事而以知来者，如孟子求故之说可也。必谓事事必古之从，又常以不及古为恨，则谬矣！间尝与友论中国尚古贱今之可异，友曰：“古人如我辈父兄，君家如有父兄，事事自必诹而后行，尚古之意，正亦如是。”仆曰：“足下所以事事必诹而后行者，岂非以其见闻较广、更事较多故耶?”友曰：“诚然。”仆大笑曰：“据君之理，行君之事，正所谓颠倒错乱者耳。夫五千年世界，周秦人所阅历者二千余年，而我与若皆倍之。以我辈阅历之深，乃事事稽诸古人之浅，非所谓适得其反者耶！世变日亟，一事之来，不特为祖宗所不及知，且为圣智所不及料，而君不自运其心思耳目，以为当境之应付，员枘方凿，鲜不败者矣！”友愕眙失气，然叹仆之说精确无以易也。

晚近更有一种自居名流，于西洋格致诸学，仅得诸耳剽之余，于其实际，从未讨论。意欲扬己抑人，夸张博雅，则于古书中猎取近似陈言，谓西学皆中土所已有，羌无新奇。如星气始于臾区，勾股始于隶首；浑天昉于玑衡，机器创于班墨；方诸阳燧，格物所宗；炼金腐水，化学所自；重学则以均发均悬为滥觞，光学则以临镜成影为嚆矢；蜕水蜕气，气学出于亢仓；击石生光，电学原于关尹。哆哆硕言，殆难缕述。此其所指之有合有不合，姑勿深论。第即使其说诚然，而举划木以傲龙骧，指椎轮以訾大辂，亦何足以助人张目，所谓诟弥甚耳！夫西学亦人事耳，非鬼神之事也。既为人事，则无论智愚之民，其日用常行，皆有以暗合道妙；其仰观俯察，亦皆宜略见端倪。第不知即物穷理，则由之而不知其道；不求至乎其极，则知矣而不得其通。语焉不详，择焉不精，散见错出，皆非成体之学而已矣。今夫学之为言，探赜索隐，合异离同，道通为一之事也。是故西人举一端而号之曰“学”者，至不苟之事也。必其部居群分，层累枝叶，确乎可证，涣然大同，无一语游移，无一事违反；藏之于心则成理，施之于事则为术；首尾赅备，因应厘然，夫而后得谓之为“学”。

是故西学之与西教，二者判然绝不相合。“教”者所以事天神，致民以不可知者也。致民以不可知，故无是非之可争，亦无异同之足验，信斯奉之而已矣。“学”者所以务民义，明民以所可知者也。明民以所可知，故求之吾心而有是非，考之外物而有离合，无所苟焉而已矣。“教”崇“学”卑，“教”幽“学”显；崇幽以存神，卑显以适道，盖若是其不可同也。世人等之，不亦远乎！是故取西学之规矩法戒，以绳吾“学”，则凡中国之所有，举不得以“学”名；吾所有者，以彼法观之，特阅历知解积而存焉，如散钱，如委积。此非仅形名象数已也，即所谓道德、政治、礼乐，吾人所举为大道，而诮西人为无所知者，质而言乎，亦仅如是而已矣。若徒取散见错出，引而未申者言之，则埃及、印度，降以至于墨非二洲之民，皆能称举一二所闻，以与格致家争前识，岂待进化若中国而后能哉！

虽然，中土创物之圣，固亦有足令西人倾服者。远之蚕桑、司南，近之若书椠、火药，利民前用，不可究言。然祖父之愚，固无害子孙之智，即古人之圣，亦何补吾党之狂。争此区区，皆非务实益而求自立者也。尤可笑者，近有人略识洋务，著论西学，其言曰：“欲制胜于人，必先知其成法，而后能变通克敌。彼萃数十国人才，穷数百年智力，掷亿万赀财，而后得之，勒为成书，公诸人而不私诸己，广其学而不秘其传者，何也？彼实窃我中国古圣之绪余，精益求精，以还中国，虽欲私焉，而天有所不许也。”有此种令人呕哕议论，足见中国民智之卑。今固不暇与明“学”为天下公理公器，亦不暇与讲物理之无穷，更不得与言胞与之实行，教学之相资。但告以西洋人所与共其学而未尝秘者，固不徒高颧斜目、浅鼻厚唇之华种，即亚非利加之黑人、阿斯吉摩之赤狄，苟欲求知，未尝陋也。岂二种圣人亦有何物为其所窃？不然，何倾吐若斯也！更有近〔进〕者，前几尼亚人，往往被掠为奴，英人恻然悯之，为费五千万磅之资，遣船调兵，禁绝此事，黑人且未即见德，古〔故〕固深以为仇。此种举动，岂英之前人曾受黑番何项德泽，不然，何被发缨冠如此耶？此更难向吾党中索解人矣！

昨者，有友相遇，慨然曰：“华风之敝，八字尽之：始于作伪，终于无耻。”呜呼！岂不信哉！岂不信哉！今者，吾欲与之为微词，则恐不足发聋而振聩；吾欲大声疾呼，又恐骇俗而惊人。虽然，时局到今，吾宁负发狂之名，决不能喔咿嚅唲，更蹈作伪、无耻之故辙。今日请明目张胆为诸公一言道破可乎？四千年文物，九万里中原，所以至于斯极者，其教化学术非也。不徒嬴政、李斯千秋祸首，若充类至义言之，则六经、五子亦皆责有难辞。嬴、李以小人而陵轹苍生，六经、五子以君子而束缚天下，后世其用意虽有公私之分，而崇尚我法，劫持天下，使天下必从己而无或敢为异同者则均也。因其劫持，遂生作伪；以其作伪，而是非淆、廉耻丧，天下之敝乃至不可复振也。此其受病至深，决非一二补偏救弊之为，如讲武、理财所能有济。盖亦反其本而图其渐而已矣！否则，智卑德漓，奸缘政兴，虽日举百废无益也。此吾《决论》三篇所以力主西学而未尝他及之旨也。善夫西人之言曰：“中国自命有化之国也，奈何肉刑既除，宫闱犹用阉寺；束天下女子之足，以之遏淫禁奸；谳狱无术，不由公听，专事毒刑榜笞。三者之俗，蛮猓不如，仁义非中国有也。”呜呼！其言虽逆，吾愿普天下有心人平气深思，察其当否而已。至凡所云云，近则三十年，远则六十年，自有定论，今可不必以口舌争也。

原强修订稿[*]
（1896）

今之扼腕奋肣，讲西学、谈洋务者，亦知近五十年来，西人所孜孜勤求，近之可以保身治生，远之可以经国利民之一大事乎？

达尔文者，英之讲动植之学者也。承其家学，少之时，周历寰瀛。凡殊品诡质之草木禽鱼，裒集甚富。穷精眇虑，垂数十年，而著一书，曰《物种探原》。自其书出，欧美二洲几于家有其书，而泰西之学术政教，一时斐变。论者谓达氏之学，其一新耳目，更革心思，甚于奈端氏之格致天算，殆非虚言。其书谓：物类繁殊，始惟一本。其降而日异者，大抵以牵天系地之不同，与夫生理之常趋于微异；洎源远流分，遂阔绝相悬，不可复一。然而此皆后天之事，因夫自然，训致如是，而非太始生理之本然也。其书之二篇为尤著，西洋缀闻之士，皆能言之，谈理之家，摭为口实：其一篇曰物竞，又其一曰天择。物竞者，物争自存也；天择者，存其宜种也。意谓民物于世，樊然并生，同食天地自然之利矣。然与接为构，民民物物，各争有以自存。其始也，种与种争，群与群争，弱者常为强肉，愚者常为智役。及其有以自存而遗种也，则必强忍魁桀，趫捷巧慧，而与其一时之天时、地利、人事最其相宜者也。此其为争也，不必爪牙用而杀伐行也。习于安者，使之为劳，狃于山者，使之居泽，以是以与其习于劳、狃于泽者争，将不数传而其种尽矣。物竞之事，如是而已。是故每有太古最繁之种，风气渐革，越数百年数千年，消磨歇绝，至于靡有孑遗，如矿学家所见之古兽古禽是已。动植如此，民人亦然。民人者，固动物之类也，达氏总有生之物，标其

---

* 撰写、发表时间不详，约作于1896年10月，见《严复与梁启超书一》。本篇选自《严复集》，第一册，15～36页。

宗旨，论其大凡如此。至其证阐明确，犁然有当于人心，则非亲见其书者莫能信也。此所谓以天演之学言生物之道者也。

斯宾塞尔者，亦英产也，与达氏同时。其书于达氏之《物种探原》为早出，则宗天演之术，以大阐人伦治化之事。号其学曰“群学”，犹荀卿言人之贵于禽兽者，以其能群也，故曰“群学”。夫民相生相养，易事通功，推以至于刑、政、礼、乐之大，皆自能群之性以生。又用近今格致之理术，以发挥修齐治平之事，精深微眇，繁富奥殚。其论一事，持一说，必根据理极，引其端于至真之原，究其极于不遁之效。于五洲殊种，由狉榛蛮夷，以至著号开明之国，挥斥旁推，什九罄尽。而于一国盛衰、强弱之故，民德醇漓、合散之由，则尤三致意焉。殚毕生之精力，五十年而著述之事始蒇。其宗旨尽于第一书，名曰《第一义谛》，通天、地、人、禽兽、昆虫、草木以为言，以求其会通之理，始于一气，演成万物。继乃论生学、心学之理，而要其归于群学焉。夫亦可谓美备也已。

斯宾塞尔全书而外，杂著无虑数十篇，而《明民论》、《劝学篇》二者为最著。《明民论》者，言教人之术也；《劝学篇》者，勉人治群学之书也。其教人也，以濬智慧、练体力、厉德行三者为之纲。其勉人治群学者，意则谓天下沿流讨源，执因责果之事，惟群事为最难，非不素讲者之所得与。故有国家者，其施一政、著一令，本以救弊坊民也，而其究也，所期者每或不成，而所不期者常以忽至。至夫历时久而转相因，其利害迁流，则有不可究诘者。格致之事不先，偏颇之私未尽，生心害政，未有不贻误家国者也。是故欲为群学，必先有事于诸学焉。不为数学、名学，则吾心不足以察不遁之理，必然之数也；不为力学、质学，则不足以审因果之相生，功效之互待也。名、数、力、质四者之学已治矣，然吾心之用，犹仅察于寡而或荧于纷，仅察于近而或迷于远也，故必广之以天地二学焉。盖于名数知万物之成法，于力质得化机之殊能，尤必藉天地二学，各合而观之，而后有以见物化之成迹。名数虚，于天地征其实；力质分，于天地会其全，夫而后有以知成物之悠久、杂物之博大，与夫化物之蕃变也。虽然，于群学犹未也。盖群者人之积也，而人者官品之魁也。欲明生生之机，则必治生学；欲知感应之妙，则必治心学，夫而后乃可以及群学也。且一群之成，其体用功能，无异生物之一体，小大虽异，官治相准。知吾身之所生，则知群之所以立矣；知寿命之所以弥永，则知国脉之所以灵长矣。一身之内，形神相资；

一群之中，力德相备。身贵自由，国贵自主。生之与群，相似如此。此其故无他，二者皆有官之品而已矣。故学问之事，以群学为要归。唯群学明而后知治乱盛衰之故，而能有修齐治平之功。呜呼！此真大人之学矣！

不观于圬者之为墙乎？与之一成之砖，坚而廉，平而正，火候得而大小若一，则无待泥水灰粘之用，不旋踵而数仞之墙成矣。由是以捍风雨、卫室家，虽资之数百年可也。使其为砖也，嵚嵚𪉀缺，小大不均，则虽遇至巧之工，亦仅能版以筑之，成一粪土之墙而已矣。廉隅坚洁，持久不败，必不能也。此凡积垛之事，莫不如此。唯其单也为有法之形，则其总也成有制之聚。然此犹人之所为也。唯天生物，亦莫不然。化学原质，自然结晶，其形制之穷巧极工，殆难思议，其形虽大小不同，而其为一晶之所积而成形，则虽析之至微，至于莫破。其晶之积面隅幂，无不似也。然此犹是金石之类而已。至如动植之伦，近代学者，皆知太初质房为生之始，其含生蕃变之能，皆于此而已具。但其事甚赜，难与未尝学者谈。而其本单之形法性情，以为其总之形法性情，欲论其合，先考其分，则昭昭若揭日月而行，亘天壤不刊之大例也。

夫如是，则一种之所以强，一群之所以立，本斯而谈，断可识矣。盖生民之大要三，而强弱存亡莫不视此：一曰血气体力之强，二曰聪明智虑之强，三曰德行仁义之强。是以西洋观化言治之家，莫不以民力、民智、民德三者断民种之高下，未有三者备而民生不优，亦未有三者备而国威不奋者也。反是而观，夫苟其民契需怐愗，各奋其私，则其群将涣。以将涣之群，而与鸷悍多智、爱国保种之民遇，小则虏辱，大则灭亡。此不必干戈用而杀伐行也，磨灭溃败，出于自然，载籍所传，已不知凡几，而未有文字之先，则更不知凡几者也。是故西人之言教化政法也，以有生之物各保其生为第一大法，保种次之。而至生与种较，则又当舍生以存种，践是道者，谓之义士，谓之大人。至于发政施令之间，要其所归，皆以其民之力、智、德三者为准的。凡可以进是三者，皆所力行；凡可以退是三者，皆所宜废；而又盈虚酌剂，使三者毋或致偏焉。西洋政教，若自其大者观之，不过如是而已。

由是而观吾中国今日之民，其力、智、德三者，固何如乎？往者日本以寥寥数舰之舟师，区区数万人之众，一战而翦我最亲之藩属，再战而陪都动摇，三战而夺我最坚之海口，四战而威海之海军熸矣。使曩者款议不成，则畿辅戒严，亦意中事耳。当此之时，天子非不赫然震怒也。思改弦而更张之，乃内之则殿阁枢府以至六部九卿，外之则洎甘四行省之疆吏，旁皇咨求，卒无一人焉足以胜御侮折冲之任者。“猛虎深山”，徒虚论耳。兵连不及周年，公私扫地赤立，洋债而外，尚不能无扰闾阎，其财之匮也又如此。夫一国犹之一身也，脉络贯通，官体相救，故击其头则四支皆应，刺其腹则举体知亡。而南北虽属一君，彼是居然两戒；首善震矣，四海晏然，视邦国之颠危，犹秦越之肥瘠。合肥谓“以北洋一隅之力御倭人全国之师”，非过语也。此君臣势散而相爱、相保之情薄也。将不素学，士不素练，器不素储。一旦有急，则蚁附蜂屯，授之以扞格不操之利器，曳兵而走，转以奉敌。其一时告奋将弁，半皆无赖小人，觊觎所支饷项而已。至于临事，且不知有哨探之用、遮革之方。甚且不识方员古陈大不宜于今日之火器，更无论部勒之精详，与夫开阖之要眇者矣。即当日之怪谬，苟记载其事而传之，将皆为千载笑端，而吾民觍然固未尝以之为愧也。

夫阃外之事既如此矣，而阃内之事则又何如？法弊之极，人各顾私，是以谋谟庙堂，佐上出令者，往往翘巧伪污浊之行以为四方则效。其间稍有意者，亦不过如息夫躬所云“以狗马齿保目所见”，而孰谓是区区者之终不吾畀也！至于顾问献替之臣，则不独于时事大势瞢未有知，乃至本国本朝之事，其职分所应知者，亦未尝少纡其神虑。是故有时发愤论列，率皆唵〔喰〕嗅童騃，徒招侮虐，功罪得失，毁誉混淆。其有趋时者流，自许豪杰，则徒剽窃外洋之疑似，以荧惑主上之聪明。其尤不肖者，且窃幸事之纠纷，得以因缘为利，求才亟，则可侥幸而骤迁；兴作多，则可居间而自润。嗟乎！此真天下士大夫之所亲见。仆之为论，岂不然哉？

夫人才者，民力、民智、民德三者之征验也，求之有位之中，既如此矣。意或者沉伏摧废、高举远引而不可接欤？乃吾转而求之草野闾巷之间，则又消乏雕亡，存一二于千万之中，竟谓同无，何莫不可？然则神州九万里地，四十京之民，此廓廓者徒土荒耳，是蚩蚩者徒人满耳。尚自诩冠带之民，灵秀之种，周孔所教，礼义所治，诸君聊用自娱则可耳，何关人事也耶！且事之可忧可畏者，存乎其真，而一战之胜败，不足计也。使中国而为如是之中国，则当日中东之事，微论败也，就令边衅不开，开而幸胜，然而自有识之士观之，其为忧乃愈剧。何则？民力已茶、民智已卑、民德已薄故也，一战之败，何足云乎！今虽有圣神用事，非数十百年薄海知亡，君臣同德，痛锄治而鼓舞之，将不足以自立。而岁月悠悠，四邻眈眈，恐未及有为，已先作印度、波兰之续，将斯宾塞尔之术未施，而达尔文之理先信。矧自甲午迄今者几何时，天下所振兴者几何事，固诸君所共闻共见者耶！呜呼！吾辈一身无足惜，如吾子孙与四百兆之人种何！天地父母，山川神灵，尚相兹下土民以克诱其衷，咸俾知奋！

闻前言者造而问余曰：甚矣先生之言，无异杞人之忧天坠也！今夫异族之为中国患，不自今日始也。自三代以迄汉朝，南北猖猖，互有利钝，虽时见侵，无损大较，固无论已。魏晋不纲，有五胡之乱华，大河以北，沦于旃裘膻酪者盖数百年。当是之时，哀哀黔首，衽革枕戈，不得喙息，盖几靡有孑遗，耗矣！息肩于唐，载庶载富。而李氏末造，赵宋始终，其被祸乃尤烈。金源女真更盛迭帝。青吉斯汗崛起鄂诺，威慴欧洲。忽必烈汗荐食小朝，混一华夏，南奄身毒，北暨俄罗，幅员之大，古未有也。然而块肉沦丧，不及百年，长城以南，复归汉种。至国朝龙兴辽沈，圣哲笃生，母我群黎，革明弊政，湛恩汪涉，盖三百祀于兹矣。此皆著自古昔者也。其间递嬗，要不过一姓之废兴，而人民则犹此人民，声教则犹古声教，是则即今无讳，损益可知。林林之总，讵无噍类！而吾子耸于达尔文氏之邪说，一则谓其无以自存，再则忧其无以遗种，此何异众人熙熙，方登春台，而吾子被发狂叫，白昼见魅也哉？不然，何所虑之怪诞不经，独不虑旁观者之闵笑也？况夫昭代厚泽深仁，隆基方永，景命未改，讴歌所归，事又万万不至此。殷忧正所以启圣明耳，何直为此叫叫也？且而不见回部之土耳其乎？介乎俄与英之间，壤地日蹙，其逼也可谓至矣，然不闻其遂至于亡国灭种、四分五裂也，则又何居？吾子念之，物强者死之徒，事穷者势必反，天道剥复之事，如反覆手耳。安知今之所谓强邻者不先笑后号咷，而吾子漆叹嫠忧，所贬君自损者，不俯吊而仰贺乎？

应之曰：唯唯，客所以祛吾惑者，不亦至乎！虽然，愿请间，得为客深明之。若客者，信所谓明于古而晦于今、得其一而失其二者也。姑微论客之所指为异族之非异族也。盖天下之大种四：黄、白、赭、黑是已。北并乎西伯利亚，南襟乎中国海，东距之太平洋，西苞乎昆仑虚，黄种之所居也。其为人也，高颧而浅鼻，长目而强发。乌拉盐泽以西，大秦旧壤，白种之所聚也。其为人也，碧眼而卷发，隆颡而深眶。越裳、交趾以南，东萦吕宋，西拂痕都，其间多岛国焉，则赭种之民也，而黑种最下，亚非利加及绕赤道诸部，所谓黑奴是已。今之满、蒙、汉人，皆黄种也。檀君旧国，箕子所封；冒顿之先，降由夏后，客何疑乎？故中国邃古以还，乃一种之所君，实未尝或沦于非类。第就令如客所谈，客尚不知种之相为强弱，其故有二：有鸷悍长大之强，有德慧术智之强；有以质胜者，有以文胜者。以质胜者，游牧射猎之民是已。其国之君民上下，截然如一家之人，忧则相恤，难则相赴。生聚教训之事，简而不繁，骑射驰骋，云屯飙散，旃毳肉酪，养生之具，益力而能寒。故其民乐战轻死，有魁杰者为之要约而驱使之，其势可以强天下。虽然，强矣，而未进夫化也。若夫中国之民，则进夫化矣，而文胜之国也。耕凿蚕织，城郭邑居，于是有礼乐刑政之治，有庠序学校之教。通功易事，四民肇分。其法令文章之事，历变而愈繁，积久而益富，养生送死之资无不具也，君臣上下之分无不明也，冠婚丧祭之礼无不举也。故其民偷生而畏法，治之得其道则易以相安，治之失其道亦易以日窳，是以及其末流，每转为质胜者之所制。然而此中之安富尊荣，声明文物，固游牧射猎者所深慕而远不逮者也。故其既入中国也，虽名为之君，然数传以后，其子若孙，虽有祖宗之遗令切诫，往往不能不厌劳苦而事逸乐，弃淳德而染浇风，遁天倍情，忘其所受，其不渐靡而与汉物化者寡矣。苏子瞻曰："中国以法胜，而匈奴以无法胜。"然而其无法也，始以自治则有余，迨既人中国而为之君矣，必不能弃中国之法，而以无法之治治之也，遂亦入于法而同受其敝焉。此中国所以经累胜而常自若，其化转以日广，其种转以日滋。何则？物固有无形之相胜，而亲为所胜者，虽身历其境而尚未之或知也。然则取客之言而深论之，则谓异族常受制于中国也可，不得谓异族制中国也。

至于今之西洋，则与是不可同日而语矣。何则？彼西洋者，无法与法并用而皆有以胜我者也。自其自由、平等以观之，则其捐忌讳、去烦苛、决壅蔽，人人得其意、申其言，上下之势不相悬隔，君不甚尊，民不甚贱，而联若一体者，是无法之胜也。自其官工兵商法制之明备而观之，则人知其职，不督而办，事至纤悉，莫不备举，进退作息，皆有常节，无间远迩，朝令夕改，而人不以为烦，则是以有法胜也。其鸷悍长大既胜我矣，而德慧术知又为吾民所远不及。故凡其耕凿陶冶，织纴牧畜，上而至于官府刑政，战守、转输、邮置、交通之事，与凡所以和众保民者，精密广大，较吾中国之所有，倍蓰有加焉。其为事也，一一皆本诸学术；其为学术也，一一皆本于即物实测，层累阶级，以造于至精至大之涂，故蔑一事焉可坐论而不足起行者也。苟求其故，则彼以自由为体，以民主为用。一洲之民，散为七八，争驰并进，以相磨砻，始于相忌，终于相成，各殚智虑，此既日异，彼亦月新，故若用法而不至受法之弊，此其所以为可畏也。

往者中国之法与无法遇，故虽经累胜而常自存；今也彼亦以其法以与吾法遌，而吾法乃颓隳朽蠹如此其敝也，则彼法日胜而吾法日消矣。何则？法犹器也，犹道涂也，经时久而无修治精进之功，则格扞芜梗者势也。以格扞芜梗而与修治精进者并行，则民固将弃此而取彼者亦势也。此天演家言所谓物竞天择之道固如是也。此吾前者所以言四千年文物俛然有不终日之势者，固以此也。嗟乎！此岂徒客之甚恨哉？然而事既如此矣，则吾岂能塞耳涂目，而不为吾同胞者垂涕泣而一指其实也哉！且吾所谓无以自存，无以遗种者，岂必"死者以国量乎泽若蕉"而后为尔耶？第使彼常为君而我常为臣，彼常为雄而我常为雌，我耕而彼食其实，我劳而彼享其休，以战则我常居先，出令则我常居后，彼且以我为天之僇民，谓是种也固不足以自由而自治也。于是加束缚驰骤，奴使而虏用之，俾吾之民智无由以增，民力无由以奋，是蚩蚩者亦长此困苦无聊之众而已矣。夫如是，则去不自存而无遗种也，其间几何？不然，夫岂不知其不至无噍类也，彼黑与赭且常存于两间矣，矧兹四百兆之黄也哉！民固有其生也不如死，其存也不如亡，亦荣辱贵贱，自由不自由之间异耳。

客谓物强者死徒，事穷者势反，固也。然不悟物之极也，固有其所由极，故势之反也，亦有其所由反。善保其强，则强者正所以长存；不善用其柔，则柔者乃所以速死。彼《周易》否泰之数，老氏雄雌之言，固圣智之妙用微权，而非不事事听其自至之谓也。不事事而听其自至，此《太甲》所谓"自作孽，不可逭"者耳，天固何尝为不织者减寒、为不耕者减饥耶！至土耳其之所以尚存，则彼自谟罕蓦德设教以来，固以武健严酷死同仇异之道狃其民者也。故文不足而质有余，学术法度虽无可言乎，而劲悍胜兵则尚足以有立，此所以虽介两雄而灭亡犹未也，然而日削月侵，其为存亦仅矣。此诚非暖暖姝姝偷懦惮事如中国之民者，所援之以自广也。悲夫！

虽然，论国土盛衰强弱之间，亦仅畴其差数而已。夫自今日中国而视西洋，则西洋诚为强且富，顾谓其至治极盛，则又大谬不然之说也。夫古之所谓至治极盛者，曰家给人足，曰比户可封，曰刑措不用。之数者，皆西洋各国之所不能也。且岂仅不能而已，自彼群学之家言之，且恐相背而驰，去之滋远焉。盖世之所以得致太平者，必其民之无甚富亦无甚贫，无甚贵亦无甚贱；假使贫富贵贱过于相悬，则不平之鸣，争心将作，大乱之故，常由此生。二百年来，西洋自测算格物之学大行，制作之精，实为亘古所未有。民生日用之际，殆无往而不用其机。加以电邮、汽舟、铁路三者，其能事足以收六合之大，归之一二人掌握而有余。此虽有益于民生之交通，而亦大利于奸雄之垄断。垄断既兴，则民贫富贵贱之相悬滋益远矣。尚幸其国政教之施，以平等、自由为宗旨，所以强豪虽盛，尚无役使作横之风，而贫富之差，则虽欲平之而终无术矣。中国之古语云："富者越陌连阡，贫者无立锥之地"，"富者唾弃粱肉，贫者不厌糟糠"。至于西洋，则其贫者之不厌糟糠、无立锥之地，与中国差相若，而连阡陌、弃粱肉，固未足以尽其富也。夫在中国，言富以亿兆计，可谓雄矣，而在西洋，则以京垓秭载计者，不胜偻指焉。此其人非必勤劳贤智胜于人人也，仰机射利，役物自封而已。夫贫富不均如此，是以国财虽雄而民风不竞，作奸犯科、流离颠沛之民，乃与贫国相若，而于是均贫富之党兴，毁君臣之议起矣。且也奢侈过深，人心有发狂之患；孳乳甚速，户口有过庶之忧。故深识之士，谓西洋教化不异唐花，语虽微偏，不为无见。至盛极治，固如此哉！

然而此之为患，又非西洋言理财、讲群学者之所不知也。彼固合数国之贤者，聚数百千人之智虑而图之，而卒苦于无其术。盖欲救当前之弊，其事存于人心风俗之间。夫欲贵贱贫富之均平，必其民皆贤而少不肖，皆智而无甚愚而后可，否则虽今日取一国之财产而悉均之，而明日之不齐又见矣。何则？乐于惰者不能使之为勤，乐于奢者不能使之为俭也。是故国之强弱贫富治乱者，其民力、民智、民德三者之征验也，必三者既立而后其政法从之。于是一政之举，一令之施，合于其智、德、力者存，违于其智、德、力者废。当是之时，虽有英君察相，苟不自其本而图之，则亦仅能补偏救弊，偷为一时之治而已矣，听其自至，浸假将复其旧而由其常焉。且往往当其补救之时，本弊未去，而他弊丛然以生，偏于此者虽祛，而偏于彼者闯然更见。甚矣！徒政之不足与为治也。

往者英国常禁酒矣，而民之酗酒者愈多；常禁重利盘剥矣，而私债之息更重。瑞典禁贫民嫁娶不以时，而所谓天生子者满街。法国反政之后，三为民主，而官吏之威权益横。美国华盛顿立法至精，而苞苴贿赂之风，至今无由尽绝。善夫斯宾塞尔之言曰："民之可化，至于无穷，惟不可期之以骤。”而吾孔子亦曰：“为邦百年，胜残去杀”，又曰：“虽有王者，必世而后仁。”程子曰：“有《关雎》、《麟趾》之风而后可以行周礼。”古今哲人，知此盖审。故曰：欲知其合，先察其分。天下之物，未有不本单之形法性情以为其聚之形法性情者也。是故贫民无富国，弱民无强国，乱民无治国。

然则假令今有人于此，愤中国之积弱积贫，攘臂言曰：胡不使我为治？使我为治，则天下事数著可了耳，十年以往，其庶几乎！然则其道将奚由？彼将曰：中国之所以不振者，非法制之罪也，患在奉行不力而已。祖宗之成宪俱在，吾宁率由之而加实力焉。于是而督责之令行，刺举之政兴。如是而为之十年，吾决知中国之贫与弱犹自若也。何则？天下大势，犹水之东流，夫已浩浩成江河矣，乃障而反之，使之在山，此人力所必不胜也。

于是又有人焉，曰：法制者，圣人之刍狗、先王之蘧庐也，一陈不可复用，一宿不可复留。宇宙大势，既日趋于混同矣，不自其同于人者而为之，必不可也。方今之计，为求富强而已矣；彼西洋诚富诚强者也，是以今日之政，非西洋莫与师。由是于朝也则建民主，立真相；于野也则通铁轨，开矿功。练通国之陆军，置数十百艘之海旅，此亦近似而差强人意矣。然使由今之道，无变今之俗，十年以往，吾恐其效将不止贫与弱而止也。

盖一国之事，同于人身。今夫人身，逸则弱、劳则强者，固常理也。然使病夫焉，日从事于超距赢越之间，以是求强，则有速其死而已矣。今之中国，非犹是病夫也耶？且夫中国知西法之当师，不自甲午东事败衄之后始也。海禁大开以还，所兴发者亦不少矣：译署，一也；同文馆，二也；船政，三也；出洋肄业局，四也；轮船招商，五也；制造，六也；海军，七也；海署，八也；洋操，九也；学堂，十也；出使，十一也；矿务，十二也；电邮，十三也；铁路，十四也。拉杂数之，盖不止一二十事。此中大半，皆西洋以富以强之基，而自吾人行之，则淮橘为枳，若存若亡，不能实收其效者，则又何也？苏子瞻曰：“天下之祸，莫大于上作而下不应。上作而下不应，则上亦将穷而自止。”斯宾塞尔曰：“富强不可为也，政不足与治也。相其宜，动其机，培其本根，卫其成长，则其效乃不期而自立。”是故苟民力已茶〔苶〕，民智已卑，民德已薄，虽有富强之政，莫之能行。盖政如草木焉，置之其地而发生滋大者，必其地之肥硗、燥湿、寒暑与其种性最宜者而后可。否则，萎矬而已，再甚则僵槁而已。往者，王介甫之变法也，法非不良，意非不美也，而其效浸淫至于亡宋，此其故可深长思也。管商变法而行，介甫变法而敝，在其时之风俗人心与其法之宜不宜而已矣。达尔文曰："物各竞存，最宜者立。"动植如是，政教亦如是也。

夫如是，则中国今日之所宜为，大可见矣。夫所谓富强云者，质而言之，不外利民云尔。然政欲利民，必自民各能自利始；民各能自利，又必自皆得自由始；欲听其皆得自由，尤必自其各能自治始。反是且乱。顾彼民之能自治而自由者，皆其力、其智、其德诚优者也。是以今日要政，统于三端：一曰鼓民力，二曰开民智，三曰新民德。夫为一弱于群强之间，政之所施，固常有标本缓急之可论。唯是使三者诚进，则其治标而标立；三者不进，则其标虽治，终亦无功：此舍本言标者之所以为无当也。虽然，其事至难言矣。夫中国今日之民，其力、智、德三者，苟通而言之，则经数千年之层递积累，本之乎山川风土之攸殊，导之乎刑政教俗之屡变，陶钧炉锤而成此最后之一境。今日欲以旦暮之为，谓有能淘洗改革，求以合于当前之世变，以自存于俇攘烦扰之中，此其胜负通窒之数，殆可不待再计而知矣。然而自微积之理而观之，则曲之为变，固有疾徐；自力学之理而明之，则物动有由，皆资外力。今者外力逼迫，为我权借，变率至疾，方在此时。智者慎守力权，勿任旁守，则天下事正于此乎而大可为也。即彼西洋之克有今日者，其变动之速，远之亦不过二百年，近之亦不过五十年已耳，则我何为而不奋发也耶！

然则鼓民力奈何？今者论一国富强之效，而以其民之手足体力为之基，此自功名之士观之，似为甚迂而无当。顾此非不佞一人之私言也，西洋言治之家，莫不以此为最急。历考中西史传所垂，以至今世五洲五六十国之间，贫富弱强之异，莫不于此焉肇分。周之希腊，汉之罗马，唐之突厥，晚近之峨特一种，莫不以壮佼长大，耐苦善战，称雄一时。而中土畴昔分争之代，亦皆以得三河六郡为取天下先资。顾今人或谓自火器盛行，懦夫执靶，其效如壮士惟均，此真无所识知之论也。不知古今器用虽异，而有待于骁猛坚毅之气则同。且自脑学大明，莫不知形神相资，志气相动，有最胜之精神而后有最胜之智略。是以君子小人劳心劳力之事，均非气体强健者不为功。此其理吾古人知之，故庠序校塾，不忘武事，壶勺之仪，射御之教，凡所以练民筋骸、鼓民血气者也。而孔孟二子皆有魁杰之姿。彼古之希腊、罗马人亦知之，故其阿克德美

（柏拉图所创学塾）之中，莫不有津蒙那知安（此言练身院）属焉，而柏拉图乃以骈胁著号。至于近世，则欧罗化〔巴〕国，尤鳃鳃然以人种日下为忧，操练形骸，不遗余力。饮食养生之事，医学所详，日以精审，此其事不仅施之男子已也，乃至妇女亦莫不然。盖母健而后儿肥，培其先天而种乃进也。去岁日本行之，《申报》论其练及妇女，不知所云。嗟夫，此真非以裹脚为美之智之所与也！

故中国礼俗，其贻害民力而坐令其种日偷者，由法制学问之大以至于饮食居处之微，几于指不胜指。而沿习至深、害效最著者，莫若吸食鸦片、女子缠足二事，此中国朝野诸公所谓至难变者也。然而夷考其实，则其说有不尽然者。今即鸦片一端而论，则官兵士子，禁例原所未用。假令天子亲察二品以上之近臣大吏，必其不染者而后用之，近臣大吏各察其近属，如是而转相察，藩臬察郡守，郡守察州县，州县察佐贰，学臣之察士，将帅之察兵，亦用是术焉，务使所察者，人数至简，以期必周。如是定相坐之法而实力行之，则官兵士子之染袪；官兵士子之染袪，则天下之民知染其毒者必不可以为官兵士子也，则自爱而求进者必不吸食。夫如是，则吸者日少，俟其既少，然后著令禁之，旧染渐去，新染不增，三十年之间可使鸦片之害尽绝于天下。至于缠足，本非天下女子之所乐为也，拘于习俗而无敢畔其范围而已。假令一日者，天子下明诏，为民言缠足之害，且曰：继自今，自某年所生女子而缠足，吾其毋封。则天下之去其习者，犹热之去燎而寒之去翣也。夫何难变之有与！夫变俗如是二者，非难行也，不难行而不行者，以为无与国是民生之利病而已。而孰知种以之弱、国以之贫、兵以之窳，胥于此焉阶之厉耶！是鸦片、缠足二事不早为之所，则变法者，皆空言而已矣。

其开民智奈何？今夫尚学问者则后事功，而急功名者则轻学问。二者交失，其实则相资而不可偏废也。顾功名之士多有，而学问之人难求，是则学问贵也。东土之人，见西国今日之财利，其隐赈流溢如是，每疑之而不信；迨亲见而信矣，又莫测其所以然；及观其治生理财之多术，然后知其悉归功于亚丹斯密之一书，此泰西有识之公论也。是以制器之备，可求其本于奈端；舟车之神，可推其原于瓦德；用电之利，则法拉第之功也；民生之寿，则哈尔斐之业也。而二百年学运昌明，则又不得不以柏庚氏之摧陷廓清之功为称首。学问之士，倡其新理，事功之士，窃之为术，而大有功焉。故曰：民智者，富强之原。此悬诸日月不刊之论也。顾彼西洋以格物致知为学问本始，中国非不尔云也，独何以民智之相越乃如此耶？或曰：中国之智虑运于虚，西洋之聪明寄于实，此其说不然。自不佞观之，中国虚矣，彼西洋尤虚；西洋实矣，而中国尤实，异者不在虚实之间也。夫西洋之于学，自明以前，与中土亦相埒耳。至于晚近，言学则先物理而后文词，重达用而薄藻饰。且其教子弟也，尤必使自竭其耳目，自致其心思，贵自得而贱因人，喜善疑而慎信古。其名、数诸学，则藉以教致思穷理之术；其力、质诸学，则假以导观物察变之方，而其本事，则筌蹄之于鱼兔而已矣。故赫胥黎曰："读书得智，是第二手事，唯能以宇宙为我简编，民物为我文字者，斯真学耳。"此西洋教民要术也。而回观中国则何如？夫朱子以即物穷理释格物致知，是也。至以读书穷理言之，风斯在下矣。

且中土之学，必求古训。古人之非，既不能明，即古人之是，亦不知其所以是。记诵词章既已误，训诂注疏又甚拘，江河日下，以致于今日之经义八股，则适足以破坏人材，复何民智之开之与有耶？且也六七龄童子入学，脑气未坚，即教以穷玄极眇之文字，事资强记，何裨灵襟！其中所恃以开濬神明者，不外区区对偶已耳。所以审核物理、辨析是非者，胥无有焉。以是为学，又何怪制科人十九鹘突于人情物理，转不若农工商贾之有时而当也。今之蒿目时事者，每致叹于中国读书人少；自我观之，如是教人，无宁学者少耳。今者物穷则变，言时务者，人人皆言变通学校、设学堂、讲西学矣。虽然，谓十年以往，中国必收其益，则又未必然之事也。何故？旧制尚存，而荣途未开也。夫如是，士之能于此深求而不倦厌者，必其无待而兴，即事而乐者也。否则刻棘之业虽苦，市骏之赏终虚，同辈知之则相忌，门外不知则相忘，几何不废然反也！是故欲开民智，非讲西学不可；欲讲实学，非另立选举之法，别开用人之涂，而废八股、试帖、策论诸制科不可。

至于新民德之事，尤为三者之最难。今微论西洋教宗如何，然而七日来复，必有人焉聚其民而耳提面命之，而其所以为教之术，则临之以帝天之严，重之以永生之福。人无论王侯君公，降以至于穷民无告，自教而观之，则皆为天之赤子，而平等之义以明。平等义明，故其民知自重而有所劝于为善。今夫"上帝临汝，勿贰尔心"、"相在尔室，尚不愧于屋漏"者，大人之事而君子之所难也；而西洋小民，但使信教诚深，则夕惕朝乾，与吾之大人君子无所异。内省不疚，无恶于志，不为威愓，不为利诱，此诚教中常义，而非甚瑰琦绝特之行者也。民之心有所主，而其为教有常，故其效能如此。

至于吾民，则姑亦无论学校已废久矣，即使尚存如初，亦不过择凡民之俊秀者而教之。至于穷簷之子、编户之氓，则自襁褓以至成人，未尝闻有孰教之者也。孟子曰：“饱食暖衣，逸居而无教，则近于禽兽。”夫饱食暖衣之民，无教尚如此。则彼饥寒逼躯、救死不赡者，当何如乎？后义先利，诈伪奸欺，固其所耳。曩甲午之办海防也，水底碰雷与开花弹子，有以铁滓沙泥代火药者。洋报议论，谓吾民以数金锱铢之利，虽使其国破军、杀将、失地、丧师不顾，则中国今日之败衄、他日之危亡，不可谓为不幸矣。此其事足使闻者发指，顾何待言！然诸君亦尝循其本而为求其所以然之故与？

盖自秦以降，为治虽有宽苛之异，而大抵皆以奴虏待吾民。虽有原省，原省此奴虏而已矣；虽有燠咻，燠咻此奴虏而已矣。夫上既以奴虏待民，则民亦以奴虏自待。夫奴虏之于主人，特形劫势禁，无可如何已耳，非心悦诚服，有爱于其国与主，而共保持之也。故使形势可恃，国法尚行，则嗅靴嫳面，胡天胡帝，扬其上于至高，抑其己于至卑，皆劝为之；一日形势既去，法所不行，则独知有利而已矣，共起而挻之，又其所也，复何怪乎！今夫中国之詈诟人也，骂曰畜产，可谓极矣。而在西洋人则莫须有之词也。而试入其国，而骂人曰无信之诳子，或曰无勇之怯夫，则朝言出口而挑斗相死之书已暮下矣。何则？彼固以是为至辱，而较之畜产万万有加焉，故宁相死而不可以并存也。而我中国，则言信行果仅成硁硁小人，君子弗尚也。盖东西二洲，其风尚不同如此。苟求其故，有可言也。

西之教平等，故以公治众而贵自由。自由，故贵信果。东之教立纲，故以孝治天下而首尊亲。尊亲，故薄信果。然其流弊之极，至于怀诈相欺、上下相遁，则忠孝之所存，转不若贵信果者之多也。且彼西洋所以能使其民皆若有深私至爱于其国与主，而赴公战如私仇者，则亦有道矣。法令始于下院，是民各奉其所自主之约，而非率上之制也；宰相以下，皆由一国所推择。是官者，民之所设以厘百工，而非徒以尊奉仰戴者也，抚我虐我，皆非所论者矣。出赋以庀工，无异自营其田宅；趋死以杀敌，无异自卫其室家。吾每闻英之人言英，法之人言法，以至各国之人之言其所生之国土，闻其名字，若我曹闻其父母之名，皆肫挚固结，若有无穷之爱也者。此其故何哉？无他，私之以为己有而已矣。

是故居今之日，欲进吾民之德，于以同力合志，联一气而御外仇，则非有道焉使各私中国不可也。顾处士曰：“民不能无私也，圣人之制治也，在合天下之私以为公。”然则使各私中国奈何？曰：设议院于京师，而令天下郡县各公举其守宰。是道也，欲民之忠爱必由此，欲教化之兴必由此，欲地利之尽必由此，欲道路之辟、商务之兴必由此，欲民各束身自好而争濯磨于善必由此。呜呼！圣人复起，不易吾言矣！

此三者，自强之本也，不如是则虽有伊尹、吕尚为之谋，吴起、李牧为之战，亦将寖衰寖灭，必无有强之一日决矣。虽然，无亦有其标者焉。然则治标奈何？练兵乎？筹饷乎？开矿乎？通铁道乎？兴商务乎？曰：是皆可为。有其本则皆立，无其本则终废。自甲午以来，海内樊然并兴者亦已众矣，其效何若？其有益于强之数与否，识时审势之士将能言之，无假鄙人深论者也。虽然，有一事焉，自仆观之，则为标之所最亟而不可稍或辽缓者也。其事维何？曰：必朝廷除旧布新，有一二非常之举措，内有以慰薄海臣民之深望，外有以破敌国侮夺之阴谋，则庶几乎其有豸耳。不然，是琐琐者，虽百举措无益也。善夫吾友新会梁任公之言曰：“万国蒸蒸，大势相逼，变亦变也，不变亦变。变而变者，变之权操诸己；不变而变者，变之权让诸人。”《传》曰：“无滋他族，实逼处此。”愿天下有心人三复斯言而早为之所焉可耳。

驳英《太晤士报》论德据胶澳事[*]（1897）

呜呼！吾今而知英人开化之说为不可信也。夫所谓开化之民、开化之国，必其有权而不以侮人，有力而不以夺人。一事之至，准乎人情，揆乎天理，审量而后出。凡横逆之事，不欲人之加诸我也，吾亦毋以施于人。此道也，何道也？人与人以此相待，谓之公理；国与国以此相交，谓之公法；其议论人国之事，持此以判曲直、别是非，谓之公论。凡地球进化之国之民，其自待待人，大率由此道也。

乃本馆读西历十一月十八号路透电音，谓《太晤士报》深许德与中国交涉所用之权力，并愿英之举动与此相类。虽电音简略，该报所论，其详不可得闻，然其宗旨，大要不外乎武断灭裂，窃为英人不取也。

夫德人借端教案，突据胶澳，此不特以野蛮生番之道待吾中国，直以野蛮生番之举动自待而已矣。吾之与德，有和约之国也；山东，有官治之地也。假使为德人者，当教士遇害之后，控之县府，县府不理，告之督抚，督抚不理，达之总署，总署又不理，则作一书以相告曰：所贵乎官司者，谓其能保民之身家财产也，今不理，是不有其民也，而吾不得不挟兵力以自保其民矣。则虽踞吾山东之全地可也。今官吏方在缉捕，朝廷甫及闻知，谈笑未毕，鞭楚相随，夺我要隘，毁我电线，逼我守土之官，逐我驻防之兵，俨然以敌国相待。此不过恃其一时兵力，乘我不备，掩而袭之，其与海盗行劫、清昼攫金之子，又何以异哉！

虽然，德人之背公理、蔑公法，忍而为此也，其亦有故矣。乙未辽东之役，步俄法之后尘，而得吾之利益未足，旁观者又从而讪笑之，于

---

* 原发表于1897年11月24日，《国闻报》。此文所反驳的文章系《太晤士报》1897年11月16日的一篇评论文字，标题为“By the steps it has taken to obtain redress for……”。本篇选自《严复集》，第一册，55～57页。

是因贪成羞，因羞成愤，其阴鸷横决之思，若矢在弦，待激而发。幸有教士被害之事，度其君臣，必欣欣然作色相告曰：此吾索酬中国之机会至矣，时哉！时哉！不可复失。遂置一切公道于不顾，忽发野蛮之心思，露生番之面目，利之所在，虽大不义而亦蹈之。昔吾中国常以夷目外人，而外人不受，今若此，则又何以自解于恶名耶！

夫德之捐弃公道，惟利是视，犹曰：吾虽贻笑天下，而其所得者，尚足以自娱也，吾亦无恤焉。彼英人则固局外闲、主持公论者也，乃亦从而附和称许，抑若以德之所为为可取法。嗟乎！向从欧美两洲人士游，莫不言地球开化之国，英为首称，而《太晤士报》馆又为其一时名士大夫所会合。今此论也出，则英之国民，其亦犹有野蛮生番之性也欤？

吾闻往者有英人商于希腊者，为钱财小数，与希人争殴，坏其房舍。英人控之英廷，英政府即派兵船数艘，守希口岸，索偿二十万镑，期年未了。各国报馆，群起而议英廷之失，英乃前后命使臣四人往希查考，后始得直，赔英金一百二十镑，事遂结。夫各报馆之讥英公论也，英廷之不自护其短，公道也。往者英人之以兵逼希，与今日德人之以兵要我，其情事无以异也。乃昔之英人犹不自护其短，而今之英人，反护他人之短，则是英之民智转卑，民德转坏，其国家之治化，且视昔为退矣。由此术也，公理何在？公道何在？其犹能执牛耳而为西方之盟主乎？吾窃为英人不取也。彼德人则更无责焉耳。

论胶州章镇高元让地事*
(1897)

吾尝闻英人之言曰，世之公例有三焉：一曰民未成丁，功食为反比例；二曰民已成丁，功食为正比例；而其三曰群己并称，己轻群重。用是三者，群立种强；反是三者，群散种灭。今者吾论胶州之事，而独引此何？吾欲用其第三例故也。

印度之野有象焉，百千为群，居山林中，将出就水为饮与浴，必先有逻象焉。出而为逻，审无害者，而后群行。如逢敌仇，则逻象先死。美洲之野有犎焉，当其群居，牝犊内聚，牡者环之，外向，敌来且斗且警。禽鸟之中，则有雁奴，猎者非先杀雁奴，则其群不可掩也。是知舍一己以为其群，虽在飞走之伦，有如是者矣。至于人当何如？

始吾闻德人船入胶州，勒限四十八点钟，令章营退扎，而章果与退扎劳山之事，始而讶，继而悲。讶者何？讶德人久称开化之国，而行事类盗贼野蛮也。悲者何？悲章之葸懦畏死，而致外人视之如犬彘也。当德人与之勒限时，章当应之曰："吾与若皆行伍人，义得相喻以理，四十八点钟，无所用也。吾为总兵，奉命守此，进止非所自由，上有皇上，下有抚军，皆吾所听命者也。汝力能得之于朝廷，抑能得之于巡抚，则令子下而吾丑退，不待两日之久也；如汝不能得此，而于我乎求之。我武人，知有战而已，尺寸之地，不能让也。今试问，若汝为将在非洲，奉大帅提督令，守一港汊，英舰忽入，勒汝让之，则汝固当让之耶？抑俟朝廷大帅有令而后进止耶？假汝不得自由，何为以是而求于我？汝以兵力相逼耶？则我带兵数十年，所求者正是一死所耳。今明告汝，章某未死，此军未破，胶州尺寸之地，非汝所得觊觎也"云云。果

---

* 原发表于1897年11月25日，《国闻报》。本篇选自《严复集》，第一册，57～58页。

令如是，则吾意德人虽甚蛮暴，然彼以武功立国，虽在敌仇之间，见义烈敢战男子，尚知敬爱，且行太无道，亦虑各国之议其后，其竟不敢相逼者，什有八九。又近来西人其欲逞志于中国也，往往先用试探之术，造端宏大，出语狂肆，一则以视中国受之之何如，二亦以观他国之动静。果其所求辄获，则在在皆彼利益，何乐不然。假其阻力尚多，彼亦退而变计。今德国去华数万里，千兵运费，至为不赀。且西法、东俄、非洲、南美，在在须无空隙，未见其能以不在理事，动辄干戈相见也。即使不然，德人不顾公法，不顾令名，而务欲逞志于我，我以主待客，以众待寡，未必其果不胜，且胜焉而彼亦不能遽以开衅在我相责也。万一战而至于败，败之极而至于死。夫既为兵官而死于战，上既不负国家付托之意，下可以见重于敌人，而壮国家之气。人谁不死，死而如此，又何不可？乃计不出此，依违之间，进退失据，事机之来，间不容发，及其既逝，挽之不留，惜哉！虽然，吾有以知章镇之不能也。盖若能如此，必其人有学问，有性情，又能得士卒之心，平居之时，训练已久，夫而后能应机而起、不失尺寸也。中国兵官，大都纷华靡丽，日事酣嬉，以幸国家之无事。一旦有事，其不败者谁哉！吾故以知其不能也。

近又闻章镇往见德兵官，侃侃不挠，德人亦为之语塞。则后效之图，又吾人所属望矣。

论胶州知州某君*
(1897)

本报第三十一号曾登一论，论胶州章镇让地之事。大旨言其不能力拒德人四十八点钟退出胶州炮台之约，无以张国威、遏敌萌、慰民望，而完其一身进退之大义。此论云云，不过平心而论，言丈夫既出而为官，即属以身许国，倘遇艰危，亦当统筹全局，不能专为一己计。官即甚卑、地即闲散，亦各有不可避之责，而况章镇在武员不可谓不贵，驻守胶澳地不可谓不重，而乃慑于一吓之威，而即置君国于不问乎？故本馆不能不发此公论也，乃今观于胶牧某君之所以自处，不禁叹昔之责章镇者为辞费而且过苛也。

夫某君之所为，既已历登前报矣，虽其事之虚实不可知，而山东友人之来函则如是，京师友人之来函则如是，天津官场之传说则又如是也。今姑从所传闻之情状而推原作此情状者之用心，真有令人不可解者。中国法制：地方官有守土之职，即不主兵，亦必以城池之存亡为其一身之存亡，若城亡而身存者，则名教中人将待之以不齿。此尽人所咸知者，宁某君而不知之！今德国虽系与我有和约之国，其来也，亦未尝下旗宣战，彼此明示以敌人相待。然既未与吾政府相商，贸然而来，且毅然示章镇以几点钟退出，不退则以敌人相待；既已登陆，又复出告示，收关税、盖兵房，其欲居之不疑，据为已有者，已形乎词色之间。某君既膺民社，为国家守土之一吏，一旦见所守之土骎骎乎属于他人，

---

* 原发表于1897年12月14日，《国闻报》。此处所说的“某君”应该是1895年至1898年担任胶州知州的罗志伸（1821—1903）。德军于光绪二十三年（1897）11月14日侵占青岛后侵入胶州，据云知州罗志伸对德军“殷勤接待”，提供了骡车供德军运输，并留有与德军合照的一张照片。载《国闻报》，1897.11.27、12.4；照片见 http://xiaopangzijy.blog.163.com/blog/static/1088164262009326025226/，读取时间2014.1.4。本篇选自《严复集》，第一册，59～60页。

某君即官卑无权，万万不足以有为，然亦可知所自处矣。不自审度，而乃出此，将以此为报国耶？保民耶？其不然也明矣。以此为巴结德人耶？夫度德人之意，即州官不如此之恭顺，亦断不取而杀之；州官即如此致敬尽礼，德人亦未必大喜而予以升官发财也，则此举可谓大愚。抑以此为周旋德人，使之无事，而州官之位可以安稳耶？夫置名义于不顾，而但求一身之安稳，其心已可诛；况丑态远传，闻者作呕，其位亦断不能安稳也。则此举又不得不谓之背谬，而某君之用心于是真不可解矣。

虽然，吾知某君者，盖出其长技以应敌人，而并未尝有所作意于其间耳。何以言之？中国之州县官，非人所为，夫人而知之矣。上司重叠，皆得制吾之死命；同寮比肩，互相搏噬，以争腐鼠；其下则门丁胥役、幕友官亲相为环伺，咸以本官为其发财之机器，而又不顾其机器之损坏。盖州县者，无人不可责备，即无日不有处分者也。彼其人者，观此地狱而顾若有所恋而不能去者何也？将有所求耳。慈祥恺悌，恩如父母，非爱民也，为其所求耳；严刑峻法，恶过焰摩，亦非有仇于民也，亦为其所求耳；苞苴所及，上穷碧落，下入黄泉，非好施也，为其所求耳；胁肩耸体，媚于优倡，排挤夤缘，幽于鬼蜮，非不惮劳也，俱为其所求耳。而其所以致此之由，远自入塾读书，父兄师长之期之者，不曰做官，即曰能干，盖以此期之也。及其人世既久，则见天下之穷通，竟以能如此与不能如此为比例；观之既熟，思之既深，始为之犹有所苦，继则忘疲，终则与之为化，而若有味存焉。若此之人，其形体虽存，其人心已死，其不知人间有羞耻事久矣。一旦而有非常之变，彼之心目，安能辨来者为敌人，而我当为国而拒之哉？但觉临我而有威者，我即以上官之例待之耳。盖其请安、磕头、办差、乞怜之技，已与魂梦相连，随触而发，欲不如是而不能也。

夫以数千年之教化，以成今日之风俗，而遂有如此之人材。观人材之皆若此，可知不若此之人，其挫折、困死于此世者，不知其几矣！故某君者，亦太平之能吏，特不幸遇德人而败露耳。吾于某君乎何尤！

拟上皇帝书*
(1898)

臣闻跛者不忘履、眇者不忘视，一身且然，而况国乎？夫古今中外之人君，其发扬蹈厉，拨乱奠基，功著于当时，庆流于后嗣者，大抵处积弱难治之世，奋于存亡危急之秋，而大得志，不必承庥继明，席富强之余烈，而后可以有为也。中国者，天府之国，广土众民，有四五千年之教化，五洲诸部，方之蔑矣。顾今者大势岌岌，不治将亡，为有识所同忧，而泄沓宴豫，顾取延岁时，一隅有警，则君臣相顾失色，甚者罢朝痛哭，不知所图。举朝之人，无有能为陛下画一策、出一谋以御侮威敌者，徒容忍洟涊，顺敌所求，如偿逋然，画诺而已，求遂责解，相对欢欣，如克大敌者。见兔既不思顾犬，亡羊复不思补牢。臣伏处草野，仰观朝廷所为，私窃痛之。臣闻古今有不为治之国，而天下无不可治之时。陛下果欲有为，则臣今所言，未必无可采择者，惟留神幸察。

臣惟中国之积弱，至于今为已极矣。此其所以然之故，由于内治者十之七，由于外患者十之三耳。而天下汹汹，若专以外患为急者，此所谓为目论者也。且即外患而言，其势之至于今日者，不自今日始也。机动于明代、国朝之间，而大著于道光、咸丰之际。使当日者，见其已著矣，吾君臣上下，毅然闵然，为深究详察其所由来，而豫具其所以待之之术，则所谓外患者，一见而不再见焉可也。不幸儆而弗图，使之再见、三见、屡见而终不为之所，于是乎有甲午东方之役。夫甲午之役，不独挠败为辱也，其辱有余于挠败者焉。而吾国之权力，乃为天下所尽窥，虽欲为前之苟延岁月，有不可得者矣。然而彼各国犹未敢轻量中国

* 原发表于1898年1月27日到2月4日，《国闻报》。本篇选自《严复集》，第一册，61～77页。

也。彼以谓中国之所以不振者，坐不知外情、不求自奋已耳。使其一旦知外情、求自奋，则以其壤地之大，物产之闳，人民之众，君权之重，其富强之效，孰能当之！今者以中国之大，而辱于日本，意者其将知外情而深以不振为忧，而力图其所谓自奋者乎？此所以东事以还，外人之于中国，观听之深，十倍于曩者。凡吾朝野上下之举动意向，莫不深诇而详论之。何则？望之深故察之审也。然而以彼为有爱于中国者，则又非也。不爱则何为而深望之？曰：惧中国之终于不振，致启戎心，破各国平权之局，兵事大起而生民涂炭也。盖今日各国之势，与古之战国异。古之战国务并兼，而今之各国谨平权。此所以宋、卫、中山不存于七雄之世，而和兰、丹麦、瑞士尚瓦全于英、法、德、俄之间。且百年以降，船械日新，军兴日费，量长较短，其各讲于攻守之术也亦日精，两军交绥，虽至强之国，无万全之算也。胜负或异，死伤皆多，且难端既构，累世相仇，是以各国重之。使中国一旦自强，与各国有以比权量力，则彼将阴消其侮夺觊觎之心，而所求于我者，不过通商之利而已，不必利我之土地人民也。惟中国之终不振而无以自立，则以此五洲上腴之壤，而无论何国得之，皆可以鞭笞天下，而平权相制之局坏矣。虑此之故，其势不能不争，其争不能不力。然则必中国自主之权失，而后全球之杀机动也。虽然，彼各国岂乐于为是哉！争存自保之道，势不得不然也。臣故曰：各国深望中国自强，望之深，故察之审也。

今夫外患之乘中国，古有之矣。然彼皆利中国之弱且乱，而后可以得志。而今之各国，大约而言之，其用心初不若此。是故徒以外患而论，则今之为治，尚易于古叔季之时。夫易为而不能为，则其故由于内治之不修，积重而难返；而外患虽亟，尚非吾国病本之所在也。臣故曰：今日之积弱，由于外患者十之三，由于内治者十之七也。

其在内治云何？法既敝而不知变也。臣闻天下有万世不变之道，而无百年不变之法。盖道者，有国有民所莫能外。自皇古以至今日，由中国以讫五洲，但使有群，则莫不有其相为生养、相为保持之事。既有其相生养、相保持之事矣。则仁义、忠信、公平、廉耻之实，必行于其间。否则其群立散，种亦寖灭。至于法则不然。盖古之圣贤人，相一时之宜，本不变之道，制为可变之法，以利其群之相生养、相保持而已。是以质文代变，自三代而已然。即有神圣祖宗，明谕切戒，所以期其子孙世守者，意亦曰，使内之民物，外之敌国，常无异于今，则吾之法制，固可以措天下于至安，而历久而无弊。必不云情异事迁，世变方亟，所立之法，揆之事理，不可复通，犹责子孙令兢守其法以驯致危亡也明矣。臣尝窃读中外各国史书矣，见彼外洋，一国既立，为之主者，率皆一姓相传，累千余年而不变。即中间更制民主，置其旧君，而他日复辟，必更求其裔为之，如法兰西前之卢夷是已。至于英、德、奥、日、义、比诸邦，则旧治未隳，为之君者，惟一家而已。独至中国则云一姓不再兴矣。三古以还，君此土者，不知几易，治乱兴废，如循环然。此其故何哉？司马迁曰："物穷则变，变则通，通则久。"穷变通久，使民不倦。外国穷而知变，故能与世推移。而有以长存。中国倦不思通，故必新朝改物，而为之损益。果使倦而能通，取来者之所损益而豫为之，因世变化，与时俱新，则自夏禹至今，有革制而无易主，子孙蒙业千祀不坠可也；何必如汉臣刘向所言：自古及今，未有不亡之国也哉！且夫王者之大事，莫大于法祖而敬天矣。敬天则当察天意之所趋，法祖则当体贻谋之所重。天之意于何察？察之于亿兆而可知。祖宗之贻谋于何体？体之于一己而可悟。近岁以来，薄海嗷嗷，扼腕叩胸，知与不知，莫不争言变法。甚且谓中国若长此终古，不复改图，将土地有分裂之忧，臣民有奴虏之患。民情如是，则天意可知矣。

且臣知陛下之所以谦让逡巡，终不忍言变法者，重以子孙轻改祖、父之道故也。此诚陛下孝治之隆，不可及之盛德也。然而臣愚窃以谓〔为〕过矣。臣请得就陛下一己之意明之：设今者陛下愤因循之致弱，不得已审势顺时，制为一切之法以补救之，凡此亦陛下一时之计也。而千秋万岁之后，陛下之圣子神孙，其所遭之世，虽其所以得救者不存，然犹兢守陛下之法，至于不可复行；甚且坐法之故，使人才消乏，财赋困穷，内忧外患，坌至而不可复支，如是而犹不变，宁使宗社倾危，种姓降为皂隶，则陛下以为孝乎？且将恫其易辙改弦，以与天下更始乎？臣愚有以知陛下之必不然矣。然则皇天之意，莫急于利安元元；祖宗之贻谋，莫重于保世垂统。而既敝之法度，犹刍狗之不可重陈，惟天、惟祖宗所日夜属望陛下早为改革者也。此在常智犹能知之，而谓陛下至圣至明，庸有不知此理！今者陛下君九万里之中国，子四百兆之人民，其为荣业可谓至矣。然而审而言之，则所承之重，实百倍于古之帝王；所遭之时，亦古无如是危急者。国之富强，民之智勇，臣愚不知忌讳，不敢徒以悦耳之言欺陛下，窃以为无一事及外洋者。而其所以获全至今者，往者以外人不知吾虚实故耳。甲午以来，情见势屈矣，然而未即动者，以各国之互相牵制故耳。故中国今日之大患，在使外人决知我之不能有为，而阴相约纵，以不战而分吾国。使其约既定，虽有圣者，不能为陛下谋也。为陛下谋，务及此约未及之际，此臣所谓时至危急者也。况客岁德人之占夺胶州，则外人意之所欲为，愈明白而不待更察矣。东方俄日汹汹，论者策其必出于战。战则无论孰为胜负，而我将皆有池鱼之忧。伏惟皇天、祖宗以丕基鸿业付陛下，皇太后援立有德，原以冀宗社万世之安。且使中国一朝而分，则此四百兆黄炎之种族，无论满、蒙、汉人，皆将永为贱民，而为欧人之所轻蔑践踏。陛下即敝屣万乘，不为身谋，奈九庙在天之灵与皇太后千秋之养何？奈中国率土臣庶所以爱戴陛下之意何？此臣所谓陛下奉承之重，百倍于古之帝王者也。夫陛下所承之重如此，所遭之时，其危急又如此，然则陛下虽欲趣过目前，忍与终古，不可得矣。然而居今之日，而欲讲变革、图富强，虽臣至愚，亦深谅陛下之难为也。

盖古今谋国救时之道，其所轻重缓急者，综而论之，不外标本两言而已。标者，在夫理财、经武、择交、善邻之间；本者，存夫立政、养才、风俗、人心之际。势亟，则不能不先事其标；势缓，则可以深维其本。盖使势亟而不先事标，将立见覆亡，本于何有？顾标必不能徒立也。使其本大坏，则标匪所附，虽力治标，亦终无动。是故标本为治，不可偏废，非至明达于二者之间，权衡至审而节次图之，固不可耳。夫欲审权衡，则必深察时势，内政外交，皆了然见其症结之所在，而无影响之疑，此固事之大难者也。且臣云今日吾国之富强与民之智勇，无一事及外洋者，亦非敢为无征之辞，抑己扬人，欺陛下也。其所以然之故，所从来也远。臣请得为陛下深明之。臣闻建国立群之道，一统无外之世，则以久安长治为要图；分民分土、地丑德齐之时，则以富国强兵为切计，此不易之理也。顾富强之盛，必待民之智勇而后可几；而民之智勇，又必待有所争竞磨砻而后日进，此又不易之理也。欧洲国土，当我殷周之间，希腊最盛。文物政治，皆彬彬矣。希腊中衰，乃有罗马。罗马者，汉之所称大秦者也。庶几一统矣，继而政理放纷，民俗抵冒，上下征利，背公营私。当此之时，峨特、日耳曼诸种起而乘之，盖自是欧洲散为十余国焉。各立君长，种族相矜，互相砥砺，以胜为荣，以负为辱。盖其所争，不仅军旅疆场之间而止，自农工商贾至于文词学问一名一艺之微，莫不如此。此所以始于相忌，终于相成，日就月将，至于近今百年，其富强之效，遂有非余洲所可及者。虽曰人事，抑亦其地势之华离破碎使之然也。至我中国，则北起龙庭天山，西缘葱岭轮台之限，而东南界海，中间方数万里之地，带河厉山，浑整绵亘，其地势利为合而不利为分。故当先秦、魏、晋、六朝、五代之秋，虽暂为据乱，而其治终归一统。统既一矣，于此之时，有王者起，为之内脩纲维而齐以法制，外收藩属而优以羁縻，则所以御四夷、绥百姓，而求所谓长治久安者，事已具矣。

夫圣人之治理不同，而其求措天下于至安而不复危者，心一而已。圣人之意，以谓天下已治已安矣，吾为之弥纶至纤悉焉，俾后世子孙谨守吾法，而百姓有以相生养、相保持，永永乐利，不可复乱，则治道至于如是，是亦足矣。吾安所用富强为哉！是故其垂谟著诫，则尚率由而重改作，贵述古而薄谋新。其言理财也，则崇本而抑末，务节流而不急开源，戒进取，敦止足，要在使民无冻饥，而有以剂丰歉、供租税而已。其言武备也，则取诘奸宄，备非常，示安不忘危之义。外之无与为絜长度大之勍敌，则无事于日讲攻守之方，使之益精益密也。内之与民休息，去养兵转饷之烦苛，则无由蓄大支之劲旅也。且圣人非不知智勇之民之可贵也，然以为无益于治安，而或害吾治，由是凡其作民厉学之政，大抵皆去异尚同，而旌其纯〔谆〕良谨悫者，所谓豪侠健果，重然诺、立节概之风，则皆惩其末流而黜之矣。夫如是，数传之后，天下靡靡驯伏，易安而难危，乱萌无由起。而圣人求所以措置天下之方，于是乎大得。此其意亦非必欲愚黔首、利天下、私子孙也。以为安民长久之道，莫若此耳。盖使天下常为一统而无外，则由其道而上下相维，君子亲贤，小人乐利，长久无极，不复乱危，此其为甚休可愿之事，固远过于富强也。不幸为治之事，弊常伏于久安之中，而谋国之难，患多起于所防之外，此自前世而已然矣。而今日乃有西国者，天假以舟车之利，闯然而破中国数千年一统之局。且挟其千有余岁所争竞磨砻而得之智勇富强，以与吾相角，于是乎吾所谓长治久安者，有俛然不终日之势矣。嗟夫！此其为事岂仅祖宗之所不及知也哉！盖虽周孔之圣，程朱之贤，其论治道虑后世也，可谓详且审矣，然而今日之变，则亦所未尝豫计者也。

今夫陛下之所以为治，与诸臣之所以辅治，不过近考祖宗之成宪，远稽古圣贤人之所著垂，详择其中以措之于政而已。而今日外交之事，既为前人之所不及知，而未尝预计，则陛下之为治与诸臣之辅治者，将皆无所循效据依，以为一切因应之具。往者尝欲不察外情而纯任我法矣，顾外人不但不范我驰驱，乃常至于决裂，而吾国愈病。于是更以柔道行之，曲意从彼，以苛求一顷之安。然而彼之欲常无穷，而曲意之为，将有时而必不可忍。于是陛下乃起而求折冲御侮之臣，与夫绸缪未雨之佐。而平居国既不以此养才，士亦未尝以此为学，则人才消乏之弊见矣。陛下思所以整武备，缮封疆，与一切可以建国威、销敌萌者，而今日船械之费，动辄数百巨万，吾国度支，以之处平世则有余，以之图非常必不足，则财富匮乏之弊又见矣。夫人才之与财赋二者，兴事者之所必资也；而皆乏如此，则陛下纵欲为之，而安所藉手乎？且臣闻天下非〈求〉财之难也，而理财为难；又非求才之难也，而知才寔难。夫今日中国所处之时势，既大异于古初矣，则今日之才，方之于已往者，虽忠、孝、廉、贞之德，不能不同。而其所具之才，所以斡济时艰、策外交而辅内理者，必其详考古今之不同，而周知四国之故者也。夫如是，故其所治之学与其所建白者，亦将有异于古初。而异于古初者，非陛下与内之二三大臣、外之十数疆吏之所尝学而深悉也。如是，则无以知此才而为之区其贤否矣。无以知此才而区其贤否，则所求之才伏而不出，而游谈乱真者日以多，故陛下虽屡下明诏，督诸臣以荐举之事，而彼外之不能不缘虚声以为采，内之不能不本己意以相求，荐而陛下用之矣，然而事实之际不可诬也。则不幸往往有败，败而陛下又不悟其才之非真也，转曰今之所谓人才，吾既取而用之矣，而于吾事乃如此。然则天下固无才，抑虽才亦无益于吾事也。如此，则陛下求才之意衰，而中国之人才愈不出。夫人才者，国之桢干也。无人才则所谓标、本之治皆不行。于此之时，陛下欲自为其本，则事无旦暮之效，为之虽切，恒恐不逮于救亡。救亡而急理其标，则陛下在在无人才之助。臣故曰：居今之日，而欲讲变革、图富强，虽臣至愚，亦深知陛下之难为也。今使中国之民一如西国之民，则见国势倾危若此，方且相率自为，不必惊扰仓皇，而次第设施自将有以救正。陛下惟恭己无为，顺民所欲，而数稔之间，吾国固已强已富矣。彼英国之维多利亚，不过一慈祥女主耳，非所谓聪明神武者也。至若前主之若耳治，则尤庸暗非才。然而英吉利富强之效，百年以来，横绝四海，远迈古初者，则其民所自为也。顾中国之民有所不能者，数千年道国明民之事，其处势操术，与西人绝异故也。夫民既不克自为，则其事非陛下倡之于上固不可矣。

臣居平尝论中国今日之法，虽已大敝，然所以成其如是者，率皆经数千载自然之势流演而来，对待相生，牢不可破。故今者审势相时，而思有所改革，则一行变甲，当先变乙；及思变乙，又宜变丙。由是以往，胶葛纷纶，设但支节为之，则不特徒劳无功，且所变不能久立。又况兴作多端，动糜财力，使其为而寡效，则积久必至不支，此亦事之至为可虑者也。迩岁以来，朝野之间，其言变法以图自强者，亦不少矣。或云固圉为急矣，则请练陆营而更立海军；或云理财最要矣，则请造铁路、开各矿而设官银号；又以事事雇用洋人之不便也，则议广开学馆以培植人才。大抵皆务增其新，而未尝一言变旧。夫国家岁入之度支有限，而新政之日增无穷，新旧并存，理自竭蹶。臣闻为政之道，除旧布新、相因为用者也。譬如病瘠之夫，欲求强健，良医临证用药，必将补泻兼施，夫而后积邪去而元气苏，徐收滋补之效。使其执不可攻削，恐伤病人之说，而专补不泻，日进参蓍，则虽所费多金，以求良药，恐瘠疾终不可愈，积邪日以益坚，而大命之倾将无日矣。陛下试观今日诸臣所为，何以异此？故臣窃谓前者诸事，以治标而论，则事势太逼，恐无救于危亡；以治本而言，则积习未祛，亦无益于贫弱。其事诚皆各国所以富强之具，今日所不可不图，第为之而不得其序，则远之有资敌之忧，近之有縻财之患，而于自强之实，去之尚遥。何者？将以为标，则救亡图存，事尚有亟乎此者；以之为本，则原始要终，事尚有先乎此者也。臣窃尝自忘其愚贱，旷观时变，蚤夜以思，既深识大局之至为难图，又大愿陛下之不可不勉。得未变法之前，陛下之所亟宜行者三；既变法之时，陛下之所先宜行者四。狂夫言焉，圣人择焉。屈原不云乎："所非忠而言之兮，指苍天以为正。"惟陛下俯垂圣听而已。

臣所谓未变法所亟宜行三者：一曰联各国之欢。今夫欧洲各国之事，至纷纭矣。然而约而言之，大抵英俄两大权之所举措而已。英最孤立，而俄则有法德之连。其所以连者，以三国皆以倾英为谋故也。盖英之海权最大，而商利独闳。其属地大者有五，印度、南澳洲与北美之康纳达、非洲之好望角。而尤要者，则自其国绕大西洋而入地中海，出苏尔斯、红海，达印度洋，过新加坡北首而入吾之东海。沿途岛埠，如置驿然，蝉嫣不绝，以为屯煤转饷之资；而辅之以全球之海线，此可谓筦五洲之锁钥者也。余国出而行贾，皆有仰于英，而英则无所待于余国。然而以设埠之多也，故虽为国大费，而不能不盛设海军而弹压之，此则事相为表里者也。至于俄之国势，则与英悬殊。英岛国也，而俄处大陆，地势平衍，跨有二洲，游牧农渔之利最富，陆师额设之多，甲于天下，善治而自守，收葱领以西之部落，夫已蔚为雄国矣。然自大彼得崛兴以来，常以无四时不冻口门，使商利不恢，国威不畅为恨。百数十年，其君若臣所处心积虑、不遗余力者，为斯一事而已。拓土开疆，抑其次也。波罗特海、白海皆冻，不足以蓄船；黑海宽矣，而内有君士但丁之限，外则地中海东西两头，皆英人司其门户，俄不得以逞志也。前者思南通波斯、阿富汗以出印度洋矣，然此又英人所必争、所死龉，不能入尺寸者也。咸丰末年，以中国之多故，伺隙蹈瑕，唾手而得我黑龙江之东部，于是俄肇有海参威自由之海口，而其国东方之略，亦用此为起点矣。自彼得堡以抵海参威，一经两海，中间径六七千迷卢，多穷徼荒寒之地，俄不惜筹数百兆之费，创为锡伯利亚之铁路以通之。英通海而俄通陆，道成则有以夺英之商权而大得志。嗟夫！谋国如此，此可谓高掌远蹠者矣。不幸道未成而有甲午之事，高丽失怙，而我丧师。日本荐食上国，且有以妨俄数十年惨淡经营之大业，此其势所不能不争者也。于是俄既以助我为名矣，则英自不能不合日本，而法德者，则俄自知兵力之单，而引以为重者也。夫法之事俄久矣，其事俄也，疾英国而思报德人也。俄一举足，有以为二国轻重，德不能树襟背之敌，故不得已而折入于俄。然往者俄法衡而德奥欲为纵矣。且使法人报德之志，日久而衰，则俄法之交，或不可恃，大抵各适己事而已。此泰西各国之大略也。

至于泰东今日之局，俄日殆不可解之深仇。日于俄之助我也怨浅，于俄之以我为名以自利也怨深。且俄人在韩之所为，尤使日人噎媢不能出气。故乙未至今，两国伧儴，争为战备，简军峙粮，无一息之逸，吾沿海米价，为之昂腾。度日本之未与俄告绝者，恐英援之未足深恃故耳。今夫英固海上之雄国也，往者泰东西有事，英罔不执牛耳者矣。顾近岁以来，独若谦让未遑，不敢为天下先者，是亦有故。海军之费已重，属地过多，恐窭薮之不容穴，一也；其治已成民主之规，民主者不甚以并兼为利，二也；为各国所妬媢者深，已亦自危孤立，三也；非洲南北，移民新壤，与各国日有违言，国事已冗，四也；前之成绩，备极崇闳，今即不争，已多厚实，争之而胜，增者无多，争之不胜，国荣顿减，故常以持盈保泰为事，五也；君王后享国六十年矣，即位以来，国之富强日臻，已之身名俱泰，为其前史所未有，当国者咸思保其晚节，不忍轻举，六也。以此六故，虽武备日脩，力足以与人争先，而无往不为持重，此客岁以前英人大略之政策也。然臣闻其近月以来，稍稍变矣。变则英日两岛国，左提右挈，必有以阻俄人之东略，而俄人不能为让，则东方战事始殷然矣。至既战之后，各国之离合错综，与其胜败之数，虽有明智，不可得以豫言也。昔者甲午之役，各国皆以日本为必危；去岁土希之战，论者又以希腊为宜胜，及其事验明白，皆异人言。是故事变之来，非臣愚所能豫决。而所决然可知者，则我必受其敝而已。盖外国之事，如海流然，方其澜之安也，则蛟龙鲸鲲，翔泳奔突，奋迅悦豫于涛波之中，皆宽廓有余，而不足为患，及其聚为海啸，则浑乱荡潏，水之百怪，皆郁勃放肆，求自快其意而不可御，而所冲之地，田庐民舍，罔不被灾者矣。是故目前东方之祸，苟有术以弭之，亟宜早为之所。

臣遍观欧亚二洲之中，其能弭是祸者，独中国而已。而中国之中，独一人而已，则皇帝陛下是也。设今者陛下奋宸断、降德音，令计臣筹数千万之款，备战舰十余艘为卫，上请皇太后暂为监国，从数百亲贤贵近之臣，航海以游西国，历聘诸有约者，与分庭抗礼。为言中国天子有意为治，今之来者，愿有以联各主之欢，以维持东方太平之局，怀保中外之民人。继自今事之彼此交利，如通商，如公法，义所可许者，吾将悉许之无所靳。且吾将变法进治，俾中西永永协和，惟各国之助我。而其有阴谋无义，侮夺吾土地，而蹂躏吾人民者，吾将与有义之国为连以御伐之。夫如是，则不待陛下词之毕，五洲称圣明英武，而东方分争之祸弭矣。伏惟陛下所遭之时，为中国古今帝王所未曾有，则陛下应机发业，亦当出于帝王所未尝为。陛下果采臣言，则上之有以永宗庙万世之安而扬其灵，下之有以拯神州亿兆之黎元而作其气，外之有以解东西各国不可已之兵争而弭其祸。陛下一举，贤于尧、舜、禹、汤、文、武远矣。此臣所不胜为陛下大愿者也。夫帝王会同，在西国亦年月事耳，而自陛下行之，则有如是之效验者，在西国则为数见而不鲜，在中国则为旷古而非常也。至于亲履其地，则有以知中西政俗之异同。知其异同，则有以施吾因应修改之治，其为益甚众，有非臣所能详举而细论者矣。

二曰结百姓之心。臣闻孟子有言："兵革非不坚利也，米粟非不多也，委而去之，是地利不如人和也。"贾谊亦曰："圣人有金城，民且为我死，故吾得与之俱生；民且为我亡，故吾得与之俱存。夫将为我危，故吾得与之皆安。"降至宋臣苏轼之告其君，亦一言再言以深结人心为本。此以见自古立国之道，未有人心未去而国本或摇者也。其在一统无外之世，固为重矣，而处权均力敌之时，其重倍之。此诚今日陛下所宜戒儆恐惧而常目在之者也。伏惟圣清受命，自入关定鼎以来，首革有明之秕政，作则垂宪，加意优民，刑章赋役，尤所反复详审。盖本朝十有一叶，二百五十余年之间，未尝用一虐刑也，未尝加一苛赋也，未尝兴一暴役也。生其土者，熙熙含和，有终身不知征税繇役为何事者。此其爱民之德，不徒远迈前朝，盖亦同时五洲大小各国所未尝有。夫国家惠保黎元，至于如此，而臣犹以深结人心戒陛下者，无他，善政经久，则习为固有，而民不知恩；陋规孔多，则吏为屯膏，而下乃疾视。而其尤患者，则在尊卑阔绝，上下之情不交。兵民亿兆，虽欲效忠致爱于陛下，而其道莫由也。臣窃尝观之西国矣，大抵民主之兵，最苦战而不易败，得能者为将，则当者皆靡，如华盛顿之自立与拿破仑之初起是已。君臣上下，日见相亲，抚循教训，截然如一家者次之，而将贵君尊，势分相绝，招之以利，用之以威者最下。夫民勇怯之资虽殊，而贪生之情则一。行陈之间，所以守战至死而不去者，必其有不容已之恩义利害故也。真实民主之国，其兵所以最强者，盖其事虽曰公战，实同私争。所保者公共之产业国土，所伐者通国之蟊贼仇雠。胜则皆乐而荣，败则皆忧而辱，此所以临陈争先，虽挫而不溃也。至其次则衔恩顾义，不忍弃捐。且其君臣上下既相亲矣，则其赏罚必明，所以顾恤其私者亦必至。伤残则有养废之廪禄，陈亡则其妻子无饥寒，夫如是，则亦誓死而勿去矣。独至主尊将贵，邈然不亲，招以利而用以威者，民之应募而为兵也，如牛马然，其心固漠然无所向，迫于饥寒，觑数金之口粮以为生计耳。至于临陈之顷，于其上非所爱也，于其敌非所仇也，一军未破之时，顾法重不敢去耳。然而有时而可用者，则必内地之战争，前有城池卤掠之获，后有官职保举之优，有一不存，其兵皆废。夫以今日战事之烈，火器之威，其枪炮之利钝悬殊，将领之贤不肖相绝者，固无论矣。至于工力悉敌之际，则胜败之数，悉以士气之振苶、人心之坚脆为分。以后之兵，当其前二，摧枯拉朽，岂待言哉！外国知其然也，故其国主将官，一言治兵，莫不以抚循士大夫为最急。德主于宫禁之内，特设武备学堂，亲选英俊少年，己为之师，躬行训练。而甲午之役，日本国主亦亲驻广岛，收恤伤亡，其皇后以中宫之尊，躬率妃嫔，为军士织带调药。呜呼，岂无故哉！岂无故哉！

夫今日中国之事，其可为太息流涕者，亦已多矣，而人心涣散，各顾己私，无护念同种忠君爱国之诚，最可哀痛。甲午之辽东，客岁之胶澳，其中文武官弁之所作为，民情之所见端，臣具有廉耻，为国讳恶，有不忍为陛下尽言者。陛下闻格物之说乎？格物家之言理也，以谓一物之完而不毁、坚而难破也，必其中质点爱力至多，如慈石吸铁然，互相牵吸维持而后有以御外力而自存。及其腐败也，则质点之爱力全无，抵拒舛驰，而其物遂化。今中国之质点，亦可谓无爱力矣。以此而当外洋，犹以腐肉齿利剑也。虽然，陛下慎勿恨民之无良也，亦自反其所以附民者而已矣。夫附民之要，在得其心，而心之精微，必不可以美言文具取也。今之为陛下惠养此民者，不过数千之州县而已，为陛下统辖此兵者，不过数百之将领而已；凡此什八九，皆受羊而盗其刍者也，其不见德之日久矣。陛下之尊譬如天，而官吏将领之可畏犹鬼神，生养不为之谋，穷屈无所于诉，而日夜厉以征求敲扑之事。民生是群，不知何所可恋；士从是军，不识为谁而战。则其忘陛下之帝力于何有也，不亦宜乎？且民既不知其国之可爱矣，则陛下虽岁筹无限之费，以庀新器、练新军，部勒止齐，悉用西洋之新法，平居无事，常派大臣为之检阅，其巧密精练，皆可为无穷之美观；独至一旦有急，则相率以随前者之覆辙，此列御寇所谓君形者亡也，曷足用乎！况其未必能及此也。议者将谓昔中国之兵亦尝强矣，不必如西人所为而后可用也。则臣应之曰：不然。盖事之利钝，起于相较，至于兵为尤然。战者，敌也，必经权奇正，事事可与人相敌，而后可以言战，而有一胜之可期。使其不然，则未战而败形已具。日者，中国之敌，非西人也。至于内乱，则草寇耳。与草寇敌，故即用草寇之道，亦可有功。此所以湘淮二军，在前则为精兵，在今则至不足道。犹用其制，必败无疑。何则？其所与校者异也。今者中国制度，固与外洋悬殊，君民之间，必不能如彼之轻简。然兵战之事，存亡所关，急宜略师其意，起而为之。臣之愚计，欲请陛下于臣前言出洋回国之便，亲至沿海各省，巡狩省方，纵民聚观嵩呼，瞻识共主；又为躬阅防练各军，誓诰鼓厉，振其志气。近事俄主即位加冕，与英国君王后金刚钻喜，皆游宴各部，听民纵观，亲加劳慰，其时举国之民，欢忭感泣，人人有戴主死敌奋不自顾之心，识者皆谓其民为可用。夫中国之民，爱主之心亦犹是也，特陛下忽而远之，故隐而不见耳。一朝振之，其气百倍，敌国见此，自生戒心。夫使四百兆之人皆爱陛下，则陛下何为而不成，何求而不得哉！此为至计，不可忽也。

三曰破把持之局。臣闻国家变法之时，其难有二：一曰抑侥倖之门，一曰破把持之局。侥倖者，自新进而言之也。把持者，自守旧而言之也。然而抑侥倖难矣，而破把持尤难。何以知其然也？国家当奋发有为之际，势不能不开功名之门，破常格以待非常之士。彼侥倖者，中无所有也，而有意于天子之爵禄，于是则养交游谈，甚者或拜私门行苞苴以规进取。虽然进取矣，使其人之甚不肖，则受者难之，而言者或揭其短，抑或负乘而败，则必无幸矣。故抑之虽难而实易也。至于把持之局之难破，则自古而已然。侥倖者，皆小人也，而把持之中不无君子。但使其人不知当世之务，不察理势之真，则奋其偏见，皆可与为治者力争，虽刑黜有所不顾，其所称引者，动缘祖宗之法制、贤圣之遗文，而人君之所宜法守者也。且人情常乐因循而惮改作，故其持论，和者常多。及其既多，则虽以人君之权，有不能与其臣下争胜者矣。赵武灵王之胡服骑射，可谓英主之壮图，然与其臣公叔成诸人往复十余周而后得行其意。宋王安石之新法，虽行之不皆合于道，然亦救时不得已之计也，乃一时为之助而匡辅者少，为之攻而排击者多，于是党论纷淆，而宋治亦终不振矣。然此犹是君子之把持也，其害国如此。至于小人之把持，则其术尤工，而其害有不胜偻指者矣。大抵君子之把持，生于智虑之有所不周，意见之有所偏激；而小人之把持，则出于营私自利而已矣。国家承平既久，则无论为中为外，举凡一局一令，皆有缘法收利之家。且法久弊丛，则其中之收利者愈益众，一朝而云国家欲变某法，则必有某与某者所收之利，与之偕亡。尔乃构造百端，出死力以与言变者为难矣。是故其法弥敝，则其变弥不可缓；而亦其变之弥不可缓，则其欲变弥难。盖法之敝否，与私利之多寡为正比例；而私利之多寡，又与变之难易为正比例也。夫小人非不知变法之利国也，顾不变则通国失其公利，变则一己被其近灾。公利远而难见，近灾切而可忧，则终不以之相易矣。嗟夫！此西人讲群学者，所以称必有为群舍己之人，而后群强而化进也。且今者中国变法之难，不必改用西法而后尔也。但使人失私利者多，则虽经典之所载、祖训之所垂，不能据之以敌把持之势。

今夫同律度量衡而谨圜法者，王者之大政也，著于礼经，载之会典。且度量不同、圜法不谨者，其国必贫，又计学之公例也。而中国此数者之放纷杂乱，为全球之所无。日者尝有人焉，欲为陛下立圜法矣，以一两五钱为制，色均权等，此法立则民无以滋其巧伪，而吏无以售其奸，而泉货大通于中国，有无穷之利，此亦富国之本谋也。顾何以事经部臣议复以为多所窒碍而万不可行乎？厘金者，天下之弊政也。吾与外洋议及加税，则英人常以为言，以谓吾不病中国之抽厘，所抽重轻，抑亦其次，但商人出本行货，必示以一定税则，然后可以操筹计赢，不至亏折。而中国十里一卡，百里一牙，疏密重轻，毫无定制。夫取于民有制者，又百王之通义也。且赋民无法，则上之所益有限，而下之所损至多。合天下而计之，则国财之耗于无形者不少。今陛下试取其法而整顿之，而观各省之督抚官吏以为何如？由此而推之，则陛下欲变科举考试之法，则必有收科举考试之利者以为不便矣。陛下欲废弓箭，用枪炮，毁沙艇，易轮船，罢漕运，收折色，讲河工，用西法，诸如此者，皆必有收前利者以后之变法为大不便。总之，如臣前言，其法愈敝，则把持愈多，而变之愈不易，不必问其为中法为西法也。孔子曰："鄙夫可与事君也与哉？……苟患失之，无所不至。"而近人之论李斯，亦云："小人宁坐视其国之危亡，不以易其身一朝之富贵。"痛矣乎，其言之也！然而臣以为彼把持者之计亦短矣。譬之树之有虫，人一身之有蛊，聚而嘬之，以为得计，而不念及其已甚，则树殭人亡，而己亦与偕尽。此庄周所谓濡需豕虱者也。使其幡然变计，先国而后身，先群而后己，则一身虽不必利，犹可以及其子孙。况夫处富强之国，其身之未必不利也哉，特一转移之间耳！

是以臣之愚计，以谓陛下治今日之中国，不变法则亦已矣，必变法则慎勿为私利者之所把持。夫法度立，则人无独蒙其利者，故虽至不得已而图改革，其于小人必有所龃龉而不安。历代叔季之君，夫亦自知伤危而思振刷矣。使其匪所龃龉而变之不难，则古今安得有亡国哉？臣闻帝王之用心，与众庶异。众庶急其一身一家而已，然而仁贤之士，尚有忘己以救物者；至陛下之用心，则利社稷安元元否耳。《淮南子》有云："栉者堕发。"然而栉不止者，所损者少而所利者多也。尚安能以数人之私戚，而废天下之公休也哉！故不破把持之局，则变法为虚言。陛下果有意于讲变革、图富强，亦在断之而已。以上三端，皆未变法之先所宜亟行者也。盖不联各国之欢，则侮夺之事，纷至沓来，陛下虽变法而不暇；不结百姓之心，则民情离涣，士气衰靡，无以为御侮之资，虽联各国之欢，亦不可恃；而不破把持之局，则摇手不得，虽欲变法而不能也。一其事在各国，二其事在万民，而三则在陛下之一心。陛下果采臣议而次第行之，则为旷古之盛节，机关阖开，而数千年之治运转矣，然后因势利导。所谓既变法所宜先者，臣请竭其愚陋，继今而言之。

有如三保*（1898）

今者执中国之涂人而强聒之曰：世法不变，将有灭种之祸，不仅亡国而已。则强者必怒于形，弱者必怒于色；而黠者且目笑而存之，其心以为自中国驱夷无术，汉奸孔多，利在变法，取已成之制度，而纷更之，因势乘便，以规富贵，故为此不可知未曾有之危词，助彼族相恫愒。不然，中国以四百四十四万九千方米卢之地，开国自黄帝至今，四千三百八十六年；孳乳寖多，而有三百四十一兆一十八万之民众；纵世运有盛衰，而天运循环，互为雄雌，亡国且不必然，何所谓灭种者？此其说甚伟。使其果然，则吾辈与彼，均可式食式饮而听天下事之自至。夫人情乐逸休而苦劳动，利守旧而惮谋新，吾与若情一而已。且以一二人倡为危论，以扰天下优游暇豫之心者，天下之所恶也。且其甚为怪民，为妖言。彼且不恨外仇，而恨倡为是言以形其丑辱。以眇眇之身，集高墉而为群矢的，智者所不为。往者江浙之间，有五通神，淫祀也。天大雨淫潦，一狂生取其像横水中，为砯以过。俄而乡民至，大惊畏，跪起其像，拂拭之，复其位而去。其夕五通见梦曰："吾为砯潦中，时日不利耳。尔何物？乃众辱我！罪死无赦！"遂病热死。今之从政者，大抵五通神。东西洋诸国为狂生，而持危言竦论痛哭流涕以道之者，则乡愚也。其见怪梦而责死，又胡疑乎！虽然，使其身蒙祸，而国势尊、民智进，虽灭死何足恨。独恨危身亡躯，于时事无丝毫补耳！夫人生于一群之中，犹大质之一点，其为力本微。昌言驾说，犯天下之所不喜，被讥弹，蒙谤议，甚且危身亡躯，是亦可以已矣。而犹强聒不舍者，盖

* 原发表于1898年6月3日到4日，《国闻报》。文中所提到的船政学堂教师法国人迈达，原名Leon Médard，于1868年4月开始负责前学堂的教学工作。本篇选自《严复集》，第一册，79～83页。

其心以为民之于国犹子之事父母也。孔子不云乎："见志不从，又敬不违，劳而不怨。"此其被讥弹、蒙谤议，甚且危身亡躯而不见可悔者，守孔子之道而不敢畔云尔。

今夫灭种之祸，不睹事物之真者，咸不知其所谓。吾且不必本动植之事，取群学之例而言之，但取众人耳目之所睹听者而言之，已可见矣。今天下官民所交困者，非钱荒、谷贵二事乎？吾辈试思：钱之所以荒，谷之所以贵，与夫钱荒、谷贵之流极，则于时事之艰、种之难存，思过半矣。驱夷闭关之说既不可行，则中外之通，日甚一日，虽甚愚亦知之。既通矣，则中外食货，犹水互注，必趋于平，又无疑也。数十年来，泰西日本皆废银而用金，故其银为无用而价跌。彼跌之则我不能独腾，而吾银亦日贱，于是前之受银者，降至七八折不止，而官始困矣。至于谷贵，则其祸尤烈。二十年以前，编户之家，月得三千，有以资八口，至于今则养两人殆不足。夫如是，则前之三餐者，今则两餐矣；前之两餐者，今则一餐矣。甚且如颜鲁公举家食粥者有之，饥饿不能出门户者有之。

吾尝闻化学家之说，物之焚也，皆以其质与养气合，故世间物有快焚，有慢焚。快焚者，火烈具举，顷刻灰烬是也；慢焚者，如草木之槁腐，如铜铁之绣〔锈〕涩是也。二者迟速虽不同，而皆归于灰烬。由是推之，则世间亦有快饿死，有慢饿死。快饿死者，罗雀掘鼠，粮食罄尽，转为沟瘠是也；慢饿死者，饮食不蠲，顑颔不饱，阴消潜削，乃成羸民，疾疫一兴，如风扫箨，男女老少，争归北邙是也。诸君试闭目静念，今日谷贵如此，一府一县罹此祸者凡有几家，其老迈者何以终天年，其幼少者何以遂其长养。而且仓廪不实，风化日衰，争夺既兴，世且大乱。今者外国取通，尚不外沿海各省而已，而粜贱卖贵，已足使吾民之病如此。设他日遍地通商，而吾暗然犹不知所以为待之术，则其祸当如何？则知吾灭种之说，非恫愒之词，而为信而有征者矣。悲夫！

于是闻吾说者，乃谓此所以海禁万不可开，和约必不可立，吾惟抵死守吾驱彝之策而已，庶有豸乎？此其所云，果能必济，则虽非至策，固亦大妙；而无如观五十年来之国事阅历，使其人略有识解，应当知此法之必不可行，尝试为之，亡灭更速。且即使可行，亦非至策云者，盖即竭力而济，亦不过将此局面推之后来，且发迟而其祸更烈。天下之至不仁，莫若苟且自救，祸遗后人。地学家谓澳洲以敻远不通之故，其中动植诸物，皆比欧亚为后一期，如甘噶卢鸭嘴獭之类，前者虽有以自存，今者与旧洲忽通，前种皆站不住。可知外物之来，深闭固拒，必非良法，要当强立不反，出与力争，庶几磨厉玉成，有以自立。至于自立，则彼之来皆为吾利，吾何畏哉！又有一种自命智计之士，以谓周利则凶年不杀，故明知国势既危，其心之谋利益至，而能事又不足取外以附内，而徒侵夺于同种并国之中。以智侵愚，以强暴弱，民为质点，爱力全无，所谓自侮而后人侮，自伐而后人伐。如此者，皆灭种功臣，而他日乱世多财，自存无术，其亡更速，则置之不足道也。

今日更有可怪者，是一种自鸣孔教之人，其持孔教也，大抵于〔与〕耶酥、谟罕争衡，以逞一时之意气门户而已。不知保教之道，言后行先则教存，言是行非则教废。诸公之所以尊孔教而目余教为邪者，非以其理道胜而有当于人心多耶？然天下无论何教，既明天人相与之际矣，皆必以不杀、不盗、不淫、不妄语、不贪他财为首事。而吾党试自省此五者，果无犯否，而后更课其精，如是乃为真保教。不然，则孔教自存，灭之者正公等耳，虽日打锣伐鼓无益也。且孔子当日，其拳拳宗国之爱为何如？设其时秦、楚、吴、越有分东鲁之说，吾意孔子当另有事在，必不率其门弟子，如由、求、予、赐诸人，向三家求差谋保；而洙泗之间，弦歌自若，一若漠不相关也者；又不至推六经诸纬，委为天心国运可知。且《记》〔《语》〕称“毋意，毋必，毋固，毋我”，则必不因四国为夷狄，而绝不考其行事，而谋所以应付之方。然则以孔子之道律今人，乃无一事是皈依孔子。以此而云保教，恐孔子有知，不以公等为功臣也。且外人常谓以中土士夫今日之居心行事而言，则三千年教泽，结果不过如是，自然其教有受弊根苗，所以衍成今日之世道。然则累孔教、废孔教，正是我辈。只须我辈砥节砺行，孔教固不必保而自保矣。

本馆数日前接到泰西访事友人一信，今略陈之，则我辈凡为中国男子者，皆当愧死。信云：前有法兰西人名迈达者，为福建船厂雇为教习有年。娶一粤女为妇，伉俪甚笃。生二女一男，长者今过笄矣。迈归，挈之回法，入学皆通达。去岁自德占胶州、俄租旅顺之后，欧洲国论纷纭，皆云瓜分之局已具。是二女者，日夜流涕，至忘寝食。每日早起，有闻卖报纸过者，必讯其中有中国事否，有则必购阅之，阅已复哭。见其弟，则勖其努力为学，后日归华，为黄种出死力也。此固友人亲见之者，非谬悠之说也。其书后尚云：华人素斥西洋为夷狄，而不知此中人民，君民相与之诚。伉俪之笃，父子之爱，朋友之信，过吾中国之常人千万也，则其说狂而悖矣。嗟乎！诸公何必学孔子，但能以迈二女子之心为心，则不佞高枕无忧，有以知中国之不亡矣。因与客论保种、保国、保教三事而觍缕如此。

保教余义*
(1898)

合一群之人，建国于地球之面。人身，有形之物也，凡百器用与其规制，均有形之事也。然莫不共奉一空理，以为之宗主。此空理者，视之而不见，听之而不闻，思之而不测。而一群之人，政刑之大，起居之细，乃无一事不依此空理而行。其渐且至举念之间，梦寐之际，亦无心不据此空理而起也。此空理则教宗是矣。自非禽兽，即土番苗民，其形象既完全为人，则莫不奉教，其文化之浅深不同，则其教之精粗亦不同。大率必其教之宗旨适合乎此群人之智识，则此教即可行于此群中；而此群人亦可因奉此教之故，而自成一特性。故风俗与教宗可以互相固结者也。

中国孔子以前之古教，不可考矣。自秦以后，乃有信史。据史以观，则知历代同奉孔教以为国教。然二千年来，改变极多。西汉之孔教，异于周季之孔教；东汉后之孔教，异于西汉之孔教；宋后之孔教，异于宋前之孔教。国朝之孔教，则又各人异议，而大要皆不出于前数家。故古今以来，虽支派不同，异若黑白，而家家自以为得孔子之真也。夫孔教之行于中国，为时若此之久，为力若此之专，即中国人之斤斤与外人相持，亦均以新法之有碍孔教为辞，若欲以国殉之者。旅顺、威海、胶州之割，关税、厘金、铁路、矿产之约，举国视之不甚措意，偶有言及者，如秦人道越人之肥瘠。独至春间，独逸营兵狼藉即墨孔庙之事，乃人哗愤。士夫固然，商贾行旅之徒，亦颇汹汹。欧人视之，相与骇笑，以为此与印度当日屈伏于英，曾不为耻，忽闻营中所给火药中

---

* 原发表于1898年6月7日到8日，《国闻报》。本篇选自《严复集》，第一册，83～85页。

有豕膏，以为此即破其教门，乃相率而叛，其情节正同也。虽然，西人即作是言，亦因此可以见支那信教之深，于国于种，未尝无益。且其言果确，则西人亦安得视我为无教之人，而夷之于非澳之土族哉！

往见西人地图，每地各以色为标识，表明各教所行之地。一种以支那与蒙古、西藏、暹罗同色，谓行佛教。又一种以支那、悉毕尔与非洲、澳洲之腹地同色，谓行土教。问其何以为佛教？曰：验人之信何教，当观其妇人孺子，不在贤士大夫也；当观其穷乡僻壤，不在通都大邑也；当观其闾阎日用，不在朝聘会同也。今支那之妇女孺子，则天堂、地狱、菩萨、阎王之说，无不知之，而问以颜渊、子路、子游、子张为何如人，则不知矣。支那之穷乡僻壤，苟有人迹，则必有佛寺尼庵，岁时伏腊，匍匐呼吁，则必在是，无有祈祷孔子者矣。至于闾阎日用，则言语之所称用，风俗之所习惯，尤多与佛教相连缀者，指不胜屈焉。据此三者，尚得谓之非佛教乎！问其何以为土教？则曰：遍地球不文明之国所行土教，有二大例：一曰多鬼神，二曰不平等。支那名山大川，风雷雨露，一村一社各有神。东南各省则拜蛙以为神，河工之官则拜蛇以为神，载之祀典，不以为诞。时宪书者，国家之正朔也。吉神凶神，罗列其上，亦不以为诞。此非多鬼神而何？官役民若奴隶，男役女若奴隶，盖律例如此也，此非不平等而何？据此二者，尚得谓之非土教乎！是二说也，欧人所云然，支那人即欲辨之。恶得而辨之？平心思之，则实有尸之者矣！

孔教之高处，在于不设鬼神，不谈格致，专明人事，平实易行。而大《易》则有费拉索非之学，《春秋》则有大同之学。苟得其绪，并非附会，此孔教之所以不可破坏也。然孔子虽正，而支那民智未开，与此教不合。虽国家奉此以为国教，而庶民实未归此教也。既不用孔教，则人之原性，必须用一教，始能慰藉其心魂。于是适值佛法东来，其小乘阿食一部，所说三涂六道，实为多鬼神之说，与不开化人之脑气最合，遂不觉用之甚多，而成为风俗。盖民智未开，物理未明，视天地万物之繁然淆然而又条理秩然，思之而不得其故，遂作为鬼神之说以推之，此无文化人之公例矣。然则支那今日实未尝行孔教，即欧人之据目前之迹以相訾謷者，与孔教乎何与？今日支那果何从而明孔教哉！夫不读万国之书，不能明一先生之说也。

保种余义*
（1898）

支那古语云：人道好生。吾不解造物者之必以造万物为嗜好也。其故何耶？此姑不论。但论其既好生物，则必有生而无死，而后可谓之好生。若云有生无死，则地不能容，故不容不死。不知同此一器，容积既满，则不能再加，必减其数而后可。此我等之智则然，此所以成其为局于形器之人也。若造物则当不如是，使造物而亦如是，则其智能与吾等耳，吾何为而奉之哉！今若反之曰：上天好杀。正惟好杀，故不能不生。盖生者正所以备杀之材料，故言好生则不当有死，言好杀则不能不生。同一臆测，顾其说不强于好生之说耶？吾作此说，非一人之私言也。英达尔温氏曰："生物之初，官器至简，然既托物以为养，则不能不争；既争，则优者胜而劣者败，劣者之种遂灭，而优者之种以传。既传，则复于优者中再争，而尤优者获传焉。如此递相胜不已，则灭者日多，而留者乃日进，乃始有人。人者，今日有官品中之至优者也，然他日则不可知矣。"达氏之说，今之学问家与政事家咸奉以为宗。盖争存天择之理，其说不可易矣。

以今日之时事论，白人在一千五百年前，未出欧洲之境，而与黄人有大争数次，实系乎两族之兴亡，而其时黄人已不能得志于白人。第一次波斯亚答泽耳士起倾国之众以伐希腊，而为米地斯多基利所败。第二次蒙古遏底拉深入罗马境，而为那底亚所败。第三次阿剌伯耶昔第二逾比利牛斯山欲伏全欧，而为沙尔马的尔所败。第四次蒙古成吉斯渡多恼河而西，以攻日尔曼，既胜矣，终惮欧人之勇，遂不敢复西。此数事

---

* 原发表于1898年6月11日到12日，《国闻报》。本篇选自《严复集》，第一册，85～88页。

者，白人有一不胜，则不能保全其自主，若一经服于他族，则失其独立不羁之气。白人之能有今日与否，未可知矣。而白人乃能联为一气，致死不渝，终不予其权于黄人。洎乎二百年来，民智益开，教化大进，奋其智勇，经略全球。红人、黑人、棕色人与之相遇，始则与之角逐，继则为之奴虏，终则归于泯灭。二百年间之事，图书明备，见闻相接，然岂凿空之谈哉！

今数雄已灭，所存大东之数国而已。夫黄种之后亡于黑种、红种、棕种者，岂智力之足抗白人哉！徒以地大人多，灭之不易，故得须臾无死耳。合亚洲黄人号八百兆，而支那居其半，支那之人亦窃恃此以无恐，然吾窃虑支那之民虽众，未可恃也。夫支那有此生齿者，非恃其天时、地利之美，休养生息之宜，以有此也。其故实由于文化未开，则民之嗜欲必重而虑患必轻。嗜欲重，故亟亟于昏嫁；虑患轻，故不知予筹其家室之费而备之。往往一人之身，餬口无术，娶妻生子，视为固然。支那妇人，又凡事仰给于人，除倚市门外，别无生财之术。设使娶妻一人，生子四五人，而均须仰食于不足自给之一男子，则所生之子女，饮食粗弊，居住秽恶，教养失宜，生长于疾病愁苦之中，其身必弱，其智必昏，他日长成，亦必有嗜欲而无远虑，又莫不亟亟于嫁娶。于是谬种流传，代复一代。虽半途夭折之数极多，然所死之数，必少于所生之数。而国家又从无移民之法，积数百年，地不足养，循至大乱，积骸如莽，流血成渠。时暂者十余年，久者几百年，直杀至人数大减，其乱渐定。乃并百人之产以养一人，衣食既足，自然不为盗贼，而天下粗安。生于民满之日而遭乱者，号为暴君污吏；生于民少之日而获安者，号为圣君贤相。二十四史之兴亡治乱，以此券矣。不然，有治而无乱，何所谓一治一乱哉！

夫此群中均身体弱智识昏之人，则其人愈多，为累愈甚，于是虽有善者，必为不善者所累，而自促其生。积数十人或数百人以累一人，是不啻以勤俭自立之人，受役于游惰无业之人也。而有志者先死，因而劣者反传，而优者反灭。然若优者尽死，则劣者亦必不能自存，灭种是矣。此与达氏之言相反。非相反也。盖前之说，论全球之进化；而此之说，乃一支之退化也。退之不已，可以自灭，况加以白人之逼迫哉！欧人近创择种留良之说，其入手之次，在于制限婚姻。其说也，白人尚欲自行之，况于支那乎！夫天下之事，莫大于进种，又莫难于进种，进与退之间，固无中立之地哉！

路矿议[*]
（1902）

欧洲五十年以前无铁路，乃至于今，则如顿八纮之网，以冒大陆矣。若英伦，若法兰西，若比利时，国中铁路所经，不独都会也，村庄镇集，靡所不通。而美澳二洲，洎夫日本，起而从欧洲之后，所兴发以营造铁路者，费至不訾。由是产宏民富，民富而文明之治以兴。此其理无他，不过使市廛棣通，食货川流，克捷程期，省节运费，化前者之跋涉险阻以为平夷利安已耳。总宇内之铁路，长约四十五万弥卢（英里本称），而新造者且岁增未已。夫比利时为国，广袤不足当中国之直隶，顾其铁路，乃有五千弥卢。而总中国境内所仅有者，六百弥卢而止。是故国无铁路，则通商惠工为空谈。而诸工业之中，其为所抑遏不兴者，于铁冶为尤甚。今夫铁，其诸金类之王欤？欧洲之富强，非黄白之多为之也，黑铁之盛为之也。第非铁路，则黑铁又乌从而盛乎？

方铁路之未大通也，欧美两洲所产铁，岁不过二百万顿而已。至今岁产乃二十倍此而有余。汉阳者，中国所独有之铁官也，其岁产仅二万五千顿。呜呼，可谓微尔！欧美产铁四千万顿，以银值言之，乃过一千兆两，其盛如此。虽然，铁非能徒盛也，其所以盛者，乃建造铁路以及诸铁功之故。惟今日实为天地菁华大泄之世运，百矿宏开，若煤铁诸金，皆无终閟者已。

今日宇内产煤，岁过七百兆顿。而中国拥最腴之矿，所岁出者乃不逾五兆，可知煤矿盛衰，与铁路最有关系。盖铁路如人身之脉络，无脉络，则人身之气血不行，而枯瘘之疾至；无铁路，则邦国之利源不广，

---

* 原发表于1902年6月1、10日，《外交报》第12、13期。本篇选自《严复集》，第一册，104～114页。

而贫弱之患兴。环球诸国，拥腴矿而不知开，绝利源而不知濬者，独此支那已耳。而其国上下，乃日以贫窭为忧，不亦异乎！虽然，支那，开化之国也。其民族非野蛮也，聪慧强力有余，所不能享天地自然之利者，无他，铁轨不施，销路不广。则虽发之，亦货弃于地故也。是故使中国而不求富强，则亦已耳；必求富强，其要著发端，在开铁路。铁路开，则诸矿业至于一切制造树艺之事，将相随以自生，而又于国家无大费。且此事必以商办为正宗，若以官办，抑以官督商办，皆将文例拘牵，断行牴滞，而度支烦费，又复不訾。故中国之办路矿，法当任公司之商业，而股分则杂华洋而兼收之。如是，则不独邱山之母财，有所从出，而办法亦可以期成。夫谓中国之路矿，宜中国所自为，此其言似也。顾居今之日，不独其势有不能，即使能之，亦未必为中国利也。何以言之？中国业路矿者，工师无多，而其人之阅历尤浅，则所为审曲面势，欲无滥费，亦无隳功，使路矿一切之政，在在皆协于无弊者，殆非今中国人之所能也。且国中殷实商民，其情皆疑而不任，必不肯出莫大之母财，企不可知之后利。故其集股也，法必以洋商之成本倡其先，而后国中商民信之，其股分乃可以踵至，此必然之理势也。夫谓母财出自外人，而彼为之指挥，则其利将在彼。此其说固然，然不知彼外人固利矣，而中国之利乃更大也。

故当轴此时之政策，宜以宽大而无诈虞为宗。于中外开瀹利源张皇商业之人，必不可以歧视。外人固所重也，而华民亦不可以畸轻，匡翼劳来，惟力是视。钦设路矿总局所定章程，亦必主开通利源，俾民自由为宗旨，而保持中国固有主权之义，与不悖而并行。一公司之集也，总局予之以应得之权利，而相其立事矣。又为之立制防焉，画权限焉，意非为梗也，所以杜卤莽灭裂之为，使民间难得极重之母财，或沦胥于不可复，故总局于国中路矿，有给予承办之全权矣。而其中经营缔造之节目，总局亦有遥领监察之职司，蕲使国家在在应入之岁征，不以办理之不善而坐耗。

全国之路矿既兴，此中所以善事之器资，所以成务之物材，所需最广，使物物必致之外洋，而长此终古，则中国之金钱可立匮也。故路矿之机器材料，不可不力求其自供。中国地大物博，工巧民勤，诚得其术为之，数稔之间，不难致此。第此之发皇，必在干路既通之后。故朝廷宜先注全力于干路，以期不日之成也。至总局亦宜早定章规，以为诸路各矿暨诸要工所循守。惟所不可不知者，诸路各矿，地势不同，办法亦异。欲为一切整齐之法度，则势有不能。察其异同而酌其轻重，此又总局之专职也。如征收矿利，使一格绳之，则在此或形其过重，功以不兴，在彼义觉其太轻，而与所收之厚利不称。故其为此，宜定一最高之额，不可复加，而后察专矿之情形，而为之裁减，此其大经也。

一路之造，一矿之开，皆察其情形，审其地势，而后有以督率监察之。然则总局所设官属，不綦众乎？曰：有其执简驭繁之术，则所设不必众也。盖当华洋商业报请领办之时，据其所条列者，夫已可得其大要。然路矿大臣所与筹议参酌者，则不可以无人。法宜置洋参议一员，其人系著名工师，于中外路矿之事，皆所洞悉，于欧美现行路矿办法，又所深谙。遇有报请领办之事，洋参议取其所知者详列之，以备路矿大臣之采择。勘其探察测量之虚实详略，计其后利之多寡腴瘠，以为国家征收分利之所凭依。又凡外国新章新法之施行，有关于路矿暨他工业者，彼皆博访而周谘之，以储为路矿大臣一日之施用。其于国中现行办理路矿之政，又时详考其利弊进退，以闻于路矿大臣焉。夫如是，则参议工师，其有裨于路矿总局者甚巨，而事之难者，亦可以徐筹其办法矣。是以自余之员属僚寀，可以不多，而所宜置者，特以验商民之呈请、理诸路之文报，与夫订立给办矿路之条约耳。总局之于各省，似毋庸派驻办专员，即以各省驻办之公事，畀之各省之藩司，已足周事。独功役既兴，而为甚有关系之路矿，夫而后选派专员，以监理稽核之。如此则公帑之费轻，而事机亦不以周折之多而牴滞。(详见下总局官制图)

至中外商民，先事探查矿脉，测量轨道，原无事总局之特准，只须与其地州县官陈明拟行探察测量处所，州县照章为之保卫招呼，俾得探测周密。惟遇地方民人聚众阻挠，而州县官之权力不足者，可请之本省之藩司，藩司不能，乃请之总局，总局裁酌，代为设法。又州县官遇有华洋商民踩勘路矿之事，即应将其业已踩勘及拟行踩勘处所，报明总局，以备查考核对。及踩勘已周，其商民公司呈请领办专利等事，藩司及总局斟酌准驳，固宜一秉至公。惟于一种商民，声称公司，而力量声名，均无足道，其呈请给予领办也，徒欲冒得利权，以之转售他主，从中要利，此则给凭订约之时，所不可不慎者也。往常见某国之人，声称某某公司，如何殷实富厚，当事者不察，与立甚优之约，然终无力举办，至欲号召股本，则声实不孚，乃以转售有力之家。而彼既得之，于一切权力，重复请益，缘此迟误工程，矿路之开，愈以无日。故此后总局所与订约之商业公司，宜切实查考，必真实有力声望素著之家，彼中自有头等路矿工师，为之察工议办，一也；既行订约之后，能保克期商集股本，以之兴工，二也。至其压约保款之微巨，则以工程之微巨为差而订约之章程，为矿为路，自当有别。（详见下领办路矿章程）

中国所造铁轨，应分两宗：其第一宗商兵干路，为全国交通之经首。其所联络贯穿者，如京师及沿海沿江之都会。时平则为全国商途所辐凑，有事则为调发师旅所遄行。干路乃国家公产，其营造不宜稽延。盖各直省之工业待此而后进，商务待此而后兴，民生待此而后苏，而武备亦待此而后有，率然之势也。今者以邱山经费之难筹，不得已而事之以国债，而以其营造委之经商之公司。查目前所用，如芦汉、粤汉两路办法，最为尽善。因于中国国家，得至实之保质，费至撙节，而收利又为至多。其造路所需成本，由总局所准之公司为之招集。其数由于豫估，而公司有总局所派总办以监理之。其所借公债，长年计息，不过五分。订约干路开行十年，而后按年还母，至四十年而所举者尽。且其所还本利，皆出于本路之岁入，而与政府之度支无涉。其一切之机器物材，与夫粗细之车辆，凡可出于国中之自产者，皆将舍外而用中。而总局所设之参议工师，职在校勘图说、查验工程，期所造之路功，坚完而无糜费。路行之后，其岁入之利，皆归于公家，而另提成股以为公司之工费。全局办理，皆主于路矿大臣。表开行之时刻，定人货之票价，皆取决焉。如是而五十年，将全国之干路，尽属于国家，而无事于价购，故曰最善之法也。

其第二宗，是名支路。支路者，由干路分支，以联络僻远之州县，与乎矿功所在者是已。国家之于支路，当任商民之自为，畀以自由，而予之以保护之实益。总局事期简易，则稽其出入，视岁入之全利而为额征。其养路之费，每里岁作千两，凡余于此者，总局岁取其什一。其归还母本之法，亦如干路，于开行若干年以后，匀年分还。届五十年，国家坐而收之，有不足者，则为具价。其公司之工程，虽归路矿大臣所核准，然所动母本，国家不为担保。总局设天下铁轨会议处于京师。岁为二集，集则各路之华洋总办咸在，而路矿大臣为之首领。凡所行用铁路章程，与夫立之法令，使各路之利入无畸重轻，而商业泯竞争之势者，皆于此会议而定之。

如此，则一国之干支诸路，其纲维皆汇于总局，而国家无难筹不訾之经费；且于天下之铁轨，可时止而徐收之。此时一路方通，国家辄增一岁入之经款；而领办营造之商会，各得自由，通国之民业，又不期而自进，此诚上下交相益之道也。

至于矿政，其商民筹本探察矿脉一切经始之事，国家不必过而问之也。华洋之民，欲开某处某矿，则请之于本省之州县藩司，藩司以告总局，总局察其情形而准驳之。既开，则视其开采之如法。凡将开矿务处所，其州县则具图说以呈于总局。承矿之家，必能筹集股本，足敷首两年之用者，方准开办。其矿山如系民业，则自与契主商购，或承租之，总局亦不过问。独至争执涉讼，而非州县所能了者，总局乃予派员，秉公听断，使新旧二主，各不受亏。又如民有土田房地，因地中开掘，而地面受其影响之害，不可耕居，其应如何赔偿，亦用前法办理。如所开矿山，系官荒国产，则总局为之升科。矿产、煤、铁、五金洎诸矿质，免其内地税厘，而海关正税，按章缴纳。至各矿额征，其简径之法，固当以全矿所岁出之数为比例，然此大公至平之法，亦有时而不可行者。盖矿质之贵贱迥殊，而运费与市值各异，有时就地可以淘炼，有时发运乃其粗胚。如一律征之，则有畸重畸轻之弊。故各矿须另筹办法，而大较则以什一之征为经数矣。征什一者，则并其海关常税而免之。

至于他矿，其额征视每岁之净赢。净赢者，于每岁所得全利，先以百之七分为股东之官息，乃于所余之赢利，国取其百之二十五为额征，更以什一为本省之厘金，以什一为摊还之股本。矿之大者，总局则派驻矿专员，以监视其工程，稽核其帐目。

承办矿山之权利，大较以五十年为常期，期满则其矿为国家之公产，而国家收回之时，为缴所未摊还之股本，足矣。

凡路矿大功，以国之不能尽举也，则畀其兴作之权利于公司。故公司与国，有交相利之道焉。公司图其事功，而国家为之保护，则相引弥长，而自然之利愈出。故路矿参议工师者，用其所学，以佐路矿大臣者也。先事，则相其措事之宜，既事，则课其功利之实，而路矿之庶绩可咸熙矣。

中国之路矿，法当分繁简之省分，而节次为之，炽然具举，非良法也。盖其地之广延如此，使数十百公司商业，散布其中，听各省之分治，则必棼；由一总局之统治，则不暇给。且母财最为难得，非历试而必效者，不可妄有兴作也。法当详思审处，立尽善之章程，而先行之于一省。俟其既验，其事皆信而有征，举国官民，无所疑虑，则利之所在，夫人而趋之矣。

夫直隶者，中国之王畿，而最重之省分也。已成铁轨，此为最长，而矿之兴办而得利者，亦较他省为众。其中矿脉地劳，经各国工师所踩勘，而知之尤真，故华洋之股，最为易集。路矿总局之所经营，自应即近畿为基础。已成之路，急宜推广，以联合内地都会、沿海埔头为一气。即支路如有承造，亦当续开。盖铁路既已宏开，则请办内地各矿之公司，势当日众。如此则民生国计，自然发达，所收者不独路矿之正利也。一切相应而起之农工商，殆不可亿计。然而犹曰民生凋敝，府库不充，教化不振者，其谁信之！

路矿总局应设官属：

督办路矿大臣，除设华参议以主文牍簿书外，应置洋参议一员，为之助理。其各省之路矿事宜，则以藩司为总理，而各州县皆有分任路矿之权责。于本衙门应分设矿务、铁路两大司，以总天下之路矿。

其矿务司，置总办一员，品视外务部之左右丞，而分置副总办二员以为属。其一主探查矿苗及承立矿约之政，而置副工程师一员，以供差遣踩勘；其一主检校矿功之政，于大小各矿所，分置正监、工副、监工等员，以为其耳目。

其铁道司，置总办一员，品如矿务司总办，分置副总办二员以为属。其一主测量营造之政，而置正工程师，以察国家之干路；副工程师，以察各处之支路。其一主转运委输之政，而有干路之正监运、支路之副监运，以为其耳目。

以上为路矿总局应设办事之官属。此外尚有所设天下铁轨会议处之议员，议员以诸路华洋总办充之，而路矿大臣为之议长。

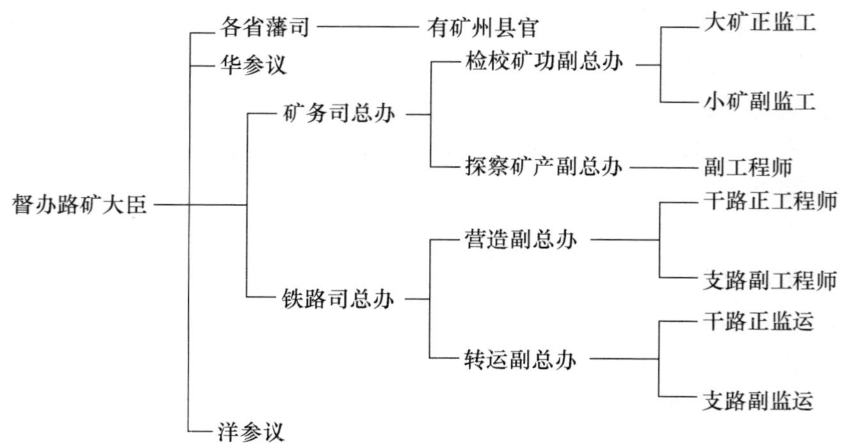

右路矿总局官制图

路矿总局办理庶务章程：

一、探察路矿之政：凡商民公司，拟在国中开矿造道，其所办探察测量之事，毋庸呈请于总局，听其自请于其地之州县官。州县官如章防卫招呼，并知照地主名人，以利便其探察测量之事。如民人执意聚众沮挠，州县权力不足者，则请于其省之藩司。藩司又不为力，或为力而势不足，乃请之于京师之总局。凡呈请探察测量者，不准索费。

二、呈请领办之政：凡商民公司，呈请领办某处矿山，或某段铁路者，应赴矿路所在之本省藩司衙门。所有体察地方情形、公司财力及详立合约等，皆该司之事。凡商民公司，呈请领办矿路，须具图贴说，并出注册费库平银五十两于藩司衙门。如系跨越数省干路，其所经省分藩司，则以具报于总局。凡合约虽经藩司与公司订立，而未经路矿大臣奉准者，不准施行。

再藩司未与公司订约之先，须行切实查明该商于所请承办地段矿脉，是否已如法测量探察。而所集公司财力股分，是否宽绰殷实，足以兴功。而以其详具报于路矿总局。

三、领办铁路之政：凡承办干路之公司，既与总局订约之后，其测量营造车辆桥厂所动用之成本，皆由其措集，以贷之国家。凡所经用者，国家则为担保，不得过五分之长年息。路成开行十年，则匀年摊还其母本，摊之四十年而尽。每岁所分还之本息，皆取之于本路之岁赢。此等本息，即以本路之产业利益为之押质。其所用测量营造之工师，及其物料机器，皆公司所承雇购采。而路矿大臣，于此路有督率监察之全权，并派正工程师以经理之。其路开之后，所有办理转运之员，亦公司所分派，而总局则置总监运，以督率指挥之。凡本路之利入，皆归于国家。所首先开除者，养路修葺之经费及每年所应摊还之本息。所余之款，以其二成五为公司之酬劳。

至五十年之期，所摊还之本息已尽，则领办之约期亦满，公司之人员，应悉罢退。嗣后本路之产业利益，悉与该公司无干。

当订约签押之日，领办公司须依所造铁轨之长短，每里存银百两，以为信守条约之质，号压约银。其银于约期满届之日，或全还，或不全还，临时另议。至于领办支路，则订约由其省之藩司。藩司于签押之先，为呈请于路矿总局，而总局为之具奏，请旨立案。其一切营造办理，悉照总局禀定章程。公司自行筹集成本，国家不为担保。所有购用民间田亩地产，州县官为之定其平价，以期两无亏损。其压约银办法章程，与领办干路者无异。

订约后予以两年之限，俾其筹集股本，开办工程。凡工程之保固年限，载之于约中。又开办之先，须具图贴说，呈报总局。总局派所设之支路副工程师，为之察视其工，综核其费用之帐目。

铁路开行一年后，综其岁入之全利，每里按提一千两，以为养路修葺之经费。于所余，取其什一为国家本路之额征。而股本未经摊还者，以七分为之岁息。此外盈余，作为百分，以十五分为本省之路捐，以二十五分为本路之公积，以十分为摊还之成本，而五十分为领办公司之净赢。

五十年期满，国家于公司所成之铁轨车辆，及一切属于本路者，得具价购收之。其价届时公集议定，但不得逾所未摊还成本之数目。约期未满之先，公司常有售卖本路之权利，但须预向总局陈明情节，并言所以愿售之故。而国家有尽先购收各路之利益。

四、领办矿务之政：各省藩司，所给予商民公司领办之矿地，须具详细图说，载明界限。其领办公司，于矿约签押之日，即应标立界牌，便人识认。凡界内之矿产，即为该公司之物业。约内载明探察矿脉之事，准以两年为期。该公司须将此两年所用成本，呈验切实。其压约银为数多寡，则视所领办者之大小重轻为差。未行开办之先，该公司须先自与民间掌业地主，交画清晰。若系官荒，即应升科，其数由路矿总局核定。若系腴矿，应征矿产十成之一，而免其一切关卡税厘；次者应免厘捐，而完海关正税。此外尚有本矿额征，则以其矿之净利为比例。譬如某矿，其全年所收之利，除去（一）治矿工作修葺之经费，（二）于未摊还股本分派七分之股息，（三）更提五分以为公积及添购机器之费，此外所有盈余，作为百分。以二十五分为国家之额征，十分为本省之厘捐，十分为摊还股本之匀款，而五十五分为公司之净赢。假如同一公司，而分领数矿者，不得以甲矿之赢利抵乙矿之亏折。

至五十年约期已届，如前用母本，业已摊还无余者，其矿与所有一切物材器用，即为国家之公产，毋庸发款购收；但母本未经全还者，国家则发款购收，如其所未还之数。公司治矿，于年限未满之先，准其转售他主；但须予向总局陈明情节，并言所以愿售之故。而国家有尽先购收各矿之利益。

总局于开办各矿，分别大小，而派正副监工分驻之，以监视其工程，稽察其帐目。其有旧矿向用土法开采者，与现定章程无涉。其向用西法开采者，总局为之专章，期于新旧不相冲突。此外商民公司所设工厂机局，其订约领办，以矿务章程为基础，而诸工情形互异，则别设专条，附于矿路大宗章程之后。

又路矿及各厂局，已订约开办矣，而以条款烦苛之故，利源因以不开，总局有一切更张补救之权，于以劝相劳来，以期利源之日广。

主客平议[*]
（1902）

中国自甲午中东一役，而情实露，自庚子内讧，而情实愈益露。盖不独列强之所以待我者，大异乎其初，即神州之民，所以自视其国者亦异昔。于是党论朋兴，世俗之人从而类分之：若者为旧，若者为新。夫二者若徒就其所论而观之，则若甚异而莫一合，至察其用意，则皆爱国一念之发中也，特时势事情有审不审耳。本报开既数日，搢绅先生、绩学巨子，颇不弃而临存之，时时教以报事之所不逮，致足感也。日者二客见临，姓氏既通，伟论乃始，主人旁聆其言，窃有以窥夫时论大凡症结之所在。客既去，爰泚笔而录之报端，意或者亦海内之所愿闻也。

旧者曰：嗟夫！时至今日，世变亟矣，外侮深矣。而事之所以至此者，坐师不武，臣不力耳。而时务之士，乃病其政教。夫纲常名教，凡中国所恃以立国明民者，亘万古而不变者也。属者之不振，正纲常名教之不张。张则格苗贡雉之盛，可复见于今日。是故谋国之要，在于反经，经正而庶民兴，无余事矣。且吾不解夫世之所谓洋务与西学者，果何物也？吾《大学》之所教，始以明德，终以新民，固无一不止于至善。其为目自格物以至于平天下，金声玉振，何所不赅！世岂有外是为学者乎？就令有之，无亦杂霸功利之末流，可以幸一时之富强，而不可以致太平之盛轨。又况洋者吾雠，西者吾寇，寇雠之所为，安往而不祸中国？是宜深恶痛绝之不暇，奈之何又从而慕之？且扬熛推澜，使其物反加于吾先圣先王之上乎！方今阳九百六之运，道丧言尨，周、孔、程、朱之泽，不绝如线。子为中国人而被服儒者也，固宜出万死不顾一

* 原发表于1902年6月26日到28日，《大公报》。本篇选自《严复集》，第一册，115～121页。

生之计，求有以维持之，使人道无至于遂绝。乃设淫辞而助之攻，意若谓是陈陈者，固不如早熸之为愈也。呜呼！其亦不仁甚矣。吾闻守己者之可以存己矣，未闻毁己从人者之能存己也。

新者曰：今夫国其盛衰废兴，必非一朝一夕之故也，莫不有其所从来。故中国之弱，非弱于财匮兵窳也，而弱于政教之不中，而政教之所以不中，坐不知平等自由之公理，而私权奋压力行耳。盖先圣之创垂非一，要以维亿兆之治安；而泰西之法制多方，归于使种民之强殖。况今者全球云蒸，五洲趾错，物竞之风潮甚大，优者必胜，劣者必僵。今试取吾国之形以与彼族者较，则几几焉无一事不瞠然后也。溯自道咸至今，徒以气矜之隆，其受创于异种人者，为前世所未曾有。则天之所以儆吾民者，可谓至矣。夫今不图奴虏灭亡之忧，势有所必至，仅失财蹙地云已哉！且墨守者之言过矣。政教立，所以为民，非民生所以为政教也。使循古勿变，而可驯致于强乎，则吾辈何必取高皇帝之法度而纷更之。诚情见势屈，知非更始不为功，则刍灵辅涂，固无取再寝之眯，此虽管葛生今，其为术不外是也。如曰是莘莘者皆先圣之所留贻也，宜死守而勿去，是则以国与民殉乎政教。顾国亡民散之后，政教亦无所托以为存，智者所图，固若是乎？故吾重思之，宁为更新之难，不为笃古之易。洋务西学，诚经世者所不可不讲也。不然，尊宗国而疾寇雠，吾岂异于人哉！

旧者曰：中国古之学者，无所谓经世之术也，治礼焉而已。而先王之宰制天下，亦无所谓经世者也，明礼焉而已。故孔子曰："能以礼让为国乎何有，不能以礼让为国，如礼何！"至于三代之治，愈无所谓富国强兵者矣。盖至仁无敌，而治具既张，则民德归厚，先仁义而后利资，斯无假力征经营，自有以奠其国于磐石。熙皞之民，耕三余一，鼓腹含和，无过庶过富之通患。惟至世衰道散，而希俗取容之士，始扼腕争言富强，如管仲之内政、李悝之任地、白圭之治生、商君之阡陌、孔仅之盐铁、桑羊之均输，大抵偷为一切之政以中伤君，而其究也，民俗雕敝，而国本之拨随之。故曰利也，常不如其害。嗟乎，彼西人今日所称富强之术，岂异此哉！且夫礼莫大于等威，故上天下泽，君君臣臣者，天之秩叙，而国之纪纲也。秩叙紊，纪纲亡，则民僭奢诪张，相率以从于无等之欲。故物力常屈于纷争，而世且敝敝大乱。当此之世，国虽有粟，得而食诸？子所称今日之西人，以言富强，则固富强矣，以言其治，则未至也。何以言之？彼数年之间，法兰西、美利坚之总统，皆死于非命矣；比者奥、意、德、俄之主，咸早暮懔懔于均富无政府之党人。如此而曰国治，得乎？寡昧无识之夫，徒震于彼族一再胜之威，不知吾立国之经，固自有其大且远者，乃嚣然欲举中国数千载之天经地义，弁髦弃之，旦而言平等，夕而说自由。有民权者，有民主者，甚且蔑君相之尊，指为一国之公仆，忘非后何戴之义，有用夷变夏之思。涓流可以断山，星火则以燎原，乃今者革命之谈，遍南北矣，夫拨乱反正可也，弃治从乱不可也。闻国治而后富强者矣，未闻倡乱以图自强者也，革命之谈，作倡乱耶？夫中国丁今时之厄运，谓之贫弱可耳。然尚足以肤立于列强相轭之世，得一二老成人为维持其纪纲，则庶几可以治，治则庶几可以强。乃使蜂气者起而乘之，将外之则海水群飞，内之则瞻乌靡止，于斯之时，彼眈眈环伺之敌，将并集于吾敝，则天下乃真亡耳，新若故奚择焉。

新者曰：有是哉，吾子之拘于所习也！今夫中与西之言治也，有其必不可同者存焉，中之言曰，今不古若，世日退也；西之言曰，古不及今，世日进也。惟中之以世为日退，故事必循故，而常以愆忘为忧。惟西之以世为日进，故必变其已陈，而日以改良为虑。夫以后人之智虑，日夜求有以胜于古人，是非决前古之藩篱无所拘挛，纵人人心力之所极者不能至也，则自由尚焉。自由者，各尽其天赋之能事，而自承之功过者也。虽然彼设等差而以隶相尊者，其自由必不全。故言自由，则不可以不明平等，平等而后有自主之权；合自主之权，于以治一群之事者，谓之民主。天之生蒸民，无生而贵者也，使一人而可以受亿兆之奉也，则必如班彪王命之论而后可。顾如王命论者，近世文明之国所指为大逆不道之言也。且以少数从多数者，泰西为治之通义也。乃吾国之旧说不然，必使林总之众，劳筋力、出赋税，俯首听命于一二人之绳轭。而后是一二人者，乃得恣其无等之欲，以刻剥天下，屈至多之数以从其至少，是则旧者所谓礼、所谓秩序与纪纲也，则吾侪小人又安用此礼经为！且吾子向所谓富强者，富强此一二人至少之数也；而西国所谓强富者，举通国言之，至多之数也。法与美之总统不数年而皆死于非命，固也。然吾子之所谓乱者，政吾之所谓治也。何以言之？向使其事见于中国，则全局之危岌，将不知几人称帝、几人称王，以逐此已失之鹿，民生涂炭，又当何如？乃在欧美之间，则等于牧令之出缺已耳，此非其治欤？嗟乎！二十世纪之风潮，不特非足下辈旧者所能挽，且非吾辈新者所能推。循大演之自然，而其效自有所必至。使天而犹眷中国乎，则立宪与革命，二者必居一焉。立宪，处其顺而易者也；革命，为其逆而难者也。然二者皆将有以存吾种。惟二者举无所为，夫而后眈眈之敌，有以承吾敝耳。足下前言，所谓知其一而不知其二者也。

于是大公主人乃起而解两家之难曰：美哉！二子之言。是皆持之有故，言之成理者欤。虽然，其皆有所明，而亦各有所忽。夫自由、平等、民主、人权、立宪、革命诸义，为吾国六经、历史之不言固也，然即以其不言，见古人论治之所短。今使其人目略识旁行之文，足稍涉欧美之地，则闻闻见见，将无所遇而不然。彼中三尺童子皆知义务民直为何等物也。至于发明伦理治法之书，则于前数者之义为尤悉。士生今日，使朝廷禁其读西书、治新学则亦已矣。若必读西书、必治新学，而乃取前数者之说而绝之，曰：此非西士之言也，直康梁之余唾耳。此何异以六经、四子授人，乃大怪其言仁义，曰：此非孔孟之说也，直杨墨之唾余耳。公等有不大笑轩渠者乎！往者某尚书最畏民权自由之说，亲著论以辟之矣，顾汲汲然劝治西学，且曰西艺末耳，西政本也，不悟己所绝重者，即其最畏之说之所存，此真可为强作解事者殷鉴矣。然此不具论。窃谓国之进也，新旧二党，皆其所不可无，而其论亦不可以偏废。非新无以为进，非旧无以为守；且守且进，此其国之所以骏发而又治安也。故士之无益于群而且为之蠹贼者，惟不诚耳。倾巧险巇，于新旧二者之旨，本皆无所信从，而徒以己意为禽犊。遇旧则为墨守，逢新则为更张，务迎合当路要人，以苟一朝之富贵，则吾真未如之何也已。使皆出于诚，则心之不同，如其人面。旧者曰：非循故无以存我。新者曰：非从今无以及人。虽所执有是非明暗之不同，要之其心皆于国有深爱。惟新旧各无得以相强，则自由精义之所存也。

嗟呼！庚子妖民愚竖，盗兵潢池，其贻祸国家至矣，然而其中不可谓无爱国者。特愚妄愤戾，而其术又纯出于野蛮，此其所以终被恶名，而无以自解于天下。呜呼！亦可伤已。虽然，士处此时，新旧固各任其自择，苟出于诚，其于群皆有一节之用，顾不佞所以为天下正告者。中国以一统之局，为其旧者三千余年于兹矣。乃今开关以与五洲之人类相见，则本屈伸相酬，无往不复之理，吾策新机之动，将必有不可思议者见于方来。公等惧其过而为祸烈欤？则莫若利导之，其次整齐之，最下与之争。争之犹可，若乃据一时之国柄，而逞其禁锢剿绝之淫威，则无异持丸泥以塞孟津，势将处于必不胜，而后此流血滔天之祸，有其尸之者矣，咎不必尽在新者徒也。吾所为旧言者止于此尔。

至于新者独无以云乎？夫中国亲亲贵贵之治，用之者数千年矣，此中之文物、典章与一切之谣俗，皆缘此义而后立。故其入于吾民之心脑者最深而坚，非有大力之震憾与甚久之渐摩，无由变也。且异族之来而与吾种竞者，仅五十年耳。先是则以谓横目之民莫我贵也，宇内治制，莫此优也。至疆场之事，一彼一此，何足计乎？故一旦欲变其感情思想，则其势不能。当此之时，前识忧时之士，旷观千古，横览五洲，念吾民设长此而终古，则不足图存于物竞最烈之余。于是忧其笃古者，则进之以从今，起其受治者，而勖之使自立。此其意诚善也。独数千载受成之民质，必不如是之速化；不速化，故寡和。寡和则勍者克之，必相率为牺牲而后已。夫牺牲何足辞，独是天之生先觉也不易，而种之有志十也尤难，奈何以一二人倡说举事之不详，遂牵连流血以灌自由之树乎！是公等为己谋之未臧，而又使吾国受大损也，其亦重可悲矣，且其效于群又何如？昔英之革命也，实当胜代之季，法之革命也，近在乾嘉之间。至今考其国史，其酝酿之也皆百余年，而事后之创夷，国之念吧呻吟者又百余岁，夫而后文明之终福获焉，则其难有如此者。且欧美二洲之间，非一国也，所谓自由溥将而民权大重者，独英美及中间数小部则然耳。西班牙不如是也，德意志不如是也，至俄罗斯则愈不如是。比者学子乡佣之蠢蠢，有明征矣。乃至即英法诸先进之国言之，而其中持平等民权之政论者，亦仅居其大半。卢梭氏之《民约》、洛克氏之《政书》，驳其说以为徒长乱阶者，岂止一二人哉！夫泰西之民，人怀国家思想，文明程度若甚高矣，其行民权之说，尚迟而且难如此，公等试思，是四万万者为何如民乎？而期其朝倡而夕喻也。嗟呼！傲旧俗之余劲，与沮文明之潮力，二者贤不肖异，而皆不祥之金也。以其皆长杀机而拂天演之自然故也。

言未竟而新者进曰：使人力必不可以胜天，则日本以三十年之变政，而比迹列强，是何兴之暴耶？主人曰：日本殆天授，非人力也。彼固得其所权藉，而非他国所可当也。何以言之？其始也，有天皇与幕府对立之现势，使得阴行革命之实于反正之中，一也；其开通也，先于上位，故能用专制之柄，以偃维新之风，二也。有老大帝国之支那，以为其及锋之质，以一胜之效，而民气振焉，民志坚焉，凡此皆其所权藉也，故能三十年而成世史未有之丕烈。问吾中国有一于此乎？盖中国之湛痼，不亚于昔之法兰西，而政教之火烈水深，又不如其已甚，又无笛卡儿氏、贝礼氏、福禄特尔氏辈之导其先也。其幅员之广博，庶几乎俄罗斯，而风气之纯一，又远过之，独无大彼得之为君以新其国命。今者转弱为强之机，内之悬于两府，外之系于封疆。顾斯二涂，后此二十年之间其能得人与否，几几可以预卜。方将资学校以培才，而今之所谓学堂者，特书院之变相耳，何能为乎？公等诚皇皇矣，然独弦哀歌，而无如其孤唱寡和何也？仆诚无以慰足下，特望忍之而已。斯宾塞尔不云乎："士必有宁静之智，而后有以达其宏毅之仁也。"

为张燕谋草奏[*]
(1903)

奏为谨将遵旨设法收回开平煤矿。近日办理情形，先行陈奏，以纾宸廑，恭折仰祈圣鉴事。

窃开平煤矿前经有人奏参，仰蒙天恩，著臣明白回奏，业将前后事势及臣不得已苦衷，据实陈列。嗣复经直隶督臣袁世凯奏称：英商依据私约，侵占产地，请旨饬部切实声明。复荷圣慈，著臣赶紧设法收回，如有违误，惟臣是问，并著外务部切实磋商妥办等因，钦此。臣闻命自天，悚惶无地。伏念猥以一介庸愚，渥膺重寄，虽急则治标，事变乃起于仓猝，而授之以柄，图虑或欠于周详，以致内蒙众口之交讥，外值洋情之为幻。此即皇太后、皇上赫然震怒，治臣以应得之罪，以为不才者戒，臣复何辞？而乃屡回日月之照，俯察蝼蚁之诚，曲予优容，责其收复。臣虽无状，具有天良，敢不勉竭驽骀，亟图补救，上保国家之权利，下顾商贾之赀财。但以案情繁重，道里阻长，往返之间，稍需时日。昨得所派赴英办事洋员庆世理来电谓：此案已由开平公司之旧股东交伦敦头等律师告发。佥云理直，不宜更与前途理外。即欲理处，亦须由律师代办，是为至要。此案全胜，大有可望各等语。臣因欲仰纾宸廑，兹谨先将近日措办情形，以及微臣用意所在，为我皇太后、皇上披沥陈之。

夫开平前事，非一二言所能尽也。庚子事作之日，臣以京僚困于租界，云为言动，在在为西人所深疑。而煤局产业，近者在河东、塘沽，远者在开滦、榆关各等处，遍地皆敌，消息不通。于此之时，臣若一无布置，则无论何国皆可占据掠夺。纵令不然，而机匠矿工逃亡四散，戽

* 作于 1903 年 3 月至 12 月之间。本篇选自《严复集》，第一册，137～142 页。

水之机必停。停则山水泛滥，尽没煤槽，此矿虽存，亦同无有。盖凡矿之有戽水机，犹于人身之有肺，肺俄顷不呼吸，则气绝人死；戽水机月日不动作，则水溢矿亡。庚子兵乱之时，开平戽机所，尝因饿兵占据而停者，仅十数日耳，乃矿内底槽，尽行淹没，距今三年之久，抽汲尚未全干。若复旷日持久，则又何如？此不待智者而后知其验也。是以臣欲保存此矿，势不能不派保护之洋员。而税司德璀琳，于甲午年间，亦以保护路矿之事，经前北洋大臣李鸿章委为开平煤矿会办，则臣所欲派者，舍德璀琳亦莫与属。且既属之矣，若不假之以便宜之全权，则于保矿，亦为无济。此臣当委派德璀琳为开平总办之顷，所身处不得不然之事局也。

继而联军至津，以其兵机，令臣出境。然方臣未由塘沽以赴上海之先也，所与德璀琳要约者，迅往伦敦挂号，一也；添招新股，华洋合办，二也；充拓旧股至百万镑，三也。凡此皆有案可稽者也。乃臣南行之后，联军势正汹汹，德璀琳睹察情形，知前许三端，于保矿实际，皆属缓不济急计，不得不与胡华暂立卖矿之约，以开平地产由全属华股之旧公司，卖与华洋合股之新公司。矿成公产，庶几敌人虽负兵力，不能占据。且既立此约，而冀其有用，自不得不为斩截净尽之文，方符卖断之实。联军索验，乃可无辞。又胡华者，乃臣全省矿局之矿师，谊关休戚，经英商墨林所荐。而墨林又新为秦皇岛澳工，为开平集二十万镑之洋债，行息八厘，以唐山、林西煤矿为押质。是以德璀琳欲立此约，舍胡华以外，亦无他人。此私立塘沽卖约之时，德璀琳所身处不得不然之事局也。

至交胡华赴英挂号之约文，与前约留示联军者有殊。但言胡为托付经手之人而已，即此亦可知前者卖约之假而非真也。逮至次年辛丑正月，胡华由英挂号回津。惟时臣已北旋，议立过付之约。德璀琳心知卖约乃一时从权之举，藉以抵制联军，即不宜向臣直言。但云曾付胡华草约，赴英试办；至于正约，须待臣回亲行画押，方为作准。臣于临稿之时，告言添招新股，华洋合办，外务部路矿总局原有定章。又开平为官督商办之局，今欲订立正约，自应将旧公司应享权利，全行叙列。所最要者，如国家赋税、督总办事权，旧股东应分余利，以及在事日久员司之花红，方称权平利公，成为合办之局。当此之时，该胡华坚执不肯。声称开平此矿，所以每遇兵事，即有占夺之虞者，正坐官督商办之故。且旧股东若所享权利过优，则持此合同招股，欧洲必无应者各等语。臣即决意不肯签押，而往返诘商，如是相持者凡四月。嗣胡华见臣意坚，事将决裂，乃请将旧公司应享权利，另纸叙列，作为副约，以取便挂号为词。臣于彼时，窃计联军尚满京畿，和议尚未就绪，事未可知，若定与决裂，则保护之说成虚。至不得已，乃从其请，作为正副两约，分行署诺。实不料胡于此际，即怀狡心。其所以分别之者，于招股之时，即欲匿此副约，于合办之日，又欲全废此副约也。故今开平此案，全视辛丑正月所订之副约为枢纽。使有限新公司不守此副约，于英律不为违背，则塘沽卖约虽假亦真，斯彼胜而我负。使其不守此副约，于英律即为违背，则塘沽与辛丑诸约将同废纸，斯彼屈而我伸。然则是副约者，固开平煤矿之命脉，而臣区区所恃以为国家收回利权者，亦即在此。

故臣去岁在津，曾将此案全件面递北洋大臣袁世凯察看。嗣于三月十二日，接到洋员庆世理来电云：所订正副本同一约，查律彼应遵守，此案非讼不行，专候回电举事，亦无须派员来英等语。由此观之，是英京著名头等律师暨庆世理所入之保商会诸名公众口同称，皆以有限新公司不守副约，即为违背全约，彰彰明矣。顾臣愚所不解者，直隶督臣袁世凯，于陈奏开平矿事折中，仅将塘沽卖约等三件呈渎圣明，而于臣最关紧要全案枢纽之副约，则隐匿不呈，实令人不知该督所怀为何意也。即其折中所述之言，谓旧股百两只值英金十一镑，新公司增为二十五镑，加价过半，亦属不实。盖此等旧股，皆系光绪初年招集。以彼时镑价而论，作二十五镑尚属不敷，更无论一时市价高低，虽多不能作准者矣。至墨林去年底来华交德璀琳经收之五万镑，乃是股票。明言退还红股，并非现银。在英领事署声明在案，更不足强称价值，即该督亦心知其伪。乃以于臣有意督过之故，偏取洋人一面之辞，据以入告。夫臣之功罪，固久在皇太后、皇上圣明洞鉴之中，该督即不加曲谅于臣，然果有公忠体国之心，亦当为收回开平道地。再不然，揭参可也，请旨惩办可也，似不宜于此中外纷争之案，掩抑事实，淆乱是非，上以诖误圣朝，下以助洋人张目也。

总之，中国自海禁既开之后，则闭关锁港之说，固不可行，而甲午、庚子两次兵事以还，华洋之交，更形密切。财匮饷殚，非广瀹自然之利势，且无以自立。而遍地矿产之富，又为西人所实测而周知。议者动言开矿之事，万不可招用洋股，用则利权为所独操。然此皆知其一而不知其二者也。臣请更为皇太后、皇上详晰言之。

矿学邃深，求之华人，则不任其事。成本宏大，集诸内地则应者无徒。又况官吏恣其娄索，则股东无信任之心。财力不足久持，则巨工多中仆之祸。以臣梼昧，然从事于路矿，而身经其甘苦者，二十年于兹矣。窃谓使中国不求矿利，则亦已耳。必求矿利，揆之今日时势，非借助于外洋之财力不行。臣闻西国理财学家之言曰：国之殖财，常资三物：地也，人也，母本也。三者缺一不行，而亦各有应得之分利。地主收其赋税，人工禀其庸钱，而出母本者则享出货之赢息。今我与外洋合办，所以分之者，不过赢息之一部分而已耳。势既不能自办，又不乐利与人，均是谓靳其一而兼亡其三，则以为理财长算可乎？乃若华洋合办矣，而处之不得其方，则亦固多流弊。契约不明，任其侵欺，委弃利权，喧宾夺主，一也；见好外人，官为所用，强称官产，欺压股东，二也。然使朝廷悬洞照于上，而任使得人，办事者持毅力于下，而无滋以隙，则二者之弊，固亦易祛。盖商务之与交涉，其因应之方，固不可同年而语也。是以今者开平一案，臣所为断断力持，必求公道之大白者，所以为开平一矿计者犹浅，而以为中国后日矿利计者至无穷也。必使出财共利之外人，知神皋奥区之内，地大物博，百产所兴，无所往而非利。但使循条守要，行以公信，则邻人之富我无吝焉。乃至诪幻奸欺，灭弃公理，则虽传质诸国，宣播五洲，亦将不惮劳勤，必求公道之伸而后已。此则臣区区绵薄，仰遵圣旨，赶紧设法之所为也。

虽然，臣所能为亦仅耳。向非皇太后、皇上如天之明，洞瞩幽隐，察臣诚悃而不为诐辞浮说之所摇，则虽杀臣之身，以快言者之意，于中国矿事所补几何？又使非外务部王大臣等仰体宸谟，深知此案事关商务，理资公平，未便阑入交涉，则该矿之旧股东等，亦无从合力一心，前往伦敦讼控。盖洋商骗诈之行。不独于我中国为不利也，即彼西国所伤实多。故使事实分明，则亦不虑其偏袒。屈计月日之内，当有定评。一俟接到电音，即当再行陈奏。此时除将英京消息随时咨呈外务部查核外，谨将副约译文并电报留稿照录恭呈御览。所有办理情形，及微臣用意所在，理合据实恭折先行缕陈，伏乞皇太后、皇上圣鉴。谨奏。

论《中外日报》论开平矿事书*（1903）

阅上海《中外日报》三月初一日所论张燕谋侍郎复奏开平矿务一节，徒为肆口诋諆，而于办事者功过是非，如不识痒痛者从旁说针砭。此诚中国报章之通病，以较西国报论，不啻霄壤之分。以是之故，虽年来报馆之设，南北如林，于民智国是徒益纷淆，初无毫末裨补。间尝窃思其故：一则以道德心程度之不高，不知报馆为人耳目，立言有体，将为通国别白是非，非于其人有所憎好；二则以学识浅陋，于所论事势全然隔膜，虽辩口悬河，其于阅报者犹以盲谕盲，益增迷罔；三则言为私利，受人指嗾，其植所欲植也耸之九天，其倾所欲倾也抑之九地。坐此三端，遂使年来小人道长，君子道清〔消〕。每见朝贵要人所经报馆特骂、屡骂、不一骂者，其人类多方正长厚、不屑或不解招呼报馆之人。至于真实巧言奸人，其于报馆固已早为布置，或以金赀，或加钳制，或讲交情，必使之不得直言而后已。诸公试于旦气未亡时纳手扪心，便知下走此言为诬为实。噫！公等日说言论自由，辄忿忿于其物之不可得。然须知自由之亡，缘于外加之压力者寡，而起于自营之私意者多。私意大行，虽去其压力，吾未见其民之果能自由而不终至于偾败也！虽然，此不具论，请论其所论开平煤矿之一事。

《中外日报》言：于张侍郎所办开平一事业已“诵言攻之，尽发其覆”。自不佞观之，该报之攻侍郎则诚有之，至云“发覆”未免过于自许。何以故？张侍郎于所办开平一事终始磊磊落落，惟恐人之不知其详。本无所覆也，则该报又安所得其覆而发之？且中国常态往往以办事

---

* 原发表于1903年4月16日到18日，《大公报》。本篇选自《〈严复集〉补编》，13～17页。

者身由正道之故，转为时俗所攻。向使侍郎果有所覆，其事固已了结久矣！

夫该报与一时言者所指为任事之罪案者，莫若卖矿一言。今姑无论其事不出于侍郎之本意，而总办德璀琳与矿师胡华订立塘沽合约，其初心纯出于保矿而无可瑕疵。但就今如该报言，作为真实卖矿，该报居沪渎之中，于公司事例当亦耳剽日久，独不知此所云卖者乃由无限之旧公司卖与有限之新公司，而新旧所异者，特派招洋股已耳！其中地主则仍然地主，股东则犹是股东，利息照分，税厘仍在，自督总以下权责照约应行一切如故（此约于辛丑正月画押）；此犹市中行店添本加记之所为，非若田产屋宅，卖契既立，遂行易主也。然则卖与不卖，固已不足深争，而该报特为故甚其词。一则曰：将官商数十年布置经营一旦付之乌有。再则曰：将中国矿利全让与人。三则曰：完其赠与外人之初意。总观前后词义，一若三家村刀笔讼棍之呈词，但恐锻炼之不周，不论事理之分际。一若詈之愈厉，则其罪人之愈深也者，此吾国文人思想之所以为幼稚也！

查侍郎回奏原折，语语皆实，其事君不欺之诚，实为晚近奏章所仅见。乃该报张皇扬厉，列为欺罔十条，设谣辞而助之攻，每出鄙人意料之外。尚忆洋总办威英初谒侍郎时语次讽曰：大人如此坚持，将徒为一己之不利，而令旁人笑拙也。侍郎曰：吾上对朝廷，下对股东，若见查问，只有事实和盘托出。至于以此破家，以此失官，本所不顾，吾约一字不可背也。威英竦然。然则侍郎之忠信，且有以伏诪张反对之西人，而不能见谅于同种比肩与其平生所优厚者，则吾国人心世道之忧也！

该报有云：“惧联军者，慎毁坏耳！惧掳掠耳！地下之煤，彼不能尽载而归也，即百万快炮不能轰毁也。”此言于当日情事相去奚啻万里！吾想言此之人固亦心知其不尔，特意在倾人，不得不为此词以耸浅者之闻听。夫庚子当事诸公所谓保全此矿者，岂独惧此毁惊二事而已乎？使当日所惧仅仅在此，则不独塘沽之卖约为无取，乃至添招洋股、伦敦挂号皆为赘旒。但言者当知食盐非军兴所禁，学堂、善局虽有战争不能藉没，于公法皆有专条，而长芦之盐坨，昭昭前事在人耳目。至天津大学堂与浙江义园之屋宇，皆未闻完归赵璧也。则开平煤矿无论何国席而踞之，彼复有后来赔款，假以为折偿之资，吾不知卧榻之旁将何术以驱此睡汉也！且使果如该报所言，侍郎起意欲以全矿赠与外人，而已居间享其厚利，则所谓何王之门不可以曳长裾而得利分肥？想不独胡华有此盛德，复何必间关数万里，远求诸南非战事未已之伦敦？至该报以招商轮船前事比例开平，则不知海陆公律之歧异。即谓中外合办之局，无论洋股洋款，大利皆归洋人之手，亦随俗附和、似是实非之谬谈，与计学实理绝不相合。果使此说卒行，将中国终古食贫，而地下矿产势亦不能长保，此其理甚繁，非此时所能畅论也。

该报又谓侍郎有保护矿产之责，宜死守勿去，与城存亡；吾于此尤见言者大节凛然，责人平恕之至意，独惜其不知保矿之事与守城之事稍有不同。保矿存乎布置，守城在乎战争，使布置得术，虽违而去之，矿固无恙也。近者南中风气，好取庚子士夫遭侮受辱之事以为谈噱之资，如此报谓张受庇于德璀琳，亦其一也。噫！公等信皆勇者，然何必刺取同种之不幸而为之快心乎？至回奏原折中述周、唐两观察签押见证之事，要不过据事直书；假使其事为非，即侍郎亦岂能诿过？嗟嗟！自甲午东事以还，吾见有人身为败坏大局之戎首罪魁，但造作蜚语伪书，卸其责于素受卵翼之人，即因之而取尊官大权者矣！于周、唐二公尚何尤乎？该报若谓前节为非所宜言，则试问置实事者，其措词又当何若？

该报又以折中有为德税司道地之言为侍郎自图卸责之地。夫侍郎未肯卸责也，观德税司累次自任咎责，侍郎申饬不准复言，可知其意。且吾闻以督过他人为自行卸责者矣，未闻赞其行事之为卸责者也。又云言及外人，朝廷即无从过问。吾因忆东坡《上神宗书》至“宰相，人臣也，尚不欲以此自污，陛下独安受其名而不辞”云云，辄叹东坡蜀士，不忘抵巇之习。由此例之，则该报所谓居心深险者，明眼人当知谁属矣。

自此以下，虽该报意主倾人，然不能自圆其说，既谓张、德利此矿之全归外人矣，又云不利其归胡华，胡华独非外人耶？则又以胡华独擅厚利之故。夫既曰赠之矣，则无论所赠为谁焉，往而不擅厚利。又谓折中所谓挽回，不过废胡华所订之约；而废胡华所订之约，又适完其赠与外人之初意。夫侍郎之以矿赠外人，外人之能受此赠者，毋亦有约在耳，何期废约而赠矿之意反完！凡此真报馆文章所独有之名学，不佞虽百读百思而不谙解者也！

且该报谓国家利益丝毫不能恢复。夫国家利益固有可指之实；今使庚子之变不生，开平之煤日出，则极该报之说，试问国家利益应为何等？庸钱者，矿工与一切在事者之所得也。赢利者，有股诸公之所收也。而国家利益，在前两物之外者，非赋税耶？且极该报所设思，要不过报效银两而已！然则虽不废胡华一约，我国家犹将得之；顾何以此约既废之余，此等利益犹待恢复，犹云丝毫不能恢复，凡此又报馆文章所独深之计学，不佞虽百读百思而不能谙解者也。

夫开平有洋股，固不始于庚子、辛丑间。如俄罗斯之吴王，如比利时之国主，皆巨擘也。况自墨林等名代开平招股而实作为红股私肥，又代开举私举五十万镑之公债，此后母财不进，新债有加，而每岁分息之时须派一百五十五万镑六七厘之息利，本轻负重，虽目前可资敷衍，久后将至不胜，此不独中国旧主之大亏，实亦西人新股之被赚。此张侍郎与彼族龂龂者在此，而英外部所云情愿助力者亦在此。折中所云“尽心竭力”、“劳怨不辞”、“上保国家利权”、“下顾众商赀本”，实乃针针见血之言，非寻常奏章门面语，不图议者尚有所云引绳排根也。《诗》曰“谗人罔极”，非是谓乎！

至言外称合办阴受苞苴、擅取公款千万、别营私利、乘乱贱价收买股票等语，尤属无聊不根，徒为掷粪蟾蜍，不复自惜口舌。使侍郎有一节于此，则中外数百千家方将其短长以与侍郎为难，无待该报之哓哓矣！总之处事后而出无责之言，其用意又欲毁其成功，以倾其所倾，植其所植；则淆乱是非、危词耸听，固其所耳！

不佞身处当局，目睹时论之诬，自不得不稍为别白。虽然，侍郎独无过乎？曰：有之。当庚子事起之日，使智者为侍郎计，将不下一札，不画一诺，听其矿之自灭自存。无论为何国所占据，或山水所淹没，离散腐败不可复活，乃至如漠河金矿，但置数十万之私股之于度外，则事后皆有以自解。至于商股，其存固不为侍郎功，则其失自无由侍郎咎。区区商民之利害，本非中国官长所宜留意也。故为侍郎计，其第一著之失策，在假德璀琳以保矿之实权。顾其事谁实为之？查此事经在英比两都办理，业有端倪，行将就绪；近因某西人电告伦部云，开平事势可以就某大员之易而避张侍郎之难，遂致事机中沮，彼辈复持两端。嗟夫！外侮方深，内讧更作，吾恐他日中国灭亡，端由此道，岂独开平一事也哉！岂独开平一事也哉！

塘沽草约稿*
（约 1903）

甲、塘沽草约

乙、移交合同

丙、华部权利

第一问题

强令墨林叙出重卖公司之赢利，并交还有限公司。所有赢利除却照理应得之酬劳，此权靠定塘沽草约。假使此合同果是卖据，自然买主要得多少赢余，是其自主之事；但此约虽然是契，而其中并用卖出字样，而其真意是平常合同，用于买主与襄立新公司之家。此襄立之家经给予便宜行事之权，但此权非系予之以自得利益，乃所以为有益公司大局之用。由此可见，这襄立公司不能视此为己得之物，而自求莫大之利益，不过于出力合立公司之事，有应得近理利益而已。这利益又视所出力之事之何如。自我观之，五万镑已为过分。

股分系作两种：一为认票，一为认人。其认票一种多送到中国，以换旧单；其认人一种皆由襄立人经手，所不经手者，七股而已。然则收执认人股票之人，应于襄立之人无辞。要与襄立人为难，必须出于甲约所指之旧公司，或是出于收执认票之单，而曾为旧公司之股友之人，因旧公司有受害之可言。所受之害，系虚股大加股利，分而见少，其旧股友用所得新公司之地位，可斥襄立之人，谓此公司既用三十七万五千可得，何以今用一兆股？比中相差之数所以致然，汝须明白相告。

论两纸之权力

乙纸之立，是从甲纸而来，据理华部权利应得悉载在内。盖旧公司

---

* 约作于 1903 年。本篇选自《严复集》，第一册，142～143 页。

既允依甲纸之要约，以定移交之约，不能于立新约之顷复有要求。如复有要求，理须另立合同。而德璀琳之意正是以此为另立之约，但中有要害数端，致此纸化为无用：一、不合合同体裁；二、有限公司未经标明为立约之一家；三、画押之胡华、吴德斯不过个人而已，并非有限公司之代表，且吴德斯之具代理之权与否，并无证据，而胡华则常为襄立新公司之人。但襄立公司自公司既立之后，不能更与他人定约，以其权限已满，须新立公司出头故也。为此，此纸自法家观之，有限公司并无应尽义务，但以情理而论，画押之人自有诺责，如后此有调处之事，此尚可用为据依。

《广西边事旁记》跋*
(1905)

光绪三十一年五月，余归自欧西，郑君稚辛以其兄太夷之意，致阳湖孟生所记广西边事于余曰：读此，知故人二年在边所为事。则受而读之。既卒业，喟然叹曰：贤者真不可测。犹忆戊、己之际，与太夷抵足卧京师，太夷数数言兵事。心窍谓兵微万变，今尤异于古所云。太夷文学士，容貌颀然，身未受武学教育，足未尝一至欧洲，顾乃憙言兵，书生习自豪耳，不必付他日事实也。别七八年，乃今观太夷在边所为，虽泰西健者，当其时地，殆无以过。今夫士居高位，所百为而于国终无补者，其故无他，坐务为声光以钓名实。不幸名实之至，又常视其声光。彼孤行其意，求心之安，冥冥然，悃悃然，于祸乱则消于未兆，于事业则发其未萌，或图难于其易，或设此以致彼，虽所济者至大，举世之人不知重也。何则？声光蔑如也。今太夷所名为者，治匪也，边防也，顾所困苦力行委折求达者，军实而外，乃在通民力、利转输、设学堂、开医馆。以经费之微而民智之稚也，故其成功，仅仅如此，然于一边，已拔水火而衽席之矣。向令权藉不止如是，则年岁之间，其转贫弱以为富强，有以决也。孟生不云乎："将之良者，恒兼宰相器。"呜呼！二语尽之矣。乃为校讹别、加圜点、题签背，以付诸手民。

侯官严复跋

---

* 《广西边事旁记》为孟森著，1905年出版。孟森（1869—1937），字莼孙，号心史，江苏武进人。1901年赴日本留学，就读于东京法政大学，专攻法律。1903年毕业回国，1904年入广西边防大臣郑孝胥幕，利用幕府中收藏公私文献资料，撰成《广西边事旁记》。本篇选自《严复集》，第一册，165页。

论抵制工约之事必宜通盘筹划*
(1905)

中国以治制宗教，不同于各国，故社会之苦乐举措，一切惟其上之所为。而其民奉令承教，极所能为，至各恤其私而止。振古洎今，遂成风俗，此外国之人，游于吾土，所以有支那黄人无爱国心无团体之说也。自西学东渐，外患日逼，物竞争存之理，忽开于人心。甲午以后，异说蜂起，懻忮之士，日以合群结团体，抵制外力，勖其同胞，至今日而其效已著。夫爱国心非他，曩日为己之心之拓大者耳。民生而既具，非辛苦跂学而后能之者也。当一统无外之时，其兆端无由见。而结合团体之事，力盛则足以抗上，是以君若吏尤恶之。其诛锄惟恐弗及。虽然至于今时世异矣，以斯民固有之食能、之数千年以待发，一旦乘时省括方且沛然莫之能御。此其物之所以大可畏。而领起向导之者，当知有无穷之责任也。且爱国心之所以可贵者，非深闭固拒、厚同种、薄他族之谓也。念种族之荣誉，奋国土之事业，守法循理，后一身之私利，先同胞之公益，遇国急难，虽以身殉有不顾。此真爱国之极致矣。若夫嚣然而合，愤然而议，用一部分之宗旨，鼓一国以趋之，事未图其终始，策不出于万全，如今日抵制美约，诸君子之所为者。鄙人窃愿有所进也。夫论不用美货以抵制工约者，其道无他，在于知彼知己而已。知彼者，察美国此约之起于何因，其流弊之何由而致。知己者，思不用美货，于目前影响如何，毅然行之，能终达其目的与否。且诸君子于此固以文明自鸣者矣。既曰文明，则一切必衡其至当，庶理得心安。不见可悔，上不贻朝廷以忧，下不为市廛之困。凡此皆发起者所宜常目存之者也。

执笔人未尝亲至美国。然工约之设，已十余年，其始由于吾华工人

---

* 原发表于1905年8月16日，《中外日报》。本篇选自《〈严复集〉补编》，21～25页。

至彼者日益加众。华工趋事勤，取庸薄。其取庸薄，由于生事简约。虽有赌博之累，而无嗜酒之愆。故吾工在彼，为彼中工众所万万不能竞争者。由是彼曹逞其妒嫉之私，出于排摈之计，联合工会，把持政府，而禁止华工之约，遂立于一千八百八十二年。此经吾国外部，亲加签押者也。再立于一千八百九十四年，亦经吾国外部亲加签押者也。此其所为自属天下至不公之事。而其事出于美国，尤足为国史之羞。然不知吾国政府当日何故，贸然画诺。夫使吾国之自待其民不过如是，则他之所以待我者，又何诛乎？虽然其约所禁者，不过苦力工人而已，初未波及上流社会也。乃不中之禁例既立，苛法遂相而生，盖既禁工人矣，则非在禁例者，不得不给凭照。然而给凭照矣，初未尝如是之刻深也。已乃华工之顶冒者有人，之私售者有人。而吾国之使馆之领事，例得带人不必护照者，又时时有不惜名誉之事。于是于注明年貌执业而外，加以影片矣，更重其保银矣，而彼中之职察诘者，则必选痛恶华工之人，以为胜任愉快，且变本加厉焉。必期吾国人人视为畏途而后已。此数年以来，华旅受虐之事，所以屡有所闻也。今夫美，号文明之国者也。自华盛顿建邦以来，常以自由平等、一视同仁示天下。顾今者乃以工民一党之私，置立国本旨于不顾。且其所保护者，亦不过爱尔兰、德意志之流寓工民而已。然则是法之立，必非出于其国士君子之本心，而不以为是，可决也。非本心而不以为是，然而不敢废是法者，则工党势力之大又可见也。今试为美政府计，欲去一切苛烦，而保全其国之名誉，徒事更立分别，犹无益也。诚莫若幡然洒然，取华工之旧禁而去之，以合于为国之公理，然而禁去矣，将于美之社会影响何如，此又非外人所能悬测者也。

以美之禁绝华工，因禁绝华工而虐待吾华一切之行旅，此其事迹俱在。其为违背大同公德，虽美人未必不以之怀惭。念同种之受欺，心不遗其在远，于是海上同志抵制之议兴焉。以欲抵制之有验，于是有沮绝美货之谈。意以为美虐吾民，而吾绝其货，以直报怨，振振有辞矣。然事往往有言之若甚易，而行之则甚难者。尚忆英使巴夏礼尝告其僚云，汝曹欲立一事，必一一亲历其细目而举之，不然必中废。此其言于诸君沮绝美货一事，真对证之药矣。如诸君言，不用美货，初未计在华有未售之存货也，更未计在美有未出之定货也。一旦行发传单，云不用美货，自某日始，使坐言者果能起行，是举市上数千万金之母本，付诸东流而已，而市面之大为动摇，更复何疑？夫商务千因万缘，往往一部分之受伤，株连且及全部。然则诸君此举，于侨美之工人未沾其远益，而于本国之商业先被其近灾，智者所为，宁有是乎？由是不得已而别立不定美货之说。夫曰不定美货者，谓旧存前定之货固可售也。顾如此，则何以别于新入续定之美货？由是，又不得已而设粘贴印花之一法。然诸君所以设此法者，将信众商乎，抑不信众商乎？如其信之，则印花固可以不设，而任人人自用其天良；如不信之，则印花何不可伪为之与有？况乎数千万金之货物，必件件粘贴印花，劳费不訾于商务亦未为无害。彼举国之小民妇孺，耸于义愤之谈，既相告以不用美货矣；似此轻而易举之爱国事业，孰不愿为，所苦者独众商耳。不但此也，吾意诸君子倡为此说，虽交相劝勉，势必听人人之自由，至责罚违众私定私售之权，必非诸君之所有也。而无如今日好义之徒，必吹求他人之不义，于是或匿名函告，或宣布报端，必使其人于公愤而后已。而其事之实否，公等又无从以深知。大抵经商之家，最为畏事。虽刑罚不加，而名誉已损，万一附和之徒，加以恐吓强逼，挟私泄愤诸端，将阛阓之间无宁晷矣。诸君曾以留神及此乎？而各国领事之以扰害商务为言，又所未计者也。窃谓美国称富列邦，其货物之销售于吾土者固多，而综全球计之，直小小部分而已。就令中国停销美货，切实可行并无窒碍，将于美国所损无多，而所损者又未必主持工约之工党，更不在举华工竞争之工人。故使工禁而易罢，美之政府将自罢之，不因吾之抵制而罢也；使工禁而势不可罢，美之政府，亦无能为，虽有抵制，犹无用也。而吾各口之华商，则已实受其大害，且所害者，恐不仅于美货之入也，即吾货之出此而入彼者；吾闻数且过之，万一彼尤而效焉，诸君又将何道以处此。

子产有言，心有所危，不敢不告。不佞今日之言，亦聊尽忠告之义而已，非为彼美之人游说也。夫吾国之众，势若散沙，视同种之苦乐，如胡越之相视肥瘠久矣。乃今有人焉，肯为同胞义愤而持团体，辛苦湍汗为抵制之策，旬月之间，遐迩震动如此，此其心一出于公，可为海内所共见。不佞方敬爱激昂之不暇，何忍指摘疵瑕？惟是念国锋不可以轻用，众发心图其所收；且吾党之所以对外人趣事机者，亦宜略课报施，衡其轻重。夫华工之受禁拒于彼邦，虽曰不公，然终与彼来侵我国权者有别，而美人自与吾土交通以来，未尝割吾华尺寸之地也。自道咸至今，所分两次之赔款，其一则已由张荫桓而归赵璧矣；其得诸庚子者，闻其总统，且将以济吾国教育之急需。方拳匪之乱，八国之师至京，而美兵最不骚扰。今使吾国人民缘工约一端，用海客之说，而与之汹汹，设此后有若丁酉之事，以一教士之被害而即夺吾上等之军港，踞一省之路矿权，如某国者；又不幸若庚子之事，忽然推一万五千无告之众，而纳诸黑龙江水之中，若某国将军孤力卜士奇之所为者。诸君将何以处之？愿寄语诸君少安勿躁可耳！勿使觇国之士谓吾民聩聩，于报施之际，毫不置白黑于胸中也。

当发起会议之时，屡蒙诸君子见推，邀请演说，即缘不识所以措辞，叠经吒避。今者远思孔子各言迩志之义，近审穆勒言论自由之旨，以谓际此纷纭，不宜噤默，则诸社会，夫亦各尽义务而已。至执笔之人，固不敢自谓所言为无以易，设有未当，海内外前识诸公，尽可驳斥。所以公理愈辨乃愈明也。伫望来教，实出至诚。并识。

附：书瘉壄堂《论抵制工约之事必宜通盘筹划》后*
于右任

自抵制美约议起，由商界以及学界，由海上以及内地，风驰电掣，声满寰区，而不用美货、不定美货之说，遂到处披靡。然所谓不用不定者，实行家则视之为一贯，而议论家则分之为两截，其实皆数学〈家〉所谓0乘0也。不幸不定之约，竟有破坏者，议论家遂占势力焉；又不幸不用之说，竟有毁谩者，议论家更增材料焉。此犹得曰维持公益，合力抵制也。至十六日瘉壄堂之文，出现于《中外日报》，并且抵制之说而排之，一则说曰事必中废，再则曰少安勿躁，是又明以拒约之说为多事矣。从民气沸度最烈之时，而用水泼之，从国锋磨砺以须之余，而伸意见拒之，非慎重而独有见地，曷敢如此。闻人言瘉壄堂即吾国所谓哲学初祖，而直隶候补道也，然否姑勿深考，不佞亦遵各言尔志言论自由之法语，请贡一说可乎！昔人有言，智者不违时而动，盖非令人合时，令审时也。当拒约提议时，反对者应同声反对，赞成者应同声赞成，国民天职也。否则当会议实行时，反对者应倡议反对，赞成者应倡议赞成，亦国民天职也。若从此知而不言，是负同胞，从此欲言而无可言，是已在默许之列。下等社会如是，上等社会亦如是。上等社会之有阅历、有经验、有学识者，其负责任，较发起人为尤重。盖国家团体之事，非一人一家之事，过此则不容置喙，唱异论而谋解散也，无乃非其

* 原发表于1905年8月21日，《中外日报》。

时乎！观望观望，徘徊徘徊，必待至实行后一星期而约不改，两星期而约不改，三星期、四星期而约之改不改尚无消息，外国报反对说之叠起，本国报之挑剔论之叠来，发起人正当疑谤纷至之地，已乃翊翊然出曰，吾识报施之理，而解轻重之宜，寄语诸公，勿聩聩然，不置黑白于胸中也。言者无罪，闻者足戒，岂其谓乎？夫今日此事之在中国，固属危险，譬如过渡，起柁时不劝其无渡，及中流泛梗而不达彼岸，岸上人固拍手矣，其如掌柁者灰心何！虽然，一人灰心，犹且小也。又如行军，决议时不劝其不战，及坚壁清野而置诸危地，壁上者固袖手矣，其奈临阵者挫衄何！虽然一军挫衄，犹其小也。若夫航一群而与之渡，勒一国而与之战，其事之关系重大，先觉者尚有无穷之忠告，而何以前此不闻也。故瘠墼堂之说，今日只论其当时不当时，政见之是非，犹其后焉者也。何也？使所言之理而当，在今日已成刍狗，盖报施之所关者小，而体面之所关者大也；使所言之理而不当，初发议时已有人起而为之，以权力临之而竟不行，以虚论争之而岂有当也。日间颇闻人言，我看曾少卿将此事如何结局。夫此事而果不结局，岂独曾少卿之羞；此事而果即结局，又岂独曾少卿之幸！而若嘲若讽之语味，使人闻之，增无限之恶感情。盖吾国自来办事无成者，皆坐认大团体之事，而为一小部分之事也。作者其此一派中之祭酒乎，且其反对之语，与近日拒约之情形，有不甚清楚者。拒约者，非望其弛工禁，而望其不波及士商，及檀香山、非律宾也。前曾见之于梁使之约稿，报章之著议者，不一而足，作者独不知乎？而曰使工禁而宜罢，美之政府将自罢之，使工禁而势不可罢，美之政府亦无能为，无所用其抵制云云，不知工禁而不宜罢、不可罢，岂工禁以外之士商，美洲以外之非律宾、檀香山，独可一例以工禁推行乎？请作者下一断语来，若谓美货在中国不过一小小部分，中国停销美货，所损者不在美商，而在华商，不知在美系小小部分者，在中国亦系小小部分，试问美国不惧小小部分之受伤，中国独惧受伤乎？如曰不然，中国财政恐慌之国也，不可以数千万金而轻于一掷，然所定美货，有定而未出者，有出而未销者，出而未销，商会已允粘贴印花，公认销用。初起时之宗旨容有不清，在今日已青天白日矣。如以印花为信众商不信众商起见，则似不解粘者之用意。印花者，表此物为公认可用之物，非防此物为商家作伪之物，意在利商，不在信不信也。如谓数千万金之货物，必件件粘贴印花，劳费不赀，然则各国所行印花独非多乎，不嫌劳乎，不为费乎？君子言必当其时，必谓今日粘贴印花，而人已不用美货，然则今日即解散成局，而人亦用美货矣。如虑彼尤而效焉，即用其道而抵制吾之出货，则窃有一言问诸作者，工约不改良，美之商务能保存乎？如曰不能，何如早争地步为之愈，他人方争商场于东大陆，吾人商务，处处受亏，二者相衡，所失必有重者焉矣。总之，不佞亦心有所危，不敢不告如作者言，亦仍略讲报施，衡其轻重而已。断绝我人者，我以断绝彼货以报之，若夫吊黑水之幽魂，念山左之奇辱，愿君无忘在莒，臣无忘射钩，不佞与作者俱有责焉。至若感深邦交，还我赔款之说，作者眼光注射周到，然则粤汉铁路，浙江铁路，各有争之，已属多事，小小人情，尽可奉送，寄语国人，请速还诸美人可也，一笑。

瘉壄堂主人答于君书后书*（1905）

十九日由《中外日报》社寄示于君所著《书瘉壄堂〈论抵制工约之事必宜通盘筹划〉后》一篇。为之反复详审，诚有以补鄙虑所未逮，仰倾倾仰！独惜其所责备者，多在不佞个人之失短，而于此事政见是非，则后之而少所发挥耳。

如谓当拒约提议时，鄙人于反对赞成，二必居一。若当时无言，即是默许；后此不容置喙，唱异论于其间。果如于君言，是社会之中凡有一事发起，其与会与不与会全体之众，于其事是非可否，皆应当机立决，过斯以往，即亲见其事之日非，亦只宜容忍缄默，听所至无异议。有是理乎！大凡人之虑事，固宜慎于谋始，然岂能皆得无失。故使仆亲为一议，后见窒碍难行，亦将本其公心，不惮变计。何则？社会事重，而小己之成见轻也。窃谓于君此书所宜著眼者，事之利害是非云尔。使仆所言而害且非，即宜明以教我；使仆所言而利且是，则言之犹愈于已不应以失晨之鸡见责也。至谓有阅历、有经验、有学识者，其负责任较发起人为尤重，此其说诚然。顾凡所有者，皆自旁观后人见如此耳。至于本人，未必遂帖然自信其阅历、学识果过人也。当此事起议之日，仆尚在途，甫归即有以演唱抵制见委者。当此之时，诚如前跋所述，不识所以措词，非诳语也。其不识措辞奈何？盖凡事有鹄、有术，鹄者目的也，术者所以达此目的之方法也。今者抵制美约之事，其为鹄易见，而为术难求。使仆往者即行对众演说，将欲止诸君乎，则弃其鹄矣。何则，美之工约，诚不可以不拒，非多事也。将欲赞诸君乎，则考海外某君之言，其所以为抵制苦美者，无一不将以自苦。仆诚怯懦，虽于君见

* 原发表于1905年8月21日，《中外日报》。本篇选自《〈严复集〉补编》，29～31页。

责以徘徊观望，在仆亦无可辞也。至于前日之论，在仆则出于不获已。盖使不用美货之说，但出于相戒，而市廛无指摘冲突之纷纭，则其所行，虽非上策，而犹足以揭著吾国民情，使吾之政府与美之政府，莫不知群心之恨恨，而庶几更约之时有改良之事实。故无论何如，发起诸君之功效，有不可没者此也。但至仆为前论之时，其事势已大异矣。操不用美货之说者，有不顾一切之概，而商众有巨本破失之忧，匿名揭帖遍于通衢，群情汹汹，不知风潮之所。夫国民持议最忌主于一偏而不容他人之异说。仆为此正不可禁默之时，于是有通盘筹划之言进于社会，此无论其说之是也。就令理解不圆而际其时，于社会亦有一节之用；况仆此文实已先成，而主报社者颇忧犯众，迟迟累日而后敢出，此所以愈形后时。然而当日众议风气之劲何如，可想见矣。故曰不获已也。

于君又谓："使所言之理而当，在今日已成其刍狗。盖报施之所关者小，而体面之所关者大"云云。此则仆所不敢附和者，夫发起人之意，岂非悉出于为公！美约之苛，人人所恨，其始见不销美货之可以抵制，故相约而行之；其后知不销美货其害先中于华商，故慎重而另议。此正磊磊落落、实事求是之所为，焉有以其事之发起由吾，耻过作非力争所谓体面者耶？自来为国民起事之家，其第一义在用意之必公；其第二义在精神之澹定。唯具二者，而后能百折千回，必达其主义而后已。新名词中有是非相杂而误人不浅者，如云热心、热血之类，而今于君体面之说，亦其一端也。至论所求改良之美约，此固言人人殊，或曰：工约恐不可争，惟期不波及上流，不概于斐律宾、檀香山而已可。或曰：华工岂非吾种，宜并其工约而去之。在仆则以为一有工约，种种苛政自因而生。盖即美之原例，亦断无苛待士商之理，而无如行法之际，吏缘为奸，今日改良，虽美之总统三令五申，恐行之历时，而其苛虐又至，此前论所以有徒立分别无益之说。夫美以平等立国，其选举议院之投票，迤及于脱籍之黑奴，华工虽微，岂并黑奴而不若。乃彼可与闻国论，此竟不容寄居，其矛盾不伦，可谓甚矣。然则工约于理，固未尝不可除，而吾党既已出大力以争之，何不可取法乎上耶，仆之立论，似颇分明，而于君则以为不甚清楚，又何故耶？

至谓华美商业，其在美为小部分者，在华亦小部分。使美而不惧受伤，岂华而独惧受伤？仆则谓在美为小部分者，在华或非小部分，至于受伤，则有直接、间接之异，今之惧者，皆直接之商家，非学界与余众也。吾党为国民立事，而使直接受伤者，乃在一部分之商家，是故以不用美货抵制工约之议，使发之于众商，则为牺牲一己利益，以为同胞，此真可贵而可敬。使徒发之于吾党学界，则为慷他之慨，乃知义者所不为；即欲为之，亦当有先事无穷之布置，此亦天下之公理也。于君以为然否？印花之说，敬闻命矣。其余存而不论可也。敬报不宣。

附：书瘉壄堂主人复于书后*

遵养居士

《周书》有言曰："三人占则从二人之言。"今西国议院亦即此意。凡遇兴一事、革一事，必以占其多数人之言是从，少数人退听焉可矣。理而是，自当服从；理有不是，多数人已〔以〕不是为是，少数人惟以是居为不是而已。然是不是之分，某寓于多少数之间矣。

此次抵制工约事起，通国响应，如岱岳之云出，不崇朝而遍天下雨，何其盛也。盖以中国民气久遏，近乃渐知强弱之所由分。故一有此议，人人有自耻自励之心，初不问其为不定美货、不买美货、不用美货之有所区别也。在深远者，久视我中国民志之不齐不坚，已达其极，恐蹈进锐退速之弊，贻画虎类狗之讥，其用意正未可厚非。然此抵约事正有不然。当始惟倡言不定，嗣后有私定者，不得已而有不用之议，然即无异议，而不用之说已不但腾于口，早印入脑矣。窃以此次事如布帛粟菽日用之常，其用不用论理学为天职，论人情为本心。方今万众一心，主客吻合，固无所用口舌争，固无所用笔墨争也。且争之义，必两不相下而有争。今已人人所愿，何必为杞人之忧天、墨子之泣路。原文谓"操不用美货之说者，有不顾一切之概，众商有巨本破失之忧"，此真可为大惑不解者也。切愿天下有文明而无暴举，守坚忍而不懈志。文明即无以涉国际，坚忍庶不至于自隳。则此事之主义，效果尽在是矣。宋儒讲学，后世反引为诟病，何也？以其门户之见太分耳。今之君子毋蹈此弊为幸。至于原文又谓："不用美货抵制工约之议，发之众商则为牺牲一己利益以为同胞，固可敬而可贵；使徒发之于吾党学界，则为慷他人之慨，乃知义者所不为"，则吾愈不敢闻命矣。

---

* 原发表于1905年8月23日，《申报》。

答某报驳议*
(1905)

八月初一日，某报于鄙人所论《抵制工约必宜通盘筹划》之文细加驳议，自谓箴膏起废，于原文所指为症结者四处。

其第一处，在原文所立爱国界说中，有非厚同种而薄他族一语。见谓理论不圆，而称爱国之义，乃对于他国而言。非与他国相提并絜，则其爱无所触而发。然则驳者之意，固谓爱国之心，必厚同种、必薄他族，而美人工约之禁例，固亦自厚其同种而薄其他族。则美人所为，乃真爱国之事。夫使禁制华工在彼为爱国，则此约将非吾人所得争，亦将非吾人所得以抵制。何则？天下公理，固无取他人爱国之事而争且抵制之也。仆则谓美人此举为不公、为不恕、为非爱国、为过厚同种而薄他族，是以其约可争，其事可抵制。今日试问操抵制之说之诸公，将以美人之爱国而抵制之乎？抑取美人之不公、不恕而抵制之乎？则其说不待烦言解矣。虽然争矣、抵制矣，而所以行之者，亦必有道，若倜然一切不顾，而使本国社会嚣然不安，攻讦之风以兴，逼挟之事以起，是所以抵制者未成，而所以自害其民德治安者先见，此文明国民所必不为者也。此鄙人所以有通盘筹画之说也。夫侨美之工于华为一部分者也，而各埠之商于华亦一部分者也。二者皆无辜、皆同胞。顾必破此一部分之民以利彼一部分之民，其事效成否，又未显然可操。且盛言高唱者，又皆无所损失之家。此诚鄙人所万万不敢附和者也。若夫爱国之义，西籍论者众矣，言各有攸当，亦非区区鄙说所能尽也。

其第二处，则指原文责备政府之辞，以谓旧约往矣，訾仆不应以历史上是非之问题，为事实上利害之问题，又谓充仆之意，必谓前事既

---

* 原发表于1905年9月2日，《中外日报》。本篇选自《〈严复集〉补编》，33～35页。

失，则后事必不许人以救正。天下有此理乎？甚矣！该报之意误也。夫原文之及此，正以其为今日事实上之利害，正以惩前事之失，而求今日之救正。夫美人之禁绝新来华工，二十三年于此矣。问诸君何前此独无一言？至于今时始复被发缨冠。而为此匍匐救之之事，岂非以时届更约，而有可救正之机耶？查一千八百九十四年西三月十七日所换条约，其第六款云，自换约后十年为期，如期满以前之六个月两国政府均无预言止约者，此约照旧更展十年等语。须知二国交涉，其举动而有效验者终在政府，国民所为不过示以好恶而已。然此则仆此言是否如驳者所云云，又可以不烦言解矣。寄语执笔人，看人文字固当求弦外之音，然慎勿援劾腹诽之例而妄充人意也。

其第三处，则以仆为美政府设身处地为无关本旨。谓以此国之人举事，必熟察彼国之利害。毋乃太烦。此其言近是。顾原文发论乃窃为知彼之谈，故于其国地位，不得不稍为较量，非必舍己而芸人也。且两国交涉固察坚瑕以为操纵。往者拿破仑累胜之余，几为全欧大陆共主矣，然欲绝不列颠三岛货物以抵制英国，终其世不能。且以此败，此亦历史上之问题也，该报又将谓于今日事实为无当矣。

其第四处，驳议最多，无理之闹更甚。然实该报宗旨之所在。故鄙人亦不得覙缕言之。虽涉冗长，不可以已。如该报于不用不定二义，偏主不用为长，谓不用乃个人自由，而不定须坚明要约，倘有不愿，藉众强行，便不属个人自由。而美人得以文致诸国际问题，此主不用者所以居多数等语，此似是实非，正言实反之说也。盖使不用而诚出于自由，则亦何争之与有？吾之灯油，不用美孚；吾之衣布，不用花旗；张园以美董而不游，食面以美麦而哇之，虽行之千百年可也。谁复能相督者，然既曰自由矣，则不用而外尚有用者。使悉听其自由，不用之说不已废乎？然则诸君既主不用，必不能听个人之自由，将必坚明要约。虽有不愿，将藉众论而强之，于是焉有指摘之事，亦于是焉有强迫之举，而国际问题庶几以兴。至于行不定之说者，既曰团体，固亦无所自由，但同于要约，而有众寡难易之殊，源流本末之异。此深明事势、实事求是者，所以多主不定之说也。虽然事之真实可行者，必从人情而起义。故众商已储之货，必不可以不疏通也。且不定之约既伸，即疏通之，于抵约之事，实无所损。乃该报驳议又有至奇之说焉。曰所贵乎商务者，为能拓殖本国之业于外邦也。若仅仅买受外国货品，为之转输，则其商务已微。而众人所以待遇之者当有间矣。呜呼！谁为此言？何不往中小学堂，稍受文明教育乎。计学之理，诚未易知，但语诸君，虽英法二邦商务最昌者，其买受外国货品亦最众。盖二物相生，不能独立。诸君见解如是，又何怪以华商之母财为不足惜乎。又曰吾人生于天地之间，并无应买美物之义务。此何待言？然使美人亦曰，吾国立于天地之间，亦无应纳华工之义务。诸君以为何如？夫美货来华，吾人固无应购、不可不购之责任，而华商置货，国家亦岂有不应购、必不可购之专条？若谓数千万母金既入美人手中，其货纵不销售，为无害于中国。则一部分之工民，自入美民境内，其身即遭凌辱，岂遂损于神州？可知立说不中，必来相稽之口，究之彼此所持，皆非公理，不待论也。是故既言合群，则不忘远者，自不泄迩始，工约之无状，固不可以不抵制。而商本之耗失，亦不可以不疏通，疏通之，疏通之，必疏通而后可以言其团结，其团结而后有真抵制，不疏通而云抵制，则抵制之事固可非也。

答某报本月初二日驳议[*]
（1905）

顷闻某报其八月初二日论说，于不佞通盘筹画一论尚有续驳之处，杌格全文，大抵无关要旨。虽然，既承见教，不可默然。请更为一言以为扬榷可乎。

驳议所指原文第五处症结，乃以仆所言，美货销售中土，于其全体为小小部分，今即抵制拒绝，恐于该国所损无多。若工约在美，持之者众，将未必由此，即能立惺，使之急急改良。此在下笔时，固以言者汹汹，以此为有一无二之上策，故不得已与为商略之词，原未调查彼此关口报告、会计政书，而为断决之语也。该报驳之，则谓停销于美不为无损，而其证明己说之处，鄙人钝机滞照，诚未能言下了然。末又谓美人方以开放中国为言，如英、如德、如法，皆未与中国闭关绝市。可知虽属小小部分，其利益不可谓微。大旨皆谓不用美货，于美人实有大损。既足致损，故于抵制，莫此为宜而已。顾不佞之意则谓，抵制乃一时之政策，譬如宣战，终有和时，而美之工约，其中主持之者，亦非美人全体。度其为此，必有不容已之形。夫所谓损害多寡，本无定程，而必与吾所图成者对待立论。故停销美货，其苦美之效果，必较蠲除工约其苦美之效果为深，又其见苦之民上焉必即主持工约之部分，其次亦必见苦之徒，其势力足以转移主持工约者。夫而后禁用美货之利行与否乃可言也。若夫列强之于市场商埠，固无远弗搜，虽细必举。其主中国开放，与其不听锁港闭关，固未足为此事损益之左证。驳议举之，徒成赘辞而已。

其第六处所指，缘不佞于美略有推挹之词。当下笔时，原谓两民相

* 原发表于1905年9月3日，《中外日报》。本篇选自《〈严复集〉补编》，36～38页。

遇，甲之于乙虽有不公不恕之端，顾亦有其公且恕而可感念者。此语若出之于美人，则为德色；而出之于我辈，则为大心。其称之也，正所以愧之也。此在欧洲其见于各国报章、著述之中。虽在仇仇，往往而是，未闻同国之人听读其词，遂詈其人为媚外为忘本也。且不必远引而高称，即此工约之事，彼美之人大声疾呼，直斥其政府国会为不公不恕，为不循天理者，固何止于一二报章、数人演说已乎？不佞与诸公幸生同壤，同为炎黄贵种，同为男子丈夫。窃谓慷慨宽恕之情，彼中所能有者，非吾人之所阙。救斗者不搏撠，故光明磊落而称之，谓当为文明同胞所容纳。而孰谓事有大谬不然者。如北方某报见谓狂吠，破坏团体，授外人以干涉抵抗之机，谓吾肺肠，已同化于欧族，谓吾灵魂为美人所制造，以为丧心，以为昧理。而南方某报则托于国际问题，姑不致斥，远引还辽之三国，近牵执言之日本。呜呼，使公等而生于北美或在欧洲，则其中稍为黄种主持公道者，早已为众唾之所溺而靡孑遗矣。何则？其厚我者皆彼之汉奸故也。是何用心相背驰之远耶？实语告公，不肖生平所不满意于儒术者，正缘吾国行用其教，三四千载仅仅陶成此刻狭愤戾之人民，而无豪壮广大之国俗故耳。然今所可为诸公正告者，此疾不祛，将永世不得与于文明之列。虽高自矜诩无益也。

其第七处，则以仆文有用海客之说一语，相与致疑。请一言答之曰，此不足讶也。凡足迹及美，而载其所闻见，以转告于同胞者，皆海客也。顾海客之言凡所发挥，多过其实，往往四五分之事，常纵其笔舌，扬厉之至于十一二分。此在宝爱真理、听言有法之民固亦无害，而无如吾之学界尚幼稚也，民之分别识尚未精也。际此国势将转、人心始惺之时，一人唱、万人和，自以为爱国，哄然而起，当者立碎，问其所求与事之本末，或蒙然未知，徒以众说，或其名美而遂为之。如此则未始无害，法兰西百年以往之国论，皆今世所唯唯否否不然者也。而海客每乐称道之，方其伸广长之舌，为危耸之词，意之起也，公私不可知，而固谓必如是乃足以动人。虽然吾党戒之，夫以无实不信为术者，虽有至美高尚之鹄，未有不生害者也。此诚国群个人所累试而历验者，不得以作用权术借口者矣。

其第八处，所指吾言之症结，则于仆所引庚子、丁酉之已事。释之曰：当丁酉、庚子之时，吾人犹未知爱国合群之谊，乃今知之，故于美约之事如此，仆则应之曰：丁酉、庚子之时，民未尝不知合群爱国也，特所以行之者误耳。是故义和拳之事虽为吾国之大祸，而西人之论之者，皆以为合群爱国之见端。乃今程度进矣。故自四月倡议以来，至今外人无一隙之可指，结语谓不妨以个人之自由权而抵制美约，但使举出自由，而社会中无迫挟攻讦之过举，此固不佞与驳议者所共庆其遭者耳。

原　败[*]
（1905）

日俄失和，斗于吾国辽沈之间者一年有半。自交绥以来，日本罔役不利，而俄则陆海二军，仅存余烬，虽欲更举，力亦殚矣。夫俄之壤地，跨越三洲，自厥祖大彼得以来，为列强所深惮，拟为北方大熊，而日本用区区岛国，崛起东海。方事初起，世谓此无异以侏儒而斗长狄。俄之君将，亦自谓长驾远驭，扫清东陲，定太平洋权力之基础，在指顾间耳，而乃大谬不然如此。此岂疆场之事？利钝本不可知，抑未战而所以胜负者已存，特世之人不之察耶？和局将定，兵事已阑，乃准陆士衡《辨亡》之例，而作《原败》。

则先言此役之所以成。盖俄之东略，始于康雍之间，而大盛于咸同以后。方其割吾壤乌苏里以东也，日人大惧。而俄方经营厍页岛（厍页之厍字从厂，读若赊，俗误作库。此正如犹大之讹犹太，爪哇之呼瓜哇）、海参崴，不遗余力。南规朝鲜，西抚满洲，寖假而西伯利亚铁轨之议建矣。夫俄本北方高原之国，颇近荒寒，自依番彼得之后，常以出海港埠为要图。黑海门户，道突厥旧京，而英法为之阻。波罗的之廓伦斯达，多冻罕通。而北海之亚庚哲尔，滋无论矣。亦尝有意于波斯湾，顾邻印度，英之所必争也。彼既塞于西、北、南三方，则因势利便，遂注其全力于东，亦其所耳。甲午，我与日本力争高丽，海陆军熸而辽南尽矣！当此之时，俄之必出而争者，亦势也。且虑独力不足制日，乃牵德法以为之，于是中国以台澎易辽。俄名仗义扶邻，而实则视满洲为禁脔。既树德于中国，又以遂东封之图。俄之计得，于斯为极。李文忠公之充专使而贺加冕也，俄皇于李，恩犹父子，于是密约以成，辽事乃愈轇轕而不

* 原发表于 1905 年 9 月 3 日，《外交报》。本篇选自《严复集》，第一册，157～164 页。

可问。主俄者则曰："英日必不利于中国，俄之布置，虽曰自为，亦所以固吾圉也。"主英日者则曰："使铁路成，满洲非中国有矣。"朝野纷嚣，自甲午以来，莫不如此。

且归辽之事，惠此中国者，不止一俄国也，有德法焉。事定，是二国之索酬甚亟。政府百方称感，皆不足以满德人之欲。已而德皇遣海靖为专使，伸铁拳政策于东方。而吾之胶州军港，乃以微罪行矣。法于两广之间，亦称满意。三国政策相若，故亦相倚。德之宰相曰："各国旧议，所欲保全者，真中国耳，满洲非真中国也。"而俄皇则曰："使德而不关吾辽沈者，吾亦不问胶澳也。"故胶澳既去，而旅顺、大连随之。英以抵制，徐起而收威海，皆若固然者。呜呼！四者亡而中国北方无军港，而分割各据之势，亦隐然以此为先声矣！

以甲午师徒之挠败，吾之情现势屈。故乙未、丁酉之际，瓜分中国之说，特甚于欧美间。各国包藏祸心，俄德尤甚。来使如喀希尼、巴布罗福、海靖、克林德等，其恫喝之情态，运动之秘密，至今辇下，犹能言之。而此时天主、耶稣二教势力，亦炽然增长于内地。民教积不相能，加以外患逼迫，人人自危，于是乎有庚子之拳祸。銮舆西幸，八国之师至京，李文忠公奉旨议和，实无所议，惟日以外人所要索者，报达行在而已。俄人著意，重在奉天，尝欲自别于众，故其兵在畿辅者，拔去先于众人，而奉天之兵，称保护铁轨不即去。癸卯之秋，既遵约矣，旋以末节为名，复入踞之。由是五洲之人，皆晓然于俄国之政策，而东省战端开矣。

然而右之所叙列，皆此役之远因，而为天下所共见者耳。乃尚有其近因真因而为天下所不尽知者，则当自俄之宫邸而求之。俄皇尼古拉第二者，其全名曰尼古拉·亚烈山多威支，其国姓曰罗马诺甫，其先皇曰亚力山大第三。尼古拉娶于德，生四女。近者兵事方兴，而生太子，后无权，不甚预国事。预国事而权力足以制俄皇者，则太后也。太后名马利达格玛，性高亢急暴，好利怙权而守旧。尼古拉严惮之，行政用人，多出于其母。朴毕多讷塞甫为全俄教会长老，于皇室为师保，国人所甚恶，然以太后故，不可易也。他若前者被戕之宰相布勒福，银号巨商毕左布拉胙福、式法金、歌连密金、穆拉维也甫、阿力喀塞克夫、阿保连士机等十余大臣，皆太后所位置者。其皇室周亲，凡居尼古拉父行、大父行者，列爵大公，皆据津要，重禄高位，而治军储、主帑藏，以浮冒侵蚀为俗。此今日天下所共闻，无庸为俄讳饰者也。

一千八百九十八年间，西伯利亚林纳金矿大兴，其中母本，有言出自俄太后与诸大公之所集者，以任用不得其人，财大耗散，然而桑榆之收，则一饭未尝或忘焉。于是亚烈山达大公，荐毕左布拉胙福其人者，为恢复之计。毕尝谓满洲、高丽，得一即可以富国，其矿产、森林，虽偿十倍所旧亡，易耳。太后及某大公等信之，又出巨资，集株股付毕，使治其事。俄皇知而心然之也，所不知其事者，独旧相维忒，与外部拉斯道夫而已。

尔乃建新埠于大连湾，易其名曰达尔尼，濬旅顺之船澳。殖民之使者四出，倡劝其民，令东徙。开烟台之煤，收漠河之金，广治道涂，遍置银号，以辽阳为之中枢。凡此所为，劳费甚巨，叩其所自，公帑而外，大抵皆俄太后与数大公之私财也。

浸假而满洲撤兵之期至矣，中国之政府告之，各国之使臣及之，而俄则借地方未靖，马贼犹多为辞，相与支吾而已。顾其部署则愈密，调兵则日多，经营则弥奋，俄之用心，为五洲所同见。虽维忒等力劝俄皇以践约，无如宫邸之间，人为不怿，意谓使俄国于满洲而让权，将深宫之巨本，坐再失也，则期期以为不可，而尼古拉无如何也。

使俄而有廉洁公忠之大臣，其首推外部拉斯道夫乎？其于东方政策，虽未若维忒之力主撤兵，然知日人之必不可与战，而又深恶毕左布拉胙福之为人。俄之宫邸诸人，恶其沮事也，则相与谋夺其权，而进毕之党人阿力喀塞克夫。盖至此而日俄之战，不可免矣。

阿督之为远东总督海军提督也。俄皇诏外部曰："继自今，远东责任悉归阿，外部不必问也。"阿既履新，则一主占据辽韩之谋，告俄皇曰："日本易与耳，虽外示愤张，必无战事。"故自甲辰正月以前，俄京无人策日本出于战者。至决裂之前数日，尼古拉犹告人曰："一切幸平善，日本怒气，终归消灭，朕之朝代，固太平之朝代也。"诸亲藩大公，亦谓必无战事，所领库帑，名整军实者，大抵自肥。及日本以鱼雷入旅，攻其舟师，阿与诸将方张乐高会，而俄皇于其夕，亦御乐部于某名园，及归，得阿电，知所破坏皆新舰，如梦初觉也。

由其近因观之，是日俄之战，起于尼古拉之背约，而尼古拉之背约，乃见制于太后与大公也。而太后大公，所必使俄皇背约者，其心以为不背约而据满洲，将一切经营皆尽，而京垓之财，不可复也。且战不徒于是起也。交绥以后，数数败衄，脱为俄计，必以早和为佳。顾辽阳告败不和，旅顺告降不和，奉天破半兆之众，举国哗噪，而犹不和。直至海军再熸，而后使出。此盖宫邸之间，以日本不能持久为说，而尚冀已破之甑，可以复完；已去之财，可以复得。而上行下效，举国贪惏，以谓日本虽强，不能度乌拉山、入波罗的海以攻其都。虽师兴以来，国之所费，过二千兆罗卜而有余，然而乘时致富者，自有人也。使闻者疑吾言乎？则其中腐败之形，请更一一。

俄大臣之侵蚀公帑，贪冒不忠，以仆所闻，真有令人难信者，顾不幸事实所存，往往发露，虽欲深讳，当无从也。如去岁三月塞尔哲大公（即本年二月间为人所刺杀者）所领库款数十兆罗卜，名筹备军储。至四月，所办罐头、熟肉，至于糖、酒、烟、茶，由莫斯科运往东方军前，值罗卜者以兆计矣。当是时，有塔马老甫者，实司转饷，拟取道德国之丹辑，由海运以达辽海。乃其物至德，皆已转售，其取值不及原购之半也。至其四月，复由莫斯科有运致军衣之事，然至萨麻拉，以受载过重，毁车中止。藉词复令天热，而一切毡、毳、呢、羽之品，皆散之。六月，国民捐送药物扶伤器品，费至不赀。起运后二十余日至墨梅勒，有二贾人，以什一之价尽收之而去。同月，由圣彼得堡运佛企酒十万箱至满洲，云以犒军，及至开箱，则无酒也。八月，运军火，亦于中途以半价出售之于二华商。苦将军知之，然不愿颂言也。夫饷军实，塞尔哲大公之专责也，而俄军发运收报，岂无文书章程。顾其奸如此，此诚非外人所可思议者矣！

其亚烈山达大公，则司抚恤伤亡、哺养孤寡之事，其款多出国民所乐输。顾此款之于军也，则致十而受一。而其于军士家室，至于去岁年杪，尚未闻有一钱之散。有市侩名毕左布拉胙福，四年以往，不名一钱。乃至今日，则全俄一巨富，叩其所由，则亚烈山达之私人也。

兵弁之革靴，政府发价，每双三罗卜，乃匠人所实得者，每双一罗卜七角五尖，由是其靴至军，皆不堪用。事发，匠人得罪被诛者不少，而一罗卜二角五尖之所归宿，则大公也。白糖之至哈尔滨、辽阳者以吨计，然强半杂泥沙。事发，商人得罪入路力加狱者五人，顾其得利者，则毕左布拉胙福也。

其尤足异者，俄通都大邑中，如莫斯科、如耶路士辣、如卡鲁加、如图拉等都会，店肆间军用衣料，公然市卖。牵车小贾，持军人毡衣，望门唤卖，自表价廉，而官不过问。其西伯利亚铁轨，以军兴议添车辆，由此而莫斯科、圣彼得堡二京大官，事其事者，皆以致富。闻所侵吞者，不下数百万罗卜也。

海陆军员缺，欲得之者，非贿不行，学术、资格、劳积皆不问。大抵一少年居海军学塾中年余，第令其家有财，费罗卜数千，即可得缺。陆军亦然，惟其价值，较海军为稍贱。以是之故，二路之官，多愚劣稚呆，于驾海行军，几无所晓。问其何能，但饮佛企酒、吸雪茄烟足矣！

或曰：使政令军实腐败如此，则俄廷中职司纠弹者，安所事乎？不知司纠弹者之腐败，且更甚于他曹。大法司穆拉维也甫，近新辞职无几时，方其在位，势极煊赫。故俄民有“七贵”之称，或曰“七鬼”。七贵者，太傅宗教长老朴毕多纳塞甫也，故宰相内部布勒福也，故大公塞尔哲也，大公亚烈山达也，东方银行总董毕左布拉胙福也，皇太后玛利达格玛也，而以大法司穆拉维也甫终焉。

从来内政腐败，军声未有克扬于外者也。虽然，俄尚武而行征兵之令者也，自大彼得以来，蔚然为一强大国。意者文治不张，其武烈有足恃乎？而孰知又大谬。东方之役，俄之所调发，以应前敌者，大抵皆豫备之兵也。其不遣常备额兵，而独遣豫备之兵，何耶？盖内乱方殷，尼古拉与其族所恃以弹压其民者，仅仅恃此素所嗅咻豢养之常备兵耳。至于豫备，本皆民也，附于疾视其君之乱众者也，是故遣之。外之有御敌之用，内之有去疾之功，是固一举而两得者矣，此其所以必遣豫备也。顾其调遣之情形，虽老杜之《兵车行》、《石壕吏》诸篇，殆不足以尽其惨剧。故观者某谓：见此日俄国之征兵，而不伤心断肠者，殆非人类。俄之乡民至愚，然一家五六口，所视以得哺者在一男子，去则五六口饥矣。每征兵令下，辄逃去其乡，越界而之他国者，如云而起。然必稍有积蓄而后有以赂关吏而具行粮，否则不达。

尝有人过俄国露拉机车站，亲见兵行，笔记其事曰：“某日至车站，见豫备兵到处皆满。摇铃一声，则无数妇人皆持其男子痛哭，旁有小儿，号泣助哀。铃再摇，忽见一老妇晕绝卧地，则某兵之母也。铃三摇，巡兵执棒驱人退，送者皆失声。车既动，忽一妇人卧车辙中，顷刻齑粉。吾适坐车中，见一人从窗欲跃出，同行者从其后力持之，得不坠，已而推使坐。车中之兵，齐声发歌，盘旋跳舞，类众狂者，惟彼不跳亦不歌。车临次站，地名波罗塔洼，彼忽起长跽车中，拱手仰天作祷状。众歌忽止，验长跽者，则已死。视其身，有利刃尺余，自胸达背，颖脱而出。”记者曰：“此非奇闻也，但当征发时，车站中日日有此事，不足奇也。”

弃伍逃兵，往往而有。尝见其表，总十五邑逃亡。自去年三月至九月，常备兵逃者自千四百人至九人不等，豫备兵逃者自万六千人至六百十二人不等。至于今年，逃亡尤甚。往者美人与斯巴尼亚争古巴，民争往者不下数十万，以不得与尺籍为大恨。英战南非，团练响应，是何相去之远耶，此有国者所宜深长思也。

以上所言，其在国之兵也。至于临敌，其剧场即吾之壤土，是宜为吾人所共见，而无待烦辞者。顾报纸所称，往往传其大事，至于细情，或不能尽，则吾又不得不略言之。今夫俄之败者，非日本之能败也，其十七八皆俄自败之。若鲁巴金，知名而有阅历之将也，其终归堕绩，至求瓦全而不得者，盖内困于谗人，而外穷于将士之不用命也。夫俄兵之横暴无人理，此次之发现于满洲者，殆历史之所无。日本以此而收其功，吾民以此而当其厄。彼诸将之中所有者，媢嫉也，交讧也，不两下也。无事则饮博淫凶，遇战则瞀乱而不相救。如是而驭疾视不欲战之兵，又安得以不败乎！闻去年瓦房店之役，方战，俄兵甚为得势，领将以有利之可乘，令勿退，且以必胜勖之。其兵曰："必求胜者，若自取之。"而其众退如故。领将知事之无望也，乃以手铳击其颜行，而以末丸自轰其首，此将死军前也。

他若旅顺之攻守，相持殆一年，为五洲所称叹。故降之日，德皇以二宝星，一以旌守者，一以贺攻者。以为守者之所为，必极人力之所能为，援绝计穷，而后出此矣。乃寖假而英之《泰晤士》访事，先发其端，天下始知所言之皆谬。俄某将谓人曰："依士拓苏之见，方五六月已欲降，其犹守半年者，乃其下之所逼耳。"后闻日人云："士拓苏之不能守，日固知之，而其始之有声者，日实为之，所以坚俄皇之委任云尔。"

至于海军，尤不足道，非船器之不精也，而将领之不足任，其大误在于用阿力喀塞克夫，故其始则太平洋之军残。虽然，犹可以战也，乃相率深藏而不肯出。至马加老甫死，而督战者愈无人矣，最后而波罗的之军熸焉。方其未然，早有人知其败也。乃至今年五六月间，黑海之军，又相率为叛。闻波典蒙金之在奥迭沙也，左右围之者十一舟，而叛舰去无恙。然则讨者与反者之表同情，又可见矣。

是故东方之溃败，于俄国非因也，果也。果于何？果于专制之末路也。夫俄皇尼古拉，亲为十九、二十世纪之国主，乃欲守二三百年大漠西域之旧制。宗教则务使民为迷信，风俗则塞外输之文明，报纸则监之以申援尔，宪法则言其时之未至，加以群凶在位，独厉威严。海牙之会，粉饰野心，以欺天下，谓帝王之位可长保也。率之民不聊生，内乱大作，方其与日战也，犹冀引通国之目光，使之外向。天不佑暴，师徒舆尸，国财虚糜，而民心益怨，至于本年正月二十三日之事，识者以为尼古拉君民之谊，绝于此矣！革命党人，日益猖横，俄皇之命，悬其手中，所未行大事者，特须时耳。《泰晤士报》曰：俄皇目前舍其兵而外，一无可恃，然观于波典蒙金之事，则此区区者，亦将有不可恃之时。然至如此，而宪法之议，向不过以空言涂通国之耳目。罗马诺甫之朝代，其不为法国褒尔谤之续者，盖亦仅耳。东方之败之于俄，譬诸人身，其肢末之痿软。

再答某报本月初六日驳议*
（1905）

某报本月初六日论题，系再驳《中外日报》本月初四日论说。夫禁用美货以抵制工约，乃至华商已置之货，并不许其疏通，此诚极端之主义。但置货之疏通与否，于工约之改良，诚无效果之可论。何则？如某报言，其母金已入美人之手故也。而于吾国商界之效果，自不佞言，则一部分之受亏，恐其牵连，且及于全部。盖内地批发之家，皆怀观望，不欲以运售货物而生事端；且寻常之人，于美货、非美货本不甚辨晰，则美货既沮，将一切洋货因以不行。此其影响，于吾国市廛何如，于吾国商界何如，不必以空言争执也。近者三月，远则年底，将皆有事实，灼然可见者，银根紧竭，周转无从，此其一事耳。令不佞虽喑口哓音，持犯众之论，为群矢之的，岂能于事实增损挽回毫末乎？则亦付之浩叹而已。然则不佞之与某报，日以空言相往返，真成儿戏，而为前识长者之所笑讥。盖由来两家持论，若意主于求是，则如逐鹿然，此犄而彼角之将终可以得鹿；若意存于求胜，则议论逾纷，其去实逾远，甚无谓也。故不佞于某报初六日之论，大可默息，虽然，其中颇有一二处，足令粗心人误会者，是不可以不辨。初四日不佞答文第一段有曰："且盛言高唱者，又皆无所损失之家。"此语合上下文观之，自是指学界少年，不因停销美货而致有损失者。夫停销美货，不许疏通，所受亏者，业洋货之众商也，于学界少年固无与。夫持议在我，而受亏在人，此时邀爱国之美名，他日冀成功之可居，此其用意，若明知而故蹈之，可谓至薄。不佞所谓万万不敢附和者，此也，非指未受美约凌辱者，为无所损失也。乃记者直取单词，故乱其旨，且曰："吾知之矣，使所谓瘠壄者，

* 原发表于1905年9月6日，《中外日报》。本篇选自《〈严复集〉补编》，39～41页。

一旦遭意外之凶横如周胜友者，天下可不必论及其冤，何也？非吾人所身受直接之害也。”吾闻英哲家穆勒以持说如是者，为辩家之蟊贼，文明教育诚不可以已也。

不佞答文之第四段，人后两两比较，乃因记者驳文过于悍缪无理，无可与言，故为之眼前指点，使知若为反唇之词可指为悖，则己言之悖，对观自明。故特申言云，可知持说不中，徒来相稽之口，而彼此所持，皆非公理，不必论矣，此中文所谓有撇笔者也。乃记者以为得间，痛与发挥，且有请社会共正之言。夫取人撇笔认为正论，而攻击之者，又辩家之所厉禁也，使记者他日稍稍受文明教育万一，肄业而及修词之学，将自知吾可不复赘一词。

其驳不佞第五条之说曰：“抵制所以困其商人，商困则制造必少，而工与之俱困，此创议者之本旨也。其说叠见他报，作者聩聩，想来之睹”云云。案：前说发于本《中外日报》，不佞论议，即登其端，岂有未睹之理？虽然日报论者，亦想当然耳，而其实非也，吾所欲困之工人，所谓与华工竞争而持工约者，皆非制造商贷之工人也。制造之工，专门手艺之工也，华工虽来，与之无碍，且甚喜之。何则？其杂作之庸雇甚廉也。查一千八百九十三年西十一月初三日国会著令中，有华工界说曰：“华工者，固包有巧、无巧二项而言，但凡华人受雇于矿业、渔业、垦田、沿街叫卖、代人洗衣，及收取晒干海螺、小鱼，以贩卖本国或出口之类者，乃为律文华工字面之所指”云云。由是观之，则与华工竞争者，此类之工也。而停销美货就会可以转困美工，将与前类之功何涉，而使之去其妒嫉之心，罢持工约乎？此又事之可以商略者也，非聩聩也。

其驳第八条云：“今日抵制之事，以记者之所闻，实系出于自由，且并无迫挟攻讦之过举。敢代社会之全体正答该报，若以后不幸果如该报深文之讥者，则本报亦当有以諟正之，作者其暂息山膏之詈”云云。呜呼！是何言之易欤！居吾辈今日之社会，其鼓之或易，而息之则难。如纵火然，方其发端，星星而已，三尺童子，或优为之；及其燎原，虽有贲育成群，为之焦头烂额，以求止息，其沦于灰烬者，已不訾矣。而持星星者，或不及料也。曰“本报亦当有以諟正之”，其自任之重如此，此记者英年盛气，令人怖服。然愿少回神虑，念社会生计之艰难，思中国民智之幼稚，而一切郑重而出之。亚理斯多德不云乎：社会平和，是第一当顾。且幸勿以老朽为山膏，王方平有言，吾鞭不易得也。

论国家于未立宪以前有可以行必宜行之要政*
（1905）

往者甲午中东之役，英人威公使妥玛犹在。此公于中国载籍颇有研究之功，知黄人教化本源之盛大，归国后，于泔桥国学主华文讲席。闻其事，蹶然曰："此近世莫大之战争也，此非中日之战，乃泰西东新旧二教化之战也。"已而东果胜而中果败。自兹以降，维新之说遍吾国中焉。近者甲辰日俄之战，知微之士闻之，亦曰："此非俄日之战也，乃立宪、专制二治术之战也。"自海陆交绥以来，日无不胜，俄无不败。至于今，不独俄民群起而为立宪之争也，即吾国士夫亦知其事之不容已。是以立宪之议，主者愈多，远猷辰告，始于出使诸公，继者乃有疆吏，而今枢臣亲懿之中，亦稍稍持其说矣。

夫中国自三古洎兹，所以治其国者，虽道揆法守，运有污隆，固无一朝非为专制。而专制之治，又非泰西之所未行也。国小民谗，行之不胜其弊，以千余年之蜕化，乃悉出于立宪之规，而国以大治，称富强焉。夫政治之界，既专制先有，立宪后成，则可知立宪乃天演大进之世局。列邦异种，林立地球，优者以顺天而独昌，劣者为自然所淘汰，此非甚可惧者耶！由此言之，将无论中国民智幼稚如何，国家旧制严立何若，一言求存，则变法立宪不可以已。非不知情形之异、程度之差也，第立宪矣，塞者可期于渐通，缺者犹可以徐完，日讨教训，庶几二三十稔之间，于彼泰西，有孟晋追群之一日。若仍因故辙，将彼之社会，日益休明，而我抱残守缺，处不可终日之局，虽延缘二三十年，至彼而后言立宪，将其情形之异一如今日也，程度之差一如今日也，坐费数十载

* 原发表于1905年9月20日到10月4日，《中外日报》。本篇选自《〈严复集〉补编》，42～51页。

之光阴，国势依然瞠后，只有愈难，何由易耶？

是故今日之事，方其为变也，所当计者法之宜变否耳。抑使一时勿变，能长此终古否？假令不能，而终出于必变矣，则与为因循以愒时，无宁断决而作始。夫日程度未至，情形不同，此皆畏难苟安者延宕之淫辞，夫非火屋漏舟，急起自救之义明矣。以此故立宪之议，为鄙陋所极表同情者。非敢谓以吾国今日之人才，处从古未有之变局，但曰立宪，遂能为之而皆合也；亦非谓国家有意振兴，但遣大臣四五辈，周游列邦，如汉唐人远求梵典者然，遂足以得其要领也。所冀以名始者，将以实终，方针既定之余，将吾国上下之人，亿兆一心，以求达其目的耳。

且立宪之所以救亡者，非其名也，实也。必以其名，恐虽议院沁涅特、地方自治、法权独立，与夫西人一切之法度，悉取而立之于吾国之中，将名同实殊，无补存亡，而徒为彼族之所腾笑。（本年正月《泰晤士报》有论中国将立上议院，议员以内之尚侍九卿、外之督抚为之。语极讪笑，以为驴非驴、马非马云。）苟为其实，则立宪固善，而宪法未立之顷，其所谓当务之急何限，有不待再计而宜急急行者。此则鄙陋所欲借前箸，以代当国诸公，筹其一二者矣。无曰老生常谈，天下为众意之所同，而行之无后患者，皆老生常谈也。

一、圜法不可以不立也。孟德斯鸠有言：“圜法非文明之民不能有，非文明大国之不能精。”往者希腊有海舶遇风，漂入绝岛，但见海岸沙痕，有圆、方、三角诸形，即狂叫大喜，以为所至必文明程度同于希腊之国。圜法之善不善，其诸一国盛衰贫富不遁之符欤！且圜法之精审，与一国之富强，吾不知其孰为因果也。非富强之国，其圜法不能精；又非圜法之精，其国无由富。必求因果，则后说近之矣。且其物之良楛，所系于民德者尤深。此何必外国，诸君试察今日各省所造银、铜两元，其廉腩精好、雕镂深明，而成色分两较为完足者，必其省之督抚较贤，其吏治较为不污也。下此则舍其一隅，莫之行用，一国之内，无殊异邦。此其为商界民生大梗，而损失于无形，不待智者而后见也。

是以今日欧美诸邦，大者如美、法，小者如瑞士、荷兰，皆视此为国民荣誉之所关，商业盛衰之所系。其于圜法，皆谨之又谨，不许几微奸窦，得伏其间。其公例曰：“凡为国家制币，其名实两值，必使相符。”夫制币名实相符者，譬如一元之银，熔而为块，持以入币，其得价亦必一元，不增不减。圜法至此，乃为至善。且其能持此而无失也，不仅为之刑罚禁奸而已，且有术焉，使奸无由生。如造币之局，无论人持若干金铤，求转金元者，定期来取，所得之币，与原金之重相等，不加火费，此其所以为救弊塞奸之术者也。

夫国币之说繁矣，或取单行本位，如英、如德；或取双行本位，如美、如法；或主用金，如俄、如日；或主用银，如墨西哥、如往者之印度。吾国之交于各国也，有形如赔款，无形若通商，出入之间，关系綦巨。他时定法，将仍以银为本位乎，抑以金为本位乎？将使金银两行，而以法定其相当之率乎？将姑先用银，而转以用金准为目的乎？凡此诚甚大之问题，必有专长之家，极数岁调查、讨论之功，细权利害，而后有可以决行之政策。

惟今不佞所欲言者，则本位之定，姑可徐徐，而国圜之法，必不可以不一律。将欲使国币独行，而一切中外他币，举不得用者，诚莫若于后某年某月始，定制以一银元，以银九铜一为成色，设国家银行于京师，设支店于各直省，而立造币之局于南北洋，统计所以流通者，每省应用若干兆元，一律由其制造，及期传布，散入市廛。如此则圜法可以整齐，而钞币亦可得而办矣。且所尤宜加意者，将在于补助之铜元，必宜立法偿限制。如数逾一两以上者，单用铜元，许人不收。设若今日各省所为，但睹铜元利厚，以五文之铜，而当十文之值，所名倍赏，地方仰此以待用，主者缘此为私肥，并力鼓铸，若无纪极。此诚漏脯救饥，他日民间，必受其敝，而官中所仰机利，亦将渐化虚无。穷其效果，但使吾国益贫而已。此诚不可不预为防患者也。

若乎行用金准，期诸异时，则此时银号、币局二者，余利所收，不可指拨他用，应藏储之，以为逐渐收金之资。又于塞外蒙古、满洲各处金矿，择要兴办，产归官收，庶他日改用金准，不致为外人所持。顾中国制币本位，诚为极大问题，虽在财政专家，且难即今预定。观于北美前事，可以知之。彼至今犹未昌言以金为本位者，盖此令朝行，将通国五佰兆银元，夕存半值，此其所以迟迟，而犹用双行之说者也。然则改用金准，于吾国岂易言哉！

一曰改良听讼之方，以达刑狱未改良之目的也。西人之言政治者，皆云国之大事在刑与兵。盖民生为群，自其原理言之，相养、相生，本无所事于政府；而有所事于政府者，以外之有邻敌之侵陵，内之有强黠之暴横也。御邻敌以兵，治强黠以刑，唯此二者，必得政府为之统率，为之平亭，而后及事，至于他政。其在程度甚高之国民，往往为之于下者，其事较行之自上者为尤愈，故曰无所事于政府也。唯以兵刑之莫能废，是用各出赋税以立国家，而国家亦以是二者为最重大之天职。操柄不慎，则乱亡随之，此西国政治家之公言也。今中国于兵刑二者，固皆有变法改良之意矣。夫兵非此篇之所论，则请独言刑。

比年以来，朝廷尝敕有司为修改刑律之事。其所改最合于天理人情之至者，莫逾于除刑讯之一端。今夫一狱之起，逮捕多人。自公理言，使案情未得，判词未加，两曹之民，实皆无罪者也。羁留其身，置之讼系，离其业次，寝食不安，既已甚矣，然犹曰此事势所不容已者，即甚不便，无如何也。顾奈何以有所疑，乃径取黑白不分、良莠未定之民，遽加三木，甚且施之以天下至酷之荼毒，必使承认吾意之所疑者，以求合于国家之大法。夫使如是而可，则当两曹既具之顷，问官但凭胸臆，定谁罪谁否可耳，尚安所用其虑囚哲狱，而多此一番敲扑为哉！是故吾国听讼之不仁，为数百年五大洲人人所共詈，而当日订议各邦条约，所不得享地法相尽之主权，而至今治外法权，终为交涉之大梗者，正坐此耳。

嗟乎！国于天地，即与人交绥而败，非大辱也。而所谓大辱则有二焉：一曰国境境内有他国之兵队也，一曰人游国中为吾法所不得治也。此诚弥天大诟，而惟吾国则具有之。有此而不急图所以祛之，猥曰吾与外国之人，帝王同为帝王，官吏同为官吏，人民同此人民，一切平等者，但见其无耻而不知愧耳。将以祛之，则刑律改良，诚无疑义之第一事，而不容更缓者也。

虽然除刑讯矣，而试察国中司法之所为，则犹之未除也。或曰：必欲除之，彼官吏将无以为讯鞫之术，而定谳无从。于是佥谓吾国民情刁狡，故外国治狱可无此事，而吾国不能。此其说如论监牢然，佥谓西国监牢，可以整洁便安，而中国监牢，非酷毒黑暗，无以警众威民者，实同为诐辞邪说，野蛮之尤者也。

然而彼所称无以为讯鞫之术者，则未尝无说。盖西人之治狱也，有辩护之律师，有公听之助理，凡此皆襄谳此狱者也。而吾国则高坐堂皇县官而已。彼县官什九之中为何如人乎？其出身有由于八股者，有由于八成者，吏道杂而多端久矣。求其中有熟于三尺法典，而周知下民情伪者有几人乎？夫以如是之法官，而又无辩护、助理者为之襄助，则其听讼，舍刑讯而无术也固宜。然则吾国将于司法之权，而为清源正本之计者，非大变听讼之制必不可矣。将必有公听之平民为之助理，而原被两造亦宜许各请辩护之律师。而所尤重者，在裁判之法官与辩护之律师，皆必熟于国家之律例，与夫本地之风俗旧章。然则一言刑律改良，其事又非学堂不为功矣。

比者颇闻京师伍侍郎有特设法律学堂之请，而直隶陈廉访亦有特开律馆之言。愚亦谓此事宜分两部：一曰司法学院，专教各省候补人员，与日后将有司法之柄任者。此可就各省之仕学院课吏馆而为之，其中当以本朝法律例案，为最重专科，而略兼外国律学，格致西文西语之类，悉为无取，以归严洁。此一部也。一曰国律学馆，以专课通国之举人，使之学正音、学律例于其间。学成与以法学博士文凭，以为受请辩护之资格，一切如西国律师体制成法。为人办事作证者，例得受糈，使其人廉明公正，而谙晓其业，将其延请者必多，往任足以致富。近者科举已废，诏书有为筹出路之言，若使为官，岂能遍及？惟使为律师，与夫中小学教员，乃真出路耳。

一、各省地图不可不详行测绘也。夫为政用兵、讲求商务，为之浅譬，有若奕棋，未有方卦不具，路数不明，而能为奕者也。噫！今之为政用兵、讲求商务，皆不具方卦，不明路数，而高坐谈奕者耳。使知一切之政，皆基于地，必舆图明具，而后有从容措理之可言，则兴亦此事，岂得再计！若夫用兵，非图不行，此当为愚智所共知者，不必赘论。顾即言路矿，可无图乎？清查户口，丈量地亩，举非为之至密，则立宪之制，皆成空谈，尤非善图，无从下手者也。诸君试思，假使今日有精明强干之督抚，受事之后，思欲端本清源，厉意实行，一切为可大可久之画，其于一方之地，非成竹在胸，了如指掌，有此效乎？

今者五洲之地，凡属文明国土，莫不有至精之图，所不精而难用者，独吾辈所居国耳。且图之有裨于为政用兵诸大事者，以其所详审者，不仅道里远近、山川起伏而已。天时之不齐，地势之扼塞，民物之蕃凋，商旅之孔道，某水何处为端、何处可涉，某村所出多少糗刍，某墟某集交易何物、会聚何时，凡属精图，无不载说。故舆图为物，非曰一行测绘，便可永永宝用也，且必以时修改，乃可依据。故各国测绘地图之费，颇以不訾。如往者印度官图，其费以镑计者，至于数兆。闻其起测底线，乃以特制钢条，衔接至数十里，高下平均，且定其寒热涨缩差数，其精严不苟如此。夫岂徒供考订玩赏，而为是劳费也哉！

夫其物之不为〔可〕一日无如此，顾吾国上自政府督抚，下至州县，乃视之等于不急之务。即往者用兵大帅，如胡、曾、左、李诸公，其所操持省阅者，亦不过至粗之旧绘。此其故有可言也。盖图之为物，不独测绘之者非学莫能，即读图、用图，亦非素不讲求者能得其益。今之官吏将帅，所谓能读图者有几人乎？得地图一幅，不过睹细字如牛毛，螺纹为山，蛇行为水，如斯而已。大势而外，匪有所知。其能持两足之规，以求鸟道之远近者，已不数觏，况其深焉者乎！则其置之而不知重也固宜。虽然，吾国地图所关于变法求治者至巨，不得以官吏之不能用而忽之。况读图已非甚难之学，略与讲释，当无不知。然则所苦乃在测绘之无人。此事既不可延用外人，则所以造就此才者，舍求之学堂，更无他法。但求诸学堂矣，尚有二法：一曰专设学堂，使之治测绘察地之学术也。次则不专设学，而即取之于陆军、铁路二校之中。所幸测绘尚非甚深之术，已具数学根抵者，累月之间，理法当皆谙熟，亦无俟于学习西文。斯数学所资，则由九章几何，至于平三角足矣。（若测候天度经纬，则须兼通浑弧，但经纬于京师测定之后，他处便可以积算推知，无烦另测，即欲另测，亦惟经度较难；至于北极出地，高与纬度相等，其测算具有成法，亦极无难。）惟若其人熟于史事，或能旁通地质、地文之学，则其图说自较可观，而有益于社会更大。此事之在吾国，若由州县分办，总以省局，又以各省分局总以京局，所费亦非浩繁。其繁重者将在仪器，至于薪费，固属无多。果能督之以勤，责之以实，持之以渐，又必有人焉主其合拢，纠其疏谬，大抵五六年间，吾中国至精之图出矣。文治武经，一切云为，得此而后有真实下手之处。中国有真心变法者，自必以鄙言为然也。

一、治外法权不可不图所以渐收之术也。案："治外法权"四字名词，始于日本。其云治外，犹云化外；其云法权，即权利也。盖有土有人之国，其中莫不有治理之主权，他国之民，身游其境，即应归其国之治下，一切与人交际所遵用者，即其国之法律。其作奸犯科，听其狱者，此国之吏也；加其身者，此国之刑也，不得远引所生之国法与所居之国异同为辞。此在公法，或又称地律相尽，而其义则一而已。

且不仅刑罚也，即在典礼，亦从主人。此大地各国，自有交通以来，莫不如此。而吾国三代封建，往来朝聘，此义尤明。是故《礼》称"入国问禁，入里问俗"。而春秋滕薛朝鲁，终长滕侯，皆明证也。至于近世，国际公法所稍与上古不同者，则二等以上使臣，例得独用本国刑礼，使馆以内，理同国中，接待来宾，皆从本俗。而使者即冒犯条科，亦不得径以所使之国刑律加之，逮问讯鞫，事皆不可；不如此者，即为破犯公法，此治外法权义所由起，而享有治外法权者，国使而外无余人也。

惟我中国之事不然，道咸以前，海禁未开，国威尚盛，当此之时，远方旅人，待以化外，其资格且不得与内地齐民齿。然以来者寡徒，故亦不闻冲突。至于叩关求通，疆吏枢臣狃于故见，驾驭失术，白下、天津诸约，有同城下之盟。约中载明某国之民倘有犯法情事，其裁判刑罚均归本国所设各口领事办理。嗟嗟！此诚交通条约中向所未有之创例，而自此约成，中国之各口无安土、居民无宁岁矣！而在当时奉旨议约诸公，方且以其事为莫须有，其所莫能争，而亦其所不知争者也。今夫一国所有之主权，质而言之，亦兵与刑已耳。吾国往日交涉之不幸，实举兵与刑二者而两弃之，如此虽驯至于不国，不可谓非人谋之不臧也。孔子曰："惜乎不如多与之邑，惟名与器不可以假人。"夫名器且不可，况刑罚之实权乎！然使吾国所交通者，止于一国，犹可忍也。乃大地之中，五十余国，各援最先之例，利益均沾，则是一境之内，数十种之法令，庞然交午其中。此虽管、商、亮、猛复出于今，且犹不给，况当时之官吏乎！是以中国之民不幸而与外人涉讼，甚至无辜被戕，辗转号呼，什九无由得直。而无良狡黠之徒，又因为利，则有悬挂洋旗者矣，又有羼入属籍者矣。此诚民德之凉，顾不可谓非前约为鹯獭之驱也。且君若吏之临民而民服者，非积威不亵为之乎？乃令逮捕罪人，而某领事某教士某洋行为之坐索，匍匐而来，扬长而去，耳目昭著，庸众羞颜。谓其对此官长犹怀敬畏感情者，真欺人语耳。是故居今日，不独云尊重主权也，即策国内治安，亦必以收此治外法权为第一义。

然而其事有至难者，难不必在国势之不强、武力之不竞也。而在刑狱二者之未改良，果使吾之司法如故、监狱如故，即使他日我武维扬，过于近者之日本，而云收回治外法权者，吾有以决外人之不从也。故欲收治外法权，必于刑狱急求改良而后可。于是不得已而求其次，则窃谓国家宜于此时遣使之便与各国议，由中国延请各国法律名家，约在十人以上，于京师特开议律之馆，敕其厘订交通专律。律成以后，即由各国会派法官一员，或一正一副，专办欧美客民在华狱讼，与夫华洋交涉之讼案。所期权统统一，而罢各国领事各主词讼之权，并许我国专派知律大臣与之会理，几年一换，划著定章。如此则国家固有主权，纵未全部收回，亦资得半之道，事在情理，当为各国所允从。而他日吾国刑律改良，著有成效，再议全收，宜以较易为力。此举于中国前途，所关极巨，其中厉害，明眼者宜共了然，无俟鄙人覙缕者矣。

一千九百五年寰瀛大事总述*
(1906)

记者于是年岁首，方游英法二京之间。当是时，彼都人士所注意者，无有过于东方之战。忆船入涅波里时，有以旅顺口破告者，船人相视瞪眙，咸言攻守两家，皆为古未曾有。伦敦影戏，张俄将倭将像，观者拊掌，并称英雄。次晨，《泰晤士》登其访事旅顺来电，始悟守者殊未尽力，而人意乃一变，于是有识咸晓然于俄之终局。继是不两月，俄兵大挫奉天，终而波罗的舰队熸于黄海。盖至是日人始据全胜之势，天下健之。俄不得已遣议和信使于美洲，总统鲁司华尔左提右絜而和议成。泰东太平之局，庶几长保。独是和矣，而日本伤亡不訾，俄罗斯内乱蜂起。全俄之大，其中称叛罢工，讼言与政府反对者，过国之半。莫斯科，旧京也。年终之事，足使世界寒心。盖日之胜，其困苦卒达，轶于前史。而俄之内乱，蔓延周遍，流血惨夷，亦其前史所未有者。德以四冲之国，介于俄法之间，法俄交亲，野心稍戢。及俄败国乱，德纾东顾之忧，由是所以待法者亦异。初，英君爱德华第七立，首建联法之谋，德人恶之。及法以埃及任英，而英以摩洛哥任法，其各遇二国也，犹今日本之于韩。前事定于一千九百四年之秋，其时德人闻之，朝野之论，无所向背也。及次年春，乃以为言。而威廉第二有天基亚之行。然而英法之交，由此愈睦。法人持重，事事求解于德人，为罢外相德加士，而德殊未厌。不得已，乃议以其事归公处，定本年岁首会议于斯巴尼亚。顾德人狐疑，其时日会地，犹久悬也。此为客岁欧洲外交事势最棘之时。而不列颠三岛，方以更革政府，朝市殷然。首相巴尔福告休，

---

* 原发表于1906年2月18日到3月9日，《外交报》。本篇选自《严复集》，第一册，170～178页。

新相幹白班若门代主国柄，盖公党也。虽然，其立未固，必视开议后下院议员所以扶持拥戴之者何如。盖英自南非一役，劳费不訾，北海渔船之事，几与俄裂，而以巴黎公处，得无失和。西则讲睦于美法，东则寻盟于日本。凡此，皆客岁保党所为，其益国甚大。而日本之盟，尤关重要，从此俄人无复仇报役之机，而印度外藩，得以高枕，夫印度，固英属中之最为弱点者耳。

言二十世纪之履端，固当以日俄之战为第一现象。此其前因后果，与其当事之变态，决非寥寥数行所能罄其底蕴者也。史家公言：一千九百四、五两年，必长为人类不忘之年岁。此其说盖不诬。言其兵事，不仅中国前古交兵，方之皆成儿戏。即欧美之间，阿力山大、韩尼伯、拿破仑诸杰之所为，皆瞠乎后矣。此非日俄之能为然也，彼日俄之不能不为然也。天演日蒸，世事之后来居上，每如是。陆军会者，二军计皆百万，海旅动驾数十艘。其胜也，使胜家无遗憾焉；其败也，使败者无余望焉。旅顺以新式至坚之堡垒而见破，盛京之郊，俄卒死伤，不翅二十万人。而波罗的海军，长驾远驶，经数万里海程，不半日交绥，提督就虏，兵船无只轮反者。其未定也，五洲之人，屏息企踵，群测结局之何如。及其既定，知与不知，莫不惊叹。何则？知黄白种界之说，不足复存，而欧亚潮流，行将转耳。此日本近者战功所为最伟也。至阳历八月，而华盛顿之和议开，天下又倾耳侧视，不知结果为何物。其中离合阴阳，不可致诘。至九月初旬，几人人以为无望矣，而忽闻草约画诺之事。日俄之士，虽胜败不同，而离屠戮、庆更生，则一而已。计抱士穆德于阳历八月九日开议，相持凡二十日，而后议成。顾日本所欲得于俄者，已先议为天下所共见：一，赔款也；二，库页之割让也；三，辽东半岛之租借权及铁路利益，北达哈尔宾，由俄而归日本也；四，公认日本之在韩得独重之势力也；五，东三省治权之归还中国也。此为大经。而开议时，特益数条，如划削海参崴炮台、收取中立港所存军舰，并限制俄东方海权若干年岁等款，皆姑设之，以为退让之地者。故开议之顷，俄使于后数条，抵抗未终，日使即已让步，可以见矣。至前五款，则除其一、二而外，俄人承约，皆无留难。但与略加裁制，则大抵皆关于铁路者也。盖赔款、割地二者，俄人拒之最力，而约之几天成议由此。最后，美总统为之居间，日人卒捐赔款，而库页肯以北纬五十度为分线，北归俄，南归日本。以此成约，则天下之所不期，而日民当日所深恨者。虽然，日本之意以谓战费于国虽重，顾师出以义不以财。行此，亦可以愧欧人之言利，且使议不成，将国之所损更重，其于俄人所加害犹微。满辽之权利，韩之势力，善为之，以收桑榆有余也，此日本之至计也。特至于俄，则战败之形，其受创于外者犹轻，其致忧于内者实最重。故自罢役以来，至今国无宁晷。论者谓罗马讷甫革命之期已临，非过语也。

与日俄战争最有关系者，莫若英日联盟一事。其机发于甲午初，北洋辞退琅威理，英海部以为无礼，大憾之，故于中日之战，终莫肯为仗义执言、排难解纷之事。既而俄、法、德三国合从，以责日本置辽沈、割台湾，日本量力度德，俯首听命，莫敢支吾。夫俄、德、法既名为中国执言，则英美不得不同于日本，此诚理势必然者也。癸卯，东省俄权日张，日本知非战不足以存国。然惩于前事，故伊藤有欧洲之行。其所图成，即在联英一事既联英，而伐俄之计始定。向使前事不成，则甲辰、乙巳之战，迟之又久，未可知也。即战而胜俄之券，不可遂操也。西根谓甲、乙两年，人类所共见之大事，莫若日本以区区岛国，骤跻一等强权，海陆两军，皆是收战胜攻取之效。此在前史，每稘之中，不过一二见耳。如一千八百七十年，普法之战，如北美之自立，如窝得禄之役，皆差可与之相方者也。如此轩然大波，其于历史后果流变何如，虽有明者，末由预计。所可言者，其果之必大且多而已。英人知其然也，故于前约期满之余，更申条款，以收两利之实。其条约大目，于西九月杪，已刊伦敦报章：一曰保全东亚与印度和平之局，二曰护持支那境土主权，责开门户，以享均沾之利益，三曰互保英日国土藩属，不使见侵云云。英则明认韩为日本所指导约束保护之国家，但使通商惠工，各国得均沾利益。日本固无不可为，而英人于印度等步，凡所以巩固封疆，保存利益之事，日本亦必赞成之。呜呼！由此观之，韩之于日本，固无殊印度之于英伦，英伦之于欧也，既以摩洛哥馁法，以易其独享之埃及，而近者于亚，又以韩畀日本，以保其东亚之利权。其骎骎如此，则无惑乎德国之有言也。

至战事之近果，自先见于战家，日本所得战胜之果，既言之矣，而俄则蒙战败之恶果。夫以祸福倚伏之理言，彼俄今日之所蒙，其为惨剧，固也，然安知不终为其国之幸福。顾自目前现象言，则亦甚可畏者矣！盖其国自大彼得崛起开基，以专制曹署二者，为必用之机关久矣。一主于武功，而文教则有未逮。自尼古拉士第二缵承国统以来，群下已有喁喁之意，而尼古拉士第二以痿茬之资，见制母后，欲必循其祖父之规而无变。夫既为其民所不附矣，根本不图，而徒勤远略，兵无斗志，而吏售其奸。其于日本也，甫一交绥，败端即见。夫至旅顺告降，俄宜知止矣，而不止；奉天大溃，又宜即止矣，犹不止；直至波罗的海军告覆而后请和。无赔款，无割地，而两国解仇罢兵。此于败家，可谓至幸。顾直接之果虽轻，而间接之果则甚大也。盖通乙巳一年，全俄之隶欧者，几无往而不内乱。方甲辰间，其民虽怨望容容，然其为暴动也，不外行刺二三大臣而已。乃至去年，直于全境有燎原之势，罢工民变，讼言革命，而政府则奋其可用之余力，玉石不分，草薙禽狝，其惨剧如是。而为之中心点，为天下所属目者，则依然尼古拉士第二也。以懦弱庸暗之才，守朽索针毡之天位，言其情景，殆如蹴踘之皮毬，毫无自主之力，而听外力所左右高下而已。夕许其民以莫大之自由，朝则收回成命，或反其道而行之。今日为维新，明日主守旧。既下廷旨言天赋人权矣，而哥萨克与军官之以非理残民者，又蒙不次之锡命。方西历八月十八之大张立宪诰文也，使俄廷行顾其言，而以实力将之，一切之民嚣，犹可以及止。盖诰文明许俄民举立国会，而独操立法之权，且勑议者续为组织之条目，故说者谓使文告笔舌之事，而可以救危，彼俄皇之所为，可谓不遗余力者矣。而无如兆民虽愚，必不可欺。故俄皇宣布前诏之日，其于俄民，犹东风之射马耳，无一人肯信其言。而为之欢欣凫藻者，何以故？盖民知政府立意之不诚，又逆睹所举国会之非真国会也。波兰之不奉诏，以诏书蔑其应享权利之故。而全俄报纸，千喙一辞，谓政府诚欲弭乱解纷，则必建真实之议院，报章必许昌言，结会不为犯法，刑执不妄加于无辜，讼狱视贵贱为平等，而终之以赦眚宥过，咸与维新，夫而后有以苏民气而奠国本。且俄国时事之棘，有即立国会，未易平者。劳动工民，其所居之酷烈，有非人所能堪。故二年以来，俄波二境，处处罢工，而八月杪所见于高加索部者，尤为惨目。以其地之民，种族宗教本异，而官吏又从而煽之，以便其私，于是杀人焚邑之事，兼月不衰，而天下最大之油矿，因之停废。至西历十月间，政府国民，愈形决裂，数千里铁路同时罢工，圣彼得堡、莫斯科与波兰之瓦骚，交通路断，虽有维忒起当国柄，为之首相，无如何也。

俄政府不得已，乃饬工党举代表人，与直接为议事，而政府所与议者，则首相维忒也、道路部大臣喜勒廓甫亲王也。代表人谓政府诚欲排难解纷：一，当与国民以享用自繇之确证；二，所立议院，须由全国公平举选云云。盖至此而国民暴动原由，业已和盘托出。而罢工蔓延势广，政府所前用机关，亦成不掉之势，上下扞格，政令不行。且此次俄民所为，其所以反对政府者，与旧时革命内乱所为稍异。旧之所为，主于攻杀，而今之所为，主于罢废溃散，而政府大危，此二十世纪革命新法也。脱利伯甫将军以强悍果决名，故俄皇使为新京大尹，脱意以为平乱舍弹子刀剑而外，无他具也。而俄廷则忽严忽纵，无一定之方针。西历十月三十日，民情愤极之时，俄皇乃取所议宪法，亲加御押，饬令颁行，并加敕书以维忒为首相，使组织所谓新政府者。当此时，民情稍喜，微露既得所欲之意。然有识之士，人人以为太迟，谓尼古拉士第二，正蹈路易第十六之覆辙。盖其事不由俄皇发心，强逼而成，下不知感，而愈启其轻上之思。将所要求，且不止此，况君若吏，前固屡食其言，为通国所不信者耶！虽然，革命风潮由之稍熄，又以罢黜脱利伯甫与下国事犯赦书。群情欣然，大有更生之望矣。惟是专制之治，所以难为者，以吏与民利害殊涂，而壅蔽屯膏者众也。故前令虽张，而奉行不力，且时时有与朝命相反之事。于是远部遐方，时有暗杀之事，此年历中之黑点也。有呼里庚者，译言黑伯，于俄民之等为下下。顽固之党，特取而部勒之，以为与立宪背驰之利器，大都主煽动民讹，而讴诱犹大。此其举动，即非官吏所主张，而为其所奖嗾，可决知已。其为害之烈，所见于鄂德萨及南俄诸部尤多。一哄之起，动戕数百千人，而犹大居最多数，盖彼以犹大为与革命党表同情也。他所之乱，如铁佛狸、喀赞、计由富、明斯科等郡。而军人之畔，远东则见于海参威，近者见于廓隆斯达、里堡、票加及绕波罗的海诸边郡，皆见告矣。色伐斯拓波兵舰，至西历十一月而始降。而乱之历久难定者，以北部勒德兰之民为最。盖其地新经改土归流，民之怨俄尤甚故也。新旧两京之乱，皆用至大兵力，而后粗平。虽然，乱党特需时耳。凡此皆显然可察者。他若内地远方，以交通之难，外人不能指实，然其安靖无扰者亦仅耳。噫！俄政府今日所稍可恃者，惟所豢之兵。乃年来军心之摇，时时见告，征兆如此，故旁观者愈为罗马诺甫之皇室危也。

法之伯理玺天德曰劳毕，为选君七年，至今春而始瓜代。考其当国措施，可谓有劳于法矣。其内政外交，皆于去年最为吃紧。如宰相康毕之告退，而继之以鲁维意。此在他时，必多蠢动，而令则晏如。又政教分立一事，经累年之纷争，名曰“布理安新政策”（Briand Bill），至去岁而竟得实施。凡此皆于法之前途，必多影响者。顾内政重矣。而自去春以来，为全法人民所注意者，尤在外交之轇轕。夫法之与国，自师丹一役以来，以俄为最旧。以二国所忌，皆在德故。而俄所仰于法者，于财政尤深。乃自甲辰日俄交战，而欧洲之大势遂移。英德二邦，同为条顿，而相忌实深，其故由于商战之烈。前去两年，二国报章诟谇诋諆，靡所不有，而德皇告众之语，又时时示人以可疑。英国自知孤立，故爱德华第七甫践大位，即以联法为主谋。法排外党人未之善也。至俄累败于倭，而其交乃益合。当德皇丹支之行，二国之海军，互开近口以欢迎之。又于十月，巴黎民尹至伦敦，英人举国迓悦，不殊王者，即此可知胶漆矣。盖其事起于一千九百四年，英法人新换条约。北非二境，东曰埃及，西曰摩洛哥。其始英法之势力混也，因之时时有开衅之可虑。至是约曰：英之于埃及，犹法之于摩洛哥，俾得各享其特别之利益，各用其特别之势力。英与法不仅无相虞也，抑且相辅。摩洛哥地广民稠，而邻于法属之阿勒芝尔。以回部旧治之腐败，时滋乱阶，使法得用其全力以更张之。若英之埃及，若日本之韩，若美之非律滨，于人事固为进步。方法人之为此，知德之不可不商也，故外部德加士于英法之条约，及与斯巴尼亚所续定者，皆以示驻法之德使。德使极表同情，以告德政府，德政府亦无违言，此有黄皮书可以证者。一千九百四年春，德拉多林王爵谓法外部曰：法之所以待摩者，乃理势之自然。而伯洛王爵，素持社会主义，在德议院宣词，亦亟称之。由此言之，法之通摩，无论于天下何如，而其于德人，则亦可告无罪者矣。然而事机有中变者。盖德之所忌者，西有法而东有俄，自苦鲁巴金丧师百万于奉天，其势可使俄不振者一二十年。故德之东陲，从此为无事，出其余力，可与各国争衡。而又深忌英法二国之合而摈德，此方针之所以忽变也。虽然，变矣而未遂发也。直至去岁三月，始见兆端。而德皇遽有丹支之行，接见摩洛哥公使，其告众之语，则以保德商利为词，而又以保摩之土地主权为己任。自是之后，外交轇輵，事局几于决裂。法外部德加士之辞职也，以德人恶其为联英主谋也。英人于此注意尤深。凡两国海军之会合，英后先德皇一时之至，而去芝勃拉塔，皆明示袒法之意。最后且谓德政府曰："使法之民主，以无故见侵，英之民情，殆不能任本政府为壁上观而已。"德加士退，鲁维意以首相而兼外部，而德遣专使曰罗森，法派议员曰利洼勒，会议于巴黎，乃约为马德力大会，以其事付各国公断之。夫平情而言，法之于摩洛哥，固有特别之势力，非德所得比肩者也。乃今于各国厌兵之秋，而忽为欲战之状，使法所前据为独享者，今则舍封界特权而外，如警察、如银号、如赋税诸大事，皆不独由法，而必由列强与摩皇公定之。德于外交，不可谓非善用其主动力者矣。

记者曰："吾述客岁寰球大事，而置中国之事者，以其地近，而为士大夫耳目所谂也。若夫外国之现象，则如右之所言，固其荦荦大者，约而云之，则英日、英法之联盟也，法德之争摩洛哥也，俄民之内变也，日本之收韩也。吾党通此三四者而观之，将继自今者之所发现，略可睹已。大抵合群为国，有劣有优。优之于劣，使其势便力裕，则公然收之，名曰为启文明，而实则自固其圉，抑为通商殖民地耳。使其势力尚未足以独为，而有他族之禁制，则必分其利于人，抑有其交易者而后可。故分与易之说定，而劣者亦亡。使其国虽腐，而民力犹足以自存乎？将改革政府之事必见。今日之俄，盖无异于昔者之法也。至其事之为祸为福，为蜕化老洫，以进于盛强；为徒纵乱荒，而实无进步之可指；甚或与其邻敌以兼并之利资，则皆视其民质之何如？是不可以一端论也。

论铜元充斥病国病民不可不急筹挽救之术*（1906）

论吾国之圜法，可一言而尽也，铜钱而已。《汉书·食货志》有三品袅蹄货布之属，然度即其时，已不恒用。元明以来，则有宝钞。顾行之往往病民，故中国治世所行用者，惟圆廓方孔之通宝。其材用紫铜，其重以十分两之一为率，故称钱焉。至于金银，虽为宝贵，然未尝以制范为国币，著明重几许、精几分也。金银行用，准所得铜钱之市价行之，如百货然，此其故易明者也。海禁未开，商涂犹狭，而治矿寡效，金重物轻，故如古罗马然。币但用铜，已足周事。是故铜钱者，翳古以来吾国圜法之本位也，此不必以为野蛮，而深自掩讳者也。（忆国初人有诗言边事云："戍垒兵骑象，蛮州市用银。"可知其时以入市用银，为至不常之事矣。）

世运渐开，交易之途日广，欧洲人之渐集交广也，在明嘉隆以后。适当南美发现智利、秘鲁二国矿银，东注欧洲。时欧之财市坐是大变，而其与东方诸国贸易，又以银收货为最便（说见《原富》）。虽吾国地大物博，翕受之量至宏，顾积久之余，其银必多。多故易物之权日差。吾国商情以得银为赢，受物为绌，进出数不相抵者谓之漏卮，其成见牢不可破，由来旧矣。尝闻故老言，以今银之易权，较之乾嘉间实减五倍不止。譬如乾隆时，以一两之银入市，买缎可得五尺，至今所得，不过一尺，其明证也。欧银之至中国，有未成币者，有既成币者。未成者，银砖白锭，同于货物；既成者，谓之番银、洋钱。有本洋，西班牙、葡萄牙之币也；有鹰洋，中美墨西哥之币也。其为物衡色齐等，尤便交易，故不数载，遍行各口，欲禁无由。林文忠公督两广，独具先见之明，奏

* 原发表于1906年3月12日《中外日报》，后转载于《东方杂志》第3年第4期。本篇选自《严复集》，第一册，178～187页。

请自行鼓铸银元，以便民用。惜其时朝论排外之意方深，答云：“此系夷制，禁之不暇，奈何效之?”议乃报罢。迟五十年，今南皮张尚书督两广，独申前议，遂邀俞允。而吾国自铸银元，自此始矣。

由此可知，物有至势，方其所趋，莫能御也。吾国通商之业既兴，旧有细碎重膇之铜钱，必不可以独行用，势必至于用银。用银则衡色参差之元宝细丝，必不若银元之便。虽国不自造，民犹将假他人之所造而流通之，即有禁令，终无益耳。总之，自通商以来，吾国交易中已成银为本位之局，虽政府不为厘定，其势已趋于自成。更使吾国他日商务盛于今者数倍，则用银又为不便，而其势必趋于用金。凡此皆势有必至，理有固然，不必深明计学之人而后能见也。

一二百年以往，吾国以八百铜钱易白银一两为通率。夫八百钱者，八十两也。故银铜兑换之率，犹一之于八十焉。自南美各矿出银至多，散布各国，其易权日微。而铜之出产，虽亦增于前，而其数若不相及。故至于今，以银购铜，无虑以三十六七两而得百斤。粗而云之，盖向之犹一于八十者，乃今犹一于四十二矣。其银之降廉，而铜之增贵，百年之中，有如此者。是故当此之时，吾国家圜法，虽欲谨守旧制，其道无由。勉而为之，则形模楛恶，多杂沙铅；且吏民为奸，爔铸蜂起，鹅眼綖环，触手皆是，免悬至重之法，犹不足以止之也。且奸如是众矣，而犹患钱荒。光绪初载，每银一两大率可换时钱千四五百文，至廿四五年市价无逾八百文者，可以证矣。

故开铸铜元，不可谓非吾国救时之政。庚子岁李文忠公总督两广，见香港仙士钱盛行，大便民用，奏请规随其制，自铸铜元，以抵制之。二十七年冬，廷旨谓制钱缺少，不敷周转，铜元便利，可杜私铸私销之弊，饬令沿江沿海各省筹画仿行，或向邻省搭铸。且令各解数十万以应京市急需，以维圜法，则其铸之利可以见矣。其云可杜私铸私销之弊者，盖以当十铜文，以二钱之铜，当制钱十文。本末不侔，销毁固无所虑，而云可杜私铸者，诚非草野愚昧所与知意。或者以铜元花纹较细，置机鼓印，民所未能。虽然，铜元名实相去已多，窃恐大利所存，终必有奸，缘之而起，置机鼓印，其在今日亦非甚难之事，难在择地以为之耳。

何言乎“名实相去之多”耶？吾闻计学家为泉币界说曰：文明国之泉币，其名实必相副。何谓名实相副？譬如一元之银币，其在币固一元也，假令有人取而熔之，俾成为块，持之入市，其值犹一元也。此谓文明之币。或曰：然则鼓铸岂无费欤？曰：有之。但其为数扯算当极微，经各国官局计算，每枚所费，恒不出所成本币千分之二。譬如一银元，其鼓铸之费二文而已。是以各国筹之至熟，宁使铲费全由官出，以成完全国币。其为此者，英国是已。又有止计所搀和杂质，如银、铜、锌、锡之类，此外一无所取，其为此者，法美是已。盖彼谓金银之可作易中伎其相任，计重已可，初不必为枚式也。故今者政府范金成币，政所以理财，正辞禁民为非，岂有自犯不韪之理。以此各国本位之币，整齐纯一，无丝毫之差。以其币造成之后，必用专机挑选，相去不得逾千分之一。所过重归右，所过轻归左，左右所积，皆取熔化更造，不发行也。其精严如此。夫铜元固下币，不必精审如金银二元，但其名实相副何如，则固人人能道之。

试依去岁直隶解京铜元造报：紫铜五万二千五百九十四斤六两，价银二万四百三十二两九钱一分。白铅二千二百一十四斤八两，价银二百七十二两三钱八分。点锡五百五十三斤十两，价银四百八十八两八钱五分。合三者而和之，得每百斤为价三十八两二钱。以此杂料百斤，铸造铜元，每重二钱者，当得八千枚。以百枚当龙洋一元，重七钱二分，故八千铜元入市，其兑银实得五十七两六钱。是前之三十八两二钱，一经铜元局点化，忽增一十八两三钱二分。然则每费银百两，获利四十七两八钱五分也。吾国官场选币，其火耗诚不能如西国之微，然则谓之于十得四五可乎？夫于十得其四五，天下商业之利少如此者，则何怪自命善为国家理财之官，攘臂鼓唇，谓吾国利源之大莫如此一政者乎！《记》有之："与其有聚敛之臣，宁有盗臣。"非此谓乎？

闻者曰：是不然。铜元特民捐最便之法耳。夫国有政府，无论为集权之中央，为地方之分治，固不能以无费。费不于民取之，又安所取？且铜元者，起于李文忠以抵制外人之仙士钱者也。如吾子言，将听仙士之流行，如墨币乎！且即使十赢其四五，如前所云云，而以之练新兵、办新政，不愈于利之外流耶？十四五之余利，彼西国固先收之，而吾国乃尤效耳，何足下诟之之深也。应之曰：唯唯。夫国币之职有二：居两物之中，而为交易之介，一也；为借贷之所信用，历久远而犹可以偿逋，二也。是二者虽习惯，而皆定于一国之法律，盖惟法律，能使贷财鬻货者受此成币，认为相当而无辞也。如是者，谓之法偿。法偿云者，遵照国家所定法律以偿人也。然而法偿之币所可久立而不废者，必名实相符。否则奸利隙之，而其国可驯至于大乱。且国家取一钩盈握之金银若铜而加国号纪元，或王面于其上焉，曰几许，此无异曰国为担保，尔小民可信用之而无疑也。向之圜法，所值不过一文，其出入至微细。自今以往，一枚所值，或小民旬月勤劳而后得之。使其中有杂伪不实者存，则是皇帝据天位而欺民，政府借国律以行诈。此不必言西国之计学，但于吾太《易》“守位以财，禁民为非”之义，其将何以自解乎？往者治化未进之秋，欧洲之君，为盗不操矛弧者亦众。至于今日，则人人知其事之大关于国体。且圜法不善，诚其国未有能富强者。公等以此为筹款美策，欲得全利，以为兴举新政之资，此何异摧斫本根，以求枝叶之茂，挠浊营卫，以为躯干之强，此固不待辞之终而可决其无此效也。夫练兵变法，固将实行，其所谓保民者也。果使朝廷视此土为与民共治之大物，则绸缪牖户，虽毁家纾难爱国者，夫岂无人！特行此自有大公至正之道耳。乃若名造国币，而阴行朘民之政于其间，吾恐其势且有所窒。他日觉悟，乃为改图，将误国之事已成，虽数世挽之，犹难为力耳。

且客谓铜元之政，乃仿仙士钱为之。故十赢四五之利，彼西人实先为之，而吾国乃尤效，是则客于欧洲圜法为无所知。夫各国圜法，有单行者，有两行者，二者虽殊，而所以行之者，皆三品。单行者英最古（定法于一千八百十六年），葡萄牙次之（一八五四），德次之（一八七三），挪威、瑞典、丹麦（一八七五），芬兰（一八七八），罗马尼亚（一八九〇），奥、匈（一八九二），俄国、日本、秘鲁（一八九七），而土耳其、埃及、南美诸民主国家，亦皆以金为本位。两行者，美国而外，欧洲之法、意、比、瑞、希腊，联合为拉丁同盟，与荷兰、西班牙皆金银同为本位不废。凡本位之币，皆法偿。惟本位乃可以偿逋还值，其余则有限制。如英国用银法，不得过四十先令，至于铜元便士，其可独用尤微，大抵不得过两先令，即二十四便士之数。此所谓法偿之限者也。即在两行之国，其财政诚不若单行之易举，然而经政府之善为维持措注，其收效每不异于单行者。故仙士钱每枚，其真值诚不足当百分元之一。然百枚以上，即不得强人受之，谓之辅助之币，只取凑合奇零，不可独用。其鼓铸也，视给用而止。是以市价不致由之骤变，而其法达之内外上下，无偏亏畸损之忧，民之视其财政也，犹泰山而四维之。故商业宏通，而国以益实也。

乃若吾国今日之圜法，无以名之，则谓为银铜两行可耳，谓以银铜为两本位可耳。何则？铜元之设，所以济制钱之寡。其入市也，虽若凑合奇零，然法偿之限未立，虽有百元之债逋，吾悉以铜元偿之，自法律言，未为背约也。夫百元者，库平七十二两之银也。其在铜元为万枚，其实值劣于四十二两，上不及百饼之银元，下不及百缗之制钱，于是取予授受之间，一切轇轕困难缘之以起。呜呼！国有圜法，以便民也，乃今铜元转为民困，是亦足为流涕长太息者矣。况其弊且不止此。

计学之论圜法，有大例焉，曰："吉利含例。"曰："凡国有两本位并行，同为法偿者，其善币必日少，其劣币必日多，久之虽善者，不见可也。"此至信不可逃之公例也。今夫天演以物竞为用，而极其终效，必劣者去而优者存，独泉币之为物反此。此其所以然之故，非难知也。盖人之于物类，所以衣食享用者也。独至于币，则取足交易偿所负而已。夫二币于交易偿负既同，虽有至愚之人，必先出其劣者。然则法偿之限不立，他日铜元必流于市，而银元制钱必争藏弆而渐少者，岂难知哉！且不独藏弆之而已，银元将用之以偿国外之债焉，制钱将私毁之而计重售焉。

美国尝为金银两行之国矣，一千七百九十二年，其时国中金银兑率十五。一千八百十七年，金稍贵，银十五两六钱一分兑金一两。是时，市上大抵皆银元，而金不见。不得已，定十六为金银交兑之率，而更铸钱。于是所流通于市者，无虑皆金钱。继而旧新二金山矿产大出，全球每岁所出之金，四倍于昔。故金银兑换，官率虽十六，而商率仅十五又十之三。于是直至一千八百七十三年，美虽名金银两行，而其市直用金而已。已而二金山地力衰竭，而布难查之银矿代兴。由此金又日贵，银又日贱。一千八百七十六年，兑率至二十一。一千八百七十八年，乃不得已为"亚理孙法"。"亚理孙法"者，令政府月买银铤价值二百万元为银币。至一千八百九十年，所造银币，新者积三百七十八兆元有奇。然而银仍贱而不贵，此时银元市价不过旧之七十二仙而已。乃又行"沙门法"。"沙门法"者，月购之银益多，至四百五十万元之值，而不铸币，惟以钞偿其价，俾作法偿，通行国中，然而银仍大贱。至一千八百九十三年，银元市价不过六十仙而已。且其时金币多出口，三年中所捆载往外国者，统计值一百五十兆元。而各银号争积金，一切支解，皆以银应。政府所收赋税，皆银与钞，而所必偿之逋负，又必以金。国藏大困，于是罢"沙门法"。至一千九百年，乃定金元为本位之币。而银钞等元，虽非辅助，但作为法偿，必照随时市价估计而后可。

不佞于此所为详列美国前此财政者，欲人知国有两行之圜法，而五金之价时有高低，则其相兑之率，随时辄异。政府欲二者相得并流，必时时更铸更毁，俾二者对待，如其市价而后可。然而此在财政，至为难行。设置而不问，则又弊丛奸生。言其要归，国最受损。夫美，天下富国也，以金银两行，其财政之棘手犹如是，又况吾国政府，其岁入逊于美国甚远，所两行者，又系银铜下金。假使殉目前厚利继继绳绳，施夺无已，他日之害，岂其可逃。窃恐彼时所亡费之财，较今日所苟得者且倍蓰也。

且目今铜元充斥之害，妇孺见之，不必明于国计者而后能言也。言其最近，则日用百物之腾贵，而小民不聊生也。夫钱者，物价之衡量也，而大率以金、银、铜三者为之。使三者今日之价有异于常，将百物之价以彼为衡量者，必从以异。譬如沪市之尺，今日公议以向之九寸为之，则明日布匹若加长者。虽然实无所长，特公等以减度之尺，自欺而已。然此以材料价值时有贵贱，已足致然，乃若国家恃出令之由我，俨然以今之五当昔之十，则向之五寸，皆盈尺矣。是故今者百物之腾贵，以银洋论者，其差数尚有限也。至于小本营生，其所得之今十，曾不及于昔之五，则安得不豫价而倍售之。何则？钱贱故也。非钱贱也，铜元贱也。铜元之贱，且未知所终极，而其所以贱之原因有二：一曰其所当之十文，纯以欺民而无其实；一曰广造无垠，其供者大过于所求。夫中国自吾有生以来，以理财之无法，固无日不在贫患之中。道咸已然，矧在今日！各省需次如毛，而言利小人但善搜刮斯民者，必最得意。何况有兴作新政一言为之后盾，则彼何所惧而不肆其锯牙钩爪也哉！

或曰：是大不然。夫中国今日百物之腾贵，其原因众且远矣。以外人之吸吾脂膏，以习俗之日趋浮靡，以食之者众而为之者寡，以生齿之日繁，凡此百物腾贵之所由也，于铜元乎何尤？应之曰：若客之言，所谓耳食肤受，不自知所言之矛盾者也。夫市价之所以贵，坐供少而求多也，物少而银多也。不然，非钱贱又安得贵？夫谓外人吸吾脂膏，不知彼之来此，取吾货乎？抑取吾财乎？曰：取吾财耳。九万万之赔款非明证欤？曰：然则如客言，吾国百物，银当最少。物之腾贵，非外人之所为亦已明矣。若夫俗之浮靡，自计学家言，徒有指趣工业之功，使民力弃此而赴彼。当其未改，绮罗珠玉，以贵可也，而民之所常用者不然。乃至食众为寡，生齿日繁，皆能使一群之物，有贵有贱。偏贵常有，通贵不能。惟今日之物价，则通贵矣，而于日用之凌杂米盐尤甚。客乃舍铜元而求其因于百产，此无异向之言天学者，不云地转，而必云日月星辰每日绕地，此论之必无当者也。物价之陡贵，非铜元之多为之，而孰为之？且物价之腾跌贵贱，社会常有之象也。顾其象可渐，而不可顿。使今日而顿贵，他日以同此因，且必有其顿贱者。顿贵顿贱，民将不堪，而社会乃岌岌矣。

且使银铜两行，而其事达于中外上下，则虽终于祸败，犹公溥而或可以久持。顾铜元者，官所以法强为之，伪物也。伪物以施于民，则为损下以益上。使民施之于官，则屈伸相报，而无大利之可图。是故选发铜元之督、抚、藩、臬，必不乐自受其铜元者也。虽有酌量搭收之部章，交官不用之参案，然使责实行之，则败其本计。于是不得已，乃令民得施于令宰，而令宰则不得施于藩库，于是州县愈不可为。旧之丁税，例以钱完者，其势不可终日矣。不可终日而犹不去，其所以自为补苴者，必有术在，而吏治乃愈不可问。辗转之害，终归于民。民何不幸而生今之世耶！

或曰：去岁七月间，某省总督奏铜元以本省所铸，供本省之用，不准大宗贩往他口。如他小省欲用铜元，可以解银搭铸等语。今铸钱省份，所以市面充斥至于溢多者，正坐铜元不能出口之故。此禁若除，庶几有补。应之曰：客可谓短于烛奸者矣。其云不准贩往他口者，非以责己也，将以责人也。知其省份所处之富厚，可以供其朘削者无穷，而虑他省之或分其利也。乃起例发凡，若自己始。不然以一省饷天下，正铜元生意之兴隆耳，何不可之与有？故督抚总办之于铜元也，乃无穷之慾壑，而多多益办者也。使用意而不如是，其所为犹可以稍救。救之奈何？则若各国然，立法偿之限可耳。法偿之限既立，其所资以通转者必不多，此虽于民稍苏，而于选发铜元者，其利隘矣。

总之，吾国今日之铜元，使在上者稍以民瘼为心，必宜停铸，更不宜昼夜兼工赶铸。而所流转民间者，宜照各国所为，急立法偿之限，半元而外，法必用银。如此，则国之圜法庶可维持，即来日以金为本位，其损害或可以弥缝。若犹视此为筹款之美策，则其弊有必见者如下：

一、百物腾贵，小民生计益难，而盗贼与铜元共充斥也。

二、若以铜元为制币法偿，将此物既多之后，市中银且日少，铜必日多，后此虽有整顿圜法之人，亦难为力。

三、若令在民者不得交官，则抑勒折扣之事必起。极其终效，今之铜元，将无异昔日京师所行之当十，名虽当十，实当二耳。

四、以国宪之未定，地方办事，责在县官，县官虽极自好之人，必仰粮漕盈余，而后逮事。使民得用铜元于官，官又得缴铜元于藩库，此诚公允。然而公等所图之利，无乃虚乎！若铜元之纳，止于州县，则试问州县必何等人而后有以自了？此足寒心者也。

五、尤可虑者，自今以往，铜必日流于中国，而银乃日流于外洋。且大利所存，巨盗将起，购机器，置炉鞴。昔之民或以为难，而今之民则甚易也。虽有重法，又将何施？

嗟乎！彼外族之于政令也，大抵行一新法，其民生必加便，而国体必加尊。而吾国不然，甲午大挫以来，议行之新令亦不少矣。而大抵一事兴发，民之不便，必甚于前。又不然，则以利始者，必终于害。铜元不过其一端而已。不佞闲尝深思其故，以谓一则由于为政者，本无爱国救时之实心，所营营者，不过己之名位与利禄耳。再则就令用意出于公忠，而不学无术、虑事褊浅之材，必不足以膺今日之艰巨，遂令吾国如陷淖之驷，每动愈深。来日大难，吾不知舟流之所届也。

论南昌教案*
(1906)

比者二月初三日，南昌人民暴动。计遇害者：天主教神甫六人，耶稣教男女三人。天主教会房宇物产，焚毁殆尽。幸官吏军兵，事起保护甚力，于天主、耶稣两教会人，所救免者颇多。此与去岁连州一案，皆于黑暗中渐露光明之意。盖此二案，教中人皆有激变自取之道。而纷乱之顷，虽群怀杀心，尚有吾国之人，冒险而为救人之事。使为上之人，劝赏惩治得术，有以诱其善机，有以平其怒气，自今以往，教案渐稀可也；即不幸有之，或不至置中国国家于无可解免之地，如甲午、乙未以前李海城辈之所为。此则有关于中国前途甚大，不可不加之意也。

考基督教之来中国，最早莫如景教，远在唐朝。闻其传者乃亚洲西域人。顾至今除景教一碑而外，其流裔不可考矣。降至明季，而天主教士，忽集于斯。然其为教，并非罗马本宗，乃于路得誓反之后，一西班牙人所别倡之新派。路得者，德国撒孙尼人。于一千五百十七年十月三十一日以教皇售卖忏罪文凭，敛钱于维典堡，显揭其违背教义者凡九十五条，张布都市寺门，此为修教新宗之始。西班牙人，名罗曜拉，本为军人，以伤出伍。至一千五百二十八年，学于巴黎大校。目击旧教中衰，结合同志于一千五百三十四年创立新派，号耶稣军，以劝转信心，抵制新宗为要旨。教皇保罗第三嘉奖所为，于一千五百四十一年降敕，以罗为耶稣军上将。厘定章规，部勒机关，有修道者，有治学者，有司教育者，有理财政者。不讳谲术，而以集权蓄力，广大教派为先，成一至完团体。于一千五百五十六年死于罗马。明季来中国者，大抵皆此会人。值吾国道德、学术衰敝之时，而数万里东来，其中类多俊伟深沈、

* 原发表于1906年3月29日，《外交报》。本篇选自《严复集》，第一册，187～190页。

行修多闻之士。明之时隽，翕然宗之。说者有谓使明勿亡，罗马一宗，且为国教，非无因也。

迨本朝入关，有二祖之好学。该会教士，侍从南斋，赏赉稠叠。星历、律吕，以至图画、草木诸学，其仰益睿虑尤深。而其时士夫如李安溪、梅宣城、戴东原、高邮王氏父子，于修古经世诸学术，亦有藉新知而特辟洞壑者。故本朝经学，其根据推籀之事，足以辟易古贤，则所得于西者，为之利器耳。乾嘉搢绅先生，群怀尊己之思，耻言西法，于是逐客之令屡下，教寺旧产，什九见夺。而当日欧洲世变，又值革故之时，盖耶稣军入华三百年，此为极衰时代。道咸之际，海禁未开，疆吏不达外情，交涉动至决裂。城下之盟，有金陵、天津诸条约。不佞闻诸西友，据云：天主教之准仍旧传布，及发还地产一款，为法文原约所无，而独中文有之。吾国议约者不识西文，姑弗深考，孟浪画诺。迟之又久，彼教中人，得运动之于法之政府，遂于修约时转译华文，羼入新款，其始事之不正如此，亦可异矣！然从此法人，乃以天主护法自居。一教案起，赔偿而外，动成交涉，因其时拿破仑第三为法皇帝，尝遣兵远戍罗马，而真以护法自任者也。往者天津之乱，幸值普法交绥之秋，于东方事势难兼顾，问罪之师不来。不然，不可问也。此天主教宗，自明季以来，至于咸同之历史也。

海通以来，吾国之于外交，本无策也。有事之时，为决裂，为和平，实无所往而非失败。然甲午以前，尚俨然大国也。欧洲谋国之士，犹有瘠牛偾豚之思。论者尝谓亚洲三大权，英、华、俄成鼎足之势。光绪初载，李合肥主北门锁钥，英俄二国，均欲结华，而日本则海面黑子，不足论矣。至甲午之役，我之情见势屈极矣！而庚、辛之后，自力愈无可言。言其情状，正如巨人病瘫，卧听脔割。此其情外人知之，于是有保护境土主权，责令大开门户之约。内则吾之小民妇孺，亦莫不知。故怯弱之家，向思托芘强宗，求免为他人鱼肉者，今得至便之术焉，则皈依西教是已。且西教必取天主，何则？以其教宗风以争政权、握利柄为二人事。要结官吏，争执产业，袒护徒党，以必胜为期，其长技矣。乡僻小民，畏势怙权，甚于外口，于是向也以畏人欺，而求入教；今也以其入教，转以欺人。夫一乡之人，见向所践踏不忌、报复无由者，乃今与之平等，已足恨矣！况变本加厉，转而吾陵，则怀愤极之情，冀得间而一泄之者，固其所耳。且强宗所恃以役使小户者，有官焉与通气也。乃今官畏教士，且畏教民，故强宗大户，其于狱讼，向也可以陵人，今也且不得直。然则其愤愈至，而一方风潮之起，官虽出而弹压，势必不行。何则？彼小民固以官为党教，而决裂之余，忿不虑难故也。

比者南昌之案，其所由起，固与前之教案迥殊。前之教案，所冲突者民教也，抑两教也，缘此而波及其地之教士，或且波及其地之长官。而南昌之案所由起者，则长官与教士自冲突也。又其冲突，实由好合而来。江令之死，或曰被刺，或曰自刎，或曰先自刎而后有加功者。是三者之说，以常理常情言，几于无一可信。然江令与王神甫则已死矣，殃及同教者五人、不同教者三人矣！夫江令死而群情汹汹，必杀王神甫与其同谋之人而后快，犹可言也，竟迁怒而杀法文学堂教习五人，不可言者也。乃至纷乱之顷，而并杀不与同教之英国人，而残虐且施于妇孺，此诚尤不可言，而大犯万国所不韪，此吾国之愚民，所由必不可信。而蚩蚩者流，一摇足、一举手，皆足祸延国家。吾愿今日聚众昌言爱国之演说家，与夫治国保民之守宰，诘奸督宄之警察军人，皆以此案为前车，而于出话施令之时，怜吾国小民之失教而顽愚，且置文明排外之谈，而亟图教育之所以普及，则吾国庶有豸乎！

呜呼！西人传教一事。若不早为之所，将终为吾国之大灾。但欲为之所，有所宜先事而图者：一、宜知其教之真面目、真性质，二、宜知其教居今在外国所处为何等地位，三、欲吾国免此大灾，宜如何为之措注。此则记者所欲竭其千虑之愚，为阅报诸君于后期稍为发论者也。

续论教案及耶稣军天主教之历史*（1906）

中国近二三十年，教案之起，不绝于时，而以乙未山东、庚子直隶二者为最大。乙未一案，德人乘便以夺吾胶州之军港。俄英尤而效之，旅顺、威海相随以去。盖中国北方，从此无门户矣！往者直隶以辽渤为池，右登莱、左辽锦，二鳌对举，天设之险，五洲之内，无与比伦，而今往矣！且东亚多事之秋，长恐为他人之战地，此吾国同胞至今思之，犹当相向哭失声者也。庚子一案，愦愦排外，议不旋踵，然而卒致八国之师。乘舆因而播越。罪人既得，所索赔兵饷，为数九百兆，为期三十九年。举国呻吟，若膺重负。夫是二者之为祸，其重若此。虽曰天醉未醒，不可谓其事非由于教案也。由此言之，可知使教案不塞其流，吾国且无宁岁，即外人亦岂得安居？教案固新旧二宗所互有，而其出于旧宗天主一派者为多，其侵吾地方官吏之权为重。且事起之后，其弥缝收拾，亦较他宗之教会为难。使中国而求自存，是不可不急求所以处置之者。不然则地方之财，且尽于无数之赔款，而民习为乱，怨气长钟，万一乙未、庚子之事复见于时，吾国将何以善其后？此固当为宇内文明国民所共谅，而深察吾国不得已之苦衷也。

今夫物，不必宗教之大也，就使其物为日用之常，耳目之近，苟求处置而得其方，不可不先为其知物明矣。向者以吾国之无人，入门洞开，世有宗教，无论何宗，皆可传流于中国。为罗马公教，为耶稣军，为惠斯礼，为长老会，为狄生德，为安格立，试问吾国有人焉区以别之，知其宗派之后先、主义之何若，而察其施行之效为何如，于吾国吾

---

* 原发表于1906年4月8日到28日，《外交报》。本篇选自《严复集》，第一册，191～199页。

民利不利欤？呜呼！盖无有也。夫既不知其为何物，于是一教案之起，上下之人，但见鬈发、深眶、高鼻、白皙者之为西人而已。其有知某为法人、英人、美人、班人、葡人，斯即为深识时务者。意以谓某国之人，皆必有某国之政府、之兵、之海军以为之后劲，则其为己与民请命于教会也，必且曰千万勿遣兵船、勿调兵报仇等语。此语不但出于守令也，有时而出于督抚两司，有时且出于号主吾国邦交之外务部。彼顾不知教会之人，不但不能用其政府之权力，而调其国之兵若船也，有时其众且为其国政府之所深恶，又有时且为朴伯教皇之所深恶。当此之时，使吾政府地方，持至公之法，守至坚之信，决而行之，而勿任莠民以排外之宿愤，致滥及于无辜，彼又安所藉词以责我乎？夫向之卒致大祸者，以当局懵然表排外之同情，不为冤杀者主持，一也；或有时适值某国政策之行，彼见吾国上下，于事实时势，皆无所知，如小儿利用则亦利用之以为口实，二也。不然，何致彼乎？嗟嗟！向使吾国而有人，则若耶稣军之天主教，其祸于吾国而害于治安如此，虽聚而逐之，使出吾国，抑禁之使不得更收新徒，不必用兵，要皆吾国权之所得及者。而五洲各国，亦未必有起而与我为难之人。何则？彼之所为，乃吾国与通商诸友邦所交不利之事也。

夫中国今行之天主教，非罗马旧公教也。大抵皆耶稣军（Company of Jesus）耳，其性质与罗马之旧公教大有异，亦谓之 Jesuits。十六世纪中叶，欧洲北部，如路得、如讷克思、如葛罗云等，方共起各倡新宗，弁髦其旧。有西班牙贵胄军官名罗耀拉（Don Inigo de Loyola）者，慨旧教之陵迟，乃结合同志少年，别立章规，以为宗教中兴之业。一千五百三十七年，立耶稣军之号，名助罗马教皇，故其入罗马也，教皇保罗第三甚悦礼之。顾其宗旨部勒，所与旧天主教异者，可略言如下：

以兵法部勒宗徒，如耶稣军者，泰西古亦有之，如天卜列 Templar 是已。然其大旨，皆主于出世薰修，自度来劫为事。而耶稣军之第一义，则主和光同尘，宁减损宗教威仪，而不可不混迹人间，自同于众。故其众为侦探、为执事、为贸易、为仕宦，无不可者，此其异一也。次则旧宗法度虽严，率尚平等，而耶稣军之法，则纯于专制。全教会曰军，故其大长曰将。自有明中叶始创以来，至今凡二十二人。其得位固皆出于众举，然既立之后，必终其身。一会之政，绳系丝联，必惟将军之命是听。故其课幼也，亦以盲从顺服，为德行之最尊，此其异二也。又次，则旧宗之布教，主于地著者也，而耶稣军则以风行宇内为量，而诸部之气，必使棣通，其制如中国之命官然。惟既遣之后，则必习其地之语言，治其国之文字，由是日久之余，各部皆可互易，无窒滞之虞。罗耀拉尝告保罗第三曰："旧宗之众，乃教会之步军，而吾众则轻骑耳。"此其异三也。又次，则旧宗所重，犹释氏之自性自度，在小己之薰脩。后之渐聚为众，而有所推崇也，亦以声气之同，由散而合，出于自然，初非有人焉为之抑制牵合也。而耶稣军于此，又大不同。曰：有全体，无个人；修个人者，所以为全体。个人之善，以有利于全体而后善也。是故其公德以服从、顺受为最优。一方之长，御众之权，无殊中国之君父。盖罗耀拉本军人，故其为教会立制，纯于兵法如此。至其言服从也，不独其徒众一己之身，于长上不敢惜也，乃至己之才识志向，皆宜弃置，惟其长上之才识志向为依归 Sacrifice of Intellect。一是务为操切，直无所谓自繇，此其异四也。又西教旧宗，亦言苦行，故其入教旧法，自誓守贫。且基督遗谕，所求天国尊荣，不志人间国土，故其徒于权势名位，本无所争。而耶稣军于此又有异。其教会规制，理财固有专司，曰 Administrator。自教皇尤烈第二为耶稣军大将，除守贫之誓以来，其教会例得广置田产，事生计。个人之富，固非所言，而教会之富，往往敌国。至于权势，尤所不辞。其前后见逐于诸国，若法兰西（一七六七），若葡萄牙（一七五七），若西班牙（一七六七），若涅波罗，若巴尔马（一七六七）。于英伦者再：一，一五六七；一，一六〇一。于俄罗斯者再：一，一八一三；一，一八二〇。于荷兰（一八一六），最后于日耳曼（一八七二），皆坐以宗教中人而与人家国事耳。其始终容纳者，有比利时。则以广出金钱助成革命故也，此其异五也。

为略举五异于此，阅者掩卷以思，当可自得其教会性情之大概。虽然，耶稣军非寻常之社会也，其著于历史如是，则其组织推行之术，固必有其尽利者焉，夫而后能屡仆屡起如是也。继自今，不佞将粗陈其组织机关之大较，夫而后更指其所以与今世文明之进步有必不可得以并行者。如法国即今之所施行，可以为吾论之左证，而终之以吾国对此社会所宜用之政策。惟公等恕其冗长，而于此极大问题，鉴其一得之愚云尔。

前之所论，特耶稣军之宗旨耳。若夫组织部勒，成一社会之机关，使前之宗旨有以尽利推行，则又可论也。考耶稣军教会之众，实分六阶：其最初者曰幼徒（Novice），若佛门之沙弥；稍进曰学士（Scholastics）；再进曰襄事（Coadjutors）。而襄事又分二阶：其一曰俗襄事（Temporal），又其一曰神襄事（Spiritual）。最高曰宣教正侣（Professors)，而亦分两阶，有三戒（of three Vows）、四戒（of four Vows）之异。常法必足十四岁而后可以为幼徒。入门之始，即为事神治事之分门。既发愿，乃置之密室一月，受教规，谓之神操（Spiritual Exercise）。凡早年所为恶业，必悉吐实，受忏悔，如此者谓之新徒。新徒期二年，学教义，入医院，间以基督教大旨为贫人童稚讲解之。当其为此，时时可以斥逐，或自出教。若期满而留，则为学士。常法治美术五年，继则且学且教，又五六年，然而未治神学也。治神学者，必俟四七或三十之岁。自此更学五六年，而后为真学士，而受派为神襄事矣。有时其人为将军之所喜，则学期亦得以缩短。以上所言，皆常法也。为教会干事员，必受三、四戒之正侣。四戒者于全军无多人，而实为其主力。所谓第四戒者，盖对于教皇立誓，自愿一听指挥，有所发遣，无远近险夷，皆必赴。顾于实行，则其权实操之将军。将军被众举时，大抵必四十五岁以上人，自入教计之，盖三十有一年矣。此其徒众之阶级与其治练教育之旧规也。夫其众所以为学年，如是之久且远。是其徒侣，固宜博学多通才，顾其实往往不然者，则以一切率旧，不敢旁及，恐与教育背驰之故。如哲学则必用雅理斯多德；天文、律历，笃守多禄米旧法；若格里辽、奈端诸新说，必抵拒至久，而后不得已从之。吾国钦定《历象考成》，大较用其时天主教士之成说，故其中言人纬行天，犹用均轮与夫地静天动诸谬解，可以证矣。或曰：教侣六阶之外，尚有一阶，乃私附宗门，闷而不著者，其进退主于将军，职秘密之事。罗耀拉衣钵再传，名保芝亚者，本刚地亚公爵，即以此途进也。

教侣所驻，则有分区（Houses），有会校（Colleges），有传道之居留所（Missions）。至于分派职事，若主教以下，将军主之，其权至专，非为下者所得干其毫末。为一区之主教，必以其教中之情形，教外之交际，详报之于所总数区之领袖。有以月者，有以星期者，尚恐或失其实。故一会之人，皆可以告密于将军。又有所谓探部者，其机关尤秘。然将军权重矣，而左右得监察其所为者凡六人：四辅，一参议，一听忏者。此六人中，必有一人不离左右。假使将军行事有不利其教会者，全会之众，犹得聚而废之。虽然，法固如是，而三百余年，未闻有废立之事。将军常川驻罗马，故其众总纲在一人，而徒党四出，密布社会中。欧人向谓耶稣军，如一利剑，其柄在罗马，其锋则随地可见，其见畏如此。

耶稣军之立，固以旧教之腐败而后有，其所名辅者教皇也，于誓守第四戒时，固曰惟教皇命之是听。乃以罗耀拉章程之巧密，其教会有自主之权。事势或至于极点，虽与教皇冲突，其社会犹不至于解散。昔在欧洲，耶稣军神甫为各国君主信用时，其显然与罗马教皇为难者，不一而足。其在中国，传教始于明季，欲必利行，教中威仪，于象偶之俗，多所迁就。罗马人哗然劾东方耶稣军杂用多神之制，于法为大谬，于神为重孽，欲有以穷治之，乃派红衣翊教名杜尔农（Tournon）者来华查办此事。而耶稣军神甫，于康熙年间力能得圣祖为降上谕，声言其教所为，清净无邪，亦无偶像迷信诸事，竟用中国皇帝之柄抵抗教皇，遂置所派红衣于澳门之教狱，已而瘐死。盖中国天主传教仪文，经九世之教皇与耶稣军相持，终无果验。其后历甚久而乃革。然则耶稣军之为耶稣军，可想见矣。

耶稣军法，最重教育。自旧教腐败，路得诸派纷兴，耶稣军教会，操大陆教育之权者三百余载，论者咸称其能。教科诸书，多出其众所编辑，而当教侣酣豢荒淫之日，耶稣军独井然有法度，束躬守约，人无闲言；至于学问之事，虽取涂至狭，无广大进步之可言，而于希、拉二文，人人皆有根柢。至于四方传教，如在印度、支那、南北美洲，皆有特别事业可以称道。如支那之律历、巴拉圭之治法，其尤彰明较著者也。

夫耶稣军之制成法密如此，且其中坚苦卓绝，以身殉道者，亦不乏人。是宜历久弥光，使基督之教大昌，而为五洲诸种人之所钦敬矣！顾吾辈考其历史，则诚有大谬不然者，有二事焉，虽彼中捍卫宗门，勇若贲育，辨若苏张，殆亦无由自解。一则其教无间所入何邦，匪所往而不为人所疑畏而憎逐也。夫此见于非景教之乡，如日本、印度、波斯、支那，犹有说耳，而无如其常见于欧洲也。见于宗教革命之国，如英伦、荷兰，犹之可耳，所不可解者，则其见于法国、西班牙、义大利凡奉行旧教之国之中也。欧洲之容纳耶稣军，而未与之决裂者，仅比利时耳。夫庆云景星，庸庶知为瑞物；鬼车鸮鸟，童稚指为不祥，彼耶稣军诚何修而得此。又其一，则耶稣军自罗耀拉倡设以来，所图虑而经营者众矣。岂不愿导扬旧教，以果千期郅治之一言（教经谓基督将复临世，至此时则世界太平，人无种界，永免兵争，云云）。使罗马一都，为万流所仰镜。乃考其历史，则凡其为作，类皆终败无成，以致流血则有余，以成事功则不足。粗而举之，则该教尝欲使西班牙为帝国矣，而西班牙以此几亡，至今尚未得为二等权者，即坐宗教余威犹烈之故。又法兰西，当路易十

四、五之世，主通国之教育者，耶稣军也。其所为束缚驰骤之功，衹以使路易十六时政治与宗教同归革命之结果。又英之雅各第二，翊护之者，耶稣军也，而终以失位。英之王室无权，即由此始。乃若西行北美之茵陈，东入瀛洲之日本，则百年之间，扫迹绝轨，其教会无或留者矣。仅在吾国，然被逐于乾隆，直至道咸之交，因缘际会，复蠹吾邦。盖此时法主如察理、拿破仑第三等，迷信方深，自命为罗马之护法。而耶稣军末路，穷无复入，亦聚力壹志，自附于教皇，相与立誓，共持旧宗权力。于是法政府之于耶稣军，其在吾国也，遂成一特别之交谊。何者？至今在本国则逐之，主政教分立之说；在支那则袒之，以教会为侦探政俗，攫取利益之机关。五十年来，病根益深，风色弥厉。虽然，支那之人，特未寤耳，使其寤乎？吾未见耶稣军之阴谋，所无果效于他邦者，将于此土而遂济也。

夫以一社会之人，而几为天下有知者所共恶，是其物为人所不与，明矣。以四百年之谋为，而所营者辄不就，是其物为天所不相，又明矣。夫其物为天人所同恶如此，然而吾辈不可不略考其历史，而后有以为持说之平也。

闻耶酥军之始立也，其所用之宗旨，固曰：为上帝荣华（Admajorem Deigloriam）。而夷考其所力争者，则权势耳、利实耳（Power and Wealth）。自犹利于第二为去守贫之戒，其教会固可公然置产，又恒有精于理财者，为之经纪。故其所封殖者，常雄于一方一国之中。设阴谋、赂权要，乃至用暗杀、启兵端，所不惮也。其见逐于法兰西、葡萄牙、巴拉圭率以此。逐则其产业归之国家。故耶稣军尝曰：“吾之所以被逐，以群奴利吾财耳。”言其阴谋，则有如法国查理第四之被弑，如谋杀英国后额理查白，如构成三十年之战，如致布希米亚之虐杀新教徒，如囊特之收回成命，如巴朵洛苗之聚歼无辜，如谋轰英议院，终之如构成一千八百七十年普法之战事。诸如此类，虽至今悉成疑狱，无的然可指之确证，顾当事起之际，皆必有强有力之耶稣军神甫出入其间，此虽有精能辨护，殆未易为耶稣军解脱也。有屈臣维廉者，彼教中人也，尝著论自述其事如此。又方新旧二宗相齮龁，杀人如麻，而最为人类荼毒者，莫如鞠教法院 Inquisition Tribunal，始设于葡萄牙，则一千五百四十五年间罗耀拉之所请者。而一千六百五十五年该院裁判名曰达得 Nithard 者，又即耶稣军红衣。而耶稣军至今，尚自辨鞠教之穷凶。与彼曹为无涉。然此不具论，但言其教会所必争之利实，则至今耶稣军之产业，如天津之崇德堂、上海之徐汇，其为大小多寡，虽瞽目者犹能见之，不必吾曹为觌缕也已。

总之，耶稣军天主教会，起于旧教之陵迟，而思有以恢复故业者也。故其章规，有二大义焉：曰守旧，曰专制。又以睹旧教末流之多敝，故稍出入于其间，以求团体之强立。以旧者之不学，则进之以十余载之自脩，欲其旨先入于人心，则专为国人职教育。顾所力争者，权势也。故每与政府深交，而阴谋之事以众。权固莫大于拥财，故力事经营而厚为封殖。且吾闻彼教之建言矣。曰：术无所谓善恶也，视其鹄之何如？嗟乎！此吾国逆取顺守之邪说也。譬如所求成者，在彼意以为善，则虽用至恶之术，亦可为之。惟其宗尚如此，故其众往往为人所疑恶，非偶然也。至其学术，则以取涂之隘、禁锢之严，故立数百年，无真才硕哲出于其间。若法之巴斯噶尔（Pascal）、笛卡儿（Descartes）、福禄特尔（Voltaire）诸公，皆既入其樊，已而深恶痛绝之，决然舍去，而后有立，自跻先觉之林。是以经制虽密，以宗旨之非，于人群常相攻而不相得。其于法国也，始以革命而离，继以布谤复辟而合。合而至于师丹之败，戍罗马之法兵归矣，于是义大利之王制与法兰西之民主同时并成，而耶稣军之根本遂拔，至于今，夫亦可谓强弩之末矣。乃以老大支那，于教会之事，素所不图，故其祸卒集于我。比年以来，民之入教者日众，彼非有慕于其道也，利其权势，可据依耳。而彼教中人，即利用此以张大其宗门。平民与教，固相仇也，而教之与教，又相仇也，日相为刀俎鱼肉。而所谓神父者，又得紾绅之臂、挠官之权。而吾国官宰，不知所以待之之术，而教案之祸，遂日亟矣。如南昌之事，使得晓事之知府监司，于事作之顷，即据自保治安之国律，取王安之、刘某之身而收之，以待公讯，则乌得有暴动之事！亦未见护法之法国，遂得执此以为责言也。夫使王神父刺杀江令之事而实，则吾虽以此复脩乾隆之令可也。往者德人骤至胶州，仆尝论其时镇官之职，可无请命于东抚而为战。此日南昌之事，仆亦谓道府之办法可不待命于赣抚而收王、刘。何则？事机间不容发，而受命守国土保治安者，义固然也。否则中外之民，有安堵乎？

呜呼！中国教案之祸日亟如此。窃谓吾国欲知所以待之之术，必于诸教会之异同，详考其本末，夫而后计有所出。计定而复遣专使以谋诸各国，庶几有以保其国与民。故缘南昌一案，不惮冗繁，先为耶稣军粗著其历史具如此。

有强权无公理此语信欤*
（1906）

社会常态，大抵明智少而凡庸多。何谓明智？方其人乍聆一语，不以旁人所信者而为信也，必权衡于一心，见可信焉，而后信之。凡庸不然，其信一说也，莫不以旁人所既信者为依归，使其持之者众，抑持说者为其所崇拜尊严，则其信之不待再计。是以社会之中，每有诐辞谬论，风行一时，生心害事，皆由此不用心思之故。不佞颇闻近日学界盛行有强权无公理之说，道德本属迂谈，公法亦为虚论，日甚一日，不知所终。使此说而为感慨有激之言，犹之可也，乃至奉为格言，取以律己，将其流极，必使教化退行，一群之中，抵力日增，爱力将息，其为祸害，不可胜谈。不佞今日既承会长与诸公惠爱，饮食醉饱，继以乞言，欲将此甚重问题，与学界细加商榷，求其真实归宿。所谓非曰能之，愿学而已。

考吾国学说，自唐虞三代以还，于强权本所深讳。故《周易》发自羲文，首重“群龙无首”之义，见刚德且不可独用，况强权乎？《春秋》大义，曰“拨乱世反之正”，尤兢兢然以黜强权而存公理为归。此皆揭若日星，不待甚深学术而后知其义也。孟子生当战国，为强权极盛、公理极微时代，然而必称性善，必尊王贱霸，七篇之中，于德力服人之异，三致意焉。夫孟子天姿高朗晓事人也，使天下果惟强权有验，而公理实无可依据，则此老何徒敝舌焦唇，为此自欺欺人之语？由此可知公理自属世间长存不坏之物，而强权有效，亦必籍重公理而后可行。故其言曰：“以力假仁者霸。”又曰：“五霸假之也。”公等束发就傅，《孟子》

---

* 此为严复1906年春天于“中国寰球学生会”所作的演说。原发表于《中外日报》，后转载于1906年4月23日，《广益丛报》。本篇选自《〈严复集〉补编》，52～57页。

自所必读，则于二者当知重轻，何尚持有强权无公理之说耶！

闻吾言者，腹诽之曰：此中国老生常谈耳，揆之西人之论，按之今世实事，殊不然也。吾国惟笃信孔孟，中此儒毒，积弱不振，至如是极，吾有土地，人得而割取之，吾有人民，人得而鱼肉之，当何公理之与有？且使公理有神，彼英之岁糜千万以养海军，彼德之岁糜千万以养陆军，诚何为者？且即今日之事言之：高丽何大罪！而外交之主权，见削于日本，致皇皇帝国，且不得与欧洲丹荷诸国自比于列邦。事势如是，岂尚有公理之可言耶？先生休矣！吾宁甲车六百乘，以无道行之，不从先生强为善之曲说也。

不佞妄意今日坐中，闻吾前言，其胸中必有欲为此说者，故特以数言代达如此。盖论辨之道，必两家罄所欲言，而后往返反覆之，其真实乃见。今所设前说，可谓至坚，自不佞观之，为强权道地，殆无有过于此者。虽然，不佞请得一一而复之。

则首言强权之说，发于欧洲者，其最古莫如希腊。柏拉图《民主主客论》（*The Republic of Plato*）第一卷，畅发公平（Justice）之义。当时苏喀拉第问客公平果为何物，累答不中，最后答拉西麦古（Thrasymachus）盛气答之曰："公平非平强有力者之方便耳。"（What is expedient for the strongest is just.）此即谓有强权无公理矣。其人辨口甚雄，闻者虽于心未安，猝若无以夺其说者，顾数番之后，其说终为苏喀拉第之所破。此其书俱在，诸公可取而细读者也。又布鲁达奇于所著《加密卢列传》中载布连奴王言："以强治弱，乃太古律令，自天神至于禽兽虫豸，莫不皆然。"故西国古政治家，有谓国家之成，必以兵力，故立国以强权为根抵云云（The state is the work of violent domination. It is based on the right of the stronger.）。

凡此皆西国主强权者之旧说，然皆虚悬，未闻实行其主义者。何以故？盖使强权之说太张，则专制之霸朝最利，压力之重，正自宜然。惟是平陂往复，利于专制暴虐者，亦利于犯上作乱之徒。盖此时本无公理可言，但问孰强而已。如此，则人道固反于野蛮最初之社会，而世人特互为刀俎鱼肉而已。使吾辈自揣能常为雄，则主其说犹有利也，假使有时而雌，则作法无乃自弊。笃而论之，人人固有雌时，"力拔山兮气盖世，时不遇兮骓不逝"，兹非其证欤？然则强权之说，固人人所谓危。夫人人所谓危者，未见其说之能为利行真理也。

或曰：其说为人人所危，固也；而无如稽之历史，其说之诚然，何也？则不佞与之更征历史。彼谓使立国不以征诛，将皆行尧舜之揖让乎？抑如卢梭氏所言，用民约乎？殆不然矣。不知立国固以兵力开基，而名号亦必有所建。五洲之国，其纯以兵力开基者固多，而纯由兵力之国，欲祈景命之隆长，尤绝无而不见也。方其用兵，兵者，所以辅其名号者也。名为体，兵为用；公理为主，强权为奴，而后事成，反此者未见其能成立也。故徒兵不足以定名分也，必名分先定，而兵力加诸不尊此名分者。然则强权不足以生公理，特为公理之健仆，使不憓者必公认其主人。历史中欲不由公理，而但操强权者众矣，顾其中有一成事存立者乎！曹魏之篡祚，必启之以汉之桓灵；本朝之入关，必先之以明之启历。故孔子曰：大哉天命也。

且不佞所尤不解者，近日持强权之说之诸公，非即崇拜自由之诸公乎？而不知强权、自由二义，必不可合。天下有与自由之说反对者，殆无有过于强权。强权行则五伦灭。其所以为父子者，非慈孝也，以父强故；其所以为君臣者，非仁敬也，以君强故；其所以为夫妇者，非恩爱也，以夫强故。推之一切人道伦理，一无可言，而但有主奴之别。故强权之世，无自由之人，其所谓自由者，特纵奴耳。无所谓天直也，无所谓国法也。天直、国法者，神明道德之事也，公理之事也；而强权所资，气力而已。认强权为天发为国法者，天下安得有自由之人类乎！故曰必不可合。诸公果主强权，则自由之说必宜早废，庶免于以矛陷盾之讥。

虽然，吾闻斯宾塞尔之言曰："言为众口所传，虽谬不实，常含至理，不可忽也。"故有强权无公理之说虽大谬，而其中有至信者存焉。盖于此可见，有文德者，必有武备，无强权而独恃公理者，其物亦不足存也。故国不诘戎，民不尚武，虽风俗温良，终归侮夺。而对而观之，彼逆取力征之业，亦必谋所以顺守之方。是故无公理之强权，禽兽之强权也。虎狼虽猛，终被槛羁，惟主公理而用强权，斯真人道之最贵耳！

尚可为诸公深论者，《仲虺之诰》曰："兼弱攻昧，取乱侮亡。"此告汤之语也。仲虺与汤，圣贤人也，使四者无公理而但有强权，则仲虺之言为过。岂惟为过，真为强盗说法耳！然而不然。盖方其为此四事之时，彼弱昧乱亡者，固必叩心问天曰："甚矣，世界之有强权而无公理也！"然自兼取侮者言之，更自天下后世之旁观者言之，则四者之事，未尝无公理也。

今且不必言高丽之近，而试取远者之土耳其与埃及。俄国尝以土耳其为东方病夫，自谓文明可谓天吏，欲兼而取之久矣，而英法禁坐大，土耳其遂获瓦全。顾瓦全矣，而问土之国计民生，又何若乎？半稘以来，毫无进步，民穷刑酷，秽德彰闻，殆为列辟之最。而埃及属于土耳其者也，英国存土耳其矣，以通商门户偏取埃及，于是三十年以来，为之大变其政治，文明气象十倍于前。然自埃及人言，则英人虽有大造于埃及，其所用者，固强权也，而自欧美人观之，则英之所行，为大合于公理。

嗟嗟！五洲人类，既日趋于大同矣，欧亚之各国，其犹一乡一阛之人家乎！今使有数十家之镇集，其中家家讲求卫生，崇尚通力，门庭各加洒扫，子弟各教义方。而其中独有一二家者，自以为其族姓最古，傲然弗屑，不求进步。致于此镇集之中，或以倒屋坏墙，为道路之大梗；或以诲淫诲盗，起械斗之纷纭。于是向之勤求进步者，相与谋曰："是不可忍与终古也，吾属盍取而代为之治乎？此一方众人之幸福也。"及其为此，彼傲然弗屑之一二家，乃叹息流涕曰："是真强权世界。"而不知阖镇之人，方以此深合于公理。何则？此不独强者之治弱也，抑且以智而治愚，以贤而治不肖故也。彼叹息流涕而但见强权者，何其不早寤乎！故孟子曰；"不仁不智，无礼无义，人役也。人役而耻为役，由弓人而耻为弓，矢人而耻为矢也。"夫人役者何？奴隶是已。夫国至为奴隶，而天下以是为有公理，非强权，此非可衰之至者耶！呜呼！区区高丽何足道，吾且不暇为高丽哀也。

然右所言，乃有国、有家者之事，尚未于吾辈所力行身体者作针对之谈，于今请更及之。诸公有流览及《庄子·胠箧》篇者乎？古有盗跖者，以匹夫而从卒九千人，横行天下，侵暴诸侯，入室枢户，驱人牛马，取人妇女，贪得忘亲，不顾父母，此可谓天下最讲强权而弁髦公理者矣。然他日其徒有问者曰："盗亦有道乎？"跖曰："何适而无有道耶！夫妄意室中之藏，圣也；入先，勇也；出后，义也；知可否，智也；分均，仁也。五者不备，而能成大盗者，天下未之有也。"今夫诟詈人谓之盗跖，可谓至矣。顾彼欲成其事，且非公理莫由，使盗跖亦如今人，日事为人所不及防，而吾力之所至者，皆可为也，吾恐彼且无以结此九千人之团体，而以成其为大盗。然则徒尚强权不顾公理之说，真无所往而可以用，不待反覆，亦已明矣。

不佞亦知今日身受文明教育之少年，其见理论事，皆有过人之处，断不至持如前之谬论，以自误误人。特有激之谈，贤者不免。此如史载孔文举、祢正平私论云："母之于子，亦有何亲？譬之如瓶，寄物而已。"其后魏武即以此锻炼杀之。夫谓文举必无此语，吾不敢承，而谓文举既为此语，即欲见诸施行，吾亦决其必无此事。盖天姿高绝之人，往往好为穷极事情之言，而又心知其非笃论。后世韩愈、柳宗元、刘禹锡所著《天论》则犹是也。然吾党须知，口为祸福枢机，而世少听言之哲，万一我姑妄言，而愚者惊为至论，不求甚解，奉而行之，他日流弊见于人群，岂非公等阶之厉乎！此不佞所为不惮久留，而为学生会发此赘论也。

论英国宪政两权未尝分立*（1906）

《政治讲义》所研究仅及近世与历史中国家最大之异同。盖今人所谓文野优劣者，于是乎在。顾所发明，犹有未尽。今欲更理前语，冀吾党言政法者，不为浅人俗说之所误，而于国家立政向明与时偕行之意，庶几有合，则不避烦冗，请继今而言之。

盖所谓最大之异同，即在议院有无而已。而议院自其形式言，又不过聚一哄之民，以辨议一国之政法。虽然，学者欲明此一哄之民之功分权界，与夫于一国所生之效果，理想繁重，难以猝明。且理想与事实相悬，而《讲义》所发挥之旨趣，又与时俗之说，多离少合。印以历史，虽尺寸相符，而有时但观见象，若不相比附然者。是故其例虽立，而非反复推勘，不知其言之无以易也。

夫所谓政治之学者，其始必以历史为据依，终之乃用公例以贯通史事。议院者，历史之一大问题也。其制度之所从起，其权力之所由增，与有时其制之所以变灭，西史所书，大半谓此事耳。且所谓民权自由者，亦以此为之职志，故英史自约翰大策（Magna Charta）至于维多利亚之变政事例（Reform Bill）、法史自大革命至于民主之近制，与中间一切政党之争，其所争，约而言之，实不外议院之进退。欧之旧史，所载者王朝之独治与市府之众治，相为起灭而已。《讲义》欲籀一最通公例，以为读史者觇国论世之慧镫，但自初学观之，则亦有不尽密合者。此不必远引，但即英之施爵耳（Stuart）朝代，已若如是。故欲明其例之无以易，且订俗说之多疏，则莫如即英伦之宪史而详论之。庶几学者于立宪精旨，厘然涣然，不致更坠云雾，而生心害政也。

---

* 原发表于1906年9月3日到10月22日，《外交报》。本篇选自《严复集》，第一册，218～230页。

则请取《讲义》所发明者而复理之：一，《讲义》所及，皆自然有机体之国家，故其物与时偕行，独治、众治，当与民群天演之浅深相得。二，议院为众治之机关，国家得此，其群扶之力，乃有所宣达。群扶之力者，能使政府从无而为有，既有而延长，抑自有而之无，由生而为灭。三，政府虽甚专制，其群扶之力，必不能无。特有议院为之机关者，其力显而可驭；无议院为之机关者，其力隐而难知，此中国政家所由以天位为至危，而有朽索民喦之说也。虽然，是三说者，必至近世而后大明。若议院初具形体之日，如英史之十七世纪，非深思见微之识，不能见其例之行也。盖常人之论，皆云英之革命，乃在一千六百八十八年。此时所争，在下议院之立仆已耳。虽幸而立，未尝即具能力，得以破坏更立其国之政府也。其有所废立固然，但其为此，必经大乱而后济，未见其能变置政府，若行其所无事如今日者。

虽然，此未足以摇吾例也。夫初生之雏不飞，不可以为无翮；方乳之畜不视，不可以为无目。今日之英国，主其治者首辅也。而首辅之事权，实议院之所予，假其中过半之众，与之背驰，则其罢废。与吾国前朝宰相，以幅巾柴车出国门者无以异也。故学者欲明前例之用，则姑即今制以观之。至于十七世纪之事，留为他日之论可耳。

夫议院为物，其权限界说众矣。即在今日，宰相之兴废、政府之迭代、党派之胜负，一切以议员之向背为断。此固夫人而知之，然常法不以此为议院惟一之天职也。议院天职，别有所司，而变置政府，若特相因而见者。吾所谓干，彼以为支；吾所谓因，彼以为果。此《讲义》与常俗之论所由异同也，然则议院最大天职何欤？曰：立法者，议院之天职也，英之法家卜来斯顿（Blackstone）（译义曰乌岩）尝著《国律解义》[1]（*Comments on English Law*）一书，久为学人所宝贵。其言曰："国家有二大权：曰立法，曰行法。行法之权，操诸王者，王者置百执事所谓阁部台省者，以为承命宣政之机关。至于立法，则其权王与贵族齐民共之。"此英国宪法制度之大经也。说行久矣、顾非事实。必自事实言，则英国自维廉第三以来，凡事经两院所裁判者，王未尝置可否，但涉笔占位署御名而已。以常势观之，此权一失，殆无复日。然则谓立法之权独存两院可耳。不宁惟是，即今事经下院所裁决者，上院亦未尝置可否，则谓立法之权，为齐民下院之所独操，亦无不可。卜氏所指立

① 此书名应为"*Commentaries on the Laws of England*（1776）"。——编者注

法中三权，至于今，其二皆虚设矣。

于是言英制者，又有一说焉，曰：英之政制，以独治为行法，而众治为立法，是二权之异同，一存于是非之理想，一存于权力之实行。政法之将立也，集思广益，用其众而议之。及其施行，则责专而权独，择人畀之已耳。小而譬之，若公司会邸然。将为之章程规则，必集大众议员而研究之；及其既立，则有书记、干事之员，为之循守。故治国之事，诚无难耳。但使其人，通达寻常之事理，而忠信不为奸欺，则其国可以治。其始也，但萃其国民，或选其民表，以杂议所欲为者。一主义之建，而为民表大众之所乐从，斯可著之以为令。顾其中又必有数人焉，受所著之令甲，而率循之，以施诸有政。盖令甲定其大体，至于纤悉，与夫令甲之所略而未详者，彼行政者从其便宜可也。前者立法之宪权，后者行法之政柄。今世文明之国家，无虑皆如此者。故法之行也，常有个人之专责。至于建立变改、救弊补偏，则国会众谋之事，此与治同道者之所为也。独至风俗浇、道德薄，如是之制，乃不足以坊民。当此之时，将必有小人奸雄，倚其所居之地势，舞文售欺，侵蚀篡盗。而立法之众，或为其所威愓利诱，为其羽翼爪牙。往往法徒立而不行，众虽具而不合，则由是其众治者废，而独治势成，是谓专制。专制云者，国之二权，由分入合，由合而侵，最后乃以行法之政柄夺立法之宪权是已。

此其说至为近似，盖自十八稘中叶，法家孟德斯鸠著论《法意》以来，几人人据之为典要。果使其说与事实密合，则吾党又安用鄙夷旧说，而必他说之求乎？顾远征诸历史所发现，近印之各国所实行，孟说确有其不可通者。且用此而施诸有政，往往害生，则固不可不求吾心之所安，而为旧说针膏起废矣。盖孟氏《法意》成后之三十余年，欧美纷然，议宪法者殆不异今日之中国。北美自告独立，制度先成。踵而起者，是为法国。法国于十有四年之中，凡四变其治制。最初求为立宪之君主，不能达；则为无总统之民主，又不治；乃以民主而建伯理玺于其上，如美国然。（用罗马旧称不曰伯理玺，而曰恭疏勒。）最后而拿破仑兴，乃一变而为帝国。方美法二邦之议新制也，固各悬一英之宪法于其心目间，亦尝考察异同，相地之宜，求其最合。乃如前说，以谓英之宪法。乃以一王总行法之枢机，以议院为立法之纲纪。故其为制也，其第一义，务使行法之权不得与立法混，则禁阁部院省，使不得于两院之中，分其末席。故美制至今，阁部诸大臣，不入国会，而法国一千七百九十一年第一次所立宪法亦然。凡此皆兢兢然用《法意》之说者也。

乃吾党从其后而观之，则法国第一次宪法，即用此败。盖枢府行法，而议院立法，二者睽立，莫通其邮，立成反对之势。未及一年，旁午交扇，喋血国中，适成大乱。若夫美之为制，虽未至此，顾所成治制，其便不便不具论，谓之英制，则断乎不可。盖已自为风气，后之所成就，非向之所求立者矣。夫使英之治制，果如《法意》之所云云，距阁部诸行政大臣于议院之外，将其全体隳散久矣，乌得有今日利行之效乎？孟氏以宪、政、法三权分立，为得英制精义，于其书三致意焉。而美法规抚英制，用孟成说，遂有阁部不得入议院之条，其为效乃适与英制相反。然则孟说三权分立，百余年在学者口耳间，所以为至当而无可议者，实则剌谬，亦以明矣。

且用《法意》之说以规抚英制，议院立法，何以必不容阁部行法者参片席于其中？曰："此无难明也。"盖彼谓阁部之职，专于行法，而议院者，立法之源也。夫专制之所由成，而自由之所以失，既坐以行法者夺立法之权，则事之便者，孰若拒阁部诸大臣于两议院之门外，俟法之既立，而后举而畀之使奉行乎？故宪政二权，不分立，则亦已耳。果必分立，且必分立而后国民自由乃可长保，专制凶威，乃不至于暗长而忽成也。舍此疑若无他道焉。

于是闻者曰："此其说固然，虽然，未尽也。夫部阁固行法，而乃使行法者，参立法之权，此诚履霜之渐，而为立宪者之所危。顾阁部诸公，以身任行法之故，其历练识见，往往超诸议员之上。议法之际，殆不可无，无之，则所立者违事情而患扞格。是故较二祸而从其轻，宁使阁部大臣参议席也。且国家之用人，尝有一身而兼数体者矣。均是人也，其在阁部固行政，而其在议院自立法，不相害也。矧乎其人，以政府之官司，而又为地方郡县之代表乎？"彼为说者，于英之宪制，特未深明耳。岂知英之宪制，于立法、行法二者之权限固至严，然而有调剂之术焉。故有以收人才之用，而又有以通二权之邮，使常相资，而无至于相轭，是则英之宪法而已矣。

请更设会邸公司之喻以明之。一社会之中，有总理，有书记，食俸治事，而非议员。至于决事之时，亦无出占投票之权利。虽然，彼社会未尝屏总理、书记于议曹之外也。且以其责任之重、事体之明，视之比各议员若加等者。假其不然，将若人之所历练者为虚，而社会无由收其益，此非愚者之所为欤？

是故英制之所以善，其理在目前耳。其分宪政二权，而不使混，固也。顾议法之际，则必使谙于其政者，参其列以为顾问之资，抒其议论可也。至决议出占之顷，则其为此者，不以其为主庶政之阁部大臣，而以其兼州郡地方之代表，此其所以通立、行法二柄之邮，而又不使混之术也。

彼或人之说英制具如此，自以为得其精要，较之前说，不啻进一筹矣，顾不悟其说之犹非实也。果如若言，将英制又无以收利行之果效，何则？英之宰相与各部臣之入议院，乃以具官而入议院，非以兼为地方之代表，幸分一席，而入议院也。如或人言，则阁部之不得议法，与前说同。其得参末议者，独以其人兼代表耳。以代表而入议院者，虽其人在行政为宰相，而其议法出占之权力，乃泯然无异于众人，而为六百七十众中之一分子，与闻论议。而所论者，乃其所躬历而熟知，尔乃忍俊不禁，开口发议，求以袪众人之惑。而是众人者，亦以其谙晓事势，而重其言，独至判决之顷，则所出者不外一占而已。今试以此问英之时相，彼有不捧腹轩渠者乎！盖后说之误，方之前说，真五十步之于百步耳。

为揣前之说所以误，坐徒见英制之形式，而不求其真。夫谓英之宰相大藏卿诸人，于下议院，无特进之专位，而其有位，以兼地方代表而然。此诚如是。然遂谓英阁部之入议院。不以其官，而以代表，则大谬之说也。彼宰相之与议，实公然以首辅而纲纪此六百七十人，而大藏卿亦公然以计相，而宣一年之豫计。当此之时，以行政官入院行权，为一院之众所同认无异辞。且一日当职，则为一切政策之发起人，有所施行，有所更张，悉从数公为之作始，惟此而后有政府之实，是故从其实而言之，彼以英之下议院为立法曹，而阁部以其当职，贡其所学所知，以备国会之裁酌采择。虽主民权者之所喜言，然而实大误。何则？以大失英制机关之作用也。必知议院遇有聚议，其行政之政府，当公然以其所主张之政策，宣示国众，觇群下之从违，如是言之，乃为合耳。

是故百余年以往，美与法议立宪，皆以英之制度为模型，然而卒不合者，其为失不但绝宪政二柄之通，置阁部之阅历于无用也，且不悟英之宪法，其枢机妙用，即在此以行政之政府，为立法议众之纪纲。而议院之所皇皇，亦即此交于行政者之法令。法之初为革命。米拉保（Mirabeau）以冠伦之姿，为民党之魁宿矣，而弼德（Pitt）同时以仍世相业，率全英之兵赋，抵制法国之风潮，顾终之弼德有以伸其志业，而米拉保有大才而无成绩，身去之后，路易之世，亦从以倾，其原因皆坐此。盖弼德入则为一院之领袖，出则为行政之枢机，而米拉保欲为是而不能者，坐法之宪政二权，分立不相谋故也，欲为弼德之业者，为宰相而不预议，不可也；予议矣，而非公然以宰相之官予议，亦不可也。必为宰相，而且以宰相领袖纲纪乎全国之民表，而后可。呜乎！此英伦所演成宪法之秘扃也。而读史谈政治者，孰知之！

由此而言，彼谓英制为三权鼎足，而议院为纯于立法者，其说不待攻破矣。夫英有法令，无虑皆议院之所公立，而后称制，此其说诚然。顾如刑律，则有为司法决狱，取成案而著为令者，前说特总其大凡而已，其谓行法之权，操诸政府，自国王至于百执事，皆政府也，说亦不诬。然可云议院有立法之权，百司有行法之柄，而不得谓议院之权专于立法，而宰相之柄限于行法。何则？议院立法而外，且兼行法，而宰相等行法之余，兼领立法，孟德斯鸠《法意》之说，固什八九合，然理想之辞耳。以言实事，英议院与宰相二者今日之所行，诚多与之背驰者。

且必以议院为立法权乎？则请观其所日孜孜以何事为最重，得无曰主每岁豫计，以定通国所出赋额也耶！一议众之集，自始至终，其所有事者，大都以此为之经纬。即原其最初之义，王集议院，未尝曰："立法之事，寡人暋不能进于是矣，尔有众其为我明而议立之也。"乃曰："不穀有兵戎土木之费。尔国民其为我共出之耳。"民亦曰："吾侪小民，有所疾苦，苦于法敝，惟大王更张之。"盖立法者王之所自为，而与所收之赋税相市者也。是故民聚而评其缓急多寡，相与棘棘然而争之，且由是而政党兴焉。有与政府为和同，惟奉命之恐后，有与政府为立异，则以无艺之赋，为下民所不堪，相与抑扬操纵之，各挟所有，而相为易，赋之出者几何民主之，法之改建者几何王主之，此议院初立之情形，所考诸历史而可见者也。（《社会通诠》述之甚详。）今夫法令之改建，于以苏国民之困者，谓之立法可也；至于出赋，于以供国家之经费者，谓之立法不可也。即有法家扩充其界说，谓成赋之事，为立法之一宗。然则立法一言，无乃与行法混，而不识二者分际在何所欤？且定赋额，使民出财，既谓之立法矣，则定战媾，驱其民使执兵者，不谓之立法，殆不可也。然而英之兵制，又非议院之事也。交涉事起，为战为媾，王与政府决之，未尝咨诸议院也。故不佞所斤斤，非曰成赋、诘戎之二政。孰宜为议院之所与闻，乃问向所谓政府行法，议院立法，使其筹及兵食，则其所据为别而分立者，果安在也。是知议院之所为，其第一事即非立法，而其民视之不殊立法者，亦以其出议院，乃不得不名其事为立法耳。总之，以名学之所推究言，或将谓成赋之政，与时推移，不足以为立法，又不然，则诘戎经武之事，皆为立法。而宰相兵部向所谓行法权者，乃今侵及立法，而议院第一要政，转在行法之林。为彼为此，二者必居一而无可逃。是所谓二权分立者，徒虚语耳。

英之失北美也，首发难于宰相孤连维（George Grenville）之印花税。孤连维以七年之战费，美民有分任之义务，则不谋于其众而行印花之税。美之民曰："此英议院之所定，非吾美民之所定也。"以其中美民无代表故，则抵死反抗之。右政府者曰："立法与定赋，二者同出于英之议院。美既受英议院所立法矣，而不承英议院所定之赋，何耶？"右美民者曰："立法者，议院之正职，而定赋则不然。况美之侨民，于英议院，固无代表，一旦以母国之人，强为定其征额，此非自由之民之赋也。使此赋果行，英之宪法且岌岌矣！"此弼德代表者所亲承，颇谓美民之敢于抗令者，以议院政党言淆，与相应之故。当是时，英之院议愈益纷淆，而母属两国之间，终决裂而不可收拾，亦以见议院权限之难划矣。

又拿破仑第一之起而与法之国会争权也，尝寓书于总统西哀埃（Abbé Sieyès）曰："立法权之独立，固吾所尊重而不敢侵，然既曰立法权，则国之度支，非其职矣，且立法之事，又何涉于弹劾？故以正法言，英议院之所为，百九十九，皆逾其权限。以仆之意，立法者既欲独立，则求平恕，亦当顾全行法权之独立，而勿相侵，诸议员本于学理，姑为国立公平可久之法可耳，至于行政之弹劾、财赋之因时为重轻，实皆非立法者之所宜问也。"

观于前二事，则向者三权分立（此篇所及仅在宪政二权，其司法刑权以其易明，置之。）其为说之生心害政，大可见矣！盖其说二本，若阁部与议院之所为，中划鸿沟，绝不相及也者。而不知英之治制，至于今日，乃天演之所成，由于一本。阁部、议院，虽若分职，而其实于国家要政，初无畛域可言。孤连维、弼德既强为分别，而拿破仑则借权限之说，以济其私，凡此，皆分立之旧说误之也。实则英政府之所为，乃无一焉不经议院所讨论。一官之除拜，一令之风施，议院无不当问者。阁部诸大臣，列坐其次，议员起而有所诘，必对惟谨。未闻有人焉告议长曰："此乃下官行政权之所及，非议院立法所得过问者。"果其或然，虽有强相，鲜不立败。故议院于立法之权严矣！而于稽察行政之权，乃尤严，此不可掩之事实也。

英之政权，首推阁部。顾阁部之所孳孳，亦岂仅循议院所立法，而以奉行无违，为了职乎？甚不然矣！每一新政府之成也，朝野喁喁，必望新政。曰：“彼之宗旨政策，对于时局者云何？”凡新相之所建白，必一一宣于议院之中，使六百七十人者，熟议其可否，果众谋而佥同则遂立之，以为一朝之法度。创其新者可也，革其旧者可也，此宰相事也。假令有人焉，诘政府以不事事，行且误国家，宰相起而对曰：“某不敏，幸得待罪枢廷，奉职率成法，犹惧不及，何敢议更张。且此固立法权事，某任阁部，阁部行法者也，仆幸以某地代表，随诸公后，为议员之一，凡遇立法，亦尽其一分子之所得为陈议出占而已，乌知其余？”吾不知一院之众与一国之人，闻若此言，其对于此相之感情又何若也。

是故英之阁部，是名行政，而立法之权，实重且大于议院之名立法者。议院之于立法也，议之而已，各示之以己意之从违而已。至阁部之于一法也，必为之发起焉，必为之计划焉，至于至纤至悉而后已，此于法度大者，莫不然矣，非不知一法之立，无间小大，必经议院多数之所赞成，而后称制。顾其建白之行否，则宰相与其所辟置之部省，存亡立仆视之。盖阁部是谓政府，而一政府之得位行权，以其议院中有多数人焉，为之豫附故也，自非然者势不得为其时之政府。是故宰相有欲立之大法度，欲行之大宗旨，无异其业为议员所默许者。若发表之日，而忽有牴牾，其政府立废。宰相有大建白，而不为议院所赞成者，事无异议院逐政府也。孔子有言：“所谓大臣者，从道事君，不可则止。”英相之事议院也亦然，有所建白，议院所得以出入增减，特小小者耳，至于大经大义，宗旨所存，三占两违，即宜辞位。议院示异同者，无异逐其旧而谋其新。而宰相亦断无见道不行，犹思保位持禄之事。但英议院中，此事颇不数见，何者？以其中常有政党之对待，使议院而逐其旧，则新相必反对者之党魁。而议员多数，皆本附于现行政府，而异于反对之党人者。方彼之见举于地方也，亦本以助政府而御反对，故前事于理势，不能数见也。彼谓议院为立法权，意故谓一法之立，议众得以己意为准驳也，乃今总前事而核之，则议院之众，所离于宰相部省，而自具之立法权，余者几何？无亦宰相所谓立者斯立，所谓废者斯废，或更张，或循守，维行宰相之意已乎？以云其重，盖亦重矣。虽然，议院自有权耳。其权惟何？曰：使宰相而渐变宗旨，不足以献酬群心，彼将宁退其所豫附，而进其所反对者。是故宰相之权虽盛，必有所底，而非不制之权也。顾议院如是之权，虽名立法，其实则禁制已。禁制西语曰“威朵

(veto)”。孟德斯鸠言立宪，以威朵属国王。乃今国王无用之者，独议院间或用之，然亦不数见也。而英制之持重难棼亦由此，此觇国言制者所宜知也。

总之，主三权分立之说者，谓议院为立法权，非行法。乃今考其事实，则议院所谓立法者，但存于禁制。禁制之权，又必不得已而复用之，其于宰相所欲立，仅得以其细微，则议院于立法之权亦仅耳。然议院莫大之权，转在监督行政之事，时与谁何，甚则劾治之，此其权不亦近行政耶！且主三权分立之说者，又以阁部为行法权，非立法。然行法矣，乃在在为议院所程督，惟于立法之争，则所为独多。议院固亦立法，而所得为，乃禀于宰相。然则总而核之，阁部以行法，而受制于议院者也。议院以立法，而禀承于阁部者也。

俗说之所由误，正缘英制阁部大臣常兼地方代表之故。故谓立法之权，阁部之所由得与者以其代表，非由行政，此近似而不察事实之论也。即往者公司会邸之喻，亦大谬而不可从。盖以议院为社会，而宰相等为社会之书记、干事员者。会员为主，而书记、干事员为之公仆，所以守其公立之法，以达会员之目的者也。乃英国之宰相不然。英之宰相，非议院之公仆也，乃议院之王，之令尹。其所立而行者，非议院之目的也，乃宰相之目的。使宰相自弃其目的，而以殉议院之目的，是丧其所守，而溺其天职者。太上守位而行道，其次失位，最下失道极矣。

夫宰相为王，为令尹，而非议院之公仆，固矣。然何以处议院？曰：议院如前《讲义》言，固所以建立维持而破坏政府之机关也，故议院得以相时所宜，以拥戴，以扶持，以罢废其王、其令尹。王与令尹出令者也，非听令者也，罢之可也，易之可也，不能禁之使勿出令也。故曰议院立法，名然而实不然，而宰相之为立法主者，其权又从议院而得之。

然则三权分立之说，果无所可用矣乎？曰：有之。若美利坚者，真三权分立之宪法也。伯理玺以四年为任，为通国所推立，立则辟其辅相，与一切之部省，是为行法权。而所谓立法权者，则国会也。司法权者，全国讼狱之官也。以美宪法二权之间，异于英如此，故英美二国之民情，其对于议院，乃大有异。政治国家之思想，英之民若最富然。报章之所登载，街谈巷议之所喧腾，皆议院之辞头驳辨也。法王路易斐立尝言：“使法民如英民，酒半餐余，必谈朝政，其革命之举，当又稍稀。”而卫乐孙亦谓美国之民，从不读国会之驳议，此非美人阙国家思想也。因美国会虽有驳议，而所议者，不过科条而已，如中国刑部之驳议然，非业刑名者，不于此而留意也。若夫英议院之驳议，则政府之坚脆立仆，视之两党对峙，抵隙蹈瑕，其终也必一胜而一负。负则举国之官吏，以之变置；对外之政策，以之改图，其所系至重。今夫一赛马竞舟之微，民之观之也，且为空巷，矧乎二政党之为竞，而所系若此重者乎？故民于所议之端，其关心犹后也。知一法将立，有开必先使宰相倡其议，而和者寂然，则现行之政府必废，而明日新政府之组织，民生国计，咸从之以变迁也。且由是而英民进矣，亦由是而英之政府，有常惺之风，难以腐败，此亦政界最微之消息也。

是故此篇所言，谓英制非三权分立者，乃近百年之实事，有断然不可诬者。若孟德斯鸠三权分立之说，所以成法美之宪法者，即在当日之英制，已不尽然。虽然，英议院之权力，所以为成毁政府之机关者，当孟之时，特胚胎耳，固难见也。且当日之宰相如戈多尔芬（Godolphin）、威勒波尔（Walpole）等，皆国王之所除拜，其待命于议院，不如今日之亟亟也。美国独立，在十八世纪之末年，其时造立宪法，虽以祖国为前规，固不审君权之已衰，而政府之责，将萃于宰相。然则旧说之误，无怪其然，特学者相传不察，或用之以议今世之立宪，则豪厘千里，未为无弊。故不辞繁复，为之论以辨之，庶言政治者有考焉。

续论英国宪政两权未尝分立*（1906）

前篇论英政府虽有三权，却非分立。其中辨析甚细，颇虑为粗心人之所忽。盖其制即自西人言，亦以为立法之权为下议院之所独握。上议院与国主，名分其权，已成虚设。况宰相乃公推之公仆，其仰成于议院而不敢有所咈否可知。顾吾党独云宰相当职之权，乃为至重。近之则为议院之纲纪，远之则为全国所待命。其于一国之政，犹王者然。但立宪议院，所大异于中国前代之议曹者，其为时相之所君临固也。然立君复君权操自彼而已。闻者曰：夫使议众权重如此，将宰相纲纪议院之名，无乃虚乎？盖其人荣辱成败，既出于议院之所为，如有万分一而持禄保位者出于其中，其势不能不媚此议众。向也荣辱生杀之权在国主，则宰相必媚于一人；今也荣辱进退之权在议员，则宰相必媚于有众。然则议院君，而宰相臣也，乌得谓时相有君临议众，惟所欲行之事乎？

此其说甚辩。虽然，请徐复之。将吾说之无以易，可共见也。盖天下之绝不可同者，代表之与差使也。国民所举之议员，皆代表而非差使。方其举之也，固谓将以达一方之民隐，而以其众心为心。虽然，非禁代表者使泯其本心之良而不得用也。且地方之举，举其良也。良者之心同于举众，固最善。假使所持之政见不幸而与其众异同，当此之时，有宜去者，有不必去者。然未可自弃其灼然所持之政见，而苟然和光同尘，自媚于众甚明。是故为人代表，非奴役也。地方之众以其明于政而举之，此无异孟子言“使玉人雕琢玉也”。则遇一切有政代表者，固将自用其明，其地方之众亦不得使弃其明而从举者之意，如齐王之谓玉人

---

* 未发表，应撰于1906年10月到12月间。本篇选自《严复集》，第一册，230～236页。原无标题，此为《严复集》编者王栻所加。

曰：姑舍汝所学，以从我也。

知此则立宪宰相之职愈益见。方其始也，彼固与议院意合，此其所以得为宰相，而有组织新政府之事。虽然，宰相固自有其所怀抱，而议众之拥而立之也，非以其圆通熟媚，而心恂恂如也，又能以虚受人，一切自同于众而已也。果如此，则其国危。故立宪议院之宰相也，必主强干前识，过于人人，而国事缓急可依倚者。夫立宪之宰相，固无甚愚甚不肖者，而但使其人不具主张，徒瞻望于众人之意向，甚或本志变化，其政策一听群情之依违，夫如是之政府，往往腐败，此各国历史所特出不一书者也。

且国何以危，政府何以腐败？夫使议院君，而宰相为之臣，则奉令承教，格恭将命，虽未合于吾所谓大臣之谊，而其事要为臣下之通职，而未可以为大戾明矣。顾立宪宰相之职乃大异，此其为院众之所推立固也。其推而立之也，乃使之治其众，非使之事其众也。此如春秋晋臣之迎周子，西汉将相之拥代王，乃立之以出令，非立之使听令也。且宰相正名定分，固国主之辅弼，非议院之陪臣，然则君临议院宜矣。若曰，以议院有变置其名位之权力，其势不能无待命于其所临莅者，则由形而言，何必宰相？一国归往之谓王，亲戚离畔谓之独夫。即在事王矣。此不佞前者《讲义》所反复推明者也。特立宪之机关，有其所大便者，责在宰相，既有以避国主之至尊，而一切变置之所为，集甚重于至轻，为极难于至易。事同革命，而匕鬯不惊，天下如故，是则立宪而已矣。

变置政府之能力，无论何制皆有所伏。顾非立宪，则无其用事之机关。故其发也，常在压力甚重之秋，而又有人事天时之交逼。此所以常为暴动，而国以之危。前者言凡国以众人而参预政事者，此众即为制造政府之机关。而吾党所标举以为法式之英政府，不过其一端已耳。第此一端，有独具之特色，则其废仆政府之方，在于所持重要之议，不与之以大众之赞成。今夫国之制于众治者不一。而具如是特色者，英伦而外，惟欧陆二三国规仿英伦以立宪者。至于余国不然。然则是制造政府之机关，其用事常法果何若耶？今欲解此问题，则请先置一二难者，以俟别论。而先取寻常之立宪，若君主，若民主，著其所行之政，可以见其事虽异，而理固同也。

夫考政治而欲得其真，则勿荧于形表，而必辨无实之名。此如英制议院所共推之宰相，至于今固俨然一朝之选主，与美法之伯理玺无以异也。顾以其名则宰相矣。宰相，王者之臣，受命焉而股肱其治者也。若曰：是非君也。使其为君，则英伦固有世及之国主，彼议院又安得随时而立之？更安得集众而废之？议院之力虽神，而王者受命自天，固尊严不可侵犯者也。使学者必殉于名，而以故见自封，如此英制之真，即不可见。必不听荧于名，而确然深究于情实，夫而后知曩所谓宰相、所谓大臣，其名惟然，而实则国政所从出。政所从出，故为国主。而如是之国主，固议院所得以拥立，所得以罢废者也。

盖英伦治制之天演所可深察者两途：一曰议院，二百余年而得此兴废政府之权力；一曰宰相，以国主之不可侵犯，以王者之无过，于是以宰相之可侵犯而有过，转为政柄之所归。故二者而外，又当知英制之所以成其如是者，以有政党之代兴，如寒暑、昼夜之递嬗，而宰相用权，又依于党派之规则。凡此皆其绝异，不仅为东洲之所无有也，即在余国，议院权尊矣，而宰相不必理国万几而代其国主也；其议院中领袖，亦不必与行政之阁部意见尽皆相合。是故欲明英制，必统三事以为言：裁决万事，皆定于代表议众之占，一也；名为独治王制，而阁部行政之权无限，二也；其中有独异之党派，凡在国民，非此即彼，三也。欧洲大陆无此，其稍近似者，则如挽近规仿英制之比利时、义大里是已。顾其中党派门户纷纭，又不能如英之中分为两，力敌势均也。

他国之立宪也，凡英所以间接而易者，彼则往往以直接而难。盖英之所推立名宰相，非国主也，而其权则有主国之实。他国之所推立，真国主也，非宰相也，如是者谓之民主。顾既主之后，以真国主而变置难，不慎且乱。夫其人已为通国所拥进，而亲统其一切之政权矣。夫如是，虽有不法之行，事之是非又乌得取而究鞠之乎？故不得已而制为年任，若流官然。为此制者，亦若曰，一时所推立，以知人之难，与人道之善变，固未必可保其为明主。然而虽有桀纣，使为暴有极，民尚可以忍也。此十八世纪间美民叛英，自立其长华盛顿所亲定之制，自以为得英制之善，而无其委曲繁重者也，则通国所共立之伯理玺是已。美制之议众，不曰议院，而曰恭孤烈思，译言国会。夫必学英制，则伯理玺之推立，付之国会可耳。彼则谓伯理玺固君临亿兆之人，故其立也，亦必由亿兆之拥戴，使人人得以出占，斯为最公之制。其立之也如此。至于其废之也，固有法典。然犹以为未足，故限其任，为四年乃更举。然则所遇，纵极不仁，彼被其殃者，犹于中国最为短祚之皇帝。

西史所谓自由时代，若雅典、罗马之民主，其治制大都如此。其始为独治，为专制，已而转为民主。虽民主不能无君，则相与立一年之选举，此古代立宪也。雅典与罗马民主制稍不同，今请置雅典而言罗马，见其制亦为吾例之行也。

罗马之国会曰康密沙。康密沙有三，其一最古而早废，其余二亦少有不同。然今可勿论。三国会之外，尚有所谓恭西勒者，以议国之要政。其众之举，不由民举，似英之上议院，号沁涅特，英法今皆为之，东译所谓元老院是已。(以上诸制均详孟德斯鸠《法意》。)

罗马政权当为民主，大抵在国会。而沁涅特则为特别权力，有时出民会。若取罗马民会以与今日立宪之议院较，则其所主者，若不仅立法权。盖罗马国会岁举地方守宰者也。英民亦有推举权利，顾所推举者大殊。英民所举者，议众也，是谓代表。罗马时，代表之政未兴，方为民主，实人人为议员，其所举者非沁涅特，而在一切之行政权，则守宰是已。此罗马国会之大事也。

夫如是言，则罗马国会固亦制造政府之机关耳，至于立法，罗马国会所具之权，亦莫〔畧〕与英之议院相若。何以言之？英议院之立法也，以阁部诸行法权为之领袖，而议院则裁决而赞成、反对之。罗马亦然。为之领袖，则诸方之守宰也。其国会相与为吁咈，不事为提倡也。英之成坏政府也，不居其名，而阴行于赞成、反对之间。罗马之国会，则居其名矣。何则？每岁有推举行政守宰之要政也。故拉丁文之康密沙，其本义为国会，其引申义又为推举也。康密沙之制造罗马政府既如是，顾有破坏现行政府者乎？曰：无之。何以知其无耶？曰：当是之时，罗马之行政权，乃每岁而一举。其为任也只一岁，为时至暂，若美之伯理玺然，本无所用其破坏故也。且国会之举置者，固不止于守宰。考其历史，若总统、若内阁、若廷尉、若司隶、若将作诸监、若少府、若护民之官，所不由国会举置者，特直指刺奸已耳。故罗马官吏之任行政权也，其为时乃至暂。时暂故权专而重，若中国明代之巡按。然罗马一守宰之所决，民往往无所告诉。他若法典、讼狱之事，廷尉主之。其受任之始，多所更张，条教所下，虽尽反故事可也。专且重如此，虽然，五日京兆耳。(此中国言官权之暂，而西人亦有四十日专制之故实。)彼之反前人者，后之人又得而反之。且彼知其事权之暂也，虽有野心，不乐自恣。罗马免于行政权之为暴以此，而其不得收人才之益也，亦坐此，道固不得两隆也。

凡国家法制之变也，必以渐而无顿，此其理至易明也。盖虽专制之国，主治者无独断之实，而恒左右于其国人之思想。思想发为清议，清议更张，绍述必得其一分。其始更张少，而绍述多；继则二力均平，其争最厉；已而主绍述者日少，而主更张者日多，于是乎有变法之事。罗马古初固一王之独治也，由独治而成于众治，于是乎有若前之制。此其递变之迹，至今史乘缺有间，不可考矣。后之史家谓罗马前之专制，尽于挞尔昆之见逐，国人决策，更定民主之规。此其所言，要为无据，不必尽符于事实也。曩尝谓独治众治，无力发自上自下之殊，是故两者同出而异名。且史家言挞尔昆见逐之后，其同姓有歌拉丁奴者立而为首任之总统。已而歌拉丁奴又见逐，此正如挽近法国之事。一千八百三十年其故王布尔滂废矣，其同姓之路易斐立白嗣位，凡十八年而革命之事又见。故以理势言，挞尔昆既逐，歌拉丁奴以旁支而执国柄，当此之时，即逼于群下，而去王号。然所谓总统者，其必非一年为任明矣，故其国史于歌拉氏之起讫，亦无从而指。实意者歌之代立，必仍王制。已而人心既去，独治之制不行，若春秋之鲁昭然，虽欲去大夫之逼，势无由也。故歌拉丁奴国柄虽去，或仍王号，即不然而称总统，亦不必遂以一年为总统之任期。其制之成于如是也，必经累世积时之凌迟。是以后之总统权杀任暂矣，而王者之表形名器犹自若也。约而言之，罗马之变制，其政界天演，有二事之可言：由世及之位，而转为选主，此一事也；由终身之任，而限为期月，此又一事也。二者皆有渐而无顿，是则灼然不惑者耳。此读古史者之所宜明也。

由此观之，前谓众治之国，其异于独治者无他，在制造政府机关之已未发达而用事，其理至明，不仅证以今英之事为然，而察之古之罗马又如此。故继自今，吾辈言罗马政界之演进，将不曰：君主制毁而民主制成，直将曰：以罗马扶倾其政府之机关，有其进步气候已成之故，其国主乃化家而为官，其立也由众举，其任事也有限年。

顾罗马政界之天演，自足异者焉。盖众治之制，以机关之不完，历久而又即于腐败，于是而独治之制又成。沃古斯达之欲专国权也，则令其国民岁必举己，以阳合其国之旧制，实则先取其限年之大法而弁髦之，已则自立为皇帝，而阁部以下，凡以翼辅其行政权者，亦相率而无限年。沃古斯达之造国币也，于第十载则为之文曰：即位十次。此由唐代宰相之有中书者矣。

罗马与英同用民权机关，顾其效之不同如此。今请反观英制初成之始，以证验其演进之情状为何如。方英议院之肇立也，其权力实微。国主召聚豪杰之民及父老，而诏之各输财力纾国难而已。其裁决国政如后之所为，殆未始梦见也。故民被举赴，方以为苦，避之弗遑，则安得有推立国相之事？又安能取当柄之时相而废之？其遂有此权也，自抵抗专制之时始，此事见于一千六百八十八年，史家所谓英民革命者也。顾当此时，议院之人，不自知其有成倾之权力也。岂惟不自知，实且不敢作此想。其人情仅以为主上为虐已甚，使吾侪生不自聊，乃本其宗教之公理，出九死不顾一生之计，以抗雷霆之威。不自意济，而它日五洲最良之政制，乃以此为滥觞。使为人主者知法典为物，乃君民同有之范围，非作法者遂可以自犯。于是乎有立宪之大义。夫如是言将立宪云者，要在国君守法已耳。不必以立宪，而代表之议众遂成一制造破坏之机关也。顾自吾党言，则专制立宪之分端，以此等之机关有无为断。前后若不相合意，或者吾说尚有未尽者欤？此又不可不徐理者也。

宪法大义*
（1906）

按宪法二字连用，古所无有。以吾国训诂言仲尼宪章文武，注家云宪章者近守具法。可知宪即是法，二字连用，于辞为赘。今日新名词，由日本稗贩而来者，每多此病。如立宪，其立名较为无疵，质而解之，即同立法。吾国近年以来，朝野之间，知与不知，皆谈立宪。立宪既同立法，则自五帝三王至于今日，骤听其说，一若从无有法，必待往欧美考察而归，然后为有法度也者，此虽五尺之童，皆知其言之谬妄矣。是知立宪、宪法诸名词，其所谓法者，别有所指。新学家之意，其法乃吾国所旧无，而为西人道国之制，吾今学步取而立之。然究竟此法，吾国旧日为无为有，或古用而今废，或名异而实同，凡此皆待讨论思辨而后可决。故其名为立宪，而不能再加分别者，以词穷也。

宪法西文曰 Constitution，此为悬意名物字，由云谓字 Constitute 而来。其义本为建立、合成之事，故不独国家可以言之，即一切动植物体，乃至局社官司，凡有体段形干可言者，皆有 Constitution。今译文宪法二字，可用于国家之法制，至于官司局社尚可用之，独至人身草木，言其形干，必不能犹称宪法。以此推勘，即见原译此名，不为精审。译事之难，即在此等。但其名自输入以来，流传已广，且屡见朝廷诏书，殆无由改，只得沿而用之。异日于他处遇此等字，再行别译新名而已。

以上所言，乃推敲宪法二字名义。今将论宪法实事，自不得不从原头说起。案西国分析治制之书，最古者莫如雅理斯多德。其分世界治

---

* 此为严复 1906 年 12 月 17 日于安庆高等学堂演说稿。本篇选自《严复集》，第二册，238～246 页。

体，约举三科：一曰独治，二曰贤政，三曰民主。至孟德斯鸠《法意》出，则又分为三：一曰民主，二曰独治，三曰专制。而置贤政，不为另立。雅理氏之为分，专以操治权之人数立别，自系无关要旨，是以后贤多弃其说。孟氏之分，不姱姱于人数，而兼察精神形制之殊，较雅理氏为得理。其二三两制，皆以一君托于国民之上，其形制固同，而精神大异。盖专制自孟氏之意言之，直是国无常法，惟元首所欲为，一切凭其喜怒；至于独治，乃有一王之法，不得悉由己意。此在吾国约略分之，则为无道、有道。此独治与专制之大殊也。至于孟氏之民主，亦与雅理氏民主不同。雅理氏之民主，以一国之平民，同执政权，以时与议者也。孟氏之民主，有少数、多数之分。少数当国，即雅理氏之贤政；多数当国，即雅理氏之民主。而二者为有法之治则同。自孟氏言，民主精神高于独治。民主之精神在德，独治之精神在礼，专制之精神在刑。故前二制同为有道之治，而专制则为无道。所谓道非他，有法度而已。专制非无法度也，虽有法度，其君超于法外，民由而已不必由也。

则由是立宪之说始滥觞矣。民主、独治二制，虽执政人数多少不同，而皆有上下同守共由之法，如此者谓之立宪政府。其所守所由，荦荦大经，必不可畔者，斯为宪法，惟专制无之。诸君须知生当今世，政治一学，最为纠纷。言政治者，不可但举其名，且须详求其实，乃得言下了然。即如立宪一言，本有深浅精粗之异，自其粗者、浅者、普通者而言之，则天下古今真实专制之国，本不多有。而吾国自唐虞三代以来，人主岂尽自由？历代法律，岂尽凭其喜怒？且至本朝祖宗家法，尤为隆重。蚤朝晏罢，名为至尊，谓之最不自由之人可也。夫如是言，则吾国本来其为立宪之国久矣，即《法意》所称之独治，西语所谓蒙纳基是也。夫使中国既为立宪，则今日朝野纷纷，传言五大臣之所考查，明诏所云预备，若必期于久道而后化成者。其所黾勉求立之宪，果何宪耶？可知今日吾人所谓立宪，并非泛言法典，亦非如《法意》中所云，有法为君民上下共守而已。其所谓立宪者，乃自其深者、精者、特别者而言之，乃将采欧美文明诸邦所现行立国之法制，以为吾政界之改良。故今日立宪云者，无异云以英、法、德、意之政体，变中国之政体。然而此数国之政体，其所以成于今日之形式精神，非一朝一夕之事。专归其功于天运，固不可，专归于人治，亦不可；天人交济，各成专规。且须略言其变迁，于其制乃得明也。

制无美恶，期于适时；变无迟速，要在当可。即如专制，其为政家诟厉久矣。然亦问专此制者为何等人？其所以专之者，心乎国与民乎？抑心乎己与子孙乎？心夫国民，普鲁士之伏烈大力尝行之矣。心夫己与子孙，中国之秦政、隋广尝行之矣。此今人所以有开明专制最利中国之论也。且立宪之形式精神，亦有分殊差等。姑无论异国之不同，如法、美同民主，英、德、奥、意同独治，具〔俱〕不可同而论之，无殊鸡骛之异体。诸君他日治其历史，当能自见。即以一国之前后言，如英伦为欧洲立宪模范之国，二百年以往，其权在国王；百年以往，其权在贵族；五十年以往，其权在富人；直至于今，始渐有民权之实。是故觇国程度而言，法制必不可徇名而不求其实。夫苟以名，则试问古之罗马，今之瑞士、威匿思、北美合众与墨西哥，此五者皆民主国，而岂有几微相似之处？称为民主，不过言其中主治之家，非一姓之世及，即异观同，如是而已。

卢梭之为《民约论》也，其全书宗旨，实本于英之洛克，而取材于郝伯思。洛克于英人逐主之秋著《民政论》，郝氏著《来比阿丹》，二者皆西籍言治之先河也。然自吾辈观之，则卢梭书中无弃之言，皆吾国孟子所已发。问古今之倡民权者，有重于“民为重，社稷次之，君为轻”之三语者乎？殆无有也。卢谓治国务明主权之谁属，而政府者，主权用事之机关也。主权所以出治，而通国之民，自其全体䜣合而言之，为主权之真主；自其个人一一而言之，则处受治之地位。同是民也，合则为君，分则为臣，此政家所以有国民自治之名词也。政府者，立于二者之中，而为承宣之枢纽，主权立法，而政府奉而行之，是为行法。又有司法者焉，以纠察裁判，其于法之离合用此。外对于邻敌，为独立之民群，此全体之自由也；内对于法律，为平等之民庶，此政令之自由也。居政府而执政者，谓之君王，谓之官吏，使一切之权集一人之藐躬，而群下之权由之而后有者，如是谓之独治，谓之君主之国。若出治者居少数，受治者居多数，此制善，谓之贤政之治，以贤治不肖者也。不善，名曰贵族之治，以贵治贱者也。又使多数之民合而出治，如是者，谓之民主。虽然，卢梭之所谓民主者，直接而操议政之权，非举人代议之制。故其言又曰：民主之制利用小国，犹君主之制利用大邦，是故有公例焉，曰：至尊出治之人数与受治人数之多寡为反比例。由卢梭之说言之，吾国向者以四万万而戴一君，正其宜耳。然而卢梭又曰：尚有他因果，宜察立制之道，不可以一例概也。

代议之制，其详具《社会通诠》中。国大民众，而行宪法，代议所不能不用者也。顾卢梭氏则不甚喜此法，故尝谓英民自由为虚语，除六七年一次更举议员之时，其余时皆伏于他人权力之下。真民主制，人人自操立法之权，不由代议；然又谓其制过高，非寻常国民程度所可及。盖不用代议，必幅员褊小，户口无多，民人大抵相识，而风俗敦厚简易，开口见心，民之地望、财产相若，而不足以相凌驾者而后能之。其论独治之制，所必逊于民主者，以民主之国，民略平等，威惕利疚之意较微，当其合词举人以当行法，常取正士哲人以为愉快；至于大君在上，往往谗谄面谀之众，骄伪倾巧之夫，易邀宠眷，而邦国之事，乃以荒矣。故曰：独任之易于失贤，犹众举之易于察不肖，此两制优劣之大凡也。至少数治众，其类有三：一以武力相雄长也，二以令德而被公推也，三以世封而役其众也。第一为草昧时代有之；第二最美，斯为贤政；第三最劣，其腐败虐民，往往而是。观于《汉书》诸王之传，可以见矣。政治目的，万语千言，要不外求贤事国。立宪宗旨，亦犹是耳，无甚深难明之义也。

言宪法制度之大体，诸公欲知其源流本末，求之《社会通诠》、《政治讲义》二书，十可得八九。今夕匆匆，恐不能细言。其大较，则一须知国中三权之异。三权者，前已及之，立法权、行法权、司法权也。中国自古至今，与欧洲二百年以往之治，此三者，大抵不分而合为一。至孟德斯鸠《法意》书出，始有分立之谈，为各国所谨守，以为稍混则压力大行，民无息肩之所。顾考之实事，亦不尽然。如英国今日之行法权，乃以首相为代表，而各部院地方辅之，通为一曹，由于一党。然宰相实亦领袖，议院立法之权有所更革厘定，宰相发其端，而议院可否之。大议而否，是为寡助，寡助之相，即行告退，而新相乃入而组织新政府矣。

立法权，以法典言，凡遇有所议立，贵族、平民两院，分执议权，议定而国王可否之者也。故论者谓英立法权鼎足而立，缺一不可。虽然，至于今日，则英立法之权，因缘事变，已为下议院所独操。凡事之经下院议定者，上院虽有此权，未尝议驳，犹国主之权，虽可准驳，而亦悉可无否，此已习为故常，殆难变易；易之，将有革命之忧。故立法权自英制言，实总于下议院，其国民权之重，可想见矣。

自国主下至于百执事，皆行法权也。英制宰相独重，大抵国民举议员，而议员举宰相，由宰相而用内外百执事，是为政府。是非有议院大众所崇拜推服之党魁，其人不得为宰相也。虽然，院中之员七百余人，不尽由于一党。常有反对之员，与为对待，即以稽察现行政府之举措。宰相有一建白，而为议众多数所不赞成者，则有两种办法：一是奉身而退，让反对者更举彼党之魁，立新政府，此常法也；一是请国主之命，解散现有议院，使国民更举新员，用以更议所建白者，此不常用之法也。盖宰相欲行第二法，须深知通国意向，与院中议众之旨已有不合而后可；不然，则新集之众，依然与之反对，祇自辱耳，无所益也。

至于司法之权，立宪所与旧制异者，立宪之法司，谓之无上法廷。裁断曲直，从不受行法权之牵掣，一也。罪有公私之分：公罪如扰害治安，杀人放火，此归孤理密律，国家不待人告发，可以径问；私罪如负债、占产、财利交涉，此归司域尔律，原告兴讼，理官为之持平裁判，二也。讼者两曹可以各雇知律者为之辩护，而断狱之廷又有助理陪审之人，以可否法官之所裁判者，而后定谳。故西国之狱，绝少冤滥，而法官无得贿鬻狱枉法之事。讯鞫之时，又无用于刑讯。此立宪司法之制，所以为不可及，而吾国所不可不学者，此其最矣。

立宪治体，所谓三权之异，具如此。顾所言者，乃英国之制，演成最早，而为诸国之所师。至于法美诸国所谓民主立宪，德义诸国所谓君主立宪，皆有异同，不尽相合。诸公他日治学，自然一一及之，非今夕所能罄尽。但以上所言，犹是立宪之体式。至于其用，则以代表、从众、分党三物，经纬其间，其制乃行。夫此三者之利弊短长，政家论之审矣。顾法穷于此，舍之则宪法不行。即如朋党，本吾国古人之所恶，而君上尤恨之，乃西人则赖此而后成政。且宪法英之所以为最优者，因其国中只有两党，浑而言之，则一主守旧，一主开新。他国则不尽然，有主张民主、王制、社会诸派，宗旨既异，门户遂分，而国论亦淆而难定，此其所以不及英也。

诸公勿视立宪为甚高难行之制。笃而论之，其制无论大小社会，随地可行；行之而善，皆可以收群力群策之效，且有以泯人心之不平。今欲诸公深明此制，则请以本安徽高等学堂为喻。今此校立有年矣，其中有监督，有教、斋、庶三长，有管理者，有教导者，中聚学生二百余人，有本籍，有客籍。此下尚有听差、厨役人等合成团体，以共为此教育之一事，故曰此亦一社会也。是一社会，则必有制度机关，而后可以存立，其制度机关奈何？则现行章程规则所云云是已。虽然，是现行之规则，为何等制欤？曰：其制非他，专制之制也。何以知其为专制耶？

曰：学生人员在受治之位，章程非学生所议立。先有立者，而全校受之。监督意有所欲为，则随时可以酌改颁行，以求全校之公益，非以利己私，故虽专制，犹得为开明之专制，则如此校是已。假令后本校日益发达，学生人数日多，且人人皆有学费，而欲改为民主立宪，则其事将何如？曰：此无难。学生人数既多，不得尽合而议也，则人人有选举代议员之资格；丁役人等，无选举代议员之资格也。且本籍、客籍权利不同，各成一众，以举议员，分为两厅，此则犹外国之有两议院矣。英国有两议院，其初亦非定制。英有二，大陆诸国有三，而瑞典则有四：僧侣也，世爵也，城邑也，乡农也。民之品流难合，则其议众辄分，英之为二，亦偶然耳，非定制也。议众既立之后，则公举管理全校之监督，为之年限以任之。所以为之年限，恐所举而惧，权难猝收，故为之期限焉。使其势之有所终极也。监督既立，则用其所知者，以为教习、管理诸员，而厘定一切治校之规则章程。每有所立，则付之两厅而公议之。其许可者，即垂为法。方监督之为大家拥戴也，则有所置立，大众将莫不赞成矣。使其反此，则凡所欲为，众将反对。若循英制，监督即同宰相，势须退避，以让他贤为新监督。自监督、三长以下，则皆此校行法之权，而诸生所设之两议厅，则立法权之地，独有司法一权，尚未议及。今设以本校之监学官，为司法权，则学生有过，果否与章程违背，量其轻重，分别记过行罚，皆监学官之事。监学裁判之后，移其谳语于斋务长而行之。何则？斋务长乃行法之权故也。此为吾辈学堂之立宪，言其大略，如是而已。有何甚高难行之有哉！

君国自三古以来，所用者为有法之专制，县官以一体而兼三权，故法制有分部、分官而无分柄。设庶职资选举，以招天下之人才，即以此为与民公治之具，其法制本为至密。言其所短，则其有待于君者过重，其有待于民者过轻。假使吾国世世皆有贤圣之君，其利用可谓无匹，而无如其不能也。是故民才以莫之用而日短。国事以莫或恤而日隳。自海禁既开，持此以与彼族群扶之国相遇，日形其短，无怪其然。乃今幡然而议立宪，思有以挽国运于衰颓，此岂非黄人之幸福！顾欲为立宪之国，必先有立宪之君，又必有立宪之民而后可。立宪之君者，知其身为天下之公仆，眼光心计，动及千年，而不计一姓一人之私利；立宪之民者，各有国家思想，知爱国为天职之最隆，又济之以普通之知识，凡此皆非不学未受文明教育者之所能辨明矣。且仆闻之，改革之顷，破坏非难也，号召新力亦非难也，难在乎平亭古法旧俗，知何者之当革，不革则进步难图；又知何者之当因，不因则由变得乱。一善制之立，一美俗之成，动千百年而后有，奈之何弃其所故有，而昧昧于来者之不可知耶！是故陶铸国民，使之利行新制者，教育之大责，此则仆与同学诸子所宜共勉者矣。

代北洋大臣杨拟筹办海军奏稿*

(1908)

奏为时局艰难，海军亟宜兴复，谨将面陈未尽事宜，请旨饬下王大臣筹议逐渐兴举办法，用以绸缪未雨，建国威而销敌萌，恭折仰祈圣鉴事：

窃伏维五洲立国，形势不同，有海国，有陆国，有海陆并控之国。海国如英吉利，陆国如俄罗斯，海陆并控如德、法、美利坚。而我中国者，正海陆兼控之国也。徒以神州奥壤，地处温带上腴，民生其中，不俟冒险探新，而生计已足，此所以历代君民皆舍海而注意于陆。自弃大利，民智亦因以自封，遂致积重以成百年来之世面。向使高瞻远瞩，早建海权，国振远驭之良策，民收航海之利资，交通既恢，智力自长；则东北讫于百龄海角暨斐猎宾、婆罗洲、苏门答腊、新嘉坡，西南之远印度、马来亚，诸岛棋布星罗，百岛千屿，有不尽为中国之外藩，属神州之拱卫。而乃令强敌处邻，日忧窥伺，此诚理势之所必不然者也！

道咸以来，时势异矣。汽电用事，舟航棣通，门户廓然，而我遂处于日屈之势。商埠则据为己有，而领事有裁判之权；教堂则遍于民间，而官吏任保护之责。凡此皆他国之所无，而为吾国所仅有。遂使是非淆异，法律纷歧，内政外交，日游荆棘。至于返原论始，上溯当日所以失败之由，则每次交绥，其弱点莫不在海。此则士大夫惩前毖后，亦可憬然知所宜亟图者矣。臣非不知谋国之道，不仅外封，而内治要为根本。是以近岁以来，朝廷竭诚图治，凡属应兴应革，莫不幡然沛然，次第设施，以答海宇喁喁之望。恭读八月初一日明谕，宣布立宪预备限期，则

---

* 此为严复代北洋大臣杨士骧所拟奏折，作于1908年9月4日到6日。本篇选自《严复集》，第二册，256～265页。

区宇腾欢，群黎感泣，谓此不独为吾国二千年肇开之景运，而亦为欧美数百王未有之至仁。但使从兹以往，天下臣庶合力振作，去私戒暴，有以仰副朝廷之德意，则敝俗可望于渐祛，亦民气日臻于团结。精神感振，百工自熙。顾臣之所窃虑者，则群力既施之余，地利有日出之势，强邻眈视，胠箧堪虞。

夫用兵刑为王者大权，所谓经武诘戎，必宜大加之意。臣又非不知御侮之图，欲筹之海者，必先为之陆。日本一岛国耳，且立征兵之规，使通国丁男皆尽捍卫侯遮之义务；况吾国与人接壤，陆线为长，一旦有事，在在皆资扼守。又使无陆军以为后盾，徒恃海战，亦为危机，是以编练陆军诚不容缓。所幸数岁以来，部臣疆臣周咨擘画，渐著成规。陆军综计已成十有余镇。此后各省如能按陆军部奏定之数，次第征集，日月成军，似亦不难扩充，而所有事者转在筹饷。此臣悬悬之愚，故独以国无海军为可虑。

盖海军之重，前者中兴将帅，如曾国藩、左宗棠、沈葆桢、李鸿章等，莫不知之。同治、光绪十余年间，合力通筹，固亦卓有成效。不幸计臣以为糜费，徒主撙节，使之不得发舒，致一军之内，有铁甲而无游击之快船，有钢弹而无速放之快炮。甲午之役，敌觑吾短而用其长，又用其轻疾以乘吾之迟重；不然，大东沟之役，彼此雌雄未可定也。夫筹费治军，则惜数百万、千万之金钱；至于与敌为媾，则出数万万之资，益之以土地而不顾，此其心计眼光之短，有令人思之而痛心垂涕者矣！威海之困，海旅熸矣。又不幸失事之后，士大夫持论，不悟我之所由取败者，咎在图之而不竟其全功，非曰成之而其物为无用，徒云北洋设置海军历时十年，糜饷无算。至于临事，果不足恃。如此，则其事可不复谈。藩篱尽撤，堂奥皆虚，此旅顺、威海、胶州三军港之所以相继而去也。至于今之海军，固不足道。吾国自东讫南，海线延长粗计一万二千余里，而今所有者不过四五艘之快舰；至于运练各船，总计亦不过十余艘，尚皆旧式。此以平时巡缉尚且不敷，矧在战时，实同无具。欲立基础，必取新图。臣上月趋觐阙廷，即亦面奏及此。仰蒙皇太后、皇上优容采纳，并奉面谕，退与军机处诸王大臣集议妥商通筹办法，业已钦遵。至回治所，俯画仰思，浃旬累日。窃见规复海军，在今日有必不可缓者六，有虽知其难而不可不勉为其难者四。谨就微臣愚虑所及，为我皇太后、皇上缕晰陈之。

夫贯海之利，我与日本共之者也。日以胜俄而超为一等之强国。顾其所以胜俄者：始之则于旅顺毁其名舰，建破竹之势；终之则出锐师熸其波罗的舰队，收合尖之功。凡此，皆其海军之所为，不仅陆军师团称雄而已，其海军之足恃如此。顾近闻更添造一万九千吨以上之巨舰，佳兵如此，微意可知。他日或以航路，或以渔业，或以边界之纷争，或以运私之轇轕；殖民传教，骄气阴谋。我若一无所操持，在在必为其鱼肉，此不待深计前识而后知其然也。若夫欧美诸国，德皇锐意海军，每饭不忘；俄虽覆败，规复在指顾之间，虽以此重负国债，所不恤也。英之海权旧矣，顾以领土之多，唯恐有失。其国中既日为造船之储备，而又深交法国，以为联合之资。美则孟禄主义早已变迁，长驾远驭，必为太平洋之主人而后已。又澳洲日盛，南斐新开，其在彼也，则非白种不容；其在此也，则唯黄人可夺。他日者，云谲波诡，悉萃于南溟、东海之间，而我之国势则如无螯之巨蟹，渔人、钓者，谁不得取而食之？至于登陆，而以陆军与之肉搏，课其所失，亦以多矣！是则必有海权，乃安国势，所谓必不可缓者一也。

夫海权固为重，而其次者亦有数端。即如内河航路，外人与我共之。迩者江淮之间，英日最盛，而德亦狡焉思逞矣。俄涉东省，法入滇粤，原其名义，皆属通商。顾因通商，则有保商；继保商者，且有保教。人民产业，事事皆足借词，入籍挂旗，时时可以启衅。凡其浅水军舰，随时皆有直达腹地之忧，而地方官吏始棘手矣。或交涉稍有枝节，或萑苻稍见鸱张，动且鼓轮而来，装炮悬旗，肆行恫喝。国威因之不振，法令且以不行；民轻其上，固亦其所。至于口岸炮台，原与海军同为海防之政，一动一静，犄角相资。今者海军既已式微，斯炮台亦归荒废。微论其无有也、有而不合法也。就令有之而合法，究亦何施？况遇必不敢先启衅，孰图其后？所以庭户荡然，不徒排闼无虞，且将代司吾钥。是则将修内政，先固外封，所谓必不可缓者二也。

论者谓二十世纪为工商实业竞争时期，是以各国虽于武备刻意励精，而舍一二潜蓄野心之邦，实亦意不在战。然而海牙会议号平和，其畴各国等第，必以海陆军备定其级次者。盖国唯能战而后可期不战，而享和平之福也。是以公法国字界说，既曰有一区之土地、有一族之人民、又有一部通行之法律矣，又必曰能为攻守自保之权，而不为他族之所制。盖惟如是，而后均势平权，列为友邦，而公道以出。否则，废然无备，大启戎心，譬若慢藏诲盗之家，攘夺纷乘，不独自致于丧亡，乃亦为社会之所共苦。其会主平和，而必斤斤然程量列邦武备之能力者，非得已也，亦有所励也。我国现已预会，本列在前，则亟宜乘时于整顿陆军之后，缮治海军，以副其实。庶几异时交际，脱有龃龉，得于其会持平论断，不以兵戎。吾国亦得聚精会神，以为发达实业，考求学问之事，不至示弱召侮。设经公评抑置，则国体愈亏，诚恐以不能战之故而待战，战事日益殷。是则欲求公道，必建强权，所谓必不可缓者三也。

交广长江会匪、游勇，于今为甚，其军械则购自外洋，海关查验虽严，无如沿江、沿海港口纷繁，难保无百密一疏之事，偷运接济，随处可通。此不独内患潜滋之可虑也，且恐外人以为口实。臣闻今日保国之道，其一在为之通，其一在求其治。盖国于天地，民工物产，必交相资。叩关求通，乃至受廛为氓，皆无可拒。深闭固拒，或以反致丧亡，则南斐脱兰斯〈哇〉之前事是也。然而通犹未尽可保也，亚西诸部通矣，而俄国商贾出于其涂，沙漠之间往往为人所杀，越贼久不得，则兴问罪之师。葱岭以西，高加索以南，俄之境土日辟者，致皆如此。是则内匪不靖，外患因生，此主权或以不保之明验也。今吾国会匪所可虑者，在多挟精械以抗官兵，而欲绝精械之源，必于外海内河为之梭巡严密，此非多置巡洋快船及浅水炮舰又不为功。是则消内患者，即所以弭外忧，所谓不容缓者四也。

南洋各岛，中国侨民最多。盖自明季、国初，即已先至其地，始则辛勤启辟，继乃休养孳生，质而言之，固吾国之殖民地也。欧人继至，如荷兰、大吕宋等，肆行攘夺，亦有时联合土蕃与之开战。不幸帝阍高远，呼吁不闻。即使战而胜之，亦莫为后继；甚至指为流民海贼，恝置蔑如。于是外人目为中国弃民，益相蹂躏，奴驱隶使，视同土蕃。此南洋数十百岛间，情形大都如此。观黄人则簇簇如蚕，而无一地可指为中国之外属。徒以其地开采营作必资华人，由是积蓄经商，每成巨富。夫爱国亲种之心，人所同有，是以喁喁内向，日祷祖国之盛强，曰：尚庶几其抚我乎？每闻战败，则疾首蹙额，痛不欲生。故其责备政府时或太过，然亦忠爱之诚激而为此。苟察其隐，是亦可念者矣。甲午、庚子以来，侨民之气弥厉，虽会匪不乏潜图煽诱，而明白持正之人亦多。每遇华舰周游至于其地，莫不额手国徽，欢呼鼓舞，甚至涕零。此足见圣朝德泽之深长，而吾国民心之甚可恃也。顷者朝议岁遣两舰遍至南洋各岛，以为联络保护之资。此实圣明丕冒之规，不遗在远。所惜现有之舟寥寥无几，若不更添新舰，恐上之不足以壮国威，下之亦不足以联众志。是则嘉谋及远，翕附侨黎，所谓必不可缓者五也。

数十百国，异洲棋处，各自为政，形若甚睽。然而舟车则旬月可以绕全球，电报则瞬息可以通寰宇。是故形虽睽隔，而事极相关，又况民人则互相往还，财力又交为灌注，欲为独立，万万不能。盖今日世局，固春秋、战国之真形，而又变本加厉者也。种殊国异，故其势不能无竞争；竞争，故纵横捭阖之风复见于今日。夫国莫不有与也，证之近事，则日之将攻俄也，虑其搂法，则先与英为约而后敢试其锋；德自胜法以来，日求与英争雄，英虑其难，则又求联于法，而德亦南联澳美，以为抵制之资。盖欧洲自有历史以来，凡为同盟联约者，合散纷纭，几于不可方物。吾国之在亚东，广土众民，虽国力未恢，尚未尽为人所轻蔑；他日者或处而为自保之计，或出而为逐利之争，择国而与，固亦长算。然而合非徒合而已也，必其兵力足恃，彼能角而我能犄之；不然，则降处所谓保护之国，而流弊无穷。然则即为联合之谋，亦非大修武备不可，且非大修海军之武备不可。盖唯有海军而后有以电掣风驰，而供临时之策应，庶几得此，不徒为敌国所不敢轻，即与国亦不为藐视。是则先振声威，乃资联合所谓必不可缓者六也。

总此六端，则事处今日，欲以为自强固圉之图，必在筹办海军者已可概见。顾一时之论，必有以兹事为至难者，则以臣之愚短，亦请得为皇太后、皇上熟虑而深筹之。

一则曰人才之难也。夫海军之人才，培之最早者，莫若福建马江之船政。左宗棠、沈葆桢筹办造船之始，立厂濬坞之外，开设前后学堂，招选年少通达文理者肄业其中。前学堂则用法文，以习制船；后学堂则用英文，以习驾驶。堂课毕业之后，习制船者则入机厂，以亲执铁木冶匠之功；学驾驶者则派登练船，以历试沙线风波之险。然犹以为不足也，数年之后，更筹的款资以出洋，分驻法厂、英船，益求深造。盖自始选以至成学，积其日月，皆已十有余年。其培之之难如此。往者李鸿章编练北洋海军，其所用以为将佐者，皆此类也。光绪初年间，天津亦设水师学堂，分学轮机、驾驶。其成材而分派上船任器使者，计有二百余人。不幸甲午一役，伤亡过半，今虽有少数之存，如萨镇冰、林颖启、程璧光等，而其人已将老矣。江宁、广东虽亦有水陆师学堂之设，然所造就实逊津、闽，且多改就他业，散之四方。是故一言筹办海军，则人才实为缺乏。顾及今为之，旧时将佐，尚有存者。而臣查闽、广、宁、青四处，学堂尚在陆续训练，每年卒业合之可得百三四十人。但为整齐课程，卒业者为之添置合法练船数艘，以资认真实习。五七年后，船舰渐备，应敷分派，尚无美锦学制之忧。至于训练舰兵炮勇，则应设操船；其招募人数，视逐年成船之多寡，以资补充。如此则亦无滥竽充数之虞。是则人才之难，尚不足虑者也。

次则军港根据地之难也。夫国家建都燕蓟，不独据天下之上游也，即以形势而言，实亦自然之天险。盖以津沽为之庭户，以渤澥为之天池，而锦州之旅顺、大连，山东之芝罘、威海，如左右臂然，为之拱护，中间相去不过数十里耳。使当时营守有方，海上重关，所谓斗人于国门之外，而堂奥可以高枕矣。不幸甲午、乙未之间，一误再误：旅顺、大连则始租于俄，继入于日，威海则以租英，青岛则以租德，芝罘流为商埠，秦皇岛又为公司。盖上下十年之间，而辽渤之良港以资敌矣。至今兴复海军，欲于燕齐之间，谋一军港，可以为根据之地者，是诚至难。臣前在山东任时，遵海周巡，察勘形势，目营心度，测远仞深，未尝不为之废然而叹也。惟是海军乃根本要图，非是殆不可以立国，正不宜以近港难求之故，遂置其事于不图。盖吾国港澳可以营修扼守者，求之于北则不易，择之于南则又甚多。闽浙之间，如三都、如南北关、如象山，乃至招宝、舟山等处，几于随地皆可取资。论者或谓于东南修一军港，实且远扼欧美，近控台澎，而为东洋之险要。而近时战舰速率，大抵以二十余海里为常，有事飞集辽海，一日程耳，何远之足虑乎？又况渤澥之中，常有鼍矶、沙门（即庙岛）诸岛，可资营度。盖其地虽属孤悬，然为之厚积聚而谨游徼，炮台、水雷，善为布置，如英地中海之摩尔塔，则亦海上之金城也。又查英之国议，于威海不甚经营，似尚无意久假。今若以购造船炮之利与之磋商收回，当可就范，此诚不可失之机也。是则军港虽属难题，而尚有解决者在也。

三则曰规画经办之难也。夫海军之事极重，而其理亦至繁。故税务司赫德有言：此乃文明国最后之结果。彼外国之缔造海权也，或一港而经数十年之营造，或一船而糜千余万之巨资。审曲面势，选材庀工，皆经专门大师详访细论。又必计用以立体，相敌以为图，墨守输攻，钩心斗角。炮必取于及远贯坚矣，而身重又为所必计；船必用其利行耐战矣，而省煤又不可以弗图；炮台必能策应，而客主之势始分；船坞必能速修，而接厉之气始奋。他若鱼雷屯雷，动静殊用，猎舰沉舰，明隐异施，日异月新，更仆难尽。然此犹是以形质言之者也。若夫训练之法，部署之宜，学堂应分几处，练船宜有几艘，南北宜练几军，战快应置几舰，经费所需者都若干兆，成效可卷者系若干年；他若将弁员位俸费之章程，统帅节制指挥之权限，此皆大事，必预熟筹。且使有形势而乏精神，将糜巨款而同无用。此臣于海军所以虽深知其必不能已而又临事而惧者也。所幸事非骤举，道取渐摩，但朝廷有意于振兴将事，功不期而日集。大举无力，则小办亦宜；速效难期，则徐图亦得。所期基础粗立，警备有资；为得寸进尺之谋，期一旅一成之效。譬诸春作以待秋成，徒然羡鱼，何如结网。是则规画营办虽难，而诸臣犹可共勉者矣。

然三者难矣，而尤莫如筹款之最难。曩甲午之后，英国派其伯爵贝理斯福来华考察，归而著书，尝谓吾华海线延长如此，以理势论，诚不可无海军。顾欲办海军，非预筹二千五百万镑不可。贝本海军大员，则其言必非孟浪。且当彼之时，旅顺、威海犹尚未去也，今者又十余年矣。世变风驰，年月大异，则居今而言海军，其需费较前，法当有增无减。臣非不知自两次赔款之后，每岁辇出外洋之费已若邱山。且自新政肇兴，百废待举，帑藏涸竭，前此所无，俯求诸民，则敲髓剥肤之外，吏缘为奸，流弊百出。故今日之部臣疆吏，莫不以财政为深忧。仰屋兴嗟，半筹莫展，此真智勇两困之秋也。夫当饷源弩末之时，而臣狂愚，敢于妄言海军大计者，亦自有说。盖臣之言兴建海军，非以顿也，而其事在渐；臣之言筹费，非以独也，而其力在分。假如今者预计需一万万之费，而持之十年，则每年仅千万矣。以千万之费而分之二十余省，则省各百十万金而已。夫使事不系大局安危，则臣愚何敢妄发，但以其事之不可缓，倘非臣庶合而图之，窃恐更蹈前此复辙，而所失更有大也。明者事于未然，至于及之而后知，见兔顾犬、亡羊补牢，亦已晚矣。抑更有进者，臣愚以为筹国财政与家大异。治家者，勤苦操作矣，又必节食省衣，量入为出，夫而后仓有余粮之积，门无索逋之呼。至于因浪费而举债贷赀，则其家道苦矣！独至筹一国之财政者，其事不然。手握牢盆，有人民焉，有土地焉，顾能生利养民否耳，而尤重者在有以御侮而禁人之侵夺；苟为生利御侮计者，虽举债不必病也。夫使债而病国，则试与稽欧洲各国之度支。列强之间，何国无债？英民分负者，至于人数十镑；俄国新举者，至于百数十万。果使债能病民，则二国宜愁苦无聊、朝不谋夕，而顾熙熙攘攘、商业转盛、国势日恢者，又何说也？夫谓埃及以债而为英所羁縻，其说固也，然土耳其、埃及则有债而弱，而余国则有债而强，可知兴废之际，别有理由，而不得专以债为归咎矣。

虽然，兹事体大，非臣所敢妄陈，仍请密饬诸王大臣公同协议，妥定办法。其应如何分年购造船械，筹集款项之处，应由军机处暨各部臣协同请旨定夺，臣未敢预议。至于选将设学、筑坞建港，所有应行筹备事宜，臣虽梼愚，不足与谋大计，但受国厚恩，谬膺重寄，捍卫疆圉，责无可辞，敢不勉效驱驰，力图报称，以期仰副慈训而竭微忱云云。

论收回开平煤矿说帖*
(1910)

查开平矿案，自庚子以来纷纭轇轕，不独中外各持异说，即中国舆论亦复人殊。盖外人乘机攫利，则指卖约为真，而旧日办事之人始因筹本艰难，本谋合办，继以遇乱，仓促复求托庇，入后事变错迕，固所不图，则云卖约为假。右之者，则取覆巢之完卵，以其事为无如何；攻之者，则云卖国而私交，目其罪几不容于死。此中或主于门户水火之见，或杂以护前怙过之私，而促訾啜汁因以为利者又繁有徒。市怒室色，不合不公，遂令外人得以不正当之置产营业为十年之久。据地不爱宝，绝彼货囊，至最后而有北洋以一百七十八万镑三十年国家担保债票将全矿作赎之瞽议，失算之甚，将过于前。章京于此案始末暨外人情形颇有所知，谨静气平心，捐除成见，而为钧座一平议之，伏惟垂鉴。

一、此案之误，首误于北洋大臣袁世凯徒知参劾前督办张翼，而不知以正式诉讼法直向有限公司交涉也。查开平矿案，缘庚子京津拳匪之乱而兴，而开平矿务局所以成于今日之英人有限公司者，其最要案据有张翼、周学熙、唐绍怡〔仪〕三人公签所付德璀琳以全权保护矿产之手据，有德璀琳与胡华所私立之卖约，有辛丑正月初一日张翼与胡华等所签之移交约与副约。副约者，张冀所视为抵制移交而以存合办之实者也。夫德璀琳之立卖约、张冀之签移交，以轻易两券致中国二十年竭力经营之煤矿一旦沦失于外人。自其表而观之，从其后而议之，其为病狂丧心，胆大妄为，虽五尺之儿孰不唾骂？然而右其说者，则以为此系一时保全矿产，必不获已之图，而其说亦非尽无证也。即如辽阳铁岭之矿，则日本人已攫而久据之矣。且亦何必远引，即如庚子天津之东西两

---

* 原作于1910年10月10日后，送呈载泽。本篇选自《〈严复集〉补编》，101～110页。

制造局、盐坨武库，所有官中产业局所经外人篡取而不归者几何，未闻前后北洋大臣以何等手段为国家恢复损失也，则何可以德璀琳、张翼之说为纯出于藉辞？嗣而有限公司置张翼所订之副约于不顾，争不能得，袁前督秉经引义加以严参。参之诚是也。顾律以事君无隐之义，则当最先之手据至于最后之副约，悉陈并列于宸鉴之前，以俟之科断，更不应藏匿首尾，独上售卖、移交二约。故砌危辞以入人于擅卖疆土之罪。彼张翼者，方执副约以争于新公司，以为有此则售卖、移交二约将不废而自废。何则？产业业经移主，而既受代价之旧人，犹有种种监督规定之权者，此亘古今遍五洲所必无之事实故也。乃袁世凯身为中国疆臣，其据以人告者，首以副约为无效，独以售卖、移交二约为真，教猱草木，又何怪于英人得助而诪张乎？故使缘庚子数约而开平一矿坐以不收，秦望〔皇〕岛口岸因而俱去。张翼等固无辞于谋始之不臧，而自事实观之，谁生厉阶将必有能办之者矣。今之为议者，咸云副约不可以责认，以认副约则必认移交。认移交则必认卖约。顾原其起点，自必以全权之手据为胚胎，而手据则总办周学熙在见，唐绍怡〔仪〕与督办张翼所公同签付者也。而袁世凯弹章则独严于张翼，至周、唐二人不独萧然于事外，且为无假之僇人，而袁世凯未尝一过问。章京前所谓水火门户之私者，亦谓此耳，且袁世凯过矣。夫开平为官督商办之矿局，张翼虽为朝廷所派之督办，德璀琳虽为张翼所派之全权，而经理保护在其权限之内者也，转卖移主在其权限之外者也。故袁世凯原参亦云张翼当日不过一局员、胡华不过国外之商旅。即云其以约私相授受为实，而出尔反尔自不能求之张翼，故责令废约，正代表国家守土疆臣之事。譬如甲仆为乙主经营庄田，以之私售于丙，他日责归田产，非甲所能得之于丙也，而乙能之。又如，吾国以领事裁判权向无杂居之条，设有民人将地亩私售洋商，既已售矣，则申明条约不令享有，非该民人之所能也，而地方官能之。今使袁世凯有公忠体国之诚，则体察张翼当日所处为难情形，幸佳矿之瓦全，助其责认副约，更有副约而谋所以废移交可也。次即不谅张翼之所为，而以私卖官矿为实，则应奏明由地方官代表政府直接与有限公司交涉，向其独立法庭正式起诉，申明张翼、德璀琳等并无转卖矿产之权，而租界而外，英人无购置产业之权利，彼英公司虽甚狡展，其将何辞？若谓张翼所为业经于光绪二十七年奏报，则朝廷所报可者，乃系加招洋股，中外合办，非卖与英人，而化为外人之产业也，彼英公司又将何所藉辞？故使袁前督用此两途而于辛丑收回天津之时从速办理，则该矿收回必已久矣，何止事经十年尚为疮疥乎？计不出此，而徒倖倖于张翼之一身，公指售卖、移交两约为实，而置其所以擒制新公司之副约于不顾，此何异矿经外人攫取，袁前督既不肯自行收回，而复破坏张翼所以为收之微权，治丝而棼，又何怪案情之宕延日久、愈增轇轕乎？

一、张翼赴英起诉，则其极大效果止于责守副约而不能直接求废卖约、移交约以收回全矿也。查开平矿局，当庚子之先，已缘筹款为难，外欠甚深，有岌岌不可终日之势，维持槠柱，非添招股本不为功。当时约计所有产业不过值银五百万两，而积欠华洋各款乃有六十万镑之多。官中补助既已无由，拓本招商犹不易易。此华洋合办之议之所由兴，而前督办张翼则尤持此为振兴矿业惟一之宗旨者也。胡华为开平所雇矿师，亦即为英资本家墨林之代表，其措办秦王〔皇〕岛自开码头经费即由彼措借，计二十余万镑。庚子五月，拳匪事起，办矿之人困于租界。故其始也，将以合办为兴业之要图，今则借合办为保矿之至计。此张翼既付德璀琳以全权手据之后，所以复有办法八条之加札也。札中所言亦止招股合办。然则德璀琳权立卖约，在张翼初无此心，亦可概见矣。迨联军嚷嚷踵至，事变益殷，而俄人亦果有占据唐山之事。其暴戾恣睢情节，至今开平员役曾经目击尚能道之。又，李文忠公自甲午一役之后，意尝主于联俄，是秋北来，俄实阳为保护，而俄自租借旅顺军港之后，需煤尤殷，使当此时俄据唐矿，复以此要之于文忠，文忠不能拒也。德璀琳心知其然，故于危机之时滥用全权，而有卖约之立。是时，张翼适在上海，德亦不使之知。是后将及年余，德每见张只言到英招股合办、经以中英公司在彼挂号等语。此章京在局之日所亲见者也。辛丑正月，胡华自英回津，雇一律学，具移交之约，呈请张翼签押施行。张本不识洋文，译者于原文又多出入，然张见其中词意与原译八条办法不符，当即坚持不肯签押。如是四月，胡华恫猲百般，张不为动，乃有增订副约之事。经与移交一约同时成立，并言明此后公司办事必以副约所订各条为之根本。凡此情形，皆经英国公堂切实讯勘，法司宣诸判词之中，固皆可信。向使张翼于卖约一节实所与闻，或阴遣他人，己佯不与，则当签订移交之时，法宜补押，而经英公堂研鞠之余，其实情尤难遁饰也。须知卖约移交本不足讳，盖凡公司由旧入新，皆有售卖移交之约。所必争者，卖与何人、交于何处。而在张翼之所谓卖，乃卖与中英合办之公司中，张翼之所移交，亦交与中英合办之公司，其始终宗旨，固未尝改，其具折入告亦未欺蒙。至于在英注册，而英人遂据为己有，所增副约，而墨林乃指为无效，此皆当日所不及知，而与骗股分肥，所同出意料之外者也。袁世凯即致痛恨于张翼，而谓虽有当日情形，举不足以邀末减，然亦宜顾全大局，以索回矿产为先图，然后具实揭参，责以当时其鲁莽。事验明白，张翼将安所逃？而乃计不出此，徒取其人之身，中以危法，复使自往英廷控诉，责令收回。则不知张翼既为立约一方面之人，极所能为，不过责求遵守而已。张翼签移交矣，而实未移交有限公司，立副约矣，而乃不遵副约。故下公堂判词有移交、副约二者不得区分，有限公司不遵副约，即不得享有移交利益之语。此在张翼求仁得仁，至矣、尽矣。其后墨林上控，实因一己责赔过重之故。而中公堂判词则于下公堂判词辄加改定，其于副约虽同判为必遵，而于墨林赔款则免其独罚。又，最关紧要者，在于督办事权依英商律申明限制。盖中国官督商办，督办之力可以主持矿政，约束股东，而英国商律则督办、总办事权虽重，要为股东全体选用之人，其权力既发生于众股东，其举措必受成董事会。法律所规定既已歧异，权力之大小遂相悬殊。况当庚子定约之际，开平老股约计尚有四成，其至于今，华股所存不过什一。今者张翼不知，尚以副约为有大力，意谓若明降谕旨，开复前官，将公道一伸，自可徐与理论，即以矿利复矿，当属无难。特不悟以中国之督办入英人之公司，虽改其名称，谓为合办，而此百万股之股东，其九十万票决之权，乃在欧人之手，选设董事监督指麾，虽为督办，庸有济乎？此则事之至为可拟〔疑〕者也。

一、直督所请以一百七十八万镑债票由度支部担保，赎回开平全矿产业，将使外人再得最优之胜利，度支将有无穷之负担，而其策乃必不可行也。吾国人心理所最忌者，外人以其资本营业于吾国之中。大则以主权损失为言，小则以利权外溢为病。此虽因领事裁判未除而有此拟似之现象，而其实则揆诸法学、计学之精义，是二说者，皆无当也。盖使国定法律，可以平施物产，赋税照章完纳，则主权之用既为完全，而营业之事，必具资本，乃有嬴利。施以功力，则有庸资方其未为。是二者均为无所利且无之溢于何有。夫谓我国力未张，致有此等亏失，则试问北美境内欧人之营业者几何？德国界中英民之公司几许？至于法之用比俄之用法，率皆不可亿计，未闻以损失主权、外溢权利为诟病也。何独于吾国而云然乎？坐法学、计学二理之不明，而以人我之私定国民之荣辱，于是营业、外交，随地荆棘矣。将成者，则以拒款为天经；已予者，则以赎回为民义。虽坐此，或以致领国之责言，或以竭度支之财力所不顾也。习非胜是，举国若狂，真可为长太息者矣。前此路矿之事已不必言矣，而今之开平议赎又为其一。查直督之听周学熙之言而为此议也，则必曰开平矿利至厚，每年可收二十余万镑重利。今虽以一百七十八万镑三十年债票赎之，行息七厘，计仅十二万四千七百余镑。矿利之半已足当之。外此所收皆为余利。故度支部担任乃是空言，而矿利源源，方兴未艾，三十年以往，此矿且大发达，收回债票当亦无难。不知此乃悬不可必得之大利于前途，而使国家冒无可逃之大险也。何以言之？夫矿之为利，视经营之何如，而尤视销场之衰旺。开平比年所由得利甚丰，至有一分五厘之股利者，乃时气使然，如日俄之战，抑亦由京奉铁路与之以优先之轻率？（开平为外人所攫，言者方致痛恨于张翼，而邮传部、路局则独与轻载以优待之。若赏其久假不归，为占据也者。吾国事各成风气，自相矛盾如此，不可解也。）顾自添换电力机以来，已有所出过多难以尽销之势。况北方京奉一带，煤矿颇多，质地亦差，相一与争销，开平之利必以日减。今之主张必赎开平者，即系开采滦矿之家。今试向〔问〕赎回开平之后，开滦两矿将合为一乎？抑仍歧为二乎？二则互戕，一则所出之煤万万无此销路。因外国之煤，则有釜山、日本；本国之煤，则有井陉、临城、山西、河南、萍乡，相与发达故也。是以赎回之后，无论为分为合，开滦两矿必有一大分停工。此近三十年所不违之现象也。开平有限公司知其然也，故于中国赎回之议极为乐从。查开平近年分利一分五厘，而最后之伦敦市价，每股三十八先令，则百万镑股本，以现价言合一百九十万镑。今北洋许以一百七十八万镑，所差之数或弥以公积，或即取于从前存号未用之债款，非此则彼，计必取盈。故若此议得成，则彼无异以百万镑股票所难恃而不可长之一分五厘股利，转为三十年永远无虞之一分四厘债息也。外人筹计，夫岂待再请而后乐从之乎？况矿利之不可预知，又前陈种种，则后此必度支之累，殆可决也。且愚所尤不可解者，张翼以责认副约为渐图收矿之先着，而周学熙等则以为必不可行，其所主理由则谓责认副约且坐实移交，而坐实移交则坐实卖约也。夫卖约之必不可认既如此矣。顾如北洋办法，以一倍股本之金钞所以赎回此矿者，岂非实认此矿已卖耶？夫有副约则非真卖，章京既已前言之矣。今即如议者之言，然极张翼责认副约之流弊，不过间接认卖约，而周学熙等犹且非之；而如北洋办法，虽直接认卖，则指为正当办法，是真可谓知二五而不知十者矣。且肯以倍价而购之，将天下何矿不可得？岂必开平也哉！议者又谓，开平不可不赎，不赎开平，则滦矿将与俱去。此譶言也。查开平矿田，依原案不外十方里之地，殆后开采林西且需另有奏案，则开平矿局于此界外本无独专之权利，即德璀琳所立之假卖约，产业单内亦无滦州矿田，故虽移交约内外载第一项移交产业有种种含糊、包括之词，此在当时固属别有用意，而其实同于无效者，有限公司何得而有之。今有限公司虽惧滦矿之竞争，而案之事实，且无辞以相迫矣。而周学熙则以必欲坐实袁世凯参案，与必遂目下所图之故，乃不惜自毁权利，设谣辞而助之攻，私之害事有如此哉！至谓秦王〔皇〕岛为北方不冻口岸，公司所开码头，兵商所需，利在收取。此其说，固若有据，然与其购之以数倍之代价，直不如以此而自造其新者矣。总之，有限公司之占据开平，墨林公司、东方公司固以诈骗而获不訾之利，徒以中国人自相渔肉之故，遂得坐享其利者十年有奇，此五洲商界所同认也。设今如北洋办法，是使诈骗者再获千万之利而一洗从前不义之羞，其为后此度支之累不待言矣。独不虑为邻国所讪笑耶。

一、开平案延宕十年，中间坐失机宜及中国政府之对待外人自相矛盾之外，未免授人口实。故至今为之虽有正当办法，而必操胜算颇为难言。章京再四思维，复行博加延访，窃以为，朝廷欲办理此案，即今方略，仅能取其必宜施行而无流弊者，先为措注一二著，而后徐观其变，再筹因应之方。但得事机稍转，则数节之后似可迎刃而解之。谨条列如左：

（甲）北洋赎回之议，既已万不可行，而所拟出之三十年七厘行息债票，度支部又断断不能为之担保，则宜及早行文，令其停议。文中宜列明驳议理由，以杜觊觎者之口实；次言宁另筹办法，冀得收回此矿，而不至累及度支云云。章京以谓此系第一步进行办法。一则免北洋更与英政府交涉提议宗旨，既非徒滋镠轕，次亦使直隶绅士及周学熙等，知所议之必不可行，无取再相播从耳。

（乙）次宜请饬下外务部，照会驻京英使，明示朝廷于办理开平矿案之扼要宗旨不可移易，方针其大意如下：

（一）开平矿产经有限公司占据，前所议具款购回一节，无论官款、私款，国家决不准行；

（二）有限公司占据开平矿产，国家按照法律条约从未认为正当管业，今亦不认为正当管业，今据官私各款购回；

（三）开平矿产经前督张冀或其所派代理前后与英商订约，致该矿有有限公司执管开采之事。前经将该督办责降，但今晓然该督办于订约时本无以该矿归有限公司执管之意。即光绪二十七年五月间，该督办会同前直隶总督李鸿章所奏维持该矿情形，谕令认真妥为经理以保利源，亦未将订约后变局明白陈奏；

（四）开平乃官督商办之矿，当经营之始，如置产、筹本诸事，得官中助力最多，国家前派张翼为之督办者，乃为该矿股东领袖，又为国家保护财富利源，本无将该矿产业转付任何项人之权力，更无移交任何项外国人之权力。故该督办所行而成于此等效果者，无论其为有意妄为，或系无心被蒙混，于法均为无效；

（五）依中国法律，凡外国人不得执管地亩产业，亦不得在任何地开采各种矿苗，其得以为此者，必有约章专款及特别奏明，经国家允许。今有限公司系英国法人，既非条约，又未经特别允许，并未向中国农工商部正式挂号，其在开平执管地产、开采矿苗，实属违背中国法律。

为此，应请贵国政府察照法例，饬令开平矿务有限公司将所有不应执管产业，全行退出，订期交还中国，国家另派大臣妥慎接收。其因退出交还应得报偿，即由该大臣秉公议给，至该有限公司于该矿所有改良费用，但使帐目有稽，索偿合法者，中国国家准为办理，俾得早日归结。但所有索偿，除清查外，不为担保。须至照会者。

此文行后，窃料英公司必乘从前吾国行政官自相矛盾之间隙，以谓事阅十年、经政府种种默许为词，或径云中国国家于开平主权本无所失，不应索还该矿，而中国股东于兑换股单以百两为英镑，及嗣后收受十年股利均已无辞，是已承认各等语来相狡辩。然皆无大效力可虑。章京之意，此文行后，即使不得所欲，亦可为朝廷宣布正当意旨之资，于此案必大有裨益。更有进者，依英国法律，占据产业经十二年，原主不相过问，即可视为己有。此后原主即为起诉，不能收回。今开平矿产自辛丑至今为时已历十年，故即目下未能收回，亦应由国家以正式交涉与之理论，庶该矿不致永沦，而为后日徐图之地。是否有当，谨详具说帖，呈候钧裁，伏维垂察。

严复谨具

论国民责望政府不宜过深*
(1912)

吾闻斯宾塞氏之言曰:“民智弥浅,则希望弥奢,其责上也弥重。”意若谓举凡兴利除弊之事,政府自不为耳,果其为之,何莫不举?甚至当事愈形竭蹶而责事者日以益深,一若但为政府即无所不能也者。此其论证之以吾国今日之情而愈可见也。往者,吾华以一君治全国而辅之以官师,此其为制,盖数千载。虽世运升降本于出治之清浊,而夷考其实,上与下恒平分其功过。方其明盛也,必大多数之国民有向明之风;方其危亡也,亦大多数之国民有自亡之道。读史者观于吾国累朝之兴废,可憬然有以通其故矣。

夫此在独治之世而已然,至于共和民国为尤者。故晚近之变革,其中有三要素焉,不可不分之以为论也:其一,执义极狭而不可存于大同之世;其二,为理较公而为世界所认可;其三,则用心鄙陋,至今为梗,驯是不已,必底乱亡。仆请为公等一一言之。

所谓执义极狭而不可存于大同之世者,则革命而主于种族之说是已。英人穆勤之言曰:“治体无所谓美恶也,适于其时而已。”自专制以至共和皆有其最宜之世,用之而当,而后真幸福生焉。彼固于治体而强分高下者,天下之至愚人也。夫治体尚不必强为分别若此,况于制是治体之种族乎?使种族于为政而在所必争,则近而指之彼英伦三岛,君其国者,固非本土之所旧生;他若西葡诸邦,前亦有拥戴他族之事,且三百年以往,彼朱明非汉族耶?向使犹在,而神熹之秕政尚行于今,公等岂遂忍与此终古?殆不然矣!是故为革命可,为革命而主于种族之义不

* 原发表于1912年12月11日到12日,《平报》。本篇选自《〈严复集〉补编》,124~127页。

可！且吾知之矣，公等之持此也，亦非不知其义之甚狭，而不足存于大同之世也。顾当破坏之秋，对于普通程度之民必如是而后可以得志，故虽知其狭而犹利用之。独是时至于今，建设之事始矣，公等之志方将合五族以为大民国矣，独奈何犹有无赖者为丑诋亡清之小书、残虐者为陵暴旗民之过举？甚至以胡、曾、左、李之贤，坐忠于其君而无一免者，此何说耶？语有之曰："兔死狐悲，物伤其类。"今日库伦之事之棘手，未必非公等之狭义为之厉阶。夫既倡最新之治体，以平等、博爱之说号召群伦矣，何尚以矛陷盾如此？英之拔尔克有言："小度量与大国土不可并行。"公等深思，不自失也耶？

所谓为理较公而为世界所同认者，则革命以改良政治为目的是已。盖法政精义，起于自救。政治者民生所托，以为苦乐死生者也。使为政者果致民于不可生，则其势必至于自救，此公理也。往者有清末造，丁阳九百六之厄，国嗣三绝，若西汉之成、哀、平、宗无肖子，家法大坏。所谓专制，特号然耳。道咸以降，凡与外国交绥，殆无往而不失败，国民深愤致疾，固亦其宜。然宜知此不仅君之过也，民亦有焉！近者甲午丧师失地于日本，赔款已至巨；迨至庚子，肇衅尤烈，所偿五倍于前，国以大悴。而细溯其源，则起于母子龋龁，厥后转而变法，又杂乱无次，以虚形而耗实财。当国亲贵贪饕穷奇，无所忌惮。当此之时，民欲自救，舍革命若无他途，故曰：其义为世界所同认。虽然，自救存于改良政治，而改良政治夫岂易言？事资缔造，故首在人才，而财力亦不可以短。顾吾国此时，是二者之丰啬几于人能言之，盖不必其真无人才也。而无如民国之义，所谓政府已无盛权，况公等惩羹吹虀、因噎废食，益之以约法之束缚。为之政者，以循守则有余，以经营必不足；则虽有才，如无才，又不必其无财也。而币制放纷，赋税无统，即有毁家之众，而安得机关为之吸收？故大学所谓有士，此有财者其例不信。呜呼！以如是之盘错，即使风议者躬为当之，亦将曰："吾知其难为，而视为止、行为迟耳！"

所谓用心卑陋、至今为梗、驯是不已、必底乱亡也者，则用革命为名，而纯于声利思想者是已。夫以满清末造之不可救药，国之阽危殆可以决财；志士鸿生起于爱国之义，出为革命，吾岂曰无精神贯日月、浩气塞天地也者？而无如其居最少之数也，无如其蹈机赴火往往赍志而前死也，无如其掉头不往、冥鸿一逝而不可追也。于是贤者发其难而不肖者居其成功。民国既建，又托于政党之诐辞，所争者存乎门户。门户所以为声利也，人人死党背公，国利民福之言，徒虚语耳！更有进者，破坏、建设绝然两事也。建设之事，资于经验；破坏之为，由于血气。以破坏当建设，则啧啧大乱。嗟呼！国计民生，其事亦至赜已！前代改玉，其出而制一王之法者为何如人？最高莫如周公；秦有商君、李斯，汉有萧何、叔孙，唐称房、杜；即宋元已降，亦皆名世挺生，以开一朝之盛业。其制为法令也，常至纤至悉，经纬万端，又能相其时，无所杆格，于以措神器，宜于至安。夫非仅五年留学、九月速成、学步邯郸、归而名母之等夷侪辈明矣。以如是之人而监督政府，国尚有鸠乎？矧乎其下此耶？

变革之要素具如此如此，而曰吾国向之贫弱，坐专制耳！乃今不既为共和乎？惟吾共和，故贫者法宜立富，弱者法宜立强。此四万万者平等乎？不自由乎？不言社会、民生各主义乎？是宜人人皆邀幸福，各处立足之地，而无坎坷。然而公等试旅行南北，观国民今日生计果为何状？具有天良，物无遁影，固不假仆一一言也。不佞最爱大总统袁先生之言曰；“往者，吾为老大帝国，乃今而为新生之民国。顾前虽老大腰脚，虽病尚能行也，特不良耳；今之新生，吾不知其几何时而始能行也。”夫使公等知此，则责备政府之深宜可稍减，将保抱、提携、安静、长养之不暇，而忍为玄黄水火之事也哉！

砭　时*
（1912）

方清社之未屋也，举国骚然，颦首蹙频，知国亡之无日。于是所谓志士断脰决指，以改良政治一洗旧俗为期，乃促进立宪而治愈纠纷，而天时、人事，亦若两相迫然者。革命风潮遂因而起，寡妻弱子知其事之无可奈何，不得已宣布让政于民，而民遂为之主。是所谓求仁得仁者非欤，数月之间，号令三嬗联五族之众以为共和。呜呼，可谓亟已。夫共和之号见于吾国姬周之中叶，其为制本无异乎今之共和；今之共和非东方所旧有也，西国希腊、罗马之代尚已。顾即有其事，亦犹今之南美小部所为，旋兴旋废，皆至微谫不足道。而其卓然以此制为大国、势力足以左右世界，美与法而已耳！今意者天将以吾国为之三，使耸动五洲，悉弃帝国王朝之制，而此世遂趋于大同，抑将鱼烂瓜分，曾印度之不若，使议国者以是为殷鉴？二者之数均不可知，其大分存于吾民之自求而已。

然而吾辈平心而论，则由今之道，无变今之俗，所谓共和、幸福，均未见也。而险象转以环生，视晚清时代若尤烈。民穷为盗，兵变时闻，京外公私，扫地赤立。府、州、县无所供于省会，省会无所供于京师。财政之难得未曾有。且数月以来，外交尤为棘手。强俄乘隙抵巇以收蒙库，其协约至恶，若使人忍无可忍。慷慨义愤之士，辄谓非战无以为功，此其言诚是也。愿战矣，而合海内诸行省，问任战之兵几何？所能分出之饷源几何？枪杆若干枝？子药若干颗？则议者大抵茫然，莫知其数。今夫兵固有先声而后实者，然以今日北陲之事，有强对焉；非若

* 原发表于1912年12月20日到21日，《平报》。本篇选自《〈严复集〉补编》，128～130页。

辛壬之事，但以报纸风谣一二炸弹，而遂成巍巍之功，且特膺一切之赏而无愧色，亦已明矣！古之谋国，动云计出万全，夫必在在求出万全，此诚不足与计事，而以民国之重且大，吾人谋而后动，岂不宜十五六操其胜算？而此十五六之胜算存于何时？愿诸君有以吾我来。嗟乎！今日之事，韩信、黥布脱有其人，而萧何则未之概见。吾少读《三国演义》，中言曹孟德以八十三万之众南趋荆襄，顾无一部及于筹饷运粮之事。盖吾国人谈兵之心习，由来旧矣！近世时愈文明，则军旅之费愈重，一枪之费或数十金，一炮之费奚啻中户，故各国皆甚苦之而无如何。至于战事既兴，则繁活尤不可计，是以谋国者慎之。公等拔剑斫地，叩心呼天，所自信者誓以一死报国已耳！此诚爱国男子之事，鄙人敬之重之，然而他日民贫，其苦痛有逾于死者，此又不可不低徊一念之也。

夫不佞之为是说，非取民国蓬勃之气而散之，使之茶然萎然，消归于乌有，而为他时牛马奴隶之基，一任他族蹂躏之、鱼肉之而后快也。盖不胜大愿，愿其气之收聚凝结而为至大至精、沉挚坚毅之国风，将为他日与一切异种人相见之地。此事征之远史，则有春秋之吴越，此诸君之所熟闻也。征之近代十九期之间，则有欧洲之法德。拿破仑氏以兵家崛起，十年之内，鞭笞所及，几于全欧。而所最忌者，莫若德意志之条顿种人。一千八百六年，旬日之间，一胜于燕纳，再胜于阿和斯达，法人入柏林定约，席卷额罗白以西之地，禁联邦，责御俄，索偿兵费百余兆佛郎，此后又大索特索而不一索。当此之时，德人国力可谓竭矣！霸主乘全胜之威以临其上，普王佛烈威廉第三又庸王耳，即欲改良、缔造，使其国复然于死灰之中，乃形格势禁，几于握手不得，无一事可以自由。然而费特则首倡教育国民之策，而洪伯乐继之；斯太因为之理财政而尽地力；向豪斯阴主军国民之政，使举国莫不胜兵。盖是三人者犹越之蠡种矣！卒之其效，近之则见于窝得禄，远之则见于斯丹，至今蔚为强国，其势且驾英、法、俄、奥而上之。是故国有人焉，虽处至弱至孱，可以无虑。楚伍奢谓其子员为刚戾忍诟，能成大事，即此志也。而南宋之人则不然，既不能为深根宁极之图，而迹其所必争，往往在虚名而不存于事实，有触斯愤，而时过辄忘。其始也，盲进飚发，若谓能以孤注为战，虽亡国亦有至荣也者；其终也，乃不徒实利不存，即虚名有不可道。夫使其君称臣称子，岁输金币以求和者，何莫非此不共虏戴天之义士乎？呜呼痛已！

自满清末造之不振，忧时之士不胜其奋虑逼亿之情，而一切特出于激烈。一时转相仿效，风气遂成，实则大为外人之所齿冷。顾今之时则大异矣，民国之势危若累卵，意必有宁静澹泊、困心衡虑之人，而为吾国计久远者，则激烈非所尚也。诸公常望政府以热心，而不佞则窃愿国人以冷脑。热心出于感情，而冷脑由于思理。感情徒富而思理不精，课其终效必恒误国。今之民国岂容再误？愿公等抑其不忍愤愤之情，顾后瞻前，凛亡国之不易以再复，又将祛声利、抑贪私；方其谋国，不独生命可牺牲也，即名誉亦有时可以不恤。夫如是，期以十年之安静，群然胼手胝足以巩固我国基，黄人之种庶几有所托命耳！

原 贫*
(1912)

论今日之国事，固当以救贫为第一义，此尽人之所知也。盖晚清末造，岁出五而岁入三，财政已有不可终日之势，然此犹是度支之穷困也。至于国民生计，大江南北，隔并屡臻，则农病；银行票号，闭傥时闻，则商疲；洋货侵销，十五歇业，则工饥。至于士类科举既废，进身无阶。出洋惟取于速成，返国悉趋于奔竞。巧速者咸据丰腴，拙缓者常虞牴滞。爵位差使，未尝不众，顾不足以笼一切干禄之士，使之尽入彀中。于是海内颙颙，而辛壬革命之运，不可挽矣。故尧之禅舜犹曰："四海困穷，天禄永终。"而法兰西当路易十六之朝，亦以府库空虚，饥馑时告，劫运用成。国贫犹可，民贫必亡。呜呼！可为永鉴也已。

是故古之言救贫也，其所忧常在国。国者何？皇室政府是已。至其所以救之之方，要不外开源节流诸常谈。其甚者，讲均输、置平准。言利之臣，自诩可不益赋而财用足，此间接以朘诸民者也。又其甚者，算缗税亩、辜榷盐铁、征赋茶酤，此直接以朘诸民者也。究之苟且之政既兴，国运亦因以中圮，则置之不足道耳。惟今之言救贫则不然。何以故？今日之国，固五族四万万民人之国也；今日之政府，固五族四万万民人之政府也。此五族四万万之民人，各有保存此国，维持此政府之义务，而不得辞。代议士操立法之权，画出税之诺。国之经费有预算。有预算，有审计，为之得其道，则行政者无所恣其奢靡，而亦不必忧其穷乏。故处今而言救贫之事，其所忧者常在民，惟民实贫，而吾国乃以不救，此今昔大异之点也。

夫如是，则请观今日吾民之贫富为何如。《记》曰："有人此有土，

---

* 原发表于1912年12月28日，《平报》。本篇选自《严复集》，第二册，292～295页。

有土此有财，有财此有用。”此虽古语，然实计学最信之例。而以吾国奄有四百二十五万方迷卢之土宇，中间除戈壁沙碛而外，何地不腴？何山不矿？夫天既以是赋诸吾民，使之有土如此，而乃今戚戚然，常有无财用之忧者，则何也？无他，安于朴陋，束于习惯，而贫常嗜琐，无独辟过人之思想故也。今夫民之为类众矣！顾以大分言，则亦如古人所区之士农工商足已。以吾意言，则吾国之士农工商，各有不宜适于此世之生存者，不宜适于此世之生存，即无异言不宜适于今成之民国。闻者疑吾言乎？则请得一一而指之。自由言论，极知伤时。窃愿公等平气听之，则嫠忧漆叹之词，未必无土壤细流之助也。

先言夫士。前清之所谓士，习举业、纳赀粟者也；今之所谓士，取文凭、尝游学者也。以世变之甚骤，故前之士尚甚众，而后之士日益多。今夫民得称士，则大抵识字知书，新故不同，而常受一般之教育。受教育之民众，讵非吾国幸福也耶！而孰知事有大谬不然者。盖今日民国之难为，即在此曹日多之故。何则？此曹之所以为生，非群聚于官（此官字总分立三权之称），觅差求任，则无从得食故也。问前者何事而应举纳赀，曰：以做官故。问后者何事而入学校、谋出洋，曰：以做官故。问前后之人何事而皆勤运动、结政党，曰：亦以做官故。呜呼！官之众，国之衰也。尝闻之美友曰：若国何能为民国乎？百年以往，吾美国之众，太半皆占田垦土之民，被举为官，视若义务。是故阔节疏目，设官甚少，故无蠹政之游民，而平等之制易以立。今子之国，承专制之余，民稍俊秀，即莫非官。使向隅者多，则逆节萌起，不知何以善其后也。吾闻之，辄惝然自失。《记》曰：“生之者众，食之者寡。”（食读若日食之食，义犹侵蚀。）乃今反其道而行之，此不独财用不足之可忧，而奔竞成风，廉耻道丧，他日政之改良，几何可预计已。且如是将使农工商之中，无秀杰挺出之家。虽所居之土，得天最厚，然欲使富媪不闷精华，编户悉资饱暖，不亦甚难也哉！不亦甚难也哉！

至于吾国之农工商又何如？夫中国固农国也，而海通以来，洋场剧兴，缘亩之民，夭抵逐末。迩年以来，灾荒屡见，革命之际，攘夺尤多。顾亭林致慨明末之俗，谓其山有负隅，林多伏莽，民乃舍其田园，徙于城郭。又一变而求名之士，诉枉之人，悉至京师，辇毂之间，易于郊埛之路。锥刀之末，将尽争之，此其言无异为今日云也。至于工商，又往往弃其所长，用其所短。浮慕企业，发起公司，然而水泡时闻，破产屡见，模略举似，有如造纸、织呢、玻璃、洋灰之类，乍起乍仆，皆丧巨赀。今夫农工商三者，国之桢干也，而衰败如此，呜呼，能不贫哉！

然则，方今之计，欲为救贫之事，其将何道之由，曰：其详，请俟诸异日。约而举之，固有三答，曰：广交通、平法令、饰币制而已。是三者，固中国今日所得为，失今不为，势且无及。

论中国救贫宜重何等之业*（1913）

吾国天府也，东西南北气候互殊，水土亦异，其物产自草木鸟兽，以及鳞介矿物，几于无所不具。升平之世，民人安生乐业，用力至勤。虽乏新新之机，要无惰窳之习。是以一国之内，百昌丰盈。养生送死之资，怡情适性之具，靡不皆备，固无待于外求也。海通以来，其局大变，外来物货，不仅火齐、木难、文具、珠玑若唐宋所云已也。舍一二毒物如鸦片、淡巴菰而外，其所供者，多民生利用所必资。其销售极广，遍于海隅山陬者，莫若洋布；下之极于一针一线之微，迹所从来，皆由远国，问吾人今日有用土产之针以为缝纫者乎？问一身之中有非外人所衣被者乎？通商口岸，固无论已，即在内地，亦几无有。此其故由于吾道冶工最无进步，而外人以化学、物理之所发明，挟其物质文明以与我遇，价廉物美，有利用之实。故虽爱国之士倡为行用土货、禁绝外产之谈，敝舌焦唇，终于无效。嗟乎！物力惟无至于必胜，至于必胜，虽有仪秦之辩、管商之法，胥无能与之争，何则？人人之自为计，必重于其为一国计。问廉省否耳，问利便否耳，问美好否耳。至于国产以之滞销，人工从而失养，彼且未尝梦及。有以此说进者，口虽赞成，其心未尝不窃笑也。

自革命破坏以还，一跃而开所谓共和文明之治，其摧剥老物，盖百倍于往时。易服改制之事，行其议者，固未尝无甚重之理由，盖将以一变天下之耳目，一也；将以世界为大同，而不肯处于独异，二也；亲见东邻为此而利，冀步后尘而邀同效，三也。是故易服虽议者众，而亦不可厚非。然而食力产货之民，由斯益苦，虽有仁圣，莫能救之；国之漏

* 原发表于1913年1月24日到25日，《平报》。本篇选自《严复集》，第二册，295～298页。

卮，又不待论。前见英文某报，以民国元年海关统计多于宣统三年者三百余万两，遂以此为共和利国之征。夫共和利国与否，固当别论，至于海关统计之加多，则诚与改步无涉，而未可以为甚利也，何则？坐议借款，而镑价大落，镑价落则洋货底本轻贱而易销售。又以新风大扇，国之少年妇孺于衣、食、住三者，莫不以服用外产为荣观，以被服国货为贱辱，由是来者益多。故自不佞观之，则关税增加，政吾国之损失耳，何利之足云乎？税则未改，犹是二十取一，然则三百余万之增加，无异云洋货进口之多于往年六千余万已耳。

若准旧时之学说，则数万万洋货之进口，将无往而非吾国之漏卮。而吾粗涉计学，初不谓然，此不独从亚丹·斯密之成说，于百产当为平等之观，不得独指黄白诸物为国之财富，而通商之道，有所取者，方有所施。补短绝长，往往粗足相抵，未甚病也。故吾国迩年之穷困，别有原因：生齿日滋，野不加辟，一也；庶政并举，竭泽而渔，二也；投机企业，往往失败，三也；赔款稠叠，负担日重，四也；币制放纷，无形之损，五也；旧赂新夺，同于朘民，六也；国无信用，为渊驱鱼，七也。以此七端，遂致上下交困，于是发起实业，抵制外货，遂目为救时唯一之方针，然而其事可深论也。

夫今人之所谓实业者，大抵非吾国本有之业也，而皆学步西人之企业。见洋布之畅销，则图为织机；以呢罽之利用，则合为呢厂。他若玻璃、造纸，事不一端，究其结果，什九失败，且所沈失者，常为巨万之金赀。前车已覆，后轸方遒，民之生计，乃益凋敝，此其为事，甚可痛也。今欲明其所以然之故，则因由复沓，不可胜原，约而举之，亦有可道。盖企业局面，恢闳其本金，恒非一两家之力所能具，则其事必资于公司。公司者，聚无数人之股份，以为一业之母财者也。方其购股也，股东与发起之人，每不相习，其出资而购之也，或见其说明之书，或经其囮媒之怂恿，或以他人之争购而效之，故甘以实财，易一纸之空券。自此之后，财入人手，一听所为，虽云具有查账权制，以吾所知，能用而有效者亦寡矣。夫外国公司，法律最为缜密严重，而吾国犹未有也。每见发起之家，朝为贫人，暮成富室；车马声色，备极豪奢，其所挥霍者，要皆众人之血本，则焉有不败者乎！是则法律不明，民德未进，企业之不可为，一也。又文明实业，多归制造，制造所用，不外汽电诸机，故民必有普通理化知识，而冶铁诸业已有进步者，而后能利用之。吾闻欧洲荷比诸国，其每年所用磺酸之多，等于其国大河之出水。而吾国一切工业用汽用电，概属寥寥。至今国产木金诸器用，其接笋斗合之处，求其能用螺钉者不一概见，其巧密滋无论已。夫如是之民，而强为效颦之实业，则其为事，必出重价以求机器于外洋，又具厚薪以雇匠师于白种。吾之饬材庀工，一惟外人是赖；又乌能与为竞乎？是则教育不施，民智弇陋，企业之必不利，二也。抑更有进者，〈百〉五十年以往，英国制造独盛，而斯密氏独以世界为公，倡为自由贸易之说，国以大富，是□若美、若法、若德知循用自由主义，则国内工商二界，必不能与英争也，而保护之主义大起。某货方兴于国中，则于外来者加极重之进口税以挤之，使国之制造有以发达，此其非大同之公理，而示天下以私，可谓彰彰较著矣。然当国产幼稚之秋，未尝不受其大赐。吾国不幸，当道咸订约之时，既以民刑裁判之权，付之领事矣，又以国家科税之柄公诸外人，则所谓保护政策者，斯无望已。夫以无保护之稚业，以与外洋数十百载硕大无朋、日进无疆之企业争存，不待蓍蔡，可以决其必无幸已。吾方掴掴然竭力尽性以成一公司，垂涕泣以爱国必用土货之义告诸国人，而彼但弃一岁之利不收，以相排挤，吞云梦者八九，其胸中曾不芥蒂，则吾业安得不朝起夕仆也哉。且也一业之兴，所收利者，不仅正业已也，必将有相附而出之利焉。何谓相附之利？譬如煤气其正业，而相附之利则有煤渣、煤油。凡一切业莫不如是。故工业先进之国，其原料无毫发之弃材，至副收之利，则正产之廉，非幼稚孤行之业所敢望其肩背，又非吾国之所能也。是则国权未收，地势大异，企业之必不利，乃其三也。合是三者而观之，故不佞尝谓：吾国之人假使必为企业，则舍煤铁而外，几无一事可以措手，勉而为之，鲜不败者。且所谓煤铁之业，亦非必利也。特虽不利，犹当为之，以其为制造之母业，而舟车之所需，兵工之所仰，乃有国者之所托命故耳。

闻者曰：吾国方忧贫，而救贫非实业不为功。如子之言，将一切不事事，凡所谓农工商者尽循其故，而一听其日瘠月削，驯至于亡矣乎？应之曰：是又不然。苏轼有言："人而弃其所得于天之分，未有不亡者也。"今者，吾国亦可谓弃其分矣！夫中国农国也，乃今耻为农，而必以工业与天下争衡者，震于外洋之物质文明，以为必如是而后可致富故也，而孰意不然。夫工业必资于原料，而原料，农业之所出也。使吾用其本有之知识，辟其素主之土地，善守其所得于天之分，先以原料生货之产，称雄五洲，则吾国不亦既富矣乎！特欲致此，则其事尚有先者，可继而论也。

说 党*
(1913)

中国政界之有党人旧矣。西汉以前，虽有党不著。以党称著者，其在东汉桓灵之际乎？顾虽有甘陵南北部之称，质而言之，不外党锢一流而已，彼十常侍熏腐之余，固不足为党也。其后唐有牛李，宋有蜀洛。魁长既殊，宗旨亦异，其势力亦稍平均，渐似今日政党矣。其尤似者，莫若赵宋元丰以后主变法、反正之二党人。其一以介甫为之魁，其一以温公为之主，绵延绝续，逾南渡而衍为战媾之两派。盖国论与门户相终始如此。降及元明，殆无政党，东林、复社，几学会之有势力者而已，未闻其于国家之定何主义而运何手段，以求达其何种之目的也。及至前清，尤忌朋党，故御批《通鉴》，于宋滕甫之对神宗，谓朝无朋党，虽中主亦可以济云云，最深激赏，则其御下之情可以见矣。然此其情虽若专制，而深防远虑，惟恐臣下势力之或张，顾平心以观，则前之党人于国计要为无取。何则？党风之烈，彼必以一党之衰盛为前提，而所谓国之利害，民之休戚，理之是非，皆为后义，且不平既起，而争心应之，则报复相寻，而国乃大病。黄庭坚有言："不须定出我门下，实用人才即至公。"此非党人之所能用也。韩□有言："一朝夺印付私党，凛凛朝士何能为。"此又党人之所常出也。故斯宾塞谓：政党者不过拓大之私利。既为私利，则其非大中至正之物可知；非大中至正之物，则不容于尧舜之世，解散禁绝，亦固其所。《易》曰："涣其群元吉。"此之谓也。

海禁既开，交通日广，于是欧洲之学说政论，日渐于东瀛，浅者震

---

* 原发表于1913年3月6日到5月4日，《平报》。本篇选自《严复集》，第二册，298～308页。

其富强，不知其原因之别有在也，于是以分党为政治之极规。向所谓私者，乃今以为至公；向所谓危者，乃今以为极治。前清末载已有维新、守旧之二流，而保皇、革命旁轶而为支别，然而未大盛也。自辛亥武汉造攻，不半载而变中国数千年之旧法，号曰“共和”，虽一切外缘内因，举不备具，骤用新制，无异驭电车以行于蚕丛崺嵲之区，而举国嚣嚣，以此为跻盛向明之左券。盖政治既为代表，则政党若不可无，于是有同盟、有国民、有共和、有统一。两年之间，名称屡易，组织纷然。顾自旁观者细察而微论之，则其中知政党之为何物，能结合团体以催促政治之进步，不过居最少之数，而攀缘依附取利己私盖十八九也。此诚诸公所亲见，而仆言岂妄也哉！

党非佳物也。自国之政柄归民，而其势必归于有党，故英国某政家言：“政党乃民权政府不可逭之恶果。”今请先为政党二字之界说：政党者，民人自为无期限之会合，而于国家一切之问题，有主张之宗旨与求达之目的者也。夫文明之众，虽号结习自由，顾所谓自由者，亦必在法典范围之内，有或干纪违法，政府固得干涉而禁沮之。但此等干涉，往往甚难，而为政府之险著。故党势甚盛之秋，政府只有疏通和民之一法，滥用强权，久则败矣。至于寻党结集，取于研究内政外交问题，既无干纪违法之端，而可备政府之采择，则其党虽在专制治权之下，亦足自存而为求治者所不可少也。

欧美诸国政党之历史，其迁流变相常若不可方物。据目前以推来者，谓于其国政治，将有何等之能力，往往为政治家之所难。夫代表议政之规，自以英美二邦为先进。顾居今观古，国中政党所以成其如是者，多非畴曩言治者所及知。如《联邦论》出版于一七八八年，于美之新党宪言及纤悉，于国中党人颇多抑语，谓政府所宜深防，乃不知百载以还，其法有以潜率阴驱，使全国之民分为两大党派。每逢选举，竞争炽然。又如马狄孙书言新法之利矣，又云党派必为政治前途之梗，幸门户繁多，其势有以相制，不至使一党得以专横云云，则又非新洲今日之情事也。他若斯佗利书出于一八三三年，穆勒约翰书出于一八六〇年，去今皆不过数十年，其所推究者皆不中后来之现象。今之实象，各国皆成于两大党，而具左右政界之能力者也。

然则固有政党，岂以二为自然之结果而最利人事者耶？曰：是又不然。苟非有特别之原因，则党派将决成于众而非二，此其理可微论也。盖党之立也，必有其所以立之基。自其公者而言之，则所标宗旨之相合；自无私者言之，则所跂权利之从同也。其立也，无全公，无全私。往往操杂公私，以成其团体。近二百年，学者皆晓然于其为民政之同产。自拨尔克以后，著论深非之者寡矣，然亦未尝即以是为瑞物也。盖其民程度既高，而人人有国家之思想，又见国人之立一法，政府之下一命，其利害皆关于身家与其子孙也。斯群焉，各怀无政策，而于已成之制度，或望有所更张，以收一国、一群之福利，则聚而谋之，讲去其小异，以蕲即于大同。徒党愈多，其目的之终达愈易，此自然之势也。夫如是，故国中党派为数之多寡不可前知。何以言之？譬如英国，当保农税之未废，则有反对谷法之一党，所争者谷法，于他事未尝问也；迨谷法既废，则有自由贸易之会，其所反对者，要不外保护税法而已，再进亦不过操在宥勿治之学理，谓一切听民自谋，不必政府干涉而已；其与此对待者，则谓政府宜有干涉之权，用社会主义以救个人主义之偏，而后有以泯无艺之不平，息过甚之竞争。是二者之所赅，可谓广矣，而皆持之有故、言之成理，故足以互救其偏。顾其所持者，社会、个人两主义也，而于朝政法度之因革，即同党者又不必其从同。譬如晚近，欲国会增进齐民参政之权，于是审法之会，有议废上院之举，有准议员食俸之更张，凡此皆为编户小民参政道地者也。而与之反者，则谓国论政柄宜归诸诸有学之夫。学问阅历深，其亦占投票之价值宜倍蓰于常民，于是而两党又相待而立矣。至于对外之政，或主于和平而自守，或主于膨胀以建威。是故党之立也，每建一主义以为之标。其合于此者，不必同于彼，主恢张民权者，其于军政外交，往往谓为行政之专责，出入轻者，樊然分歧。故曰若秉自然，则国之党派将决于众而不止二。

然此犹是言其宗旨之不同而已，至于权利尤致繁殊。盖国家一法之立、一政之成，民以地位不同，其所受之影响各别，而于真实利害亦有见浅见深之差。民之不齐最著者莫如贫富，由是而赋税、教育乃至国防之筹备、战媾之短长，二者主张多不相合。主张不合，党派遂殊。夫党派之易成于众如此。然而今日现象，卒趋于为二者，此其所以然之故，又可得而继论矣。

由前之说，立宪国之有政党也，由党员主旨之相若，利益之同等以为合。顾主旨多歧，利益各异，故其势易为繁殊而常迁变。使无一物焉为之特因，则各国之党派必多，而不成于对待之两党。所谓特因非他，选举是已。选举莫重于与元首与夫行政之长官，非有如是之特因，则主旨相歧而利益各异者，将宁处于分不肯为合。所谓政党，一国之中标立名号，虽数十百不止可也。夫异党固有联合之时，而恒由所欲达之目的。从同之故，降心下气，泯异持同，相为融洽，以求所谓多数者，恒有之事也。顾既偿所愿之后，将其势又处于睽。语曰：“同舟而遇风，则胡、越如左右手。”此说固也。特风止浪平，则胡仍为胡、越仍为越，此暂合之所以不足恃也。

至有选举之事则不然，而选举法无以代表少数者为尤甚。盖选举之际，使所有之阙已为一党之人之所补，则余党之得补与否，必属不可知之数。故诸党必相混合，以预定有被选资格之人，而后可望以有是选举之竞争。故党派虽众，其势当趋于两大党之对待而无余。虽然使所选之人，不外立法权之代议，则如前所言，其为合必暂而不久，且随地以为殊。惟所选举者议员而外，于行法首领又有公选之权，此英美二邦之政党所由终成于二也。夫英美二邦，其法定选举，事诚大异：美有每四年公举之总统，而英有改组政府之常选。每于此时，通国之众有政治观念者，咸延颈跂足而为选政之竞争。于此设有小党不联合而为大党，以求胜算之可操，其于所选之总统长官，犹无与矣。故大党之势恒足以吸入小党，使成朝野之二党也。惟此为最有力之原因。且美之习惯，行政之吏虽在下级，布新除旧常随所举，以为胜党之酬庸，而总统又操否决权，其势自有以左右立法之国会。而英之纯粹政党内阁，其提絜议众，又不待言，凡此皆非两大莫足为竞争者矣。

是故英美治体虽相悬殊，而其政府机关几为对待之朝野二大党而设，胜者在朝，负者在野。在朝者为之敷施，在野者为之程督，伺隙抵巇，各有报章，各有结集，大抵务为相胜而已。夫人心不同，各如其面，而所图利实亦不必从同，故政党虽趋于两大，而小党亦或以自存。即此二大之中，其泯异为同者，亦未必遂为胶漆。合散无常，事所常有。特使前因而在，则所谓政党者，无虑皆双立者耳。

前谓国有政党，其势恒趋于杂而多，顾以有大选举为之前因，其终每成于二，此立宪先进国共有之现象也。吾国之发表共和以来，论者每戚然于吾国之无政党；有政党矣，又恒愿有两大政党，左提右挈，彳亍迤逦，以为国步之进行。此其说固也。虽然，国之成于两大政党者，亦有利害之可言，此可得以微论也。以言其利，则党成于二，其统治权有稳固之效也。盖使党派既多，而立法权操于议众，无论何党，少能于议众中占多数者。一议之兴，每于临时乃相为合，以为胜决。顾暂合者，势不久牢，至于他时他议之兴，又与他党牵率为合而主指纷然矣。此其赞成如是，反对者亦如是也。夫代议之治制，论者已病其有不安易动之弱点矣，乃今益之以党派之棼，是之弱点不愈见乎？故惟两大相持，而后政策出于一门，所谓稳固者，即是谓耳。

复次，政党之宜于以两为对待，不宜于以多为纷杂也，于用内阁制之时尤见之。内阁制者，行政之部，以议院之赞成反对为存废也。顾即用他制，亦必两党对立，而后主治、监督之分界以明。盖政党成于两大，则胜者在朝主政柄，负者在野而职监观。在野者恒欲取在朝者而代之，则其中魁长伺隙抵巇，常取在朝者之所措施，引绳挑根，襮其短弱，以告国民，使国民弃而从我者，必然之常态也。然为此矣，而明智党魁，恒不敢过此，非言宽恕也，亦非云公忠也，诚以国中政客舍两党而外，更无第三，政柄所归，不彼则此。使当路者以常算嘉谟而蒙攻击，则国人为之辩护者必多，使其词直，此乃再负，其去得政滋益远矣，故不敢也。又使操柄党人，其谋国也，迫于时势，而为最良之措施。在野者以无责而易由言，吹毛索瘢，流长飞短，幸而胜彼，夺而代之。顾乃本党掌局之时，情见势绌，尽思极虑，欲不出于向者之涂术，而不能脱，其异〈日〉之失败立见，然则得政不长，而前党之优益著。是故国有两党以互相求胜之故，其为窥伺，而相督过也必殷。然必详审郑重出之，以为胜负两端之余地。此其利不独在行政也，即以指导国民，亦有赖焉。使党多而杂，其不能得此良果，明矣。

如上所言，二利之外，或更谓国之政党必成于二，而后国民之政治兴味乃周遍而绵长。何以言之？盖使党多而杂，政界竞争之中心点必萃于各党之魁硕，而所争者，恒以党利为前提，或偏鷙愤兴，过主破坏而为国所不堪，夫如是之政党，国民中之悃愊宁静者，必望而去之。夫悃愊宁静，有选举资格之最良者也。乃今相率而违政界范围，至其久之，政治趣味、国家思想，坐以全失，皆此政党之繁，阶之厉矣。此其言近是。盖政党双立，诚有周遍之功，而常人感情，其忠于国也，恒不敌其私于党。虽然使其人仅知有党，而国后焉，则政界中无此等民，未为巨失，则以此为政党双立之大利，有非余所敢附和者矣。

前言政党分为两大派之利，既如彼矣。然自国利民福而言之，则此成于两大派者，亦未必推行尽利而无害也。盖政客党派之小而多，其害以主义常狭而客气常隆之故。独至渐合，而终于二，其主义乃宽大而兼赅，其客气或泯而难见。然而相反之弊，将即见于兼赅宽大、感情尽泯之时。前者以所持主义之狭，常有余地，异党相遭，其分于此者，未必不合于其余，而其所以为异同者，又未必尽由于党见。独至成于两大，则往往以道殉党，畛域厘然，甚者为党之情或过爱国，此斯宾塞为书于《国拘》之外，所以叹流梏也。今夫所生之地域、所游学之国土，人生至偶之事也。而吾国人士当竞争之烈，且不惜牺牲公道，而为省界、学界之争。又况他日两大势成，所有政客各有籍，外怵于利势之盛衰，内惧于党人之交谪。《诗》曰："畏我友朋。"《庄子》曰："名实者，圣人之所不能胜也。"则并生心厉，惟胜之期。虽所持党义，亦将若存若亡。且是之现象，往往察于异党则昭然，至于本党，又常亲蹈而不自觉。

故曰，党非佳物。政党者与代议政体并生而不可去者也。吾国由君主径入共和，越躐阶级，则政党幼稚，理有固然。盖人心不同则主义异，主义异故党派纷纷，固不便也。然必谓由多渐少，成于两大者，必可利国而福民，则又非极挚之论耳。是故成于两大者，有一部分之政弊，以之轻减，又有他部分之政弊以之加深也。何以言之？在朝之党表一政策，而在野者加訾议焉。顾以政柄之操，非彼则此。故其加訾议，恒以后难为继为忧，则回翔审顾，不欲为过甚无已之词，此弊害之轻减者也。然亦以两雄对待之故，党人意存患失，而以必胜为期，于是阿世违心，其事国之忠情亦减，每有最良之法，远览之谟，徒以不谐于俗，而反对者或得用此以为倾也。则无宁避之勿谈以为稳固。则由是既有出群之才，而国不享其利，所谓天生圣贤，以为时人之耳目者不可见矣，此弊害之坐以加深者也。

复次，假其国而用政党内阁之制，则所用以组织政府而总司庶政者，势必用胜党之魁硕。顾党有魁硕，未必遂为庶政之长才也，而其势乃不可以不如是，此亦党政之一短也。使国党多，其弊尤可，独至两大，弊乃益深。盖所谓党魁者，其人必擅词令之才，而有献酬群情之能事，至于政事，则往往非其所长。然在党多之时，此长于政事，短于献酬词令之人才，即使所怀政策不必从同，尚有容于政界之望。独至党成两大，此乃绝无。故前之失才也，以怀嘉谋而不试；此之失才也，以虽才而无当位之时，而国之所损皆不訾矣。

且政党成于两大，其于世道人心，尚为极危险之关系，则以是之故，使政客成为一种之生业。党利居先，国计居后，作用日富而忠信日微，利口奋兴，而朴诚之人将无所容于政界也。公等见外国法廷之所谓辩护者乎？两造讼家各出巨资，以雇精通法学之士，使之抵巇伺隙以倾人，巧辩舞文以自庇。故既为辩护矣，则白者或涅之以使缁，邪者或掩之以冒正，有时虽欲为不违心之言，不可得也。其佞口无真如此。是故西人薄之，谓之市道辩护 Forensic advocacy。谓之市道者，罗马受辞亦于市也。然而尚不甚害，则以搏辩之人各有所护，其行私之意，不独己知之，而听者亦莫不知。彼为之理，官为之助理，将惟其理实之可否俞咈，至于言者之激烈、和平，与其一切〈谮〉诉之状态，则在所不论故也。至党员政客之为是辩护也，乃以言者之笃于自信，而听者亦每从而信之。法廷之辩护有理官、有助理，有被告之辩护为之剖晰情伪，细入毫厘。而政界议院之中，不皆有是此利口，所以常能达其目的也。彼欧美先进国之为议员者，恒有公职而无俸禄，而其弊尚有时而如此，今使其制异此，而一议之胜，大权厚利，坐以兼收，此其弊又伊于胡底乎？

右之所言，皆指党中之魁硕。顾势成两大之后，则一党中指挥、服从，二者皆成习惯。言其利者，则曰惟此而后，党情可富，党势恒固。独是立宪之制，其所以觑为优胜者，岂不以一法之立，一议之行，其发现皆出于多数人之同意耶！而孰知势成两大之后，此多数人所同意者，乃由此最少数者为发其端，而多数人乃相从焉，或姑从焉而靡所过问。其靡所过问也，乃其所以为多数也。

今吾国既以立宪为民主矣，则或远或近，政党必从以发生。发生矣，或散而为歧出之多党，或聚而为对峙之两党，则由于事势之迁流，其于国运人心，皆有重要之利害，此爱国之士、政治之家，不可不豫为研究，期于有以善其后者也。顾其事有难于前计者，则以结果之大经，皆由政界道德之程度。而政界道德程度之高下所由致然，其原因最为复沓，不但本于国体、治制之何如也。顾国体、治制又当有促成此果之功，甚者或使之一成而难变。故吾人欲求政党之弊，期于可去者去之、不可去者轻之，又不能不于二者之中郑重而加之意也。何以言之，假如行政高级机关，为国会中多数议员随时所可推倒，则行政部虽有解散议众之特权与之相抗，以为行政者质成国民最后之著。然使议众多数以党派之杂，其所趋重之势，朝暮变迁，则其事最为危险，不得不使对峙之党，凝然足恃，而后无论何等政策，乃为推行尽利之机。夫如是则前之散者，方将使合，而既合之众，又乌能使散乎？独主他制之代表政体则不然。盖政体同为代表，而使行政高级机关无解散议众之特权，由是而阁员之任命亦有定期，非多数议员随时所得推倒，则彼此人心既定，就职之后，行政、立法二者相安。故国会之中虽亦宗旨互殊，各持门户，而不若前者之各严疆界，终为对峙之两党以争优胜明矣。而难者曰：然则北美之合众国独何欤？彼总统之任非无定期，其国会亦非行政部所能解散，由前之说，其政党宗派宜最纷歧，乃美国政党对峙之深、竞争之烈，为五洲所仅见，则何也？应之曰：是又有二因焉。其总统为国民普通所选举一也，而下级行政官吏之任免随胜党之入阁为转移，为之分赃之制 Spoils system。向使美之大总统，但由国会公举，而下级行政之任免，不关于党派之胜负，则虽政党，气或稍衰，而竟见多歧，诸党离立，即其左右政界之能力，亦不至若今之磅礴耳。

更有进者，就令政党内阁之势既成，而党派遂底于两大，顾其中救弊补偏尚非无术也。此其作用在使立法、行政二者分工得宜，而党见行乎其中，末由而过。其一在区分重要问题，凡其事与行政部非密切关系者，不必由内阁解决，以畀之院中之委员会，使加讨论，则异议朋兴，而党派易于复杂矣。其次则行政机关诸首领，凡须专门学问、居恒练习及特别经验者，当内阁改组之时，不必随同避职，必俟党见异同，涉其本部行政而后许辞。又其次，则使行政长官得常本一己之政见为措施，期无碍行政部大局之稳固健全而止，则如政党内阁向例遇有提议而不得通过于国会者，即行辞职，或解散国会，更集代表以征国民之意见。乃今不然，必俟所提出法案而为议院多数人所反对者，系执政人所注重之主旨，或经国会俨然投票通过。谓其人已为国民信任所不归，夫而后义不容留，有辞职去位之必要。此即孔子所言“大臣以道事君，不可则止”、孟子所言“有官守者，不得其守则去”之大义。君国之主体在一人，民国之主体在亿兆也，经如此规定之后，将不独党祸可轻，而立法、行政两机关亦不致偏重畸轻，而时相凌犯矣。凡此皆所以制门户之末流，而救弊补偏之术也。嗟夫！当十八稘法民之起为革命也，飙起霆发，举国若狂，聚数百之众于一堂，意若一夕措注，可以划数千载之不平，而明旦即成于郅治。且其志以谓吾法成，岂徒法民之利而已，生人之福，胥永赖之。乃论者则谓其民于代议政体毫无经验，而但沭于卢梭诐淫虚造之辞，惘然举其国千余年之政教，摧陷廓清，而无以善其后，名求国利民福，实则六七十稔之中，板荡元黄，所得拨云雾而睹青天者，赖当列强幼稚之秋，而竞争不逮今兹之烈，得轻丧败，危以复安，虽曰人事，亦天助也。今吾国寻法故辙于百余年之后，五洲形势大异昔时，而内政所更张者，无虑皆吾民所不习，而姑自赞曰能，则继今以往，其因果递嬗之所演成，虽有舜禹之圣，望旦之才，莫能豫推而前画也。顾其造端宏大，则若政党之所为，用是不胜，悄悄之忧，愿总集旧闻，为说党之言六篇如此。《传》曰“前事不忘，后事之师”，或于他日政论，未必无涓尘之助云尔。

宪法刍议*
(1913)

今夫宪法无论何等，其根本原则二焉而已：一、必使政府真实权力得由之以发生；二、又有以制限此权力者，使不得侵轶而为患也。欲其对于内外皆生效力，则内之必为国民所承受，外之可为邻国所赞同。夫然，故其规定也，起草之员，必绝党见之私，而无依附任何巨子之成见，诚求全国之福利治安，俾亿兆人民性命身家有所托庇，惟以是为之原则前提，庶继此之宪法，其利害有可论耳。

英宪法家毕格德曰："中华民国宪法所宜广加讨论，以为规定之预备者，众矣。"顾今所最急而必宜先定其方针者，有四事焉：

（甲）大总统之权限，其任命阁员之事当何如；

（乙）副总统之职任；

（丙）大总统之否裁权；

（丁）各省之行政制。

今请依前之次第而详论之：

（甲）大总统之权限，其任命阁员之事当何如

夫论民国政府之机关，其第一宜及之要点，莫若大总统、内阁与议院三者之相系也。以此三者之相系，由是有两问题之发：（一）国务员宜由何人任派，（二）国务员宜对何人而负责。此二者，自吾意而言之，则察中华民国今日之情形，殆舍总而外靡所属也。此其理由，有可得以扬榷者，盖自其第一层而之，使国务员之任派不由于总统，此任派之权当谁属乎？无他，亦惟有二途焉。

一则由大总统所指定，而求同意之通过于议院也。又其一，则纯由

* 原发表于1913年4月5日，《震旦》月刊。本篇选自《〈严复集〉补编》，148～158页。

议院所选派，而大总统受之。若与为同事也者，今欲执两端之说，而论其宜否？则不得不深察民国之国情，同民国今日所谓政党，果成熟而可资利用否？此一问题之中，所包涵之大问题也。须知政党为物，乃政治演进时至之所发生，而必非人力所能强造者。今日欧美诸邦，凡成于政党治制者，国中有举权之众，大抵分属两大党而无余。盖其治制，虽非曰必如是而后行，顾使党派众多，将其趋势驯至于不可行者，则易见耳。夫既以政党之力，而成主治之政府，是政府者，自必常得院中多数之维持，且势恒可恃，而无旦夕骤变之可忧。就令异日成功者退彼继其后者，又必有一大政党，出而组织内阁，为秉国成。其所主张之政策，又为院中多数所群扶。凡此皆非党出多门之国之所能也。盖党派之多，恒由于政见之岐〔歧〕出；政见岐〔歧〕出，其投票之向背，必旦暮流变而不可知。既不可知，斯政党之制无由以立。凡此皆至明之数，稍谙政治者皆能言也。而试问民国此时之政党果成熟否？资利用否？后此演进是黄人者，其早晚成就，诚难预言。若夫今日之现状，则目之为未成熟，固断断无疑义耳。

更有进者，政府之良健者，其众志之成城，必先见于内阁之群长。故连带负责之义，乃政党内阁所不得辞举。顾以愚观之，尚非所论于今日之民国也。而自其简要通议而言之，则国务员者，以一众之人才为元首之股肱辅佐，补阙拾遗合之而为国中行政之机关。今使人各有心，而于重要措施，常纷出舛驰而不可合，则行政之义扫地无余，安得所谓良健政府者乎？

本前二义。以论向者所代出之二途，问出何途可使国务员联为一气，辅总统以为良健之政府，将由总统指定其人，而求同意之通过于议院乎，抑将纯由议院选派，而总统受之与共事乎？其必不可得良健政府之理由，所可言者于二途盖无异异者，特厥害有浅深耳。

一则以其无恒而不足恃也。盖自国中两大政党之未成，虽畀以选派之权，或与以同意之权，其势皆不可以久。夫行政之家持一政策，每必多历年所，而后成绩可观。乃今以其无恒之故，其中之一党，或今兹具多数之权力，有以赞助反对总统之所指任者矣。至于明年，其权力或消归于乌有，甚至党派既多，其表决之效果有月异而旬不同者。夫如是，将行政之权力，亦月异而旬不同，此其为国事前途之危险，不待问矣。

复次，即使党势果成于议院，而吾所谓用人之权必操诸总统者，于政犹无害也。何以言之？盖使议院之中，渐有政党，其方〔力〕既足以反对总统所指名，然则听其组织内阁，而组织既成之后，是党人者，其力亦足反对其所提议之法令政策而无疑。夫使议院之中，果有此强力有恒之政党，则其代表国民中多数之同意，将晓然而可知。当此之时，彼为总统者，欲其政府之成立而坚固也，势乃不得不取人于是党；不如是，则无以为进行之机故也。且自党人而言之，以其强固有常之党德，得享用贡才政府之特权，而明干之总统，以求其政府之稳固，必亦欣然而受之，凡此实政党内阁所由萌生者也。盖自议众之中，有如是之政党，彼其余之诸小党，亦必结合牢固，而后有以伺察纠正之机关，而所谓反对者，乃以成矣。故曰：政党者，演进时至之所发生，而必非人力所强造。近者议众之中，亦欲以人力强造之矣，顾其成否，正未可知；就令有成，自我观之，亦不必以总统独拥用人之权，为葸葸之虑。何则？于政党之发生成熟，皆无害也。

终之，尚有最要之点，以其关于行政之进机。盖使用人之权靳之总统，而必由议众之选任，抑必取其同意而后行，则自民国成立之后，参议院之前事可为鉴已。政务方殷之顷，各部总长必不可以缺席，总统经无穷之延访劝驾，得一人焉，期以辅治，而无如院中之议数恒不足，何也？且此不足者，虽累旬兼月可也。夫议员之集既非常年，则后此国务员每有出缺之时，其于任命必增无穷之委折废坠之效，可为寒心。至若使人兼署次长代庖诸下策，其于事实，皆为丛脞，而临时召集，亦常坐人数而归无效。故惟任命之权操之议众，其不便有如此者。

合以上诸点而衡之，党政府用人不属总统，而出于其余之两途者，以求行政机关之稳健良强，于事实乃在必不可得之数。然则议宪之士，诚以国利民福为前提，当知其途之所宜出矣。

若夫国务员宜对于何人而负责任，则敝人尝为民国萃一切宪法之原则而思之，晓然以为任免之权必操诸总统。诚以无论自理想、事实任何方面而言，国务员者，终为大总统之国务员也。夫国务员既为总统之国务员，则彼等之负责任，非对于总统而谁对乎？

至谓总统用人，即不必由议众之同意，然当由内阁之同意。仆窃以谓此无讨论价值之问题也。约而举之，其事全视元首知人之哲为何如。夫总统亦人耳，人情处高明之地，其顾惜名誉且倍寻常，且彼既对国民负责任矣，将惟良强政府之是求，乃今必用一人焉，而为阁中多数所反对，此殆非人情之所宜出也。

或曰：是则然矣，但宪法既予大总统以如是之大权，而前所谓有以限制此权，使不得侵轶而为患者，其将何道之从乎？

应之曰：此又不必过虑者也。何以言之？盖一则有宪法自然之效力，如吾前所详论者。但使议众之中有强固不倾之多数，则总统当求多助于国人，势不容不遴才于此党，此先进国政界之历史，其前事莫不然也。其次，则敝人前谓，凡此内阁诸公，既为总统所任命矣，则其行政必对总统而负责任。然将以是之故，谓于事实便对国民不负责任，有是理乎？夫议众用自由言论为械器，而有监督政府之特权，凡其所为，皆可评议，所过问者，岂仅一部一人而已？质问之书、弹劾之法，又有豫〔预〕算以握其枢，其所以左右进退是政府者，已有莫大之势力矣！

今使有国务员焉，经议院质问之后，其所以自解者，不足以餍多数之群情。又其政策常为院中所反对。设有如是者出，将谓总统必拂群情所向背而强留之，又必不然之数也。夫共和之总统，其性质固与专制之君主大殊。总统当国，立其政府如置一机者焉。其第一义，在求诸部共进相和，而无扞格不操之患。今某国务员既为群情之所背，而又无术焉以自全于其间。则是国务员者，徒为沮力而断无辅裨乃公之事者也，彼又何所取而强留之乎？且如此，故遇国务员之进退也，恒为一人之立仆，而不关内阁全部之去留。何则？以所谓连带责任者未成立也。一人去位则内阁用此，知群情之所趋。非有绝对理由，必不更循故辙，以得罪多数之议众，亦已明矣。夫如是，则内阁安。而其相率而去也，必待全阁共守之方针。显然为参众两院中多数所反对，则于事实较为稀见者矣。

虽然，草宪法者，不能不为事势极端之豫〔预〕防也。极端之事，虽不必发生，而完密宪法，则不可无以为待。今使有国务员焉，其人为议院群情所反对，报章舆论群起而攻，乃总统惜之益深，庇之弥甚。当此之时，事将奈何？故吾意以谓宪法当有勒令国务员避席辞职条文也。顾如此条文，原为事势之极端而设，须立严重限制，庶无滥用之虞。吾意此等规定不宜，但以多数取决而已。惟请愿之书，发以两院三分之二之人数，庶几流弊可以免已。

国务员委任之权宜归总统，而其行政对于总统而负责任。种切理由，已具于右。今尚有一争点当为剖晰者，则或谓从前约法所定，凡总统用人，必邀议众多数之同意者，其法亦有所本。如英用君主立宪之制。然而委任国务，有院推之先例。则中国之行政部进退，何独不然，不知此误会也。盖政界情形，二者相异，原英国院推之设，乃所以觇党力之强弱。处危疑之际，虽俭者乏稳固之思，加以院推，群疑乃释，以此遂为政党内阁之成例矣。乃今中国如前所云，即有政党尚在幼稚萌芽之时代。且英国此法，固不加诸上院之为国务卿者。又即经任命而不得院推，其人亦不以此而出内阁，常有别席之授。英语谓之 Safe Sea。往往有国务卿二三次不得院推，而有别席之授者。此法起于后安之代，当彼时凡议员受职而有俸者，非得院推不行。若无俸，则不必院推。然则其法又为特别历史所演成，而非中国初见之共和所得援用者矣。

（乙）副总统之职任

中华民国此后总统宜否有副，此亦草定宪法者，所当讨论断决之一问题也。必求其宜，则吾说有可采取者，试申论之。夫副总统一官，非共和之必要，观于诸民主国而皦然可知。是以美之合众有之，而法则无有。揣设此官之用意，固谓以国之不可一日无元首，而大总统有不得已虚位之一时，如仓卒暴疾晏驾或倦勤辞职或因他项事故，于公仆职任不能履行，于时，须有替人，庶几国家可以无险。此条文之见于美利坚宪法第一段第二章者也。而法兰西宪法则不然，其国只一总统，无所谓副，果不幸而有前列种种情事及新旧总统青黄不接之时，内阁全体合承其乏，犹中国往日旧制之有护理，此亦条文之见于法兰西宪法者也。

今者，衡于美法二宪之间，则似有副总统一官于行政为较便。虽然便矣，而有必争之点存焉。何则？民国设官，非仅以视尊荣而已，将必有求达之目的，而无失设官之本旨，庶几有益于国家。否则，附赘悬疣，同于无设而已。是故，总统既有副矣，则无论何时，前列事见，为之副者，不用越俎即可代庖。夫如是，故其人必与中央行政之部最为密切，于一是之号令规画、故事手续，皆所与闻，而后仓卒执行，不至邈不相接、矛盾舛驰以危国事。然则其人既任此官之后，法宜常处中央。假其外任各省，必将远而无及。既于中央谋画未必周知，又必将所任本省要政委托他人，遂成两失。夫民国中央固为集权之地，而副总统所处，亦必为重镇无疑。且总统须人代理，每为危疑急殆之秋，于此之时，而两处皆有新旧更易之事，甚非所以安国家于磐石也。

论者须知，设官置副，西文谓之 Vice，中西各从习惯，虽同一名义，而意思实殊。中国副者，辅也，所以相助为理。例如前朝各部之有侍郎、考试之有副考，其位次既差相及，其职事亦以相资，不但同寅协恭，而且互相箝制，本无一人当官、一人就闲之事。西义副者，代也，所以为摄官承乏之地。例如消防之有两机、如舟中之有两锚，所以防其一之失用，或以阻机关之进行，故置副焉以为之备。惟其用意如此，故当正者用事之时，副者即处于无责，至于出而当职，其负责乃与正者同科，更无差等。如今共和总统之有副总统，各国务员之为次官，皆此义也。故以新制之次长，自处犹旧日之侍郎。案之法理，亦为两失。

今宪法中所有之副总统，将如旧义为总统之辅乎？抑将从新义，备以为代乎？假其用从新义，则副总统摄代手续问题，不可不加之意。夫自常事而言，总统需人摄代，必其不能任职之时。而不能任职之因缘有二：一曰暂时之不能，暴疾是也；一曰永久之不能，狂痫是也。第二事重，其宣告失去任职能力，须由相当特别法廷〔庭〕，其手续自另有规定。顾第一虽较简单，亦须早为之所。如遇大总统卧病，不能照常视事，庶政是否由副总统暂代施行，亦须有规定条文，乃免临时之争执。

其次，则副总统既经选立之后，于总统照常任事之日，有否特别职务为所专司，此亦宜讨论规定者也。副总统之在平日，职虚位尊，今若畀以专司，将无异于置一国务员而无专部，其于阁制颇多侵轶之虞。故吾意以谓，如不得已而有副总统之设者，最宜纯粹名誉性质，不但于国务无所专司，亦当无薪俸之给予，而以中央之要职人员兼之，庶几有摄代之实用，而不至滋弊耳。查北美共和，正、副总统常以同时举定，而副总统例为参议院之议长。故众议院有自行推举议长之事，而上院无之。此亦其制之一短，今若稍变其法，使参议院议长既经选立，例为副总统，其得效与前正同，而手续于中国则较便。盖同时并举正、副，选事至为纷纭。以国人未谙选政，故立法尤宜向简单处著手也。再，英国领土中，多有用此。故其地之秘书长实兼副总统之职，次其班序，总督而外，此官乃特进最高，然无吏职专司，亦无薪俸。

又立副总统者，所以备总统之不能任职。顾人理难常，即正、副二总统，亦有同时不能任职之偶见，规定宪法者，亦宜于此稍加意耳。

（丙）大总统之否裁权

凡立宪国，其为君主立宪者，则以国君及两院公同立法；其为民主立宪者，则以总统及两院公同立法。是故，论总统立法权限，其最为重要者，莫若定其否裁权之伺若。

今天下民主大国，莫美法若：一则立国百有余年，一则最后蜕化亦已六七十年。故论此等重要问题，前事不忘，后事之师，求诸两国成宪，十可得其八九。而复相吾所宜斟酌轻重，而其法可以立。夫以事实结果言，美法二宪，于此问题固不甚异，但其重要异点，则在二者手续之不同，是固可详举之而加讨论也。

如美宪法，其第二卷七章一节有云：“凡法律议案，既经两院通过后则呈于大总统，如总统以为可者，于十日内画诺著令；以为不可者，则批示理由及已见，封还国会，饬令更议。凡封还议案，国会更议必再表决。如原案一字不更，则必两院中各得三分之二议员之同意，乃得更呈，而大总统即不得再行封驳，总统否裁之权至斯而尽。”

法国于一千八百七十五年二月，其所宣布约法有专条云：“凡两院表决通过法案，由大总统宣布之。”故由此而言，则大总统者，于立法权不外宣布而已。顾同年所布宪法条文又有云：“两院表决通过法案，大总统于一月内承诺宣布之，但于此一月之中，总统得以批示已见及诸理由，饬命国会更加详议，两院不得不遵。”云美法两民主，有于总统之立法权所有异同具如此，今加互勘，觉法国纯主限制，而不得已别立条文，以收推行之尽利，而美之于法，为先进之民主宪法，似尚沿英国君主立宪之余波。至于施行，其效果固差相若。但以学理言之，似美之条文较为明晰，何则？以有于总统权限直著范围，不相骶触故也。宪法所以别嫌明微窃以谓吾国移此条文，宜以美利坚为蓝本也。

再者，元首否裁立法之权，西文谓之 Veto，音尾度。当法之初次革命也，国人所争君王尾度，有两种之殊：一曰绝对尾度 Absolute Veto，则犹旧日诏书之著无庸议、著不准行，一经否咈之后，绝无祈请商确之余地也；又其一曰悬阁尾度 Suspensive Veto，则犹旧日之悬判、缓办等语，事属可行，而非其时，或其条文别须修改。当日法民所议宪法，而犹以予路易十六者，即此第二种之尾度。而后此君主、民主各宪法所以予元首否咈之权，亦大抵有悬阁而无绝对矣。绝对尾度犹载国宪者，惟有英伦。顾如是法权，徒垂空文而不见行用者，盖二百余载矣。但自法意而言之，则共和元首具有此权，实为福国利民之一事，而不必为专制独断之厉阶。盖政党之门户既成，一法之议也，往往相胜忿争，牺理实以殉党见，纷纭喧嚣之顷，所通过者未必在在皆协于民心，而合于国势也。总统超然不沾党热，又以其躬操魁柄，经验自深，而责任之意亦重，畀以悬阁尾度之权，则心所谓危，得以效忠告于国会。至国会悉依程式，复经讨论之后而原案不动，得三分二之通过，则其案无可移易，而国会政见之坚，具可概见，总统之权至此而尽，而两院公意在所必行，亦其宜耳。

如右所陈，其于总统之否裁也，既已〔已〕畀之以权，而为之谨于制限如此，顾议者或曰：即如前言，是宪法者，其所畀总统之权已甚大矣，是殆非幼稚民主如今日中国者之所宜也。夫所谓否裁之柄，先进文明国之元首实皆有之，然以各有习惯先例之故，虽有条文，直同无效。英伦之事不必赘己〔已〕，即在他国，亦罕施行。是故，畀吾国总统以否裁立法之权，无论绝对、悬阁二者定于何等，要皆为国民启侮阶厉之媒。而使居元首者渐萌野心，将以命令为治而已。此累月报章其反对政府者，所大书特书不一书之议论也。虽然，自平心静气者观之，则为前言者，其所虑乃太过尔。夫谓中国今者既为民主共和之治，则主权在全体之公民，以立法部为之代表，以行政部为之公仆，主仆之分既明。是行政者，自元首以逮下执事，将必皆听命于国民之公意，而无所都俞吁咈于其间。故不独专制为篡权，乃至凭命令以进退典章，其于共和之大义宗旨，已相乖剌。此其说诚甚正，而为居今谈治者所不可不知。特吾向之论否裁权，而斤斤然指以为民国总统所应有者，非畀之以都俞吁咈之特权，乃责之以补阙拾遗之天职。囊〔曩〕者专制时代，宰相之于其君，尚容封还诏书，乃至率职诸臣亦有不敢奉诏之事，载之史策，且为美谈。脱非暴戾之君，未闻当时即以其臣为篡权，抑亦其下为违法也。《传》曰："畜君何尤？畜君者，好君也。"大总统之事国，将无异于大臣之事君，则奈何向所不禁于大臣之事君者，今独靳之于大总统之事国乎？使议者深思吾言，亦自觉所虑之实过已。又况所予之权，本非绝对，而但为悬暂之否裁。使其事既协于人心，而有施行之必要，则两院赞成三分有二，悬阁尾度权极于斯，而其终胜者，犹夫两院民表之公意也。尚何可虑之与有？

抑更有进者，国会立总统矣，则必有总统之内阁。内阁者，总统所周爰谘诹，与共为政者也。夫使为总统者，必言莫予违，不谋于众，则谓为专制、谓以命令为法律当耳。顾总统亦犹人情而己〔已〕，且既为众望之所属，意其人当无好恶拂人性之事。夫如是，则其为政也，将必求其妥叶而与其内阁致熟商焉。彼内阁亦犹人情而己〔已〕，使总统不之商，而事事独行其己意，彼阁员将皆安于位，而为古所谓伴食者耶？殆不然矣。是故，大总统之行政也，将必商诸阁员，而阁员之陈议也，亦必依诸宪法。夫施用否裁权，不过其一事耳，未见总统之滥用职权，置宪法于不顾，而使中外之人操简以议其后也。而国基底定、民生日进之余，亦未见阁员之逢长阿谀，使盛治复返于专制。凡此，皆事之无可致疑者也。

救　贫*
(1913)

今夫民之自为生计也，始于畋渔，继而为游牧行国，再进而为耕稼城郭之民，此必循之阶级也。耕稼城郭之民，法常地著，故有土莫不知耕，而山林川译之利，以之俱出。中国自降邱宅土、教民稼穑以来，盖三千年于此矣。民之生齿，又日加繁。是宜一国之中，壤莫不耕，野莫不辟，即至斥卤硗确之场，亦将有所树艺。顾今游于其土，现象有不尽然者，何耶？间尝思之，以谓有二大因焉，以为之梗。

其一则交通之不便也。《语》曰：利之所在，民所必趋。夫尺土寸田，必有所出，而中国之民，又以耐勤苦、善操作鸣天下。乃今吾国舍东南数行省以外，中间方数百里、数十里原隰，从未一加人功者，往往而有。此其故无他，坐劳力动本，所收之利不相侔耳。吾闻计学之所以则壤也，其大较有二：土之腴瘠，一也；地之便左，二也。使其僻处陋荒，去都会、市场穹远，而道茀涂险，不便转输，虽有膏腴，亦将久弃；必待水陆路涂既辟，而后树艺事兴，兴业者有子母相侔之望。中国所以称东南为财赋之区者，亦以多水易漕，有天然交通故耳。顾以土膏深厚而论，乃转不及于北方。使他日国民讲灌溉之利，则天成沃壤，加之以人功，将所出什伯于今可也。且此犹仅指树艺、牧畜、一切动植之利而言，至于矿藏，尤不可计。但使科学日精，母财有自，则数十年之后，地不爱宝，何利不兴。西人歆羡辄谓中华为五洲巨富，全地宝藏，自非虚语。但吾国所谓富者，乃指储能，而非效实。今欲猛省施功，使储能者呈为效实，其第一著下手，自以推广交通为不二之要图，交通又

---

* 原发表于1913年4月17日到18日，《平报》。本篇选自《严复集》，第二册，319～322页。

以铁路为最亟之营造。仆尝谓：凡事效法西人，往往利不胜害。唯舟车之利，尺寸皆功。能自集母，为之上也；即不然，输入外资，亦足利国而有救贫之近效。捐数十年赢息可见之利以畀外人，而国民享成。所谓无形之利，不可亿计。盖吾国方物地产，极为繁殊，其在所出之土，往往贱若泥沙，稍为转移，无往非利。而乃货弃于地，使民人不得其养者，无他，转输沮滞、利不敌费故耳。而转输沮滞，则以无铁路，交通不便，为之大因。开津为暴，抑亦其次。近者，吾国之人耸于欧美之隆富，意若徒出生货原料，不足以要厚利；欲要厚利，必以新法之机器制造为期，不知此大误也。夫必以制造熟货为国命所托者，此特英、荷、瑞、比诸国然耳。其有广土众民如法、如德即不尽然，他如北美，其力足以左右天下金融矣，闻其所出，则以原料为多。夫国之生计，审供求之间孰为优算否耳。即使吾国永以原料生货之供，优于天下，岂非民生之休，矧富厚之余，将物质文明不期自至耶！是故此去数十载半稘之间，不佞不胜大愿，愿吾人守所得于天之分，用其旧有之能，自居农国，治道涂以广交通，修法令以祛沮力，夫如是十年以往，而国不富者，治吾妄言之罪可耳。

欲为救贫，既广交通而外，又莫若修其法令为最亟。何以言之？今夫吾国之忧贫，自道咸以降，已无日不闻朝市之间，而甲午、庚子以还，坐赔款岁输之巨，于是上下戚戚，群然忧破产之无日。革命未起之前，风俗侈靡，灾荒洊臻。钱商如源丰、润义、善源等，相率倒闭，牵动官私，胶皮投机，亏失尤巨。固傀然不可终日矣。武汉发难，以政治、种族二主义呼嗥天下，顾外人旁观觇国，则以为纯粹的经济革命。谓非财政放纷、金融短绌，时局决不至此，此其言非尽无见也。诸省响应而义旗光复之日，其中府库一切如狗舐铛，半铜片钞，无复存者。公私扫地赤立，而养军益多，贪情与野心并勃。劫夺焚杀，自京师至于僻远，时有所闻，横流不安如此，农工商贾无安生乐业之望。故处今言贫，而贫且未有艾也。虽然，吾尝昧昧以思之，以为救贫之方，本不一术，而亚丹·斯密之三要素，终不可离。以言土地，则中国一日未即鱼烂瓜分，土地吾所有也；以言人功，则所患正在过庶，虽难言于巧智，而勤苦忍询，固亦所长；独有母财，是吾所少，欲资邻人之富，则弊害孔多。褒所有于国中，则累年以来，事可见矣。不独学问经验，本无可言；而人心道德，矜相卖而鄙笃诚。即日言实业，人起公司，祇速亡耳，究何裨乎？是故论今日之社会，诚为抵力极盛，而爱力甚微之秋。

夫如是而期以合群，望其集力，必不可得之数也。合不可得，则莫若利用其分，救贫之道，政亦由此。今夫中国之编户齐民，坐无普及教育而寡生计之常识固也。独处今而言救贫，且无虑此。饲一群之鸭，艺三亩之蔬，非甚惰游，事皆可及。勤俭积蓄，岁致数十金不难，此其为数，诚若甚微，然使通国小民，际此之时，人人岁岁，皆有数十金之经入，家计不足，邑计有余，升平之治，有基础矣，况其能者，不止是耶！夫民生虽艰，而势至易足如此，然不可致者，则法令不修之为害烈也。其为害奈何？乡里之间，强黠者常侵愚弱，而胥役或甚虎狼，使小民盼盼之勤，不食其果，一也；均输无法，稍丰，贱则伤农，二也；关津林立，就市则税厘綦繁，三也；币制放纷，出入必损，四也。是四者，皆法令不修之害也。夫使法令修而转输便，则含识之伦，虽甚颛愚，而自厚其生，固无事学。

总之，居今而言救贫，自积极言之，惟有力广交通之一事。干路主之中央，支路委之各省，而渠流官道，责之自治之区。此虽极贫，不可不勉。至于其余，则皆消极。消极者何？去其害民者已耳。十年之中，与乎其新，无宁为旧；与乎其合，无宁为分。相吾国情，惟此可以济急。庄生言鲋，嗤决江之难俟；东坡说猪，笑谈龙之不饱。世有晓人，或不以吾说为甚远乎？

论国会议员须有士君子之风*
(1913)

夫中国者，数千年君主之国也。君不能独治，故为之公、卿、大夫、士焉，设之等衰以相维系，为治人之事。其术讲于学校，自小学以至于大学；自礼、乐、射、御、书、数而后本之修身，以至齐家、治国、平天下，其为序至明。其所以自待者至重，能如是者谓之士，谓之君子。《诗》、《书》、六艺之所载，《论》、《孟》、四子之所谆谆，何一非取此治人者加教诫以端其本乎！何则？中国至大，而民生多艰，诚欲措一世于治安，而勿至于否塞晦盲、啧啧大乱，是立法揆度、出号施令者，必不可以不学无本之人，操其柄以相与卤莽灭裂故也。秦汉以来，号为专制，顾此二千年之中，岂乏英明贤能之君，强盛休明之代！即在叔季，一朝士大夫，亦分清浊。其有志救世者，莫不信言谨行、克己慎仪、一身隐然为苍生所托命，此反正之所以有资，而国种不至于沦散者，正赖此耳。嗟乎？此非公等所唾弃鄙夷，目为专制时代之人物者耶！

法儒孟德斯鸠作为《法意》一书，奋其己意，区古今时代为三世：曰民主之精神以道德，宪政之精神以荣宠（此宠字与俗义异），而专制之士君子，乃至熙熙穰穰，莫不有士君子之行焉。今何意当此二十世纪之初，吾中国由专制之法，越宪政法君而直成于民主，猗欤盛哉！人间何世，老朽乃幸须臾无死，及见此德化之成也。

孟德斯鸠又以己意分统治之权而为三：曰立法，曰行政，曰司法。而三者之中，其最重最高之部，莫立法若。自大略而言之，则行政者，行其所立之法者也；司法者，司其所立之法者也。盖国既为民主矣，则

* 原发表于1913年5月21日，《平报》。本篇选自《严复集》，第二册，324～326页。

主权诚在民。民众而不可以尽合也，于是乎有代议焉，而为国会。是故国会者，合数百千人之民献，名曰法人，有君象焉。使是人者，聪明齐圣，雍容揄扬，则不翅尧、舜、禹、文之为君也；苟其暴戾恣睢，贪黩轻肆，则不翅桀、纣、桓、灵之为虐也，其系于吾民之重盖如此。

则由是而言之，是数百千人之议员，各以一身而为尧、舜、禹、文之一分子，其自视宜何若？即不能尧言舜趋，人人齐圣，于以成中天景运之休，以跂彼西人所谓理想之郅治，而但望以稍存士君子之风，廉隅敬恭，和悦而诤，使吾侪小人，得一专制时代恭俭之中主，以为身家所托庇，此其所愿，亦至不奢已。顾乃自召集国会以来，自事实而言之，其前之选举为何若！其后之会议又何若！此固无假不佞之一一谈，有耳者能自闻，有目者能自见也。

夫国会称法人者，以其为有机体也。惟有机体故，其生活与自然人同科，今使有人其一身之血轮细胞抵滞冲突，热度大圮，则其人之神经瞀乱可知。神经瞀乱者，谓之狼疾人，中华民国方以国会为之君，顾乃得此狼疾之人，不亦重可痛乎！夫自治之力不足，将必有外禁之力加之。使公等而长此终古，则吾侪小人，诚不知所税驾。往者法兰西初次革命，杜摩利埃伧其国会曰："是中舍三百无赖，四百愚夫，更无余物。"至今载在史册，以为至污。呜呼！可以鉴已。

新译《日本帝国海军之危机》序* (1915)

不佞方十五龄，被选为海军生，而中国之言海军自此始。日月不居，自循头颅，盖今六十之年加三稔矣。惟此四十八年之中，世变之殷，倏忽迅疾，殆无异于古之数百千年。则无怪狃常习故者之瞠乎眴苦，而不知所以为因应也。自物竞天择之说兴，大地种族，各以持保发舒为生民莫大之天职。则由是积其二三百年所得于形、数、质、力者，悉注之以为杀人要利之机。不独尧、舜、周、孔之道有所不行，乃至老子、释迦、耶稣、漠罕默德诸宗教，宁有以解纷淡灾，稍以济元元之涂炭耶！呜呼昊天！诚不图今日人道之酷至如此耳。

海军者，攻守之大器也。溯自我生洎今，凡舟船、火器之变迁，殆不可以偻指尽。木者俄而金矣，风者俄而汽矣，金者必穷其为坚，汽者必竭其为疾。一炮之所激，至数千斤，刹那之所射，乃数百子，摧坚及远，雷轰电驱，砰訇熛怒，鬼神不如。夫如是，犹不足，凌空决起，则为之飞车焉；入海伏攻，则为之潜艇焉。方其争为长雄，不独人类蒙其厄也，飞走蠕泳之属，举不得安。盖其为事之不仁如此。然而彼既为是矣，则凡与并立于此一世者，又安得以无为。

日本与我同居东方□建国，计其幅员，曾不足当吾壤之什一，顾其憬然于世变，先我者几三十年。甲午之役，割我台澎而外，索战费二万万，乃席之以大治海军，超为强国矣。不佞尝考西方史书，上古波斯称至强，而不得志于希腊；加达支韩尼泊又至强，而不得志于罗马；挽近

---

* 应作于1915年，原件藏于中国历史博物馆。此译书目前各大图书馆均无收藏，似未出版。原书系盛田晓所著《帝国海军の危机》（东京，帝国海军の危机发行所，1912）。盛田晓为日本海军专家，著有多本有关海军与国防之专书。文中之“刘侯”为刘冠雄。本篇选自《严复集》，第二册，348～349页。

拿破仑又至强，而不得志于英之三岛。揆所由然，则无他，独以希腊、罗马与英有海军故，而为之敌者莫能尚也。民国之三年，欧逻巴大陆兵事蜂起，英人以海军国，与法俄连横，而德奥亦失势。当此之时，日本乃从容出其余力，以覆德人山东之租地，回舟南指，而诸岛中德人之殖民地尽矣。此其海军之效，不亦大见也哉！然而其国早知之士，犹以为有危机之伏焉，著为专书，以撼其政府。

嗟夫！使如彼者而犹以为危，则我之南北濒海万里，所恃以为屏蔽者云何？宁待再计而后知其必无幸耶！夫心有所危，则必号呼以告其国人，长其事者之职也。刘侯方长海军，其于是书，乌可以已乎！

A Historical Account of Ancient Political Societies in China* (1916)

Mr. Yen Fuh is an accomplished scholar respected for his knowledge in English and still more for his high attainment in Chinese scholarship. He began his foreign education in the Naval College in Fukien and was then sent to England to finish his selected study at Greenwich. After his return he was successively appointed the Dean, the Deputy-Director and Director of the Peiyang Naval College. After the year 1900 he became connected with the Board of Education at Peking in the matter of translation, and then successively acted as the President of the Anhui Provincial College, of the Fuh Tan College at Woosung and of the Peking University. But his greatest and lasting service to the country lies in the translation of some English standard works into Chinese notably Huxley's *Evolution and Ethics*, Adam Smith's *Wealth of Nations*, Herbert Spencer's *A Study of Sociology*, John Stuart Mill's *A System of Logic*, John Stuart Mill's *On Liberty*, and Montesquieu's *L'Esprit des Lois*. Mr. Yen Fuh's translation works, on account of their literary excellence, have extensively reached the literati of the population and powerfully influenced their thought thereby effectively paving the way

---

* 《中国古代政治结社小史》原发表于 1916 年 12 月，*The Chinese Social and Political Science Review* 第 1 卷第 4 期，18～23 页。此篇英文文章在篇首附有严复简短的生平介绍，其内容是概括性地阐述中国自春秋、战国以降影响较大的重要政治思想，如孔子思想，孟、荀思想，墨家、法家思想等，及其后这些思想在各朝代所产生的影响，以及因不同主张而发生的改革所形成的党争与国运。严复认为至清代从康熙至道光，统治更加专断、官僚组织更为僵化，并无党派发生之环境。整篇要旨是要说明中国自古以来政治思想的缺失是治术与道德未能清楚分隔，因而在近代西力冲击下难以适应近代变局。

for the reception of the western learning-*Managing Editor*.

I often heard it said in Europe and America that there is no Politics nor Political Societies in China. This is not true. If you tell me that there are no societies in China such as one chartered by Charles II of England in the middle of 17th century——the Royal Society for the Improvement of Natural Knowledge——I shall admit it most readily. Nature was never scientifically studied in this country; on the contrary, they rather despisesd it and considered it unworthy for the learning of a great man who had nobler aspirations in perfecting himself and improving mankind. To my humble opinion this is one of the very causes of China's present weakness. As for Politics, it is decidedly not so. What the ancient Chinese called learning is nothing beyond Politics, Ethics, Moral Philosophy, Metaphysics. Literature and some Fine Arts. To be a scholar, he was destined to govern, if he could attain a place under the sun; or to teach if he would remain in obscurity. In fine, he imitated Confucius. So in China, you may roughly call every school in any period a political society. If you doubt this, I may refer you to the most studied classic, The *Ta Shueh* (大学), in which it is taught how a scholar is to prepare himself for the great post of ruling over a principality or an empire. He is to cultivate his intellect to the utmost. He is to be truthful to himself. He is to be exemplary to his family and to put his house in order . His buisiness, in a word, as it was stated by a great Confusian scholar in the Sung dynasty (about the 12th century A. D.) Chang Tsai (张载) is "to represent the Soul of the whole Creation, to set up a standard for human lives, and to establish a moving equilibrium for the coming eternity. (为造化立心，为生民立命，为万世开太平)"

All this, of course, sounds very archaic now; but as a Chinese scholar I pronounce it with profound reverence. One thing I may assure you all is this——these great teachers of the old are no Materialists. They looked upon the world with generous sympathy, accomplishing themselves with much excellence, and entertaining many good hopes. There was an honourable display of those qualities which make life better worth having, and they were sincerely earnest in making the world better worth living in for those who were to come after them.

Thus to begin with, the great Confusian school, that sage Master with his seventy-two intimate disciples, and three thousand followers, as it was recorded, formed a grand political society; all with the one pervasive doctrine of reforming men, dreading the wrath of Heaven, and hoping to ameliorate mankind from illimitable miseries. He made a regular tour through the central distrcts of ancient China which was the most civilized part at that time, visited different courts hoping that some prince would give him a trial, so as to carry out the great mission which was believed to be appointed by Heaven. He, however, was disappointed, as we all know. Then he returned to Shantung, his native place, and became the author of the Classics. That one man's dictum, put as laws of conduct, has been obeyed by hundreds of millions through two dozen centuries and more is a thing almost inconceivable and never repeated in history. Confucius is unique in that.

Next, in the time of Chinese Heptarchy (about four Centuries B. C.) came the two great Political schools——The School of Mencius (孟子) and that of Sun Ching (荀卿). They each had important ethical and political doctrine. Mencius believed that human nature was good, like the modern Jean Jacqeus Rousseau. Sun Ching declared that man was born bad, he would never be good unless obliged, like your Hobbes or Niccolō Machiavelli. It was Mencius who proclaimed the sovereignty of the people, and that the voice of the people was the voice of Heaven. "To do one deed unrighteous, to kill one soul innocent, though you may compensate him with an empire, the superior man will not do." With so high and glorious a doctrine in a time when princes struggled for supremacy and when might and material interest demanded their first consideration, it is no wonder that he was doomed to failure and that no contemporary prince would lend him an ear. The Heptarchy, however, is the most prolific time in original political thinkers in Chinese History. Besides the two I have mentioned——Mencius and Sun Ching——there were Yang Choo (杨朱) and Me Cheh (墨翟),

the former standing for Egoism or Individualism, and the latter for Altruism or Socialism. Meneius attacked both of them fiercely, but when we look at them with the cool eyes of history, they have their proper places in the evolution of ethical and polical thought. He who is conversant with that marvellous book *Tsan-Ko-Chek* (战国策) or *The History of Warring Nations* has no need to study *The Prince* of Machiavelli in order to learn anything new in statecraft. Then there were many illustrious names which I may note in passing: they are Siang Yang (商鞅), Sen Pu Hie (申不害), Han Fei (韩非) for legislation; Soo Chin (苏秦), Chang Yi (张仪) for diplomacy; Woo Chee (吴起), Wang Chien (王翦), Lian Po (廉颇), Li Moo (李牧) and others for the Art of War. Every one of them was a genius, and was brought up in certain schools of Political science, such as that of Kwei Ku Ze (鬼谷子). It is the most significant thing in history that Mencius With his followers should fail, while Li Sze (李斯) the great disciple of Sun Ching should become the premier of Chin Sze Huang (秦始皇) to help that awful despot in conquering the different nations and reducing all China to an integral monarchy. Owing to an incompetent successor, the life of that powerful dynasty waa indeed but short; but, on the other hand, its method of ruling over an empire has endured even to the present time.

Then came Han, the most powerful dynasty; we have then the orthodox school of Tung Chung Soo (董仲舒), whose political maxim was: "Do what is right despite interest, demonstrate your doctrine and let success take care of itself." This is of course glaringly Utopian and deservedly had no influence in practical polities.

When Han removed its capital from Si An to Lo Yang in the middle of 2nd century A. D., there was the *Chieh-I-Tang* (节义党) which may be called the group of "Academicians," who fought fiercely with the raging Eunuchs who were then molesting and corrupting the whole empire. The history of that time was full of heroic deads and martyrdoms, but they ended with the fall of Han.

After Han, China was again divided, first into three, then essentially into the Northern and the Southern Governments, till about the era of Mohamet, that is, the middie of 7th century A. D. There was then a great but quiet political party or school in Tai Yuen Fu（太原［府］）dominated by the great teacher Wang Tung（王通）. Upon the accession of the illustrious dynasty of Tang, the whole administration was organised of the members of that celebrated school.

But there is an inevitable political cycle that good government produces virtue; virtue, peace; peace, idleness; idleness, disorder; and disorder, ruin. So next to Tang there was an interval of anarchy and dissolution, then came the dynasty of Sung. When its capital was still in the North, that is, Honan, there was the great reforming party headed by Wang An Shih（王安石）. They endeavoured to solve several burning political problems of that time, but they were opposed by influential conservatives, such as Sze Ma Kuang（司马光）and others of great character and impeachable renown. If you want to sec how party politics played in Chinese History this is the time that will claim your attention. Each party had their ideals and they fought bravely for them. Unfortunately Sung was overpowered by the barbarians outside of the Great Wall and its government dwindled away in the corner of Che Kiang, and since then the Chinese rulers looked upon political parties rather as an evil to the welfare of the country, and their princely duty bas been rather to exterminate than to encourage them.

At the end of the Ming dynasty, however, there was one party known as *Tung Ling-Tang*（东林党）who, like those "Academicians" of latter Han, fought also with the all-powerful eunuchs. During the two and half centuries of the Manchu rule no political school or party worthy of that name existed. The Emperors from Khang Hsi to Tao Kuang were so absolute and the bureaucratic rule was so rigid, that it was not appropriate soil upon which such a plant could grow.

In conclusion, however, permit me to make one observation. In China, until very late, the form of Government which had worked satisfactorily while remaining outside the general stream of world politics, proved incapable of readjustment to novel conditions, and became an anachronism more and more discredited as time went on. The great drawback of old Chinese political thought is that it never dared to pronounce bravely that the art of government——like the art of medicine or that of navigation, whose main point is to save the life of a patient, to guide a vessel safely through a storm——and morals are two separate things. Undoubtedly, the welfare of a nation greatly depends on the moral character of its members generally; but when living at a time when the old political order is collapsing and new problems both in State and in Society are rising with dazzlipg rapidity, when we endeavour to interpret the logical meaning of events, to forecast the inevitable issues, and to formulate the rules which are now taking shape among the fresh forming conditions of national life, you cannot come to a sound conclusion with Politics intermixed inextricably with Ethics or Moral Philosophy.

《海军大事记》弁言[*]
（1918）

不佞年十有五，则应募为海军生。当是时，马江船司空草创未就，借城南定光寺为学舍。同学仅百人，学旁行书算。其中晨夜伊毗之声与梵呗相答。距今五十许年，当时同学略尽，屈指殆无一二存者。回首前尘，塔影山光，时犹呈现于吾梦寐间也。已而移居马江之后学堂。卒业，旋登建威帆船、扬武轮船为实习，北逾辽渤，东环日本，南暨马来、息叻、吕宋，中间又被檄赴台湾之背旂、莱苏澳，咸与绘图以归，最后乃游英之海军大学。返国年廿七八，合肥李文忠公方治海军，设学于天津之东制造局，不佞于其中主督课者前后凡二十年。庚子排外祸作，清朝群贵以祖宗三百年社稷为之孤注，迨城下盟成，水师学堂去不复收，盖至是不佞与海军始告脱离，而年鬓亦垂垂老矣。军中将校大率非同砚席，即吾生徒。甲申法越、甲午日韩之二役，海军学生为国死绥者殆半，顾所孑遗老成，往往蔚然起为时栋。前大总统黄陂黎公、今海军部总长同邑刘公，最其彰明较著者已。於戏！海军得才可不谓盛也耶！

兹者池君滋铿奉令为《海军大事记》，蒐讨翔实，自吾国始讲海军以来至于今日，举五六十年中得失兴废，粲然如视掌列眉。《语》不云乎："前事不忘，后事之师。"然则滋铿载笔搜辑之功，不其伟欤！

书既成，则乞弁言于复，乃卉〔卒〕然曰：嗟夫！兹事体大，其关于存亡治乱，有识者观此，当自知之，无俟不佞更为一一云也。顾三十年前，曾与总税务司赫德谈言，赫告予曰："海军之于人国，譬犹树之

---

* 作于1918年8月，《海军大事记》为池仲祐所编。本篇选自《严复集》，第二册，352～353页。

有花，必其根于支条，坚实繁茂，而与风日水土有相得之宜，而后花见焉；由花而实，树之年寿亦以弥长。今之贵国海军，其不满于吾子之意者众矣。然必当于根本求之，徒苛于海军，未见其益也。”今日政体虽异，然回思赫言，犹足使吾国民与当路者憬然于海军盛衰之故也，乃为牵连记之。

民国七年八月中旬 侯官严复

文化评论

罗母陈太淑人七十寿序*
(1887)

今相国合肥李公奉天子命，开府天津，以藩翰京师，折冲四裔者十余年。网罗群才，列之庶事，拔吾党之尤者，得二人焉，曰：罗子醒尘与其弟稷臣。凡以调邦交、策战守者，于二子无所不谘。而是时宗光亦以所学教舟师子弟于兹，得时日继见。

光绪十三年春，河冰将泮，稷臣造宗光曰："以天之眷佑，太淑人今兹年七十矣。三月之初，实维设悦，将谒归省。唯子与某之兄弟，交久益亲，而知吾家悉，其可无一言为称祝具，以慰游子私哉?"宗光避席再拜谢不敏，弗获命。乃谨言曰：

> 稷臣克家之道，岂易言哉！方夫一家之兴也，其先必有所贻谋，其后必有以负荷，而辅相于其先，与保持于其后者，又必有人焉，以贞其干，以笃其庆。故世之令妻贤母者，必其家有厚德，天始以是福之。而为人之令妻贤母者，又恒为一家之福之所钟也。

同治六、七年，宗光肄业于闽之船局，与子为同舍生，相爱也。当是时，尊府君尚无恙，子之家书，率十日一至馆。窃读之，则皆所与太淑人训迪诰诫之辞，书数百千言，绝不及琐屑事。于立身行己，为学接物之道，谆谆也；于饮食起居，养身之事，勤勤也。宗光乃且悚且惭，曰："嗟夫，贤父母！是能以义方教子，使纳弗于邪者矣!"

年稍长，益餍闻君家事。尊府君虽沉伏偏裨，位不称德，然于义无所回挠。同治二年，闽岁歉，米价贵，乃条采购洋米策万余言，属所知上大府。大府取而行之，一一如所指，民以大苏。夫身勤于利物，而又

---

* 作于1887年，罗母为罗丰禄（1850—1901，字稷臣）之母。本篇选自《〈严复集〉补编》，2～4页。

善教其子孙，此则尊府君之所以为贻谋也。闽之地宜桑，而民不蚕。咸丰、同治之际，粤之寇乱，天下道茀，商贾滞鬻，乡之游民，嚣然无以为衣食资。尊府君请于故总督湘阴左文襄公，设蚕桑局以慰安之。局开，后生问蚕事者，迹交于门。太淑人每抚而诲之。餍其术，使转告，不为烦。贤兄和仲，筑课桑楼于北郭，树桑五千株。太淑人往课督婢什以为常，至今年六七十，犹时时御板舆往也。

子九人，先后各受室，妇薰其姑德，咸恭俭作劳。夫逸则衰，劳则强，女子与丈夫一也。故罗氏之妇，率无病而善育。凡所谓生子而坼副灾害者，举不闻于罗氏之门。自宗光知君家，仅二十年，而诸孙绳绳数十未足，此固天之相罗氏哉，亦太淑人无逸之道有以致也。

尊府君捐馆舍，今十稔矣。伯子荷臣理于外，太淑人总于内，子弟修饬而廉谨，闺门和顺而雍睦，无异尊府君在时。光绪四〔三〕年，诏选闽局子弟游学泰西，醒尘吾子实冠其曹。濒别，太淑人无可怜色。为办严装遣行，诫曰："必无坠而父志！其惟学历数年，学成归里。"奉檄将北，太淑人为治行，亦如子西时，又诫曰："必无忘而父训！其有以无负所知。"盖凡太淑人之治家教子，皆兢兢乎尊府君之成训，意令子孙无忘所贻谋，而始终于是。是则其所以为辅相保持之道而已，然则罗氏之才俊蔚起，冠盖滋兴，岂偶然哉！岂偶然哉！

抑宗光闻之，为人子者，非承先泽之为难，而克绵其泽难；非荣亲之为难，而无遗亲忧难。今夫世之有所积累而缔造者，一再传其姓，必兴之矣，而衰折之端，即于是乎伏。盖三过其门，而见其由盛而之微者，比比也。此无他，享其所受于先者不约，而所以溉其继者不滋也。《诗》曰："明发不寐，有怀二人。"又曰："庶几夙夜，以永终誉。"宗光愿贤兄弟之恭俭约己，无忘先训，常如太淑人向所以贻其后嗣者，又常如尊府君。如是，则罗氏之兴且未艾；如是，则虽布衣疏食，隐德不荣，亦无忝于负荷。矧乎贤兄弟遭逢圣天子在上，受贤宰相之知，方将宏其施于当世，而大慰尊府君之素志也哉！

宗光在子侄之列，靰羁兹土，不获登堂展拜称祝，倘吾子幸持此言为寿，太淑人将为我喜，进一觞曰："善。是以有佐我子孙。"

论治学治事宜分二途*
（1898）

自学校之弊既极，所谓教授、训导者，每岁科两试，典名册、计贽币而已。师无所为教，弟无所为学，而国家乃徒存学校之名，不复能望学校之效。积习已久，不可骤更，乃不得已而以书院济之，十八行省中，其布政司之所治者，必有数大书院，若府治，若县治，莫不有之，即村镇之稍大者，亦往往有焉。书院之大者，岁糜数万金之款，聚生徒数百人；其小者，亦必有名额数十。月必有课，课必第其甲乙。官若师则视其甲乙以奖励之。若师若弟子，均有所事事，而学校之意遂寄于书院矣。木之老也，必荣其歧；事之弊也，必贵其式。有内阁而又有军机，有地方官而又有局所，其同一故哉！然书院之兴，虽较胜于学校，其所课者，仍不离乎八股试帖，或诗赋杂体文；其最高雅者，乃分经学、史学、理学、文学等而试之。而其不切于当世之务，则与八股试帖等。士之当穷居，则忍饥寒，事占毕。父兄之期之者，曰：得科第而已。妻子之望之者，曰：得科第而已。即己之寤寐之所志者，亦不过曰：得科第而已。应试之具之外，一物不知，无论事物之赜、古今之通，天下所厚望于儒生者，彼不能举其万一。即市侩贩夫，目不知书，而既阅历于世者甚亲，其识或出儒生之上。于是举世不见通儒之用，而儒术遂为天下病。况乎叔世俗漓，机械百出，当其伏处，苟能咿唔，作可解不可解之文字，尚能藏其拙也。一旦通籍，则尽弃其诗书乐礼之空谈，而从事簿书期会之实事。非独其事非所素习也，即其情亦非己所素知。在捷给者，或不难尽更其面目；其迟钝者，仍不免有平夙作诸生时

* 原发表于 1898 年 7 月 28 日到 29 日，《国闻报》。本篇选自《严复集》，第一册，88～90 页。

之故态，而因以为仕病。盖章缝之道苦矣。有识之士，深维世变，见夫士气不振，官常不肃，学业不修，政事不举，一一均由于所学之非，乃相与慷慨叹诧而言曰：天下之官，必与学校之学相应，而后以专门之学任专门之事，而治毕举焉。斯言也，一唱而百和，凡为有志，莫不然之。虽然，以此论矫当世之论则可耳，若果见诸施行，则流弊之大，无殊今日。

天下之人，强弱刚柔，千殊万异，治学之材与治事之材，恒不能相兼。尝有观理极深、虑事极审、宏通渊粹、通贯百物之人，授之以事，未必即胜任而愉快。而彼任事之人，崛起草莱，乘时设施，往往合道，不必皆由于学。使强奈端以带兵，不必能及拿破仑也；使毕士马以治学，未必及达尔文也。惟其或不相侵，故能彼此相助。土蛮之国，其事极简，而其人之治生也，则至繁，不分工也。国愈开化，则分工愈密，学问政治，至大之工，奈何其不分哉！今新立学堂，革官制，而必曰学堂之学与天下之官相应，则必其治学之材，幸而皆能治事则可，倘或不然，则用之而不效，则将疑其学之非，其甚者，则将谓此学之本无用，而维新之机碍，天下之事去矣。

然则将何为而后可？曰：学成必予以名位，不如是不足以劝。而名位必分二途：有学问之名位，有政治之名位。学问之名位，所以予学成之人；政治之名位，所以予入仕之人。若有全才，可以兼及；若其否也，任取一途。如谓政治之名位，则有实任之可见，如今日之公卿百执事然，人自能贵而取之；学问之名位，既与仕宦不相涉，谁愿之哉？则治学者不几于无人乎？不知名位之称，本无一定。农工商各业之中，莫不有专门之学。农工商之学人，多于入仕之学人，则国治；农工商之学人，少于入仕之学人，则国不治。野无遗贤之说，幸而为空言，如其实焉，则天下大乱。今即任专门之学之人，自由于农工商之事，而国家优其体制，谨其保护，则专门之人才既有所归，而民权之意亦寓焉。天下未有民权不重而国君能常存者也。治事之官，不过受其成而已，国家则计其效而尊辱之。如是，则政治之家亦有所凭依，以事逸而名荣，非两得之道哉？且今日学校官制之大弊，实生于可坐言即可起行之一念耳。以坐言起行合为一事，而责以人人能之。方其未仕，仅观其言，即可信其能行；及其不能，则必以伪出之，而上不得已亦以伪应焉，而上下于是乎交困，天下古今，尝有始事之初，不过一念之失，而其末也，则弊大形，极天下之力而不足挽回，此类也哉！

与《外交报》主人书*（1902）

外交报主人阁下：

自大报风行，其裨益于讲外交者甚巨。曩所惠寄初、二、三编，体例修絜，裁审群言，多合于原序“文明排外”之旨，钦企！钦企！

顾走所愿效忠告于左右者，窃谓处今日之中国，以势力论，排外无可言者矣，必欲行之，在慎毋自侮、自伐而已。夫自道咸以降，所使国威陵迟，驯致今日之世局者，何一非自侮、自伐之所为乎，是故当此之时，徒倡排外之言，求免物竞之烈，无益也。与其言排外，诚莫若相勖于文明。果文明乎，虽不言排外，必有以自全于物竞之际；而意主排外，求文明之术，傅以行之，将排外不能，而终为文明之大梗。二者终始先后之间，其为分甚微，而效验相绝，不可不衡量审处以出之也。不敢以空虚无据之辞进，请即大报所论列者，相与扬榷辨晰之可乎？

即如第三期译报第一类，于英国《天朝报》所论中国语言变易之究竟，大报译而著之，且缀案语于其末。意谓此后推广学堂，宜用汉文以课西学，不宜更用西文，以自蔑其国语，末引日本、埃及兴学异效之事，以为重外国语者之前车。此其用意，悉本爱国之诚，殆无疑议。顾走独窃窃以为未安者，则谓事当别白言之。若世俗不察，徒守大报一偏之意，逮此风既行，则十年以往，学堂之无成效可决。

夫中国之开议学堂久矣，虽所论人殊，而总其大经，则不外中学为

---

* 原发表于1902年《外交报》第9、10期，本篇选自《严复集》，第三册，557～565页。该报主人为张元济。文中之“摩利”很可能是英国学者与政治家John Morley（1838—1923），撰有*On Compromise*一书。在1902年之时，严复曾仔细阅读他所写的一本介绍保守主义者柏克之生平与思想的书，书名为*Burke*（London：The Macmillan Company，1897），此书现存中国国家图书馆，上有严复的签名与1902年7月的标记，此外还有“大学堂译书局图章”。

体，西学为用也；西政为本，而西艺为末也；主于中学，以西学辅其不足也；最后而有大报学在普通，不在语言之说。之数说者，其持之皆有故，而其言之也，则未必皆成理。际此新机方倪，人心昧昧，彼闻一二巨子之论，以为至当，循而用之，其害于吾国长进之机，少者十年，多者数纪。天下方如火屋漏舟，一再误之，殆无幸已。此走所以不避婴逆而有言也。

善夫金匮裘可桴孝廉之言曰：体用者，即一物而言之也。有牛之体，则有负重之用；有马之体，则有致远之用。未闻以牛为体、以马为用者也。中西学之为异也，如其种人之面目然，不可强谓似也。故中学有中学之体用，西学有西学之体用，分之则并立，合之则两亡。议者必欲合之而以为一物。且一体而一用之，斯其文义违舛，固已名之不可言矣，乌望言之而可行乎？

其曰政本而艺末也，愈所谓颠倒错乱者矣。且其所谓艺者，非指科学乎？名、数、质、力，四者皆科学也。其通理公例，经纬万端，而西政之善者，即本斯而立。故赫胥黎氏有言："西国之政，尚未能悉准科学而出之也。使其能之，其致治且不止此。"中国之政，所以日形其绌，不足争存者，亦坐不本科学，而与通理公例违行故耳。是故以科学为艺，则西艺实西政之本。设谓艺非科学，则政艺二者，乃并出于科学，若左右手然，未闻左右之相为本末也。且西艺又何可末乎？无论天文、地质之奥殚，略举偏端，则医药通乎治功，农矿所以相养，下洎舟车、兵冶，一一皆富强之实资，迩者中国亦尝仪袭而取之矣，而其所以无效者，正坐为之政者，于其艺学一无所通，不通而欲执其本，此国财之所以糜，而民生之所以病也。

若夫言主中学而以西学辅所不足者，骤而聆之，亦若大中至正之说矣。措之于事，又不然也。往者中国有武备而无火器，尝取火器以辅所不足者矣；有城市而无警察，亦将取警察以辅所不足者矣。顾使由今之道，无变今之俗，是辅所不足者，果得之而遂足乎？有火器遂能战乎？有警察者遂能理乎？此其效验，当人人所能逆推，而无假深论者矣。

尝谓吾国今日之大患，其存于人意之所谓非者浅，而存于人意之所谓是者深；图其所谓不足者易，而救其所自以为足者难。一国之政教学术，其如具官之物体欤？有其元首脊腹，而后有其六府四支；有其质干根荄，而后有其支叶华实。使所取以辅者与所主者绝不同物，将无异取骥之四蹄以附牛之项领，从而责千里焉固不可得，而田陇之功又以废也。晚近世言变法者，大抵不揣其本，而欲支节为之，及其无功，辄自诧怪。不知方其造谋，其无成之理，固已具矣，尚何待及之而后知乎，是教育中西主辅之说。特其一端已耳。

然则今之教育，将尽去吾国之旧，以谋西人之新欤？曰：是又不然。英人摩利之言曰："变法之难，在去其旧染矣，而能择其所善者而存之。"方其汹汹，往往俱去。不知是乃经百世圣哲所创垂，累朝变动所淘汰，设其去之，则其民之特性亡，而所谓新者从以不固，独别择之功，非暖姝囿习者之所能任耳。必将阔视远想，统新故而视其通，苞中外而计其全，而后得之，其为事之难如此。

虽然，有要道焉，可一言而蔽也。今吾国之所最患者，非愚乎？非贫乎？非弱乎？则径而言之，凡事之可以瘉此愚、疗此贫、起此弱者皆可为。而三者之中，尤以瘉愚为最急。何则？所以使吾日由贫弱之道而不自知者，徒以愚耳。继自今，凡可以瘉愚者，将竭力尽气皲手茧足以求之。惟求之能得，不暇问其中若西也，不必计其新若故也。有一道于此，致吾于愚矣，且由愚而得贫弱，虽出于父祖之亲、君师之严，犹将弃之，等而下焉者无论已。有一道于此，足以瘉愚矣，且由是而疗贫起弱焉，虽出于夷狄、禽兽，犹将师之，等而上焉者无论已。何则？神州之陆沈诚可哀，而四万万之沦胥甚可痛也。

嗟夫！员舆之上，数十百国之所为，其废兴存亡之故，可覆观已。最近莫若日本，稍远则有普鲁士之弗烈大力、俄罗斯之大彼得。方其发愤自图强，其弃数百千年之旧制国俗，若土苴然。他若法之所为于十八稘、英之所为于十六稘，实皆犯天下之所不韪。顾至今论世，犹谅其民之所为者，保国存种，其义最高，而文明富强之幸福，至为难得故也。若夫徒轩轾于人己之间，尊其旧闻，至若不可犯者，则亦有之矣。突厥、埃及、波斯、印度是已。之数国者，夫岂不言排外？其所以排外之道，夫岂不自谓文明？其于教育也，夫岂不自张其军，而以他人为莫我若？然而其效，则公等所共见而共闻者矣。吾故曰：期于文明可，期于排外不可。期于文明，则不排外而自排；期于排外，将外不可排，而反自塞文明之路。

且今世之士大夫，其所以顽锢者，由于识量之庳狭。庳狭之至，则成于孔子之〈所谓〉鄙夫。经甲、庚中间之世变，惴惴然虑其学之无所可用，而其身之濒于贫贱也，则倡为体用本末之说，以争天下教育之权。不能得，则言宜以汉文课西学矣。又不能，则谓东文功倍而事半矣。何则？即用东文，彼犹可以攘臂鼓唇于其间；独至西文，用则此曹皆反舌耳。

吾闻学术之事，必求之初地而后得其真，自奋耳目心思之力，以得之于两间之见象者，上之上者也。其次则乞灵于简策之所流传，师友之所授业。然是二者，必资之其本用之文字无疑也。最下乃求之翻译，其隔尘弥多，其去真滋远。今夫科学术艺，吾国之所尝译者，至寥寥已。即日本之所勤苦而仅得者，亦非其所故有，此不必为吾邻讳也。彼之去故就新，为时仅三十年耳。今求泰西二三千年孳乳演迤之学术，于三十年勤苦仅得之日本，虽其盛有译著，其名义可决其未安也，其考订可卜其未密也。乃徒以近我之故，沛然率天下学者群而趋之，世有无志而不好学如此者乎？侏儒问径天高于修人，以其愈己而遂信之。今之所为，何以异此。

至欲以汉语课西学者，意乃谓其学虽出于西，然必以汉语课之，而后有以成吾学。此其说美矣，惜不察当前之事情，而发之过蚤，滨海互市之区、传教讲业之地，其间操西语能西文者，非不数数觏也，顾求其可为科学师资者，几于无有，是师难求也。欲治其业，非夙习者不能翻其书，纵得其书，非心通者不能授其业，是教之术穷也。然则大报所讥中国数十年来每设学堂，咸课洋文，今奉诏书推广，犹以聘请洋文教习为先务者，固皆有所不得已，非必自蔑国语，而不知教育之要不在语学也。且夫欧洲之编籍众矣，虽译之者多，为之者疾，其所得以灌输中土者，直不啻九牛之一毛。况彼中凭借先业，岁有异而月更新。学者蕲免瞠后之忧，必倾耳张目，旷览博闻，以与时偕极，今既不为其言语文字矣，则废耳目之用，所知者至于所译而止，吾未见民智之能大开也。又况译才日寡，是区区者将降而愈微耶。若谓习外国语者，将党于外人，而爱国之意衰欤！此其见真与儿童无以异。盖爱国之情，根于种性，其浅深别有所系，言语文字，非其因也。彼列邦为学，必用国语，亦近世既文明而富于学术乃如是耳。方培根、奈端、斯比讷查诸公著书时，所用者皆拉体诺文字，其不用国语者，以为俚浅不足载道故也。然则观此可悟国之所患，在于无学，而不患国语之不尊，使其无学而愚，因愚而得贫弱，虽甚尊其国语，直虚憍耳，又何补乎？第使其民不愚，而国以有立，则种界之性，人所同有，吾未见文明富强之国，其国语之不尊也。夫威尔士，英之一省也；巴斯克、不列颠，法之二部也，议院禁其语者，以杜言庞，如中国京师之用京语、从政之操官音，与所论大旨无涉。至谓夷灭人国，辄易语言，执事将谓国灭而后语易乎？抑谓徒尊国语，而其国遂可以不灭也？国语者，精神之所寄也；智慧者，国民之所以为精神也。颇怪执事不务尊其精神，而徒尊其精神之所寄也。

总而论之，今日国家诏设之学堂，乃以求其所本无，非以急其所旧有。中国所本无者，西学也，则西学为当务之急明矣。且既治西学，自必用西文西语，而后得其真，若夫吾旧有之经籍典章未尝废也。学者自入中学堂，以至升高等，攻专门，中间约十余年耳。是十余年之前后，理其旧业，为日方长。矧在学堂，其所谓中学者又未尽废。特力有专注，于法宜差轻耳，此诚今日之所宜用也。迨夫廿年以往，所学稍富，译才渐多，而后可议以中文授诸科学，而分置各国之言语为专科，盖其事诚至难，非宽为程期，不能致也。诚知学问之事，非亲历途境者，虽喻之而不知。独有一言，敢为诸公豫告：事功成否，恒视其所由之术，而不从人意为转移，若必拂理逆节以为之，则他日学堂，自无成效。

吾闻京师洎二十余行省，一学堂之成，其费需万金者，动以千数。是累累者，偿敌之余，夫岂易集，乃至十年，总于海内，将所费者无虑几何，庸可使时可数过。问以人才，对曰无有。虽其时当事者亦将勉强涂饰，奏报揄扬，而无如其人之虎皮羊质，于国事无补毫末何也。此吾所以重思之而为高睨大谈自许热心者股栗也。谨不避烦渎，为大报贡其一得之愚，亮执事能优容之，而转教其所不逮焉。

谨将所拟此时教育办法划一条例如左：

一、此时官局所译西学，宜从最浅最实之普通学入手，以为各处小学蒙学之用。其书期使中年士子汉文清通者，一览了然，以与旧学相副为教。

一、学生未进中学之先，旧学功课，十当处九，即都不事，亦无不可。第须略变从前教育之法，减其记诵之功，益以讲解之业，期使年十六七以后，能搦管为条达妥适之文，而于经义史事亦粗通晓。议者或谓宜编经史旧文，颁行天下，顾此功匪易，此时不若听天下能者各出己意为之，俟十年以往，阅历稍深，定论渐出，厘而定之，当未为晚。

一、取进中学堂，年格当以十六至二十为率。务取文理既通、中学有根柢者，方为有造，而西文之能否，可以不论。此后便当课以西学。且一切皆用洋文授课。课中洋文功课，居十之七，中文功课，居十之三。

一、如此四五年，便可升入高等学堂，为豫备科；三四年后，即可分治专门之业。凡高等学堂中，中文有考校，无功课，有书籍，无讲席，听学者以余力自治之。

一、中学堂课西文、西学，宜用中国人。（洋人课初学西文，多不得法。）高等洎专门诸学，宜用洋教习。若人众班大，则用华人为助教。

一、小学堂，有中学教习，无西学教习；中学堂，中、西学教习并有之；高等学堂，有西学教习，无中学教习。至于专门，则经史文词诸学，列于专科，此其大经也。

一、各省如遍设中学堂，则无教习。近有议以速成之法求师范者，此其为术，诚吾之所不知。踏实办法，似宜于各省会先设师范学堂（即为后日高等学堂之所），令学政于每县学中咨高才生（小县二员，大县四员）若干员，皆取年格弱冠者，聚而以中学之法教之。如此则五年以往，不患无师资矣。（师范生宜有廪膳膏火。）

一、近今海内，年在三十上下，于旧学根抵磐深、文才茂美，而有愤悱之意、欲考西国新学者，其人甚多。上自词林部曹，下逮举贡，往往而遇。此亦国家所亟宜设法裁成，收为时用者也。第时过而学，自仅能求之转译，而以华人之通西学与夫西人、东人之通晓华文华语者，为之向导。此诚不为无益，然终慰情胜无而已，不足以待有志之士。必欲使之大成，则亦有法，道在置之庄岳之间也。第于被选出洋之先，至少须治西文三年，英、法、德、俄，随其所取。初、二年专治言语，第三年则事科学，此等多聪明强识知类通达之材，第使国家所以养之者，略有以安其身心，使不为外物所累，而得肆力于此，其成殆可操券。所谓年齿既长，则口齿不灵，无此说也。然不通语言，则出洋无益；不了科学，其观物必肤。故欲裁成此等之才，其术与通行者异。其选之也，不可以不严；其养之也，不可以不足；其鼓舞之也，不可以不宏。三者果行，吾未见其不为晚成之大器也。夫士人通籍之后，浮沉郎署，动十余年，乃今用之求学，而云老之将至也耶！

一、今世学者，为西人之政论易，为西人之科学难。政论有骄嚣之风（如自由、平等、民权、压力、革命皆是）。科学多朴茂之意，且其人既不通科学，则其政论必多不根，而于天演消息之微，不能喻也。此未必不为吾国前途之害。故中国此后教育，在在宜著意科学，使学者之心虑沈潜，浸渍于因果实证之间，庶他日学成，有疗病起弱之实力，能破旧学之拘挛，而其于图新也审，则真中国之幸福矣！

《学生会条规》序*
（约 1902—1903）

自沿海通商以还，中国始弛其千余年之条禁，纵其人民，使得与员舆之种族相见。以俗异言庞，情款不通，故自道咸以来，沿海诸边，往往多事。夫亚欧虽壤连，地之相去十余万里，东西异朝夕，南北异冬夏，生民以来，莫能通也。一旦机关阖开，彼族乘十丈三樯之舶，赍年月之粮，凌涛波，揆星日，海渺勿迷，风兴无怖，历无穷之险，终集吾土，此非智勇兼集之民，固不办也。而愦者不察，徒负气矜之隆，欲以古之所以待夷狄者待之。优劣之差，终验于事实，此所以屡挫迭负，而至今犹未已者也。

今夫车数覆而尚循其辙者，必天下之至不仁而后忍之，使其略有人心，则莫不按节息驱，迴翔沈吟，以察其所以然。借令其人年老力衰，犹必使年少聪明者，登高望其气，枕甓以寻其声，深求救败之术。何则？御之责重，而天下惟知情实者，然后有驭物之能，而祸败庶几免耳。此二十余年之间，各省之大吏巨公所以有种种学堂之设也。

顾彼之设学堂也，非诚重其学也；号曰培才，非果才之也。使学而成高者守匠弁，次者主象胥，若夫发纵指挥之事，彼固不吾任也，任亦不吾信也。而设淫辞者遂曰："学堂无才。"夫才不才，岂吾党之所得自为哉！孙宝有言："士安得独自高。"赁舂庸保，古之人且躬为之，亦以其所遭逢异耳。虽然，彼其心则未尝忘天下也。惟其不忘天下，故其学则日讲，其德则日备，气节日以益峻，朋友日以益亲，彼曷尝以其所遭逢而稍易其心志乎！

---

* 此文是为上海学生会所作，约作于 1902 年至 1903 年间，收于《国闻报汇编》。本篇选自《严复集》，第一册，121～123 页。

嗟乎！以今中国之时势言之，吾于肉食者真无望耳：坐无所知，一也；无所知而自以为知，二也；保于所习，三也；为忮，四也；宁视天下之亡，不以易其身一日之富贵，五也。然则使天犹眷东顾乎，非吾党其谁与归，不悟其所系之重如此。乃以旦幕所遇之不齐，使其学或以荒，或以画，其志日以卑陋，以大近于不仁者之所为，是非绝可痛之事也耶？

海上同志诸子，慭然忧之，于是乎有学生会之设。勒为会规若干条目，具于左方，其大旨无他，期共保其发愤为学之初心，会文辅仁，相与砥砺切磋，以俟国家一日之用云尔。《易》曰："同人于野，利涉大川。"解者曰："野者无所求之地，故其同必诚，而大难有以宏济。"又曰："丽泽兑，君子以朋友讲习。"《诗》曰："卬须我友。"又曰："嘤其鸣矣，求其友声。"又曰："风雨如晦，鸡鸣不已。"孟子曰："若夫豪杰之士，虽无文王犹兴。"凡斯之义，皆公等之所餍闻，则今日之事，当有以助我张目也。

论教育与国家之关系*
——在环球中国学生会演说
(1906)

吾国自发捻荡平之后，尔时当事诸公，实已微窥旧学之不足独恃。惟然，故恭亲王、李文忠立同文馆于京师，左文襄、沈文肃开前后学堂于马江，曾文正亲选百余幼童以留学于美国，李文忠先后为水师、武备、医学堂于天津。凡此皆成于最早而亦各著成效者也。然除此数公而外，士大夫尚笃守旧学，视前数处学堂，若异类之人，即其中不乏成材，亦不过以代喉舌供奔走而已。逮甲午东方事起，以北洋精练而见败于素所轻蔑之日本，于是天下愕眙，群起而求其所以然之故，乃恍然于前此教育之无当，而集矢于数百千年通用取士之经义。由是不及数年，而八股遂变为策论，诏天下遍立学堂。虽然，学堂立矣，办之数年，又未见其效也，则哗然谓科举犹在，以此为梗。故策论之用，不及五年，而自唐末以来之制科又废，意欲上之取人，下之进身，一切皆由学堂。不佞尝谓此事乃吾国数千年中莫大之举动，言其重要，直无异古者之废封建、开阡陌。造因如此，结果何如，非吾党浅学微识者所敢妄道。但身为国民，无论在朝在野，生此世运转变之时，必宜人人思所以救此社会，使进于明盛，而无陷于阽危，则真今世之中国人，所人人共负之责任，而不可一息自宽者也。

处物竞剧烈之世，必宜于存者而后终存。考五洲之历史，凡国种之灭绝，抑为他种所羁縻者，不出三事：必其种之寡弱，而不能强立者也；必其种之暗昧，不明物理者也；终之必其种之恶劣，而四维不张者也。是以讲教育者，其事常分三宗：曰体育，曰智育，曰德育。三者并

---

* 原发表于1906年1月10日，《中外日报》。本篇选自《严复集》，第一册，166～170页。

重，顾主教育者，则必审所当之时势而为之重轻。是故居今而言，不佞以为智育重于体育，而德育尤重于智育。诸公乍聆此语，恐且以吾言为迂，不佞请细为分晰，诸公将自见其理之无以易也。

何以言智育重于体育耶？中国号四万万人，以民数言，殆居全球五分之一，夫国不忧其寡弱。至于个人体育之事，其不知卫生者，虽由于积习，而亦坐其人之无所知，故自践危途，曰戕其生而不觉。智育既深，凡为人父母者，莫不明保赤（持）卫生之理，其根基自厚，是以言智育而体育之事固已举矣。且即令未至，中国二十余行省，风气不齐，南人虽弱，北人自强，犹足相救。但竞争之场，徒云强硕，尚未足耳。诸公不见近者俄日之战乎？夫体干长大，殆无过于俄人。而吾之岛邻，则天下所称之侏儒者也。顾至于战，则胜家终在此而不在彼，是亦可以思其理矣。不佞此言，非云不重体育。夫苦攻勤动，以进国人于尚武之风，正吾国今日之所亟。故往日尝谓，中国文场可废，而武科宜留，亦犹此旨。但三者筹其缓急，觉无智育，则体育万万不逮事耳！

何以言德育重于智育耶？吾国儒先有言，形而上者谓之道，形而下者谓之器。夫西人所最讲、所最有进步之科，如理化、如算学，总而谓之，其属于器者九，而进于道者一。且此一分之道，尚必待高明超绝之士而后见之，余人不能见也。故西国今日，凡所以为器者，其进于古昔，几于绝景而驰，虽古之圣人，殆未梦见。独至于道，至于德育，凡所以为教化风俗者，其进于古者几何，虽彼中夸诞之夫，不敢以是自许也。惟器之精，不独利为善者也，而为恶者尤利用之。浅而譬之，如古之造谣行诈，其果效所及，不过一隅，乃自今有报章、自有邮政、自有电报诸器，不崇朝而以遍全球可也，其力量为何如乎？由此推之，如火器之用以杀人，催眠之用以作奸，何一不为凶人之利器？今夫社会之所以为社会者，正恃有天理耳！正恃有人伦耳！天理亡、人伦堕，则社会将散，散则他族得以压力御之，虽有健者，不能自脱也。此非其极可虑者乎？且吾国处今之日，有尤可危者。往自尧、舜、禹、汤、文、武，立之民极，至孔子而集其大成，而天理、人伦，以其以垂训者为无以易，汉之诸儒，守阙抱残，辛苦仅立，绵绵延延，至于有宋，而道学兴。虽其中不敢谓于宇宙真理，不无离合，然其所传，大抵皆本数千年之阅历而立之分例。为国家者，与之同道，则治而昌；与之背驰，则乱而灭。故此等法物，非狂易失心之夫，必不敢昌言破坏。乃自西学乍兴，今之少年，觉古人之智，尚有所未知，又以号为守先者，往往有未流之弊，乃群然怀鄙薄先祖之思，变本加厉，遂并其必不可畔者，亦取而废之。然而废其旧矣，新者又未立也。急不暇择，则取剿袭皮毛快意一时之议论，而奉之为无以易。此今日后生，其歧趋往往如是。不佞每见其人，辄为芒背者也。

今夫诸公日所孜孜者，大抵皆智育事耳。至于名教是非之地，诸公之学问阅历，殆未足以自出手眼，别立新规。骤闻新奇可喜之谈，今日所以为极是者，取而行之，情见弊生，往往悔之无及，此马文渊所谓画虎不成反类狗者也。则不如一切守其旧者，以为行己与人之大法，五伦之中，孔孟所言，无一可背。固不必言食毛践土，天地生成，而策名委贽之后，事君必不可以不忠。固不必言天下无不是的父母，割股庐墓，而为人子者，必不可以不孝。未及念一岁以前，子女之于父母，凡《曲礼》、《少仪》、《内则》、《弟子职》之所载者，皆所宜率循者也。不必言男女授受不亲、叔嫂不通问，而男女匹合之别，必不可以不严。不必以九世同居为高义，而同气连枝之兄弟，其用爱固必先于众人。若夫信之一言，则真交友接物之通例。即与敌人对垒，办理外交，似乎不讳机诈矣，然其中之规则至严，稍一不慎，则犯天下之不韪。公法之设，正为此耳。须知东西历史，凡国之亡，必其人心先坏，前若罗马，后若印度、波兰，彰彰可考，未有国民好义、君不暴虐、吏不贪污，而其国以亡，而为他族所奴隶者。故世界天演，虽极离奇，而不孝、不慈、负君、卖友一切无义男子之所为，终为复载所不容，神人所共疾，此则百世不惑者也。不佞目睹今日之人心风俗，窃谓此乃社会最为危岌之时，故与诸公为此惊心动魄之谈，不胜太愿，愿诸公急起而救此将散之舟筏。惟此之关系国家最大。故曰德育尤重智育也。

至于吾国今日办理教育之法，亦有可言者。盖自学堂议兴，朝廷屡下诏书，大抵训勖吏民，穷力兴学。然而行之数年，无虑尚无成效，问其所以，则曰无经费也，又曰无教员也。此中小学堂之通病也。至于高等学堂，则往往具有形式，而无其实功。理化、算学诸科，往往用数月速成之教习，势必虚与委蛇，愒日玩岁，夫人之日时精力，不用于正，必用于邪。功课既松，群居终日，风潮安得以不起乎？此真中国今日学界不可医之病痛也。鄙见此时学务，所亟求者，宜在普及。欲普及，其程度不得不取其极低，经费亦必为其极廉。而教员必用其最易得者。譬如一乡一镇之中，其中小者不外数十百家，便可立一学堂，用现成之祠宇。此数十百家之中，所有子弟凡十龄以上者，迫使入学。以三年为期，教以浅近之书数，但求能写白话家信，能略记耳目所见闻事，而珠算则毕加减乘除，此外与以数十页书，中载天地大势，与夫生人所不可不由之公理，如西人上帝十诫者然。夫以三年而为此，以此求师，尚多有也；以此责之学生，虽极下之资质，尚能至也。虽极贫之乡，其办此尚无难也。更于一邑之中，立一考稽之总会，用强迫之法，以力求其普及。必期十年以往，于涂中任取十五六龄之年少，无一不略识字，而可任警察、为士兵者，斯可谓之有成效矣。公等闻此，将于吾言有不足之讥，然须知吾国此时，不识字人民实有几许，约而言之，则触处皆是也。但使社会常有此形，则上流社会，纵极文明，与此等终成两橛，虽有自他之耀，光线不能射入其中。他日有事，告之则顽，舍之则嚣，未有不为公事之梗者。近日上海之暴动，则眼前之明证也。颇怪今日教育家，不言学堂则已，一言学堂，则一切形式必悉备而后快。夫形式悉备，岂不甚佳，而无如其人与财之交不逮。东坡有言："公等日日说龙肉，虽珍奇，何益？固不若仆说猪肉之实美而真饱也。"夫为其普及如此。至于高等师范各学堂，则在精而不在多。聚一方之财力精神，而先为其一二，必使完全无缺，而子弟之游其中者，五年以往，必实有可为师范之资。夫而后更议其余，未为晚耳。

论小学教科书亟宜审定*
（1906）

大《易》曰："蒙以养正，圣功也。"此言何谓也？以余观之，盖言惟圣哲之人而后知为养蒙之事而已。故斯宾塞有言："非真哲家，不能为童稚之教育。"夫童子之心灵，其萌达有定期，而随人为少异，非教者之能察，其不犯凌节躐等之讥寡矣。是故教育者，非但曰学者有所不知，而为师者讲之使知；学者有所未能，而为师者示之使能也。果如此，则大宇长宙之间，其为事物亦已众矣，师又安能事事物物而教之。即使教者至勤，而学者又极强识，然而就傅数年，尽其师之能事，而去师之日，计其知能，亦有限已，何则？讲者虽博，而所未讲者固无由知；示者虽多，而所未示者固末由能也。嗟乎！此教鹦鹉沐猴之道耳，而非教人之道也。教人之道奈何？人固有所受于天之天明，又有所得于天之天禀。教育者，将以瀹其天明，使用之以自求知；将以练其天禀，使用之以自求能；此古今圣哲之师，所以为蒙养教育之至术也。孟子曰："引而不发，跃如也。"孔子曰："举一隅必以三隅反。"夫非是之谓乎？

故教科书者，固非教育家之所拳守也。高等之师，其吐辞发问，皆教科书也。而至智育之业，人自为教师，各不同。且同一学期，而相其时地缓急为之，往往有所去取进退。是故教之为术，进而弥上。旧之径纡，而今之径或直；旧者即物而分治，今者或一课而赅之。其为道之神明如此，又安有所谓教科书者哉？

虽然，教科书于智育不必有，于德育则不可无。高等之学校不必有，而自中学以下，至于小学，则又不可无。何以言之？智育之进步曰

---

* 原发表于1906年4月7日，《中外日报》。本篇选自《严复集》，第一册，199～202页。

殊者也。而德育之事，虽古今用术不同，而其著为科律，所以诏学者，身体而力行者，上下数千年，东西数万里，风尚不齐，举其大经，则一而已。忠信廉贞，公恕正直，本之脩己以为及人，秉彝之好，黄、白、棕、黑之民不大异也。不大异，故可著诸简编，以为经常之道耳。夫智育之为教也，贵求其所以然，如几何然。使徒诏学者以半员之内藏角必为矩形，是未足也。必为之原始要终，而能言其所以然之故。否则，虽知犹不知也。若夫德育之事则不然。德育修身诸要道，固未尝无其所以然，第其为言也深，其取义也远，虽言之，非成童者之所能喻也。而其为用又至切，使必待知其所以然，而后守而行之，则其害已众矣。则不如先著其公例，教其由之而所以然之故，俟年识臻焉，而后徐及之之为得也。是故五洲德育之为教，莫不取其种族、宗教、哲学之公言类纂之，而有教科书之设。今者小学之师资，其程度高者必寡，以其食之不称事，能者不居。能者不居，故未足神明乎规矩，则必有所受之成训，使据之以教人，其能事乃差足以相及。故曰中学以下，不仅德育，即智育亦不可无教科书也。

孔子曰："少成若天性。"而西儒洛克亦曰："人类上智下愚而外，所以成其如是者，大抵教育为之，故教育之所成者，人之第二性也。"古今圣智之人，所以陶铸国民，使之成为种性，而不可骤迁者皆所以先入之道得耳。欧洲久讲教育之国，莫不于小学之教科书，尤兢兢焉。此其事不独学部重之也，报馆之中，有"卢勒维由"①（译云校阅）者，每一书出，必有数家为之评骘其完缺高下，而详著其用，以为教之所宜。故虽有书贾牟利，潦草成书，其效足以误人，一经嗤点，无由存立。彼盖知教科书为物，其经法虽不可不定，而又不欲使一国思理学识，囿于一成，致凝滞老洫，无改良进步之可望。故其于教科书也，学部举其纲，而"卢勒维由"张其目，学部定其简，而"卢勒维由"勘其详，犹之政法然，得此而自由、秩序二者，交相为资，既免奇邪，而其势又不至于腐败，诚法之至善者矣。

吾闻近者日本法，以学部颁定一切教科之书。是其所为，固亦救正一时之良法，然有数弊可得言者：学业繁多，学部之员，不必皆擅，而乃最浅之教科书法，必得最深其学者为之，而后有合，其难一也。颁审既定，举国奉行，若吾国前者《四书集注》。既为功令之事，何取更求

---

① "卢勒维由"，可能是 reader review。

改良，其物转瞬已陈，无日新之自力，其难二也。幅员既广，地利不同，教科书听民自为，则各适其宜，自成馨逸，人之取用，能自得师。至学部为之，则万方一概，适于北者不必宜南，详于山者且略于泽，其难三也。学术进步，星周辄殊，使学部与时偕行，则力不暇给；若历时不变，则禁锢聪明，其难四也。教科之书，施用日广，其价必期至廉，其书必期甚合，欲二者兼得，必听商业竞争，而后有此，学部自为，无此效也，其难五也。审此五难，则知以学部自行颁定教科书，虽有益于一时，必得损于永久矣。

鄙意吾国欲祛前弊，学部于教科书，莫若除自行编辑颁行外，更取海内前后所出诸种而审定之。方其为此也，立格不必过严，取类亦毋甚隘，但使无大纰缪，而勿与教育宗旨乖戾，有害学童道德脑力者，皆许销售，听凭用者自择，且为之力护版权。而其未经审定与斥黜者，则不准以教科书出售。其为此也，盖取于折中求是之中，而得淘汰天然之用。则自兹以往，一二十年，中小学校之教科书庶几备矣。伏查光绪三十一年八月初四日谕旨，诏立停科举以广学校，并妥筹办法。其中有云："经此次谕旨，著学务大臣迅速颁发各种教科书，以定指归，而宏造就"诸语。至于今历一年矣，所谓各种教科书，尚未闻学务大臣与学部有颁发。而直省、府、县中，中、小学校渐皆成立，故坊间出售教科书籍，日见增多，利之所存，所在坌集。虽其中不乏不惜工本之商家，刻意求良之师匠，然而真赝互陈、良楛并出。往往但求速成，剿割庞杂；或苟矜新异，逆节违理；或不知而作，雅郑不分；或陈腐因仍，无所启发；或利蝥滋恶，潜滋厉阶。若此类之书，借令成学流览，且多流弊，况夫童子性真未凿，而教以如是之书使之先入，窃恐他日未必不为国之隐忧也。际此师资消乏之时，一校肇开，大抵以旧学粗具之人，姑充讲肄。而彼所依据而号为新法教育者，舍教科书末由。其用书也，亦初无别择知识。夫学部者，学界之耳目也，诚宜恪遵谕旨，亟行审定颁发。虽不敢冀一举即归至当，顾如农治田，是穮是蓘，祛其稂莠，而嘉禾庶几长植。语曰"治道去泰甚"，即学务，亦何尝不如是哉！

教授新法*
——青年会第七次师范研究会之演说
(1906)

当本年二月间鄙人未赴皖时，贵会书记骆君维廉责舍，见谕云：会中近者组织一师范研究会，共设问题八种，遍觅讲师，仅得六人，刻尚有二问题无人主讲。恳鄙人任择其一，以尽社会义务。问系何题？则云一系“教育新法”(A New System of Education)，一系预防学界流弊。骆君始意，欲某取第二题。鄙人以第二题地步较宽，乃舍此取彼，此番回沪，取视会启，乃知讲题系“教授新法”(A New Method of Teaching)。此与前题，自属大有区别：一系通论学界之事，一系专为师范家设法，未可混同。然教育千言万语，所争不过二端：一所以教人者系何种学业？二所以授此学业者，方法如何？如不言所教系何学术，则其教法，亦无从言，是以不佞仍用“教育新法”一题发论。假使所言有当，教授之法，随事可以发明。故讲教育新法，即无异兼讲教授新法。且须知教授之法，只有是非，本无新旧，故不讲也。

从其一方面言，谓之教育；从其他方面言，谓之学习。有教育之事，即有学习之事。但若将教、学二字，推到极大处言，则天下古今，有不办教育之国家，断无不为学习之人类。上古之人，近取诸身，远取诸物，冬皮夏葛，渴饮饥餐，何一不由学得？问当此之时，谁为教之？虽然，非无教者也，天实教之，假使世界太始，果如《旧约》所言，忽有亚当，由抟土而为男子。试思其乍入世间有几何时？不蒙教育，殆不能一食，顷也五官既用，物性自通，甘苦不同，趋避遂决。此虽所得甚粗甚浅，而一一皆当躬所觉，非由耳食。故其所学而知，乃极真切也。

* 此为1906年6月15日于上海青年会的演说词。《严复集》以《论今日教育应以物理科学为当务之急》收入，有缺漏。此处以《广益丛报》为本。本篇选自《〈严复集〉补编》，61～73页。

浸假而亚当之外，又有一人。如《旧约》所谓夏娃者，与之共居，则由一之二，对待生焉。而人道群理，由之起点。当此之时，是两人所觉察者，不特甘苦而已，将必有哀、乐、爱、恶之情，与之俱起，而发言行事，吉凶悔吝形焉。盖前所学者，不逾物理；今所学者，乃及人伦。顾虽微至如此，亦由自然为之导师，初未有教员焉，为之讲解；亦未有教科书，取以诵习也。

吾人入世，与亚当正同，其始皆以自然为师，受其教育。此导师之规则，不恶而至严，顺之则吉，逆之则凶，累试必验，无一爽者。人类自古至今，所推求研究者，皆此导师之规则，大者一本，小者万殊，虽竭吾人毕生精力以学习之，有不能尽。故世界者，一学界也；地球者，一大学校也。以自然为之监督，为之教务长，有教无类；黄白棕黑，男女老少，贤不肖智愚，无一地一时，能违自然之教育者。

学于自然有道，必勤必精，必虚必顺，必重左证，必求自得。夫如是而学之，及其成也，是自然者将与之以文凭，旌之以学位。此非如吾人学校，仅畀我以一纸书而已。彼将以我为圣人、为鸿哲，用其能事，以之治己，则老寿而康强；以之为国，则文明而富庶。古今之人得此者寡，至于余众，则出入于自然规则之间，离合参半，每顺则祥，每违则殃，违之已甚，则死且亡。吾国有庄生者，其言养生也，谓庖丁解牛十九年，所解之牛无数，而其刃若新出于硎。言其所由然，不过曰依乎天理而已。天理者，即此自然学校之规则也。

虽然，自然之为教，与吾人之为教不同，其规则先万物而立者也。顾既立之后，未尝为誊黄、为告示，如官府然，谆谆告诫，曰言出法随，曰勿谓言之不预也。四时行焉，万物生焉。有违其法，其行罚也，不知之失误，与故犯者同科，且亦无八议之条，善于彼者不得求免于此，此所以实行其不言之教者也。往往吾人受罚之余，而后徐求其故，得其律令，乃谨守之。则一罚之余，庶几可以无罚。脱令求之不得，抑所得不真，与夫知而不守，则百犯百罚，无一免者。此所谓覆辙之车，彼冥冥行法者，未尝或稍纵也。

自欧洲学说至于吾国，其最为吾人之所笃信者，莫如天演竞争之公例。“优胜劣败，天然淘汰”，几为人人之口头禅。顾诸君亦尝问言者之意，以何者为优？以何者为劣？而天然所淘汰者，果何物乎？须一答语，不欠不溢，境量分际，相合无差，吾有以知言者之不能对也。凡不背自然规则者皆优，不合自然规则者皆劣。劣则天然淘汰，终必及之。

然则一言生存，一求优胜，必以求合自然规则为先。而欲求合，又必先求知此规则。此教育之事所以起也。盖以上所言，皆自然之教育。凡在人类，莫不均沾。乃至下生，亦被其泽。然自然规则，广矣远矣，深矣系矣。设人道必及而后知，必履之而后艰，必不及之势也。于是急于自救，而人为之教育以兴。人为教育者，所以辅自然教育之不足者也。将使先事知为周防，而毋受不知之罚者也。且自然之为罚固至严，而自然之为赏亦至渥。但使心知其意，以之趋事赴功，则转祸为辐，转害为利者，又比比也。

自然规则之行，近自身始，血气魂神，举莫能外。今使有一少年于此，自云曾受文明普通教育，将其气象，理当何如？赫胥黎曰：人受文明教育之后，其血气必足以充其志愿，而志愿又足以驭其血气，随其操纵进退，不入于邪，其意识必清明静湛，其心才有相得之用，而无所偏。其心量，小之足以入无间，大之可以含元气，如良机器然。以之刺绣文、制游丝可也，以之范大炮、冲坚城亦可也。学积生民之阅历，而能观其通，心知造化之流行，而独喻其大，不为溪刻。而操守凛然，具有热情，而束躬由体，至于感念之地，则高尚深挚，好丽称芳。一切淟涊垢浊之端，无所待于禁绝，如是之人，所受教育，始足为文明，始称为完备，可谓之成德，可谓之达才。其人入世，当与事境相得，不独免于人事阴阳之患也，且有收天地之美利，以大庇其同群。如其言，则宋儒所谓天之肖子者非耶！

诸君闻此，将以吾言为过高。虽然，非过高也。文明教育，莫不以之为目的。虽未即至，而有日近之功。独我国所为，乃稍远耳。今且问吾人子弟，于血气未定，形幹方长之年，何以不任逸居游戏？多者十余年，少者五六载，必令入塾就傅，为无数之勤劬。为父兄者，家计艰难，戮力营业，虽有子弟，不供驱使，必出其辛苦仅得之财，以为学费。此非所期甚切，所望甚厚，畴复为之？然所期望者，果何事耶？闻者曰：此亦有何深义？不过欲子弟之成器耳。其成器奈何？曰：上之则可以邀科第、得美官，为门闾家族光采；下之亦知书识字，为上流社会之人，服贾经商，亦称利便；若为农为工，则不必学。即学亦但就其行业求之，如女子然，无取知书识字也。其言固极可笑，然而的系十年以往吾国学界实情，而今社会所呈，即其效果。至于今大言兴学矣，蒙小中大，以渐而兴。然而学子入校之情，辄云科举既废，舍此无进身之阶。长官兴学之语，亦谓努力为学，他日为朝廷任使之才。是故虽形术不同，笃而论之，犹是当日邀科第、得美官之意也，余则为衣食计，期学西语西文，以得优薪厚束，则更卑之无甚高论矣。

虽然，不佞言此，非于前二种人独有鄙夷之意，设为轻薄之词也。夫人生贫贱，固为苦辛，故富贵有道，则豪杰勉之。此虽不足尽教育之义，而其义亦为教育之所赅，不可抹杀。然则竟以此为教育目的，可乎？曰是必不可。盖教育者，将教之育之使成人，不但使成器也，将教之育之使为国民，不但使邀科第、得美官而已，亦不但仅了衣食之谋而已。诸君见赛驰者之养马乎？香刍清泉，日循驰道，其斤斤于此马者，冀得一日之擅长。过是以往，此马之为何如马，非所恤矣！国家设考试之法，以笼天下之人才，其所得皆赛马也。

吾国近二十年，以天时人事之相迫，其号为变法者众矣！其为之至当，而无几微之弊者，惟废八股。八股之破坏国民，真不可一二言尽也。盖往者通国之人，舍士无学，而其所以教士者，又适足以破坏其才，此所以重可痛也。不知者徒訾其所学之非所用，犹非真知其害者也。如某侍御上书谓："八股既以所学非所用而废，而今日学堂所学，如语言、如数学、如物理、如化学，又非他日从政所合用者。"此其所言，真不知教育为何等事。必如某侍御之言，将国家广厉学官，举一切新学、西学、科学，皆非所事，即旧学之国文词章，亦近华藻；经史子集，亦为迂途。言其实际，只宜若秦所为，以吏为师，惟日从事于刑、名、钱、穀、吏、礼、兵、工而后可。然而由此教育，以求达某侍御之目的，将成缘木求鱼。何则？彼不达于人心之理故也。

培根曰："物中最大者惟人（故中国六书大即人字），人中最大者惟心。"故古之中西圣贤人，皆以炼心为至重之学。中之格物、致知、诚意、正心，西之哲学、名学，皆为此方寸灵台，而后有事。人禽之别，贤愚之等，皆视此为之。百年来生理学大明，乃知心虽神明，其权操诸形气，则大讲体育之事。故洛克谓："教育目的，在能以康强之体，贮精湛之心。"斯宾塞亦云："不讲体育而徒事炼心，无异一气机然，其笋缄关键极精，而气箱薄弱不任事也。"孟子曰："持其志，无暴其气。"而宋儒亦以气禀之拘与人欲之蔽，同为明德之累，皆此义也。不佞今夕所谈，趋重智德二育。体育虽重，于此一及，不更及矣。然欲为炼心之学，则当知心如形体，有支部可言，有思理，有感情。思理者，一切心之所思，口之所发，可以是非然否分别者也；感情者，一切心之感觉，忧喜悲愉，赏会无端，揽结不尽，而不可以是非然否分别者也。

以心之方面常分为二如此，故其于人也，或长于理而短于情，或长于情而短于理。如卢梭自谓生平于学术物境，强半得诸感会，非由思理而通，可知其人受质之异。譬诸文章、论辩、书说，出于思理者也；诗骚、词赋，生于感情者也。思理善，必文理密，察礼之事也；感情善，必和说微，至乐之事也。西人谓一切物性科学之教，皆思理之事；一切美术文章之教，皆感情之事。然而二者往往相入不可径分。科学之中，大有感情；美术之功，半存思理。而教育之事，在取学者之心之二方面而并陶之，使无至于偏胜。即不然，亦勿使一甚一亡。至于一甚一亡，则教育之道苦矣。

德育主于感情，智育主于思理，故德育多资美术，而智育多用科学。顾学校所课，智育常多。诚以科学所明，类皆造化公例，即不佞发端所谓自然规则。此等公例规则，吾之生死休戚视之，知而顺之，则生而休；昧而逆之，则戚且死。赫胥黎谓教育有二大事：一、以陶练天赋之能力，使毕生为有用可乐之身；一、与之以人类所阅历而得之积智，使无背于自然之规则。是二者，约而言之，则开瀹心灵、增广知识是已。然教育得法，其开瀹心灵一事，乃即在增广知识之中。做目下问题，在教育少年于有限学时之中，当用何种科学为之，庶不徒所增广者，乃人类最要之智识，且于开瀹心灵有最大之实功也。

欲解决此问题，则不可不明思想之实用，夫格物致知之事，非必上智，亦非必学者乃克为之。虽涂中小儿，其必为此，与大哲家圣人无以异，特精粗完缺大不侔耳。方其始也，必为其察验，继乃有其内籀、外籀之功，而其终乃为其印证，此不易之涂术也。“内籀”东译谓之“归纳”，乃总散见之事，而纳诸一例之中。如史家见桀亡，纣亡，幽厉二世皆亡，由是知无道之主莫不亡，此内籀也。夫无道之主莫不亡矣，乃今汉之桓灵又无道，则知汉之桓灵必亡，此外籀也。“外籀”东译谓之“演绎”。外籀者，本诸一例而推散见之事者也。自古学术不同，而大经不出此二者。科学之中，凡为数学，自几何以至于微积，其中内籀至少，而外籀独多。至于理、化、动、植诸科，则内籀至多，而外籀较少。故学校中课程，所以必有数学、理、化、动、植诸科者，不但以其中所言，为人生不可少之智识，合于赫胥黎所指之教育第二大事也。顾亦以治学之顷，所由之术，有治练心能之功，后此治事听言，可以见微知著，闻因决果，不至过差，非若陈侍御所云云。学几何、三角者，必日事于测高仞深，学理、化、动、植者，必成业于冶铸树畜也。呜呼！

使言学务者知此，则于教育之方，思过半矣。

吾国从来教育即当其极盛，大抵皆未完全。此若须鄙人将其流弊尽情发襮，则不独今夕不及，恐即再会三会，亦难罄尽。则试为诸公举其大者：盖吾国教育，自三育言，则偏于德育，而体智二育皆太少，一也；自物理、美术二方面言，则偏于艺事，短于物理，而物理未明，故其艺事亦难言精进，二也；自赫氏所云二大事言，则知求增长智识，而不重开瀹心灵，学者心能未尽发达，三也；更自内外籀之分言，则外籀甚多，内籀绝少，而因事前既无观察之术，事后于古人所垂成例，又无印证之勤，故其公例多疏，而外籀亦多漏，四也。凡此皆吾教育学界之短，人才因之以稀，社会由之以陋。顾此数者之外，尚有极重之弊焉，使不改良，将吾人无进化之望者，则莫若所考求而争论者，皆在文字楮素之间，而不知求诸事实。一切皆资于耳食，但服膺于古人之成训，或同时流俗所传言，而未尝亲为观察调查，使自得也。少日就傅读书，其心习已成牢锢，及其长而听言办事，亦以如是心习行之。是以社会之中常有一哄之谈，牢不可破，虽所言与事实背驰，而一犬吠影，百犬吠声之余，群情汹汹，驯至大乱，国之受害，此为厉阶。必将力去根株，舍教育改良无他法矣。

间尝深思其故，以谓此等心习，于吾民所以最深者，溯其原，由来甚远。夫中国自古至今，所谓教育者，一语尽之曰：学古人官已耳！汉代有射策甲科、公车上书，至隋唐则有科目，及赵宋则易词赋为经义。由是八股乃为入官正途，而其弊至于本朝而极。故中国教育，不过识字读书；识字读书不过为修饰文词之用；而其修饰文词，又不过一朝为禽犊之兽，以猎取富贵功名。方其读四子五经，非以讲德业、考制度也，乃因试场命题之故。其流览群史，非以求历代之风俗民情、教化进退、政治得失也，乃缘文字得此乃有波澜运用，资其典实之故。且功令既定，岂容稍示异同，风气所趋，不妨公然剿袭。夫使一国之民，二千余年，非志功名则不必学，而学者所治不过词章，词章极功，不逾中式，揣摩迎合以得为工，则何怪学成而后，尽成奴隶之才，徒事稗贩耳食，而置裁判是非，推籀因果之心能于无所用之地乎！赫胥黎有言："天下之最为可哀而令人悲愤者，无过于见一国之民舍故纸所传而外，一无所知。既无所信向，亦无所持守。徒尚修辞，以此为天下之至美；以虫鸟之鸣，为九天之乐。"嗟呼！赫氏此言，无异专为吾国发也。

虽然，徒痛以往之非，固无益也。幸今既知其误，则宜图所以挽救之方，所以疗此锢疾者。救之疗之奈何？张横渠有言：“学贵变化气质。”自不佞言，气质固难变也，亦变其心习而已。欲变吾人心习，则一事最宜勤治：物理科学是已。夫不佞所谓科学，其区别至为谨严，苟非其物，不得妄加其目。每见今日妄人几于无物不为科学。吾国今日新旧名词所以几于无一可用者，皆此不学无所知之徒学语乱道烂之也。夫科学有外籀，有内籀。物理、动、植者，内籀之科学也。其治之也，首资观察试验之功，必用本人之心思耳目，于他人无所待也。其教授也，必用真物器械，使学生自考察而试验之。且层层有法，必谨必精，至于见其诚然，然后从其会通，著为公例。当此之时，所谓自明而诚，虽有君父之严，贲育之勇，仪秦之辩，岂能夺其是非！故欧洲科学发明之日，如布卢奴、葛理辽等，皆宁受牢狱焚杀之酷，虽与宗教龃龉，不肯取其公例而易之也。曩读诏书，明定此后教育宗旨，有尚公、尚武、尚实三言。此三者，诚人类极宝贵高尚之心德。德育当主于尚公，体育当主于尚武，而尚实则惟智育当之。一切物理科学，使教之学之得其术，则人人尚实心习成矣。呜呼！使神州黄人而但知尚实，则其种之荣华，其国之盛大，虽聚五洲之压力以沮吾之进步，亦不能矣。

诸君子疑吾言诞乎？则请先思今日欧美诸邦，其国力之富厚，其实业之精进，较之吾国相去几何？次思列强进于此境者，从何时始？三思此不及二百年中，彼土所以致此古未曾有之盛者，实由何故？则不佞之所云云，可不烦言解矣！宗教家曰：欧美所以有今日者，以所奉之教之清真也。政法家曰：财富之所以日隆，商贾之所以日通者，以诸邦政法大改良也。此其言诚皆不妄，然皆不足以为近因。必言近因，则惟格致之功胜耳。何者？交通之用必资舟车，而轮船、铁路，非汽不行，汽则力学之事也。地不爱宝，必由农矿，农矿之学，有地质、有动植、有化学、有力学，缺一则其事不成。他若织染冶酿，事事皆资化学。故人谓各国制造盛衰，以所销强水之多寡为比例。惟是实业既精之后，执工之子，非经教育则耗折随之。而当事之人，不经教育者，无论矣。可知物理科学一事，不独于吾国为变化士民心习所不可无，抑且为富强本计所必需。不佞于开讲时即言：自然规则，昧而犯之，必得至严之罚；知而顺之，亦有至优之赏以之保己，则老寿康强；以之为国，则文明富庶。欲识此自然规则，于以驾驭风雷、箫与水火，舍勤治物理科学，其道又奚由乎？

物理科学（但言物理则兼化学、动植、天文、地质、生理、心理而言），诚此后教育所不可忽，然欲得其增益智慧、变化心习之大果，又宜知其教授之法，与他项学业划然不同。苟而同之，犹无益也。请言其不同之实。譬如今课经学而读《论语》至“子曰：巧言令色，鲜矣仁”，此其理诚然。顾其理之所以诚然，吾不能使小儿自求证也，则亦曰：“孔子圣人，圣人云然，我辈当信。”无余说也。又治史学读《项羽本纪》，写巨鹿之战，如火如荼，然其境象，万不能使学者亲见之也，则曰：“太史公古称良史，其书号为实录，所载自宜不差。”亦无余说也。由此二者推之，我辈所读一切之书，所传一切事实，莫不如是。岳飞主战，乃是忠臣；秦桧主和，故为奸相。凡皆以枯骨朽肉之定论，主张我辈之信心。除非记者自相矛盾，或二家所载违反不符，而后起驳议而生聚讼。至若其事经皇帝所折中，昔贤所论断，则惟有俯首受教，不敢有违，违者或为荒经，或为蔑古。荒经、蔑古，皆大罪也。

夫笃信好学，诚幼稚学界之所宜，顾不幸古人成说，即今同呈讹谬，累百盈千，误而犹信，常为大害，此在西国如此，其在中国窃恐未必不然，所冀教育改良，学者之鉴别力日进，于旧学能存其是而去其非。顾其教授之方，舍沿用旧籍而外，无他法也。独至物理一科，其教授之法，乃大不然。公例既立之余，随地随时可以试验。如水至热表四度而结冰，空气于平面每方寸有十斤之压力，此人人可以亲试者也。又如内肾主清血、出溺而非藏精，肺不主皮毛，肝不藏魂魄，虽其事稍难，然亦可以察验者也。是故此种学科，并无主张，只有公理，人人可自用其耳目，在在得实验其不诬。但教授之顷，为之师者，必具其物与器，而令学生自籀、自推，稍蓄疑团，而信他人传说者，皆大害事。故赫胥黎谓，讲慈〔磁〕石吸铁，必令小儿用手自拉，而后为教，若但口说如此如此，则宁置此科勿课，而但读历史、诗文诸书。何则？课之不由其方，斯于心习无益，转有害耳。所谓教育新法者，此耳。

诸公既闻此言，宜知不佞前谓惟此一学，可转变吾人之心习，而挽救吾数千年学界之流弊者，非妄语矣。夫物理科学，其于开瀹心灵，有陶炼特别心能之功既如此，而于增广知识，其关于卫生保种，大进实业又如彼，然则教育所用学科，宜以何科为当务之急，为吾国所最缺乏而宜讲求者，诸公胸中宜了了矣。虽然，不佞今夕之谈，非为物理科学游说，且非为新学游说。新学固所最急，然使主教育者，悉弃其旧而惟新之谋，则亦未尝无害。盖教育要义，当使心德不偏。故所用学科，于思理、感情、内外籀，皆不可偏废。中国旧学，德育为多，故其书为德育所必用。何况今日学子，皆以更新中国自期。则譬如治病之医，不细究病人性质、体力、习惯、病源，便尔侈谈方药，有是理乎？姑无论国粹、国文，为吾人所当保守者矣。故不佞谓居今言学，断无不先治旧学之理，经史词章、国律伦理，皆不可废。惟教授旧法当改良。诸公既治新学之后，以自他之耀，回照故林，正好为此。譬如旧说言必有信，见利思义，不过指人道之当然，未明其所以必然之故也。今则当云是二者，无异自然之公例。一人窃取财物，招摇撞骗，其必害无利，与投身水火同科，必溺必焚，盖无疑义。程伊川云："饿死事小，失节事大。"今使深明群学之家讲之，自见此事为一身计、为一家计、为社会计、为人种计，皆饿死为佳，不可失节（失节不必单就女子边说）。大抵古今教育不同，古之为教也，以从义为利人苦己之事，必其身有所牺牲，而后为之。今之为教，则明不义之必无利，其见利而忘义者，正坐其人脑力不强而眼光短耳。此德育教授新法之大略也。

以上所言，约而论之，不过谓人生世间，无论身之所处，心之所为，在在皆受治于自然之规则者。欲知此规则，有自然之教育，有人为之教育。人为教育分体、德、智三者，而智育之事最繁。以中国前此智育之事，未得其方，是以民智不蒸，而国亦因之贫弱。欲救此弊，必假物理科学为之。然欲为之有效，其教授之法又当讲求，不可如前之治旧学。道在必使学者之心，与实物径接，而自用其明，不得徒资耳食，因人学语，此今夕讲义之大略也。假如今欲教一童子，如尽依不佞之法，则发蒙之始，自以求能读书写字为先。然于此时，便当教以观物之法，观物以审详不苟为主。欲其如是，莫若教之作画。作画不必遂成画家，但使粗能，已有大益。盖画物之顷，童子心不外驰，而求肖物，则必审物，此二者皆极有用之心习，而其事又为童子之所欣，而不以为苦，故可贵也。再进则物理、算学、历史、舆地，以次分时，皆可课授。稍长则可读经书。经书固中国教化之星宿海，惟读经要在讲解，欲讲解之明，又不可不治小学。至于国文之课，则必读古文、古诗，选其佳者，必令背诵。每闻今人谈教育者常悬背诵为厉禁，此语不必尽从也。自七八龄至十四五，约计七年，使子弟而系中材，前此功程，无难勉企，其次即未成学，亦可粗就。至于十五以后，则必宜使习西文，英、法、德、意择一皆可。其所以必习西文者，因一切科学美术，与夫专门之业，彼族皆已极精，不通其文，吾学断难臻极，一也。中国号无进步，即以其文字与外国大殊，无由互换智识之故。惟通其文字，而后五洲文物事势，可使如在目前，资吾对勘，二也。通西文者，固不必皆人才，而中国后此人才，断无不通西文之理，此言殆不可易，三也。更有异者，中文必求进步，与欲读中国古书，知其微言大义者，往往待西文通达之后而后能之。此亦赫胥黎之言也，四也。且西文既通，无异入新世界，前此教育虽有缺憾，皆可得此为之补苴。大抵二十世纪之中国人，不如是者，不得谓之成学。假使中无间断，其人早则二十四五，迟则三十可望大成，为八面应敌之才，他日入世，达为王侯将相，隐为师农工商，皆可为社会之所托芘。后五十年不可知，即今而言教育，舍此无他术也。

实业教育*
——在上海商部实业学校的演说
(1906)

上月之杪，鄙人蒙贵校教务长冯君以诸生之意，敦属来校演说，以为互换智识之资。辞不获命，因请讲题。冯君商诸同学，以心灵学为请。顾鄙意以为，演说心灵，固大佳事，但有数难。一系心灵为学，支部颇多，随举其一，皆非一两时之谈所能尽。次则语稍深悬，非寻常听讲人所能共喻。三欲讲此学而有实益，听者须治过名、数、生、理诸学，略识涅伏脑海体用而后可，四贵校名治实业，今乃讲此虚灵之学，虽不及以为差谬，终恐为不知者诟厉。五则鄙人于此学，亦系问津有限之明，岂能为诸公发明。用此五者，乃置心灵不讲，借易今题。演说实业教育，并非自诡所长，特觉此题于诸公较为亲切有味云尔。

实业，西名谓之 Industries，而实业教育，则谓之 Technical Education。顾西人所谓实业，举凡民生勤动之事，靡所不赅，而独于树艺、牧畜、渔猎数者，则罕用其字。（说见《社会通诠》。）至所谓实业教育，所苞尤隘，大抵同于〈手〉工业 The teaching of handicrafts。此诚彼中习俗相沿，我辈莫明其故。故讲实业，似不必守此无谓分别。大抵事由问学，Science，施于事功，展用筋力，于以生财成器，前民用而厚民生者，皆可谓之实业。第其事与他项术业，有必不可相混者，则如美术是已。西人以建造屋宇、结构亭台，为美术之一，故西人不称建筑为实业。而自吾人观之，则几几乎与实业为类矣。又如医疗、法律，以致政治，亦无有以实业称者。此其大略也。

故实业主于工冶制造之业而已。吾国此事于汽电机器未兴之时，固未即居人后，而欧洲当乾嘉以往，其制造亦无可言。如其时洋布一宗，

---

* 原发表于1906年7月2日，《中外日报》。本篇选自《〈严复集〉补编》，74～82页。

且由印度运往；北美棉业未兴，而国律于民间纯用吉贝织成匹头者有罚，一千七百七十四年可以见矣。顾瓦德用汽之机，即于此时出世。汽机影响，第一见于织造。故一千七百八十五年英之棉货出口者，仅值八十六万镑。而一千八百十年，乃十八兆镑。再后六十年，直至八十兆镑。他若铁业，当法国革命之日，英国三岛全年出产不过七万吨。降至一千九百年，岁出乃七兆吨矣。其发达之速如此。又机器进步，则所操之律度，必以愈精。闻瓦德初成之机，乃以汽漏难用，开机转轮，声震屋瓦。后得威都淮 Whitworth 制为量机，可以量物至一兆分寸之一之微。制造之业，遂臻绝诣。上下百余年间，其实业演进，绝景而驰如此。至于今西国造物成事，几于无事不机，而吾国所用，犹是高曾之规矩耳。

夫中国以往三四千年，所以为中国者，正缘国于大地之中，而不与人交通竞争而已。时至今日，舟车电邮之疾速，为往古之所无，故虽欲守前此之局有不可得。开门相见，事事有不及人之忧，而浮浅之人，又不察病源之所在，则曰中国之所以受侮者，无强权耳。于是以讲武诘戎为救时惟一之政策。又曰中国之所以贫弱者，坐利权之见夺耳。于是以抵制排外为富强扼要之方针。顾不知耗散国财，惟兵为甚。使中国长贫如此，则虽欲诘戎讲武，势且不能。且道路不可不通，矿产不可不出。使吾能自通而自出之，将无事抵排，外力自消，内力自长；设不能自通自出，而仅言抵制，将抵制不成，成而病国益甚。然则中国今日自救之术，固当以实业教育为最急之务。何则？惟此乃有救贫之实功，而国之利源，乃有以日开，而人人有自食其力之能事。语曰既富方穀，又曰仓廪实而后知礼义，兵力教化，何一非富足而后可言乎！

虽然，实业教育者，专门之教育也。专门教育，固继普通教育而后施，不幸吾国往者舍科举而外，且无教育。使其人举业不成，往往终身成废。因缘事会，降就商工之业，则觉半世所为，无一可用。而此时所愿有之知识，蒙蒙然与六七龄孩稚同科。某物某货，产于何地，制于何工，销于何所，无所知也。一切制器成物之业，循其旧有不知，尚何开新之与有！叩其普通知识，且不知长江所经为何省，高丽西藏居国之何方。若夫实业莫大于制造，制造莫盛于五金，而五金之性质何如，采炼之方术何若，问读书之子，有前闻者乎？固无有也。无论为工为商，计算之学，皆所必用，商功均输，固无论矣，乘除加减，则亦难言。吾尝见二三十岁人，不识作码者，尚何有于八线三角之学乎？不但尔也，再使某人举业有成，又不然。循例纳粟入赀，皆为官也，顾问其人其学，于国家制度律例掌故，有所及乎？未尝及也。故吾国前此教育，反正皆不可通。遂造成今日之时世。然则居今而言实业教育，学生入校，舍区区国文姑以为能而外，教者必视学者为一无所知，而一篑为山，进由吾往，而后可耳！

今使有子弟于此，其人于中学粗了，将使之从事实业之中，则依东西洋成法，其所以教之者宜如何。此今贵校所实行，十八九已与之合，无俟鄙人详论。大抵算学则如几何、代数、三角、割锥、微积，为不可不治之科，其次则莫如理化两大科。但是二者，其教授必须合法，方能有益。且此数科，所赅甚广，程度稍进，吾国即无专书；是以为今之计，断然必以西文传习。如此不但教授称便，而学成之后，其人于外国实业进步，息息相通，不致转瞬即成故步。西人为此，常兼拉丁、英、法、德诸文，其用意即亦如是，此治实业基础之大略也。

但实业教育，与他种教育有不同者，以其人毕生所从事，皆在切实可见功程，如矿、如路、如一切制造。大抵耳目手足之烈，与治悬理者迥殊。故教育之要，必使学子精神筋力常存朝气，以为他日服劳干事之资。一言蔽之，不欲其仅成读书人而已。西哲谓读书人通病，前半生则傲兀自喜，后半生则衰苶糊涂，此由年少之时，用心太过，而不知吾人入世涉物竞至烈之场，破败胜存，佥于三四十以后见分晓。其人年少气盛之日，不必放荡淫佚，自斲其生也。但使征逐虚名，作为无益，坐令脑力萎耗，则四十以往，其人必衰。而一切真实事功，转以无望。夫不佞此言，非为惰窳无志少年游说，实因深知心脑之力，其须休息将养，与筋骨血气正同。而少壮之脑力，其时须休息将养，较老年之人，乃为尤急。每见由来成就大事业人，其任事之际，所以能乐事劝功，沉毅勇往，治繁理剧，若有兼人之力者，此其果非结于夙兴夜寐之时，乃在少日优游，不过用心力之日。拿破仑之初起，真如巨刃摩天，方其勤事，见者惊为非人，顾十年以后，败征见矣。彼晚节之所以不终，由其精神短也。毛禄至七十而后收胜法之业，方其少壮，未闻有何表见。诸君子闵国步之艰难，欲来日借手有资，乃起而为问学之事，惰息自逸，吾知免矣。所患者用心太猛，求成过急，不为他日办事精神道地而已。公等闻辕田之说乎？再耕之后，必置之以俟地力之复，否则虽耕虽种，且无所得，而地力弥竭，稂莠益多。愿诸公今日为学，他日办事，皆时时深思此言。

言今日之教育，所以救国，而袪往日学界之弊者，诚莫如实业之有功。盖往日之教育笃古，实业之教育法今；往日之教育求逸，实业之教育习劳；往日之教育成分利之人才，实业之教育充生利之民力。第须知实业教育，其扼要不在学堂，而在出堂后办事之阅历。以学堂所课授者，不过根柢之学，增广知识，为他日立事阶梯云耳。若夫扼要之图，所以陶炼之使成真实业家，则必仍求之实业之实境，作坊、商店、铁路、矿山，此无疑义者也。使有人于此，其于学堂功课，为之至善，卒业大考，已得无上文凭，此不外得半之程而已。将谓其人即实业家，尚未可也。但使其人此后筋力萎弱，品行平常，临事既无条理，趋功又不精勤，则其学虽成，于实业无几微之益。又使其人不自知操业之高尚可贵，惟此有救国之实功，耻尚失所，不乐居工商之列，时时怀出位上人之思，将其人于实业终必不安，而社会亦无从受斯人之庇也。故鄙人居平持论，谓中国欲得实业人才，如英之大斐 Davy、法拉第 Faraday、瓦德 James Watt，德之杜励志 Dreyse、克鹿卜 Krupp 等，乃为至难。何则？中西国俗大殊，吾俗之不利实业家，犹北方风土之难生桔柚也。

盖吾国旧俗，本谓舍士无学。士者所以治人、养于人，劳其心而不劳其力者也。乃今实业教育，所栽培成就之人才，则能养人、有学问，而心力兼劳者也。学子有志为实业之人才，必先视其业为最贵，又菲薄仕宦而不为者，而后能之。又必其人所受体智二育均平，不致为书生腐儒，而后可。学问智识，诚不可阙；顾但有学问智识，必不逮事也。精神筋力，忍耐和平，行之以素位不愿外之心，而后有济。初不必天资过绝人，而耳目聪明，思虑精警，如西人所谓母慧者 Mother wit，则又不可无。其学堂教育，即陶炼此种母慧而使之扩充有法者也。故实业之家，不受学堂教育，而一切悉由于阅历者，其入理必粗，不能有开物成务之盛业也。但受学堂教育，而不经事业之磨砻，又程功不实，而无甘苦疾徐之自得。必其人受益于学堂者十之四，收效于阅历者十之六，夫而后为真实业家。

诸君子既已发愿，置身实业界中，则鄙人有极扼要数语，敬为诸君告者：一、当早就实行之阅历，勿但向书籍中求增智识。二、当知此学为中国现今最急之务。果使四百兆实业进步，将优胜富强，可以操券，而风俗民行，亦可望日进于文明。三、当知一己所操，内之有以赡家，外之有以利国，实生人最贵之业。更无所慕于为官作吏，钟鸣鼎食，大纛高轩。四、宜念此业将必有救国利民之效，则吾身宜常与小民为缘。

其志欲取四万万之众，饔飧而襦袴之，故所学所能，不但以供一己之用已也。行且取执工劳力之众，而教诲诱掖之，使制器庀材，在在有改良之实。诸君果能取不佞之言而实见诸行事，则课其功业，虽古之禹稷，亦何以加？盖言禹之功，不过能平水土，俾民奠居而已；言稷之功，不过教民稼穑，免其阻饥而已。实业之事，将以转生货为熟货，以民力为财源，被之以工巧，塞一国之漏卮，使人人得饱暖也。言其功效，比隆禹稷，岂过也哉！

夫一国之民，其待于实业之亟，不徒于工商之业为然；即在兵战，亦以此而预操胜算。不佞请为诸君言一史事：当十九稘初载，普鲁士受困于拿破仑，可谓极矣。土地日蹙，军费无穷，愤而求战，战乃益败。至一千八百六年燕那 Jena 之役，普之未亡，特一发耳。则有思墨达人，名杜励志者，Johann Nicholaus Dreyse，年十九，业钥工，既卒业，南行觅生计，道经战场，死者从横卧草中。或犹执枪不释，杜则取其一微验之，知为欧洲最劣枪制，喟然长叹。言以此器畀新征之卒，当拿破仑百战精兵，辅以精枪，安得无败！则仰天自誓，归日必有以改良此枪，使为可恃之利器而后已。盖当此时，德法二邦之国命，已隐决于杜励志之脑中矣！已乃入巴黎，事拿破仑之武库长，瑞士人名保利者，为之火伴学徒。以其勤笃，大为保利所倚信。一日保利言，大皇帝令改军枪旧制，不以前口入药弹，而从后膛，杜恍然若有所悟。嗣保利为后膛枪竟成，然制粗不适用也。而拿破仑犹奖之以赐金，加十字佩章，列为贵爵焉。吾闻汽舟、后膛枪二物，皆拿破仑所亲见者，顾皆以始制，椎劣未精，莫敢信用。向使当拿破仑时，而其物皆美具，如后六十年，则以枭雄而操二利器如此，其势殆可以混合区宇而有余。英吉利区区三岛，欲始终倔强，与为勍敌，岂有幸哉！乃天若留杜励志之后膛火器，以为德复仇之用者。盖杜之枪制善，而拿破仑死于绝岛久矣。一千八百三十五年，杜为后膛针炮先成，又三十年而后膛枪成。维廉第一用之，造攻于丹麦，再克于奥国。萨多哇之役。奥之死伤逾三万，而德则不过九千。至于一千八百七十年师丹之役，德师长驱入巴黎，维廉加冕于华赛尔宫，凯归而为全德共主。此其成功至伟，虽远近因缘，不可一二数，而微杜励志制器之进步，其收功殆不能如是之神也。呜呼！实业可忽乎哉？

实业之利国，其大者如矿、如路、如舟车、如冶、如织、如兵器，所共见者也。乃即言其小小，至于针线锥刀、琉璃瓷纸，今若取吾国所产，以与欧美之所出者较，则未有不令人伤心短气，不自知吾种将何以自立于天演物竞之场者。至于今，吾国日日人人，莫不扼腕扣心，争言变法。而每事之变，其取材于外国者，必以益多；其旧产于吾国者，必愈无用，将勉强迁就，而用其故者乎？则以物材器制之非良，其弊乃立见。即不然，则集资设厂，号为抵制，以自保利源。顾其中所用机器，则以重价购自外洋者也，匠师又以重束而聘自外洋者也，其所自保者，亦至有限耳！且此必强有力之官商贵富而后为之，其于遍地之小民，凡勤俭劳力以治身者，又无裨也！其于全国，岂有豸乎？故吾谓实业为功，不必著意于重且大，但使造一皮箱，制一衣扣、一巾、一镜之微谫，果有人焉，能本问学以为能事，力图改良旧式，以教小民，此其功即至不细，收利即至无穷耳。

夫吾国实业之闭塞，论其大归，不过二病而已：不知机器之用，与不明物理与化学也。是故实业之教育，必以之数者为要素。且其为教，宜力为其普通，至于普通，则无取于精微，但人人知其大理而已足。吾国近日风气，教育所亟，大抵不出政法、武备两涂。顾武备为物，其所待之外缘极多，必皆䜣合，而后有守坚战胜之可望。使外缘不相为助，而惟兵之求，恐事变推移，将徒得其恶果。至于政治为学，不得其人，则徒长嚣风，其于国尤无益。皆不若实业有明效之可言也。所惜者，吾国旧俗，如前所云，若有以沮此项之人才，使之最难成就也者。夫其人博学多通，然犹勤勤恳恳，于执工劳力之中，泥涂黻冕，奴隶轩朱，殷然以拯救同群，张皇民力为事者，此其人于西国已不易得，于中国乃尤难求耳。英人葛勒敦 Galton 有曰：国民总总，就中可望为出色人者，大约四千人之中，不过得一而已。若夫具矫然英特之资，其心必不愿为庸众人，无论己所操为何业，必求为社会所利赖者，则兆人之中而得一已无异比肩而立者。赫胥黎曰：论教育之极功，即在能为法以网罗此二种之人才，裁成辅相之，使不虚生，而以为通国天下所托庇。夫此二种之人，其出于何地，至不可知者也，亦如至愚极恶者然。生于宫禁之中可也，生于圭窦之中亦可也，故生学家以此为造物之游戏。设有国焉，其中之法俗，能使如是之材，上不为富贵之所腐，下不为槁饿之所芸，俾之成材，而任之以其所最宜之事，人类进步，终必赖之，不仅强一国、盛一种而已也。且果使教育之家具真识别，而能得此二种之人才乎？则其所以培成之者，虽费至厚之资，犹不折阅也。何则？使人才如瓦德、如法拉第、如大斐者，而可以财易得，则英国虽人以兆金为价，其为廉犹粪土耳。呜呼！是三人者，皆实业家也。其诸吾党可以奋矣！

特不佞近以衰疾，精爽旷枯，思理锈涩，每有所讲，辄叹心之精微，口不能尽。今夕承诸君子厚爱敦率，勉为此谈，以相期之深，不觉意复词繁如此。乃诸君子屏哗圜听，逾时不衰。以折杨皇荂之曲，邀移情忘味之赏，令人感极而惭也。

华童公学散学演说*
——丙午十二月念三日上海华童学堂散学演说
(1906)

此次贵学堂散学，鄙人蒙上海工部局各董事雅意，邀请前来，为诸小友演说，并承惠示此校成立历史，细加考阅，觉发起人如李提摩太、卜舫济、福开森洎本埠绅商诸君，其用意至为深厚而大英工部局年出经费以维持之，其嘉惠吾人，亦惟此最为得力。今者开校已及二年，诸生学问，日就月将，教员课道之勤，诸生向学之敏，数年以往，成效必大可观，凡此皆可为此堂预贺者也。不佞少日曾为学生，又经出洋赴英肄业，自归国以来，几三十余载，所办者亦系学堂培植后进之事。然则今日所与诸君言者无他，亦就学言学而已。夫教育国民，国之大政，无中外，无古今，莫不皆然。吾国三古，自士人之家，至于天子之国，莫不有学，世家之胄子，凡民之俊秀，八岁入小学，教之以礼乐射御书数，十五以上，则入大学，而教之以修齐治平之业。故国之大典，莫若明堂辟雍。明堂者王者施政之所也，而辟雍者一国讲学之地也。《虞书》命官，使契为司徒矣，又使夔教胄子，自兹以降，厥制日详，秦汉以还，此风未沫。不幸宋代变法，专以经义取士，后人习焉不察，遂若入学读书，乃专为禄仕之事也者。由是学风日衰，演为道咸以来之现象。夫人必由学校，学校腐败则人才稀少，人才稀少，不幸而与邻敌相见，则优胜劣败之公例行。而我国我种，乃有岌岌不可终日之势。是故士生今日而言救国，必以教育后起为惟一之要图。而外国之人，传教之士，所以实行其敦崇睦谊，与夫重人犹己之宗风者，亦莫如此事为最切，诸君肄业于此，所宜深知此意者也。

若夫西人之重视教育，自印度、希腊、犹太而已然，希图巴狄沙梵

---

* 丙午年乃1906年。原连续刊载于上海《大同报》，第7卷期1到期3。

文云：一切世间可宝贵物，惟学问为尤，盖其物不忧被夺，与之而不穷，用之而不竭。又柏拉图云：君子受人之惠，至于教育，至矣尽矣。至于后世，则法之芒腾曰：愚昧者诸恶之母也。而英之佛勒则云：学问是第一檀施，盖人而不学，即是虚生，其为学也，不徒取足治生而已，其所以立命安身者，皆舍学末由致也。

虽然，欧洲中古，辄谓教育宜有限制，不宜滥用，其于女学限制尤严。故德谚谓箧笥为女子之四库，而法人亦谓女子所知，宜尽于《新约》之四圣，其闻见宜限以其家之四壁也。直至前禩中叶，女权说兴，其说乃渐破。可知女子无才为德诸语，今日新学家所痛诋者，不徒吾国有之，即彼欧人数十百年以往，亦复如是。文明之运，必降而后开，诸君若谓此为野蛮，则野蛮者不仅吾国前人而已，吾国旧俗，舍士无学，故向者人家延师课子，必令应试，必入泮中举捷南宫登翰苑，而后谓之成学，其不志乎此者，固无学也。此诚吾国之陋，而追原本始，即孔子之书，亦若必士而后被其教者，故樊迟请学农圃，孔子鄙之为小人，武城闻弦歌之声，则莞尔而笑，其书亦谓君子小人，当有善恶贵贱之二义。然则吾国舍士无学之风，由来旧矣，但观之外国，则数十百年以往，其敝俗尚有甚于中国者。盖中国舍士无学，而外国百年以前，舍宗教之徒无学，不但农工商为不必学也，即在王侯贵族之家，其所能者执兵战耳，至于暇日，则驰马试剑，斗鸡走狗，以此为其本业，语及文学，则相与目笑存之，此欧洲旧时之通俗也。故当英国德法路易之世，为宰相者，大抵皆教门尊宿，而其时文学一道，必取诸教徒僧侣之中。至今英人通语，谓书记官为 Clerk，而教侣谓之 Clergymen，观此可以见矣。

丙午华童公学散学演说　续前稿

博士约翰孙可谓饱学高识之士矣，然亦云使国民人尽知书，则劳力之业谁复任之者，此语其失为二，盖不知劳力是可贵而不必贱之天职，一也；又不知使劳力者□□□□，□□□□□，□有以寓其巧智，二也。夫业之贵贱不在业，而在所以业之者，其精神意向为何如，故拉勃有言：凡社会所有之事，笃而论之，无一非可贵者，不独上等斯文之业为然，乃至赁佣徒御，皆社会所不可少。可以自食其力而无愧容，惟生而呰窳，无益于人，即令养尊处优，乃真可愧。此扬云之所以疾夫鹜斯也。

虽然，此是欧洲当时之论，入后虽稍变，而教育之说，犹未大行，则以谓教导小民者，不过便其谋生而已。一童子入学，取其能读、能写、能算三者而外，毋庸更教，何则，恐受教深者，好高骛远，而有不安本业之心也。直至一千八百七十年，英国更定教育律令，于是人人乃以此为不可忽之要政。盖立宪之国，一切事皆起于民，脱非教养有方，使有国民资格，则放弃权利，废溺义务，虽有自由，不能安享，是以变法更张之后，某宰相有言，吾党其先教此主人翁哉，“We must educate our masters”。当一千八百七十年，英全国小学，所有学童，仅一百四十万，至于九十二年，其额增至五百万不止，其效果先见于国中之监狱，盖罪人之数，从前皆岁有增加，直至一千八百八十七年，其数为二万八百，厥后乃递减，至九十二年，不过一万三千，而此数年之间，户口岁增者，约一百二十万也，其明效著验如此。可知吾国所谓刑措之风，所谓家给人足，皆舍教育，其道无由。吾闻赫胥黎有言，吾人所居世间有无穷之黑暗与烦恼，Ignorance and misery，故吾人今日所为，但教开得一分黑暗，减得一分烦恼，便算有功于世，死后值得后来人纪念，此真切实沉痛之言，公等所当奉为格言者也。自不佞观之，则此语正与孔子之言相合。盖孔子之言仁也，曰惟仁者，己欲立而立人，己欲达而达人，今且问何以谓之立人达人，须知人生之所以颠沛流离，诸苦恼者，只为不能自立之故，而困踬拂乱，害己害人者，正坐不开通而无所知之故，仁者以己身之欲有立，即以教育助人自立，以己身之求开通，即以教育助人开通，此立人达人，二者之的解也。诸公今日在此用功，正为欲立欲达，而发起诸先生之所为，即是立人达人之事，盖天下为人之业，至于教育，殆蔑以加矣。

但欲言教育，则吾国四五千载以来，夫岂置而不讲，惟其教育之方，是否得法而无遗憾，则其事难言，而有可深论者。今自愚见言之，中国教育，其短有二：一是注重德育而不得其术；二是专重读书，而不识俯察仰观，学于自然之尤重。夫谓学校之中，宜以德育为主，谁曰不然。顾德行之理虽繁，而约而举之，要不过数言而尽，入孝出弟也，主忠信也，己所不欲，勿施于人也，不侮衿宽，见利思义也，如此十数言，至矣尽矣，蔑以加矣，三千年以前如是，三千年以后亦复如是。今使有教员于此，日日取此十数言者，周而复始，日聒于儿童学子之前，试问其于德育果有效乎。殆未然也。不知德育乃感情之事，斯宾塞于

《群学肄言》中，论之详矣。是故欲民兴行，徒恃司徒五品之教，犹无益也。必于政刑之中，求其所观感者。今使朝廷官吏，日进苞苴刑赏进退，黑白混淆，贤不肖易位，则虽派数十万之青衿老生，日持圣谕十六条，而以讲于乡邨大树之下，酒馆茶寮之间。吾恐白昼攫金、放火杀人，犹如故耳。德育虽勤究何益乎？且吾闻之学者□□□□□□□□□□□种之问题，第一问孰是而孰非，第二问孰真而孰妄，第三问孰美而孰恶，Right or Wrong? True or False? Beautiful or Ugly? 教育者所以教吾人解此三种问题者也。其第一问乃德育所有事，虽然，是非至无定者也。庄生有言，此一是非，彼亦一是非，前人之所非，为后人之所是，中国之所是，乃外国之所非，于是争论起焉，莫从是正，往往各尊所闻，取适己事而已，此庄生所以有因明之说也。至第二问乃大不然，数百载以前，吾国以地为方，西人以地为员，顾地之为员，非从歌白尼、格里黎而后尔也。剖判奠位以来，其为员自若，特人之为知，有真妄耳，人道之进也，必向之所是者与真合，所非者与妄合。而后黑暗去而烦恼消，此科学之所以有功，而教育之所以大可恃也。是故德育为事，必辅之以智育，而后知行有合一之日，而《大学》所以继物格知至而言意诚也，彼徒重德育而昧其术者，曾何足以语此乎。若夫美恶之问题，毗于乐教，乃社会风俗最为诣极之境。此校所习，图画音乐，则犹此意，人必知此，而后见性分之全，而德育亦至此，而后尽莫能事，所谓感而遂通，蒸为太和，皆于此而得验，此事非今日所得为诸公极论者矣。

丙午华童公学散学演说　再续前

所谓吾国向来教育之第二短，徒以读书为学，而不识俯察仰观学于自然之尤重者，何以言之？盖人生世间，自其大且实者而言之，乃无所往而非教育，小儿玩一泥娃，怒而撞之，立成齑粉，此其所为，于尽物之性，与格致大师，征验恋毡之光者，无以异也，特精粗殊耳。故赫胥黎谓人处两间，日与造化对弈，彼下一子，在在须吾应之，应之得其道，为娱乐，为寿考，为富强；应之失其道，为烦恼，为夭折，为贫弱。夫其事得失之分如此，虽至愚之人必求所以善应之术明矣。且造化之弈谱非他，历史及一切科学之公例是尔。而是公例者，非徒读于古人之书所能尽得也，读书者不过得古人之所得，而古人所标之公例，又未必信也，必求其真，非自得于观察阅历者不可，而其术则今之善教育者，所慎取之，以教其徒者也。故拉勃 Sir John Lubbock，Lord Avebury有曰：能读能写，学布算，讲文法，凡此皆学而非学之目的，犹之刀匕杯叉之非大餐。而拔斯顿 C. Buxton 亦云：今世所号教育者，往往尽于二千年人之死语。此真吾国前者教育之通病。而吾国人才之所由乏，制作之所以不精，思想之所以卑且陋，皆坐此矣。故曰专重读书是其短也。

为初学人发论，所苦者正如宋儒程叔子之言，贤如醉汉，扶了这边倒了那边，即如不佞顷者所言，绝非谓古书之可以无读，往行前言之可以不多识。夫古书前言往行，乃古人阅历所得之记载，岂可不知。使其不知，将吾生之智慧，皆必由亲历而后有，所谓履之后艰，及之后知，将头白眼花，无开明之一日。故佛兰格林 Franklin 曰：阅历乃一学堂，其学费最重，顾下愚舍此则无由学，即是谓也。是故读书学于古训，是吾党生于后代之人，极便宜事。必下愚而后不为，虽然徒恃有此，则必不足耳。吾国向来所治之学，罗马辣丁，有一专名，谓之人学。顾名思义，此以见其学，乃即人心所同然，生于伦理对待之中，非但从故纸残编，遂可尽通其奥也。是故欲尽书之用，必辅之以明辨慎思，虽然明辨慎思矣。其所得者尚不过学之一部分。使有少年童子，所钻仰者舍书无余，于生人真物无所宣究，其长也必非八面应敌之才，其能事即不足恃，此吾国往者书呆之所以众也。

是故居今为学，书诚不可不读，且所读者尤必为本国之书，但读矣而仅囿于此，则往往生害，故必博参之以他国之书，而广证之以真实之闻见。当此之时，不但见吾之日为学也，而且日为其改学，此西哲侯失勒 Sir J. Herschel 之言也，果如此则虽愚必明，虽柔必强，他日出而应世，自不至如中国旧学之家，嫒姝拘执，守一先生之言，其行事动成跡盭，亦不至如今日之洋学生，略治数种科学，略通外洋历史，而于自己祖国之根原盛大，一无所知。庸妄乖张，令人唠嗀。此等人才，吾国前途，实无所赖。问年少诸君，今日所以自勉者，期于何等，毕士马克、葛来斯敦，未必不生于中国也。

再者，吾闻此堂之设，发起者之意，将为中国培养国民，即其小成，亦以培商务之才，使中西交谊，日以益洽。则今日不佞，所奉告诸君者，慎勿设心排外而已，盖排外者即媚外之实相，未有排外者，不终于媚外者也。诸君试读东西洋历史，凡排外者，其国皆亡。印度、埃及、特兰士哇，其尤彰明较著者也。夫国于天地之中，决不能与人无还往，闭关绝市，诚天理所不容。溯自海禁之开，吾国当事之人，以排外为政策者，至于今犹未已，其成效盖可睹矣。议者谓排外非无效，坐吾国兵力之不足，则于是竭气尽力，以兵为事，为白公之磨剑，鲁阳之挥戈，国之财赋，什九皆为兵用。顾自鄙人观之，非徒无益，抑且有损。善图国者，自强自治而已，无所谓排外者也，使我而诚治诚强，则来者政吾国之大利。脱其不然，虽外人绝迹于此土，只以使进化无由，一旦与强者遇，犹驱羊耳。盖社会者有机体之物也，必入竞争之场，受天择之淘洗，而后有以自立，有以进化，否则无与争，将至于不足一争，此公例之至不可逃者也。况今日我辈，平情论事，自西人之至中国，不佞固不敢谓其一无可恨，顾岂得谓其一无可感？通商必交相利而后立，实非吾国之漏卮，其他如学问艺能，所有裨于吾人者，岂云浅鲜。今不必毛举其细，即此数千余年专制之局，一治一乱，使非欧人思想东渐，则立宪萌芽，更千余年不出，亦常事耳。鄙人此说，知必为多数之所非，惟由衷之言，听诸君之知我罪我而已。

今日蒙贵堂董事，相请演说，登场发论，不觉所言遂烦。笃而云之，实皆诸君平日饫闻之语，绝无新义，可以相饷。而诸君屏听逾时，若不知倦，此其相喻之深，相赏之诚，至为可感，所不得不称谢者也。

《女子教育会章程》序*
(1906)

今夫人从其形气言，与禽兽类焉者也，类而有以为其不类，则教育之道得焉耳。故孟子曰："饱食煖衣，逸居而无教，则近于禽兽。"古之言教育者，详其为术，极于胎教。而汉人又言："妃匹之际，生民之始，万福之原，婚姻之礼正，然后品物遂而天命全。"其严且重之如此。然则谓吾国教育偏于男子，而置女子于不学者，古固无此说也。虽然，三代庠序学校之制，凡学记之所甄录，要皆以为男子，而所谓敬业乐群、论学取友者，无女子之事也。是知古人之意，主于地道无成，而女子之所急，在德容功言，凡所以事人者而已。是皆可从闺门之训、师氏之教而得之。初无事于入学考校、藏修息游而后能有成也。顾今日西人之于女教也，乃大异此。德育、智育、体育，凡男子之所被者，女子无弗被焉。彼盖谓教育之业，端本于襁褓家庭之中，而女子之所以辅相其夫者，不仅织纴尸饔已也。国事之大、学术之微，皆不出家而获其偶。又自种姓之学明，彼知人之所受于其先，以为其性质者，不但本诸其一而已。细缊化醇，父母均之，偏劣畸优，演进之机或窒。且夫人之生也，为男为女，于其群皆必有所事。有所事则必有所学，学而后其事以治，其生以休。使女子而无所学，抑学焉而必后于男子，是使为女者必恃于男而后有以自存乎世。故为女者，尝苦于不自立，而为男者，又以孥为累而厌之。由是妃匹之际，交相失其自繇与道德。至于女之视男也，如霸主暴君；男之视女也，如奴隶玩好。其失上天生人，一阴一阳相倚为用之意，盖已远矣。此继今女子之所以必学也，虽然，学其繁简随世为升降者也。中国古之学者，于六艺通其一而有余；今之学者，于五洲通

* 原发表于《政艺通报》，1906年第5卷第15期。

一国之文而不足。男有如此，女亦宜然。故为之教育也，非勒为学年、设为专校不可。吾国近岁以来，前识之士念中国之所以弱，稍知以改良女德为本谋，如不缠足之议，已风行各省间。即女学一事，亦有热心实力倡为之者。顾其议多发于男子，其起于女子者寥寥。此可见数千年心德之见锢，一旦破故变常，为不易也。乃顷者碧城吕女史，以清芬之后，倜然远览，知闺门教育之不足，不惮孤力之寡助，起而为社会教育之事，求有以斐变通国之女子。自草《女子教育会章程》数十章，托吾友英君敛之邮求吾序。不佞受而读之，既壮其愿力，又望其事之实行也，乃走笔而抒其所思如右。

附：《女子教育会章程》序残稿*

国与国而竞为强，民与民而争为盛也，非以力欤？虽然，徒力不足以为强且盛也，则以智；徒力与智，犹未足以为强且盛也，则以德。是三者备，而后可以为真国民。及其至也，既强不可以复弱，既盛不可以复衰。是由何道而后有此效欤？孟子生于战国之时代，其世至纷纷已，哀民生之涂炭，于是言王道、贱霸功。其黜力尚德之教，于七篇之中，三致意焉。顾其所实行，则急农桑，使民衣帛食肉，不饥不寒，毗乎力之事也。曰：谨庠序，使民备其孝弟忠信，毗乎德之事也。独至智育之事，则寥寥尔。此吾国自古教育所以近于宗教，而民生千世，敦庞以为相生养有余。至于箫勺水火，号召风雷，取天地自然之利，合以助民之耳目手足，致劳半而功倍，使人道日趋于乐康，则概乎未之多及也。

---

* 严群先生所藏抄本。约作于 1906 年前后。本篇选自《严复集》，第二册，252～253 页。

《阳明先生集要三种》序*
(1907)

丙午长夏，方君芑南、魏君蕃实重刊《阳明集要三种》成，诿复为之序。自念如复不肖，何足以序阳明之书，故虽勉应之，未有以报也。冬日邂逅江上，魏君又以为言，且曰非得序无以出书。既辞不获，则曰：

嗟乎！阳明之书，不待序也。夫阳明之学，主致良知。而以知行合一，必有事焉，为其功夫之节目。其言既详尽矣，又因缘际会以功业显。终明之世，至于昭代，常为学者宗师。近世异学争鸣，一知半解之士，方怀鄙薄程朱氏之意，甚或谓吾国之积弱，以洛闽学术为之因。独阳明之学，简径捷易，高明往往喜之。又谓日本维新数巨公，皆以王学为向导，则于是相与偃尔加崇拜焉。然则阳明之学，世固考之详而信之笃矣，何假不肖更序其书也哉！

虽然，吾于是书，固亦有心知其意，而不随众人为议论者，可为天下正告也。盖吾国所谓学，自晚周、秦、汉以来，大经不离言词文字而已。求其仰观俯察，近取诸身，远取诸物，如西人所谓学于自然者，不多遘也。夫言词文字者，古人之言词文字也，乃专以是为学，故极其弊，为支离，为逐末，既拘于墟而束于教矣。而课其所得，或求诸吾心而不必安，或放诸四海而不必准。如是者，转不若屏除耳目之用，收视返听，归而求诸方寸之中，辄恍然而有遇。此达摩所以有廓然无圣之言，朱子晚年所以恨盲废之不早，而阳明居夷之后，亦专以先立乎其大者教人也。

---

* 约作于1906年冬季，原发表于1907年明人施邦曜辑《阳明先生集要三种》(上海明学社出版)。本篇选自《严复集》，第二册，237～238页。

惟善为学者不然。学于言词文字，以收前人之所已得者矣，乃学于自然。自然何？内之身心，外之事变，精察微验，而所得或超于向者言词文字外也。则思想日精，而人群相为生养之乐利，乃由吾之新知而益备焉。此天演之所以进化，而世所以无退转之文明也。知者，人心之所同具也；理者，必物对待而后形焉者也。是故吾心之所觉，必证诸物之见象，而后得其符。火之必然，理欤？顾使王子生于燧人氏之前，将炰燔烹饪之宜，未必求诸其一心而遂得也。王子尝谓："吾心即理，而天下无心外之物矣。"又喻之曰："若事父，非于父而得孝之理也；若事君，非于君而得忠之理也。"是言也，盖用孟子万物皆备之说而过，不自知其言之有蔽也。今夫水湍石碍，而砰訇作焉，求其声于水与石者，皆无当也，观于二者之冲击，而声之所以然得矣。故论理者，以对待而后形者也。使六合旷然，无一物以接于吾心，当此之时，心且不可见，安得所谓理者哉？是则不佞所窃愿为阳明诤友者矣。虽然，王子悲天悯人之意，所见于答聂某之第一书者，真不佞所低徊流连翕然无间言者也。世安得如斯人者出，以当今日之世变乎！

魏君待吾言亟，则拉杂率臆书以邮之。

《也是集》序*
(1907)

余识英君敛之于辛丑。当是时，畿辅以义和拳之乱召八国之师，禁籞沦于敌兵，天坛为其坰牧，国之未亡仅耳。英君愤然号呼将伯，集数万之资，设大公报馆于津沽间，以遒人振铎箴膏起废为己任。嗟呼！义士用心良苦。

开馆以来，出报凡数千番，日日为论说，指摘瘕症，发覆将然。方其劳形怵心，往往通夕不寐。盖种族、国土之重，受赋上宰，不可自绝。热诚发中，则声泪俱竭，文之美丑、精粗不具论，乃若其情亦至可念已，而涂听者方以为好讦而鸣高也。悠悠苍天，继彼何人哉！今夫谋国之士，同诊疾之医，惟所遇之犹可以生，故其词滋危，其说弥厉；若明知其无可为力，则戚者失声，疏者却走，又奚哓然负建鼓以求亡子为？然而虽有至深之论，预发则听者藐之；虽有至危之词，数及则履者狎之。不然，千古亡国败家，其晚节末路之所当，孰非孝子忠臣所早为垂涕泣以道之者，乃终于事势流极之所必趋，无毫厘补救者又何说也。嗟呼！知言屡中，岂亡国僇民之所乐居，而存吾说者于以见道之必不可畔云尔？是亦英君所以类存其论说之微旨欤？既求吾弁，书以质之。

侯官严复

---

* 《也是集》乃英华（字敛之）著，1907 年天津《大公报》刊行，收录作者之报刊文字。本篇选自《严复集》，第二册，246～247 页。

代提学使陈拟出洋考试布告*（1907）

江宁提学使司提学使陈为通行广告事：

照得本司前奉两江督宪端札饬考选江宁、江苏、安徽、江西所有官私各校课程及格学生十人、女学生三人，由官资遣前往美国耶路、干尔尼路各大学堂直接肄业。经于五月廿三、廿四、廿五各等日在本司衙门，按照应行豫备各科出题扃试，所有及格并得分较多各生，已于六月初三日榜示，听候资遣出洋在案。但此次办理考选事系创行，所有应行豫习各科，未经前时谕告，而各校所设课程科目又属互有参差，致临考之时，虽所出各科题目悉在诸生应习应能之列，而分数未能及格者为数尚多；或所习偏重长短不齐，坐此未能入彀，殊堪惋惜。即勉强选送，而到美之后，所短各科尚须另行豫备，旅居旷日，不无窒碍。本司经奉督宪面谕，嗣后资遣及格学生前往欧美肄业，但使经费可筹，尚拟蝉联续办等语。为此，今将日后听候考送出洋学生应习何科何书，并应及何等程度，及早先行开列宣布如左，庶使豫备游学诸生得此可以分科用功，不至缓其所急。而届时报名候考，其学科程度相差尚远者，亦毋庸往返徒劳。须至通行广告者，计开：

学科	程度	课本
国文	遵照学部定章，临考题一经义、一史论，以能完一篇在三百字以上者为及格，其未习国文或程度太低者，虽西学及格，例不由官资遣	四子五经 前四史（马班范陈） 古文辞类纂

---

* 约作于1907年5月至7月之间，“提学使陈”为陈伯陶（1855—1930）。本篇选自《严复集》，第二册，247～250页。

续前表

学科	程度	课本
英文法 English Grammar	以能逐字指其部属并剖析词句者为及格 *Naming and Analysing*	涅斯斐尔文法一、二、三、四 *Nestfield Grammar*
修辞学 Rhetoric	字法句法段法等 Figures of speech Construction of sentence Paragraphs etc.	培因或他氏书 Aleander Bain and Others
英文序论 English essays	以能作一篇在五百字以上，而点顿句读无讹别错拼诸病者为及格 500 words or more special	培因文谱 Bain's English Composition
文学 Eng. literature	以曾流览熟习以下所列各书者为及格	古勒斯密六合国民 Goldsmith: *Citizen of the World* 蓝察理论说 Ch. Lamb's *Essays* 伊尔温旅行记 *W. Irving's Tales of a Travellers* 鲁滨孙漂流记 *Robinson Crusoe* 狭斯丕尔曲：《鄂得洛》、《罕漠勒》、《凯撒》等阕 Shakespeare: *Othello*、 *Hamlet* or *Julius Caesar*
笔算	全部 Complete	韩布林士密、洛克等 Hamblin Smith or J. B. Locke
代数术 Elementary Algebra	至双位括弧级数 Binomial theorem series	温特斡思、韩布林士密、察理士密等均可用 Wentaworth or H. Smith, Charles Smith
几何	平面及浑体	温特斡思、韩布林士密、卫里森等本均可用 Wentaworth, Hamblin Smith or James M. Wilson
平面三角术 Plane Trigonometry	边角相求对数原理 Solution of Triangle's Logarithmic Series	温特斡思、韩布林士密、洛克等本均可用 Wentawortn, Hamblin Smith or J. B. Locke
希腊史 History of Greece	简录 Short	

续前表

学科	程度	课本
罗马史 History of Rome	简录 Short	
近世史 Modern History	大概 General sketch	巴尔安欧史览要 Barne's *General History*
地志 Geography	大概 General descriptive	休士及约翰孙等本 Hugh's or Johnstone's
地文 Physical	大概 Elementary	吉基课本 Giekie's *Class Book*
物理 Physics	七科入门 Elementary	施爵耳士 B. Shewark's *Class Book*
化学 Chemistry	无机 Inorganic，Qualitative	罗斯科 Roscoe's *Class Book*
植物学 Botany	形体 Structure	
动物学 Zoology		
生理学 Physiology	全体 Elementary	赫胥黎课本 Huxley's *Lesson Review by Fostal*
以上四科可以随意选择一肄习，于报名时声明		
拉体诺文	以习熟文法，又能于所习凯撒《高卢战纪》首四卷中所取句段以与英文互译为合格 Grammar；Translation from English into Latin or Latin into English from the passages from Caesar's *Gallic War* first 4 Books	凯撒《高卢战纪》四卷 Caesar's *Gallic War First Four Books Latin Principia*
德文、法文 French or German	以初学文法并第一年所习书中句法与英文互译为及格 First step in Grammar or Translation of Passages from the Practice Lesson	马米兰：法、德文课本 Macmillan's First Eassy French or German Course

辞安庆高等学堂监督意见书*
（1907）

国家废科举、立学堂，其本旨在宏教育，示天下士子舍实学无以为进身之阶，欲以救往者制科之弊。此其意至深美，顾从此学堂为利禄之门，教育乃愈不可治。盖未废科举，士之来学堂也以求学；既废科举，士之来学堂也以出身。齿长志荒，怙其书院试场之旧习，结党摇毒，不可爬除，虽有监督、师长，稍不逞志，群噪逐之，号为风潮。故天下学校，什九皆仰生徒鼻息，而劣不及格者，势力尤张，往往以少害众。观于今日之学风，真可为痛哭流涕、长太息者也！

安庆高等学堂开校历有年所，成效杳然，风潮屡臻。光绪三十一年秋，代理监督姚永概于学生巡警冲突之后商诸官绅，喟然谋所以改良此校者，闻复寓居海上，九月驰书相招，使督校事。未及答，而姚已挟诚中丞手书，来寓促行。复自顾才力就衰，力辞嘉命。姚述官绅意甚恳，语有足动心者，乃许其勉效绵薄。亲知友朋多以复此行为无当，而皖中亦已有反对人，数数寄以匿名信相恫喝。（后知此事乃芜湖人所为。）于是复辞，而姚又至。且辞且请，至四五往复，直到三十二年三月中旬，而复乃果去。

至之日，官绅倾向，恩中丞礼仪尤殷，诸生欢迎若拜大将，而旧教员中如姚永朴、胡元吉诸君皆相推挹。仆以谓此都之人相爱殊挚，劳来匡翼，可幸无罪，则抗颜任事，相以必观厥成为期，致书都下友人林纾君，有誓必令此校有成之语。

宗旨所定，以一切西学必以西文教授，毕业限五学年。（上海西人所

---

* 约作于1907年6月，“诚中丞”为安徽巡抚诚勋，“恩中丞”为安徽巡抚恩铭。本篇选自《〈严复集〉补编》，89～95页。

设学校以十三年毕业，或以八年毕业，外国亦然，五年之期已为速化。）先课普通三年后，分政法、实业两大科，毕业后送京师大学堂。高者资遣游学欧美，期深造。教员先用本国人，四学期后，陆续延聘西师，至十学期，而高等诸科师席略备矣。其始终以国文教授者，伦理道德、经学、国史、掌故、皇图舆地、词章。然尽前四学期，过是仅留月课，不设讲席。盖为诸生学业权急缓，不如是且无及，非不知中学之不可偏废也。

此校向未办毕业，学生年长者多，有三四十者。故视事之始，令分堂生为两斋，听其自择。年长家贫、自省才力不能从事西学者，为师范生，将以一年卒业，此中学堂；才力境遇能相从于久大之途者，为预备生，五年卒业，如前画。令既下，诸生迁徙纷然，忽此忽彼，往往既归师范，复回预备，事经月余始定。此去岁前半学期事之实在情形也。

伏暑既阑，师生总至，则为之更定课业，整顿管理，斋、庶两长皆以教员兼之。此盖惩他校管理每以未经教育之人，遂与师生有枘凿不相能之患也。一切新学所以必皆治以西文者，缘吾国课本未完善，既修高等之业矣，必如此而后有与时偕进之功，不至辛苦姱修，转瞬又成陈迹。又缘教员难得，为此乃可用西人为师。然则，始二学期英文固最亟矣。以数术为群科关键，由九章代数以至平浑几何、平弧三角、动静二力学，皆最要之普通课门。此英文而外，所以专课数学也，则为聘英文普通教员八九人矣。而中学亦有所厘定，群经大义、历史舆地，总以学有所用为期，国文每星期皆有课。一教员不足，则添设两助教，事阅改。又以饭食为卫生根本，欲精洁无草具，则特设监膳官一员，令诸生于每斋各公举董事一人察膳政。此不佞去岁第二学期之部署也。

虽然，聚二三百人之众于一堂，禾莠并植，玉石不齐。而班中有劣生，则教者虽勤，学者不进，推其流弊，将使毕业无期时。故去岁年终，既办师范之卒业矣，又于预备诸班加甄别焉。学部乏甄别例，以六成为及格，今降而宽之，立四成。既考，不及格者尚有三十八人之多，夙文祺以汉文最优留堂，余皆咨送新立师范学堂肄业。所真沙汰者，独寄藉生耳。不佞治学，岂不愿沙汰者无一人？顾部章严，而非从其后而鞭之，则成效不可券。而谁谓由此遂生风潮之孽乎？此最大之一原因也。

本年春，开学甫始，添造学舍，据充学额至三百名，全堂为十班，而旧之首二班并合为甲班，益趣孟晋，高者俯就，卑者仰跂，满冀为此三十名先办毕业课程，第令英语粗通，下学期即可聘西师治文学，明年增理化，此数科通习，乃可以治法政、实业诸门，如豫定之画。《记》不云乎："不躐等。"又曰："不凌节。"凡此诸学固所必治，然必及其时而授之，学者乃收实益。不察程度，纷然杂立诸科，一日之内上下七八堂，堂一小时，教者但拥皋比，摊书演讲，鸣钟而散，更入他科。明日又尔，不问学生果否能习所传，而学生亦不容其师之或叩。遇考相率假归；不然，则先期索题，雇枪替；又不然，监考怀挟讲义，能剿袭者即为完卷，得满分，目戴头上，自诩高才。以此为教，以此为学，如今日海内诸校之所为，真无几微益，有大害，不佞宁死不能为也。

安庆高等学堂中诸生，不可谓无好学者，然劣惰者亦多有。平时堂课既不如人，临考鳃鳃然忧剔退。即无虑此，而欲速见小利，亲见东游日本速成归国，持三四卒业文凭，昂然见官长，唾手月二三百金，军界学界随地得美事。则人人歆动，以为是固可以从学凭得也，则早日毕业之说雷同而起。然此既非高等学堂所宜为，且非前约，故不佞毅然持不可。于是，群怀愤心，迁怒斋务长之不已助，又疑去岁年终开除者众，亦斋务长之所为。惩前事，毖后艰，则结合团体二三十人，谋所以致螫之者。

斋务长周献琛者，闽人，少为船政学生，光绪十余年间被选赴英国，习海军专门业。阅五年归，为舰官，身与甲午大东沟役，几濒于死。威海全军覆，劳不见录。后海军稍稍恢复，历数船为大佐，郁郁不得志，弃舟登陆，随勘路矿。仆来皖，招之为教员，月薪百五十金。以其在军治众严，而本校旧日规则殊苦散泛，则使兼长斋务，加益念两薪。客岁在校治事六七月，校务渐渐一变积习，皖人士翕然交称之。而讵谓一隔岁间，向之誉为整齐者，乃今訾为罪乎？则甚矣，人情之善变也。

然周为人稍戆，接物不善为委曲，责法行权，又沾沾多自憙，以此致龃龉。至其视校事如私，任劳任怨，虽其仇犹信之。甲班生求毕业不得，余班劣生恐沙汰，气已弗靖矣！而校外之人，久受浸润，涎校中人受糈厚，促訾啜汁，实繁有徒，则群然以破坏为目的，相与交煽之。于是，闯然有四月十三日噪逐斋务长之事，其去夏考仅一月耳。

初，不逞诸生数数聚议，然无敢发端者。及是甲班生陈寄密为揭贴三道：第一，仿徐敬业檄，讨伪监督严氏者；第二，詈周斋长，备极丑诋；第三，波及教员诸闽人。午膳前一时，取张斋壁，以其党两人守之。膳钟鸣，首事念余人先入，分据诸席，余生尚未就案餔餟，中一人拊掌为号，举第四席翻之，余席乃悉翻。监学官庶务长闻事走视，见学生芜湖谢师衡领众排门出，趋斋务长所，戟手诟詈，立逐周。周揖诸生言："治事无状，谨去不敢留。"则丙班夏先基指时计，限至三点，急卷卧具、自负箧簏，稍迟者致焚毁，又厉声言尽逐闽人。于是，教员王兼知、监学严家驺等五六人，凡复所辛苦仅致者，怫然尽起，俶装欲行。而汉学教务长姚永朴出留之。此全校罢学之实在情形也。方事之起也，造谋者不过二十许人，所必以膳堂为发端者，非以膳也，盖不如是不能致全体。方几凳纵横、杯具狼藉时，余众不得食，愕然不知所谓，见有领众前出者，则贸然相从以观其变，由此达聚众之目的，可以全体公愤公告天下。

溯自国家罢科举、饬立学校以来，皖之芜湖、怀宁学子风潮甲天下，青衿城阙，其心机所用，使趣学问，则钝如椎，至于造谋动众、先发制人，则机关捭阖、鬼谷不翅。事后闻十三日决策发端一二人，既在膳堂发踪指示之后，转入斋舍闭门，若与己无与焉者。呜呼！竺氏有言："由识转智。"知诸生于此事阅历深矣！

不佞于三月病肺炎归卧上海，至四月中旬乃稍平复，得十三〈日〉皖电，不知所措。十九〈日〉力疾行至皖，而全校学生被胁持而去者，已五六日。虽提学开除五人，饬余人三日回学，而首事者在校外把持，不令即至。继而陆续回堂，顾清浊不分，时起与复为难，又于海上各报极力造讪，若惟恐不佞不去者。先是复谒中丞、提学，已深谢不敏，请解监督，终不获命。至请究办首事胁迫罢学余人，则五名而外，又不得更问。于是，以廿七日去皖，其他管理教员，以同时被辱不得已而去之者，凡十人，校事交新派提调王咏霓与汉学教务长姚永朴云。

总之，此次风潮原因复杂。而自其近且显者言之，则学生之求速成而忧沙汰，又深怨管理之严，故起而为之。又官绅两界中有不满意于监督者，故乐观成败。而斋务长周某，径情直前，多所触忤，故遂为群矢之的，而大局以隳。然使事作之顷，得一明白果决者出当其冲，晓诸生以部章之不可以蔑视，斋务长容有不善，然可控诉，而不可以噪逐，则所保全者必大且多，不佞去留何关人事？将皖之学界得此犹有秩序之存，继今可望其徐理，惜乎其不出乎此，而徒于鄙人致反对也。始则蔽罪于斋务长周献琛矣，终乃归狱于庶务长常福元。夫二子固不得为无过，惟谓风潮之兴，纯由二人，则大非事实。试问二人于斋务、庶务之中，有丝毫求其罪状者乎？复负厚责，固不暇为二子辩诬，但愧治校无状，致累同学于远道弃馆相从，半途坐废，且上弧〔负〕恩中丞礼待之雅，下贻姚叔子不哲之羞。纳手扪心，良深内疚！报章谬悠，前知如此，但恐局外诸公不察复之所以为皖校者，故不殚冗烦，谨叙颠末，而著其原因如此。至于不佞所深恐无穷者，在今日通国之学务，安徽一隅，尤其小小者耳！唉！

祭媿室先生文*
(1909)

维宣统元年后二月七日丁亥，严复谨以斗酒只鸡致祭于亡友媿室高先生之灵而哭之曰：嗟嗟媿室！乃遘斯疾，治疗无功，毕命计日。朋友亲爱，心肝悬丝，而子夷然，谈诙益奇。人悲者死，人私者己，而子用爱，常从物起。知死不远，忍痾匿瘵，有来视者，欢笑在颜。直至易箦，神明湛然，行亦不恶，无为祈天。犹有二者，上下胸臆，亲者吾弟，大者吾国。国何时转，弟何时见？庶几皇天，惜此微喘。弟今归矣，后十二日，临终大呼，国转在即。嗟嗟媿室！性与道儿，奉生正命，终始无违。友或有言，不恭而隘，若论私谥，吾曰康介。不肖获交，为时已仅，离合十年，知子不尽。记在戊戌，子登吾堂，虚舟相值，淡若两忘。庚子海堧，避兵狼狈，子不我遗，载加盼睐。嗣吾游燕，子适两粤，中无一字，相问寒暍。形情始密，丙午之冬，汝韩吾孟，愿为駏蛩。客春赴试，胡再不咨，苞苴朋党，子去奚为？报国热诚，老不择术，举首虚褒，归竟赋鹏。四海赠答，可束牛腰，吾知子意，病中自憀。哀联挽语，垂垂满家，嗟嗟媿室！汝知之耶？百岁刹那，死吾不恸。临老丧朋，实怀私痛，灵魂之说，百思不通，来告文度，能如林公。呜呼哀哉，尚飨！

---

* 约作于1909年3月28日，原发表于《东方杂志》，第4期（1909.6），31～32页。本篇选自《严复集》，第二册，272页。

《涵芬楼古今文钞》序*
(1910)

有讯于复者曰："方今世变大异，旧学寖微，家肄右行之书，人诩专门之选，新词怪义，柴口耳而滥简编。何所谓圣经贤传，纯粹精深，与夫通人硕儒，穷精敝神，所仅得而幸有者，盖束阁而为鼠蠹之居久矣。今夫文章为物，有为时所宝贵向蕲，而不克至者矣，安有为天下所背驰僢趋，尚克有存者乎？先生识之，三十年以往，吾国之古文辞，殆无嗣音者矣。"

复蹴然应之曰："奚为其然也？客之为是忧也，其亦昧于存亡之理已。物之存亡，系其精气，咸所自己，莫或致之。方其亡也，虽务存而犹亡，及其存也，若几亡而仍存，非人之能为存也，乃人之不能为不存也。且客以今之时为亡古文辞者，无亦以向之时为存古文辞者乎？果如是云，则又大谬。夫帖括讲章，向之家唔咿而户揣摩者，其于亡古文辞，乃尤亟耳。然而自宋历明，彼古文辞未尝亡也。以向之未尝亡，则后之必有存，固可决也。

"盖学之事万途，而大异存乎术鹄。鹄者何？以得之为至娱，而无暇外慕，是为己者也，相欣无穷者也。术者何？假其途以有求，求得则辄弃，是为人者也，本非所贵者也。为帖括，为院体书，浸假而为汉人学，为诗歌，为韩、欧、苏氏之文，樊然不同，而其弋声称、网利禄也一。凡皆吾所谓术，而非所谓鹄者。苟术而非鹄，适皆亡吾学。功令之变，几十年矣，而海内学子之所骛趋，亦曰以是新术，于吾之旧鹄最便。其于客之前所称，舍以弋声称、网利禄，又无爱也。夫如是，而客

---

* 约作于1910年2月，刊于吴曾祺编《涵芬楼古今文钞》。本篇选自《严复集》，第二册，275～276页。

以其向背，为吾古文辞之所系以存亡也，不亦甚远甚远矣乎！

“若夫古之治文辞而遂至于其极者，可以见已。岂非意有所愤懑，以为必待是而后有以自通者欤？非与古为人冥然独往，而不关世之所向背者欤？非神来会辞，卓若有立，虽无所得，乃以为至得者欤？夫万生极殊，而士各有所汲汲。客无谓继斯以往，而遂绝是者徒也，则奚为其如客之前言也哉！迩者邑子吴先生，方上下数千年，所网罗旧文仅万首，为之厘体别目，成艺苑巨观，以饷天下之治古文辞，而不必专以为术者，夫先生深于文者也。客欲征吾言乎？则请以是编之风行而卜之。”

宣统二年正月　严复序

论北京大学校不可停办说帖*（1912）

北京大学创建十有余年，为全国最高教育机关，未尝一日停辍。去年武汉事起，学生相率散归。代谢之后，国用愈绌，几至不名一钱。此校仅图看守，亦且费无从出，前总监督劳乃宣谢病而去，本校〈长〉受任于危难之际，承袁大总统谆切相托，义难固辞，勉强接事。时与学部度支两首领再四磋磨，商请用款，迄无以应，不得已乃陈明总统，由华俄银行暂借银数万两，楮柱目前重行开学。此本校长接办以来之大概情形也。

比者，颇闻斯校有停办之议。本校长始亦赞同其说，而详审事实有未可者，请为大部觇缕言之。

查北京大学，考其程度、教法，欲与欧美各国大学相提并论，固不可同年而语。然在其建置之初，固亦极当时之人材、物力竭蹶经营，以免企其所蕲向之鹄的，又积十余年之因仍迁嬗、糜财耗时，而后有今日之地位，为全国中比较差高之学校。今若将其尽废弃，是举十余年来国家全力所惨淡经营，一旦轻心掉之，前此所糜百十万帑金悉同虚掷。且北京为革命后地方完全未经破坏之区，前日大学形式仍然存在，学生在校肄习历有岁年，纵不能更照旧章予以出身奖励，将持何理由而一切摧残遣散之乎？此则停办大学之未可一也。

夫各国之有大学，亦无法定之程度。取甲国之大学与乙国之大学相比观之，不能一致也；取某国内甲地之大学与乙地之大学相比观之，亦不能一致也。此固有种种之原因、种种之历史，从未有一预定之程度，

* 约作于1912年7月，原发表于《北京大学校志稿》，第3期第1册。本篇选自《〈严复集〉补编》，116～118页。

必至是而独得为大学，不至是遂不得为大学者也。且程度亦何尝之有？吾欲高之，终有自高之一日；若放任而不为之所，则永无能高之时。此则停办之说之未可二也。

且吾国今日应有大学否乎？往者初立大学之时，言教育者即多訾议，以为我国教育方针必从普通入手，今中小学未备而先立大学，无基为墉，鲜不覆溃，则不知高等大学与普通教育双方并进，本不相妨。普通教育所以养公民之常识，高等大学所以养专门之人才。无公民则宪法难以推行，无专门则庶功无由克举。今世界文明诸国，著名大学多者数十，少者十数。吾国乃并一已成立之大学，尚且不克保存，岂不稍过？且北京者，民国之首都也。天津西沽大学又有历年，其学科阶级，夙在高等学堂之上，江浙各省及湖北武昌亦方议建立大学。北京既称国都，反出行省之下，本末倒置，贻诮外人。此则停办大学之未可三也。

且国家建立大学，在宗旨与中小学等各学校不同。中小高等皆造就学生之地，大学固以造就专门矣，而宗旨兼保存一切高尚之学术，以崇国家之文化。各国大学如希腊、拉丁、印度之文学、哲学，此外尚有多科，皆以为文明国家所不可少，设立学官、立之讲座、给予优薪，以待有志者，来学者得其师资，即使无人，而各科自为研究，探赜索隐，教思无穷，凡所以自重其国教化之价值也。（日本有森泰来者，为全国中能诗之第一手，而其大学即延之以为诗学讲师。夫日本之于汉文，早已视同刍狗，于诗学乎何有？此其专为目前效用计哉，亦所以具备大学之科目，而自隆其国家之声价也。其余如吾国小学、经学及阳明心学、佛教、梵文等，无不加以特别之研究。彼国醉心欧化，而且保全中国旧学若此！今日革新方亟，旧学既处于劣败之地，势难取途人而加以强聒，顾于首都大学，似不妨略备各重要专科，以示保存之意。全国之大，必有好古敏求之士，从而为之者；即使向往无人，亦宜留此一线不绝之传，以符各国大学设科之意。至于科目，亦宜详加甄采，以备仿循，不独为造就目前学生计也。）如此，则学生之人数多寡有无，皆不足以沮进行之计划。况既为全国比较差高之学校，当亦有此较相当之学生，既有造就之盛心，必不患无学者。此次开学，蒙总长莅校，有设立研究会之政见，但若依前说办理，则功效当复相同。是则为吾国保存新旧诸学起见，停办之议之未可四也。

至于养校之经费，则窃以谓今之大学，固当问其存宜与否，存矣，则当问其进行之计划为何如，不得以筹费之难易为解决也。如〈以〉费之难易为解决，则今日财政窘迫现象何如。国家必一事不兴而后可，不为积极之经营，而徒为消极之计算，虽举国之生灵咸今〔令〕槁饿，其于国家之大计所补几何？假必为建设之事，则国家肇建万端，所需经费何限？区区一校所待以存立者，奚翅九牛一毛。其所以保持者甚大、所规划者至远如此，夫何惜一年二十余万金之资，而必云停废乎？此则不佞所大惑不解者也。

至于斯校以前办理之未尽合法，固为学界所共知，但今所急宜提议者，在于存废问题，如其必废，则何所复言。如尚可存，则种种改良手续，方自今始，岂得因循苟率而以媮媠为安？但本校重开在大乱停阁之后，加以暑假期迫，生徒未尽来归，故虽稍稍布置，只能粗立纲领，终未确定规模。以议者纷纭，既有结束种种问题，自不得不先详存废理由以凭核断，大部如以鄙见为不然，则方来之事，请待高贤；若以为犹有可从，则改革之谋，请继今以进。谨议。

分科大学改良办法说帖*
(1912)

各分科大学从前主办者既不一人，所有办法亦不尽一律，加之去年事变，学界纷纷停散，学期既已延误，生徒亦未尽来归。自今筹议办法，约分为两大端：一、结束以前之办法，一、改良以后之进行。其结束办法最要者亦有二：一为对付以前旧有之学生，一为处置合同聘定之教习。

考欧美各国，凡学校改革新章之后，其例校中旧有学生，仍旧照章在校肄业。此乃以法律观念办理学校之通理，所谓法律不溯既往之原则也。今为亟谋结束起见，拟缩短原定学期、择要讲授、速则于一学期内，迟则接办一年，一律赶为毕业，作为大学选科毕业生，予以选科毕业文凭，听其自由出校，以免新旧参差，教法不能一致。此结束学生之大略也。

至于前所聘外国教习，既有合同，自不能自由辞却。其合同已将届满者，可以按约辞退；其合同未满诸员，唯斟酌功课多寡、学员人数，择其优者量予留堂；其实不合用者，只可按照合同给予三个月薪水，一律辞退。至于中国职教各员，本无预定合同，自可考其成绩，随时斟酌去留，无忧窒碍。此结束教员办法之大略也。

结束办法既定，而后进行方法而得而言，帷筹画进行规模之廓狭，一视经济之丰绌以为衡，未可随意猝定。兹将可豫定者数端略陈于下：暑期后招考新生，重行开校，拟此次办法概以学生程度为准，不必问其曾否在高等学校毕业，但须考验程度合格，便行收入，以免不一之弊。以前分科学生，膳宿各费概不征取，此虽社会主义，然非经常可久之

* 接于前文，续呈给教育部。本篇选自《〈严复集〉补编》，119～123页。

道。现值经费困难，拟予以一律征收，以符文明国高等教育通例。至毕业后应得学位，拟在大学预科毕业者，给予博士；其在分科毕业者，给予学士。博士、学士文凭由校颁给，不由教育部，此亦文明国之通例也。

至所聘教习，如非万不得已，总以本国人才为主。其聘请之法，则选本国学博与欧美游学生各科中卒业高等而又沉浸学问、无所外慕之人，优给薪水，俾其一面教授，一面自行研究本科。如此，则历年之后，吾国学业可期独立，有进行发达之机。盖一国大学之设，非特以造就学生，即云养成师资人才，亦非挚论，盖将以为一国学业之中心点，而有裨于一切文实之进行。如此，则较之从前永远丐人余润，以重价聘请一知半解之外国教员，得失之数，不可同年而语矣。此皆惩前毖后、不可不亟改弦者。此筹备进行之大略也。至此时各分科办法情形，不尽相同，规划改为非一致。兹将各科拟定改良办法条例如左：

一、文科。本校从前经、文原分两科。经科只开《毛诗》、《周礼》、《左传》三门，文科只开中国文学、中国史学二门，今已将经科并入文科。至毕业期限，原定在明年之秋，惟从前主课教授大半依文顺释，既非提纲挈领，亦非大义微言。夫经史浩繁，如此，则届时何能卒业？窃以谓既称大学，正不必如此繁碎，今已为更择教习，改定课程。至原列补助各门，有已经授讫者，可毋庸议。其所余未完者，只史学之地理沿革、经学之中外地理较为有用。其外国语文，现习程度虽不甚高，但比较所资，亦不宜废。若缩短期限，专授主课，加增钟点，补助课除外国文及地理外，一律停授，似于学生转有实益。则今年年底毕业，似亦可以勉行。此次开校时，学生要求附讲法政，本校长以此类学生大半旧日举贡及高等毕业生，年龄已长，中文素优，平日于乡里常有坊表之望。令其略通近代法政，于民国甚有裨益，故允其请，区为兼习，不入正科。后来考试别给文凭，但若年终毕业，亦只能授以法学通论而已。此结束旧班之法也。

至将来更定办法，则拟分哲学、文学、历史、舆地各门。中国经学、周秦诸子、汉宋各家学说，本为纯美之哲学，而历史、舆地、文学亦必探源于经，此与并经于文办法亦合。惟既为大学文科，则东西方哲学、中外之历史、舆地、文学，理宜兼收并蓄，广纳众流，以成其大。但办颇不易，须所招学生于西文根底深厚，于中文亦无鄙夷。先训之思，如是兼治，始能有益。应俟校费充裕，觅有相宿学，徐立专门，以待来者。本校长前于分科不宜停办说帖中，已发其凡，今之所议，犹此志也。此文科改良办法之大略也。

一、法科。法科原分为政法、法律两门。政治门用英文教授，法律门用法文教授，定八学期毕业，现已届第四学期。拟将旧班结束，每门各择一二主要学科教授。如此，则本年年终可以毕业，作为法科大学选科毕业生，另行组织新班，以本国法律为主课，用国文教授。以外国法律比较为补助课，用英文及德文教授。其原因，各国法律，学校无不以本国法律为主者。吾国自共和立宪以来，所有成文法虽少，然如约法及参议院法，皆现行之法律。此后参议院通过之法案必将日增，皆学者所当购买。若外国法律与吾国前期成宪，只以藉资考镜，研究法理而已，不能作为主要科目也。其必用英德两国文者，以近时法律分两大派：一为罗马法派，德国最为发达；一为习惯法派，始于英国，美国沿之，故二国文字不可缺也。学生程度以有普通法学知识、精于中文、兼通英文或德文、能直接听讲者为合式。此法科拟定改良办法之大略也。

一、理工科。理工科现时共有西教员七人，司仪器西人一名，中教员一名。西教员中本年合同满者，只艾克坦一人，已与声明不赓续再请；尚有高朴及贝开尔二人，亦拟辞退，惟照合同，需赠薪三月，共一千八百元，川资一千元。如此，则每门尚存西教员一人，留否俟合同满时再议。此对于教员所拟之办法也。

旧有学生五十八人，现回校者只十八人，常告假不上课者又居强半，现拟年终一律令其毕业，但不给予学位，以示区别。其毕业生程度虽不甚高，然不乏杰出可造之才，拟在地质、化学、工木、矿冶四门中各选二三名，明春由校出资，派往德美两国。此需俟年终毕业后，另行极严之考试，择其各种普通学及已习之专门学成绩较优者，并注重语文，以便到欧美后即可插班听讲。以十人计之，每年不过二万元，而所成就较大。此对于学生所拟之办法也。

本科图书、仪器、药品向无统一机关，凌乱已极。分科监督、提调、教习皆可率行购买，促訾啜汁，颇不乏人，大为校费之累。而购置之后，教员携归私宅者，亦复不少。现拟整顿办法约有四端：一、整理各处散置之物品，依类陈列；二、将各实验室重行分配；三、编一大目录册；四、组织统一管理法。此对于图书、仪器、药品之办法也。

以上三端，皆属结束极要问题。至此后组织进行，本校长等正在悉心研究。大约：一、须招考新生，不论文凭资格，以学问程度合式为归；二、添聘中国教员；三、改良各实验室；四、加重语文功课，以能直接听讲、自行抄写讲义为度。此理工科所拟办法之大略也。

一、农科。农科旧有学生现陆续到堂，共有二十人，性情勤惰、学识程度皆各不同。而旧聘日本教员三员中，两员于本年十二月合同期满，一员于明年九月期满。若欲继续开办，即当续订合同；否则有一消极办法，照本学期功课续办一学期，至年终大考一次，择其成绩较优者十余人，派送至日本游学。每人岁费 500 元，以两年为限，学生十名，加以往返川资，不过一万二千元，以视现聘日本教员三员一年薪水已费一万二千六百元者，其获益当犹巨。此法于学堂经费及有志求学者两有裨益。其余在校学生均给修业文凭，另行组织新班，招考学生，另定章程，以现在望海楼学舍计之，可容学生二百人，拟用英文教授。农、林各两班，需用教员约十二名。此农科所拟改良办法之大略也。

一、商科。商科学生照旧章三年毕业，现已过二年，似应再习一年，给予毕业文凭及应得之学位。另行组织新班改为四年毕业，前二年之课程，为本科学生所应通习，后二年之课程，分为四门：一、经济学门，一、财政学门，一、商学门，一、交通学门。每门包括条目十余。学生至第三年，须于四门中认定一门，以期深造。但若各科均拟本年毕业，以为结束之地，商科自不能独后。计惟有责令学长、教员择主要课程，多加钟点教授，以为选科办法而已。此商科改良办法之大略也。

以上条列各端，均系粗立大纲，借资商榷。至其详细节目，应俟开学时再妥定章程规则，以便实行。

大学预科《同学录》序*
(1912)

民国元年十一月，京师大学校预科诸生为《同学录》成，责序于余甚亟。则进而告之曰：吾读《论语》，至于子张学干禄，而孔子教以多闻见而阙疑殆，未尝不废书而叹也。夫世文质不同，士之累于身家则一而已。故虽仲尼之门，颛孙高第，曾不讳以干禄为学。而司马迁亦云："若至家贫亲老，妻子软弱，岁时无以祭祀进醵，饮食衣服不足以自通，如此不惭耻，则无所比矣。"悲夫！悲夫！是非士之一厄也耶？虽然，中国前之为学，学为治人而已。至于农商工贾，即有学，至微，谫不足道。是故士自束发受书，咸以禄仕为达，而以伏处为穷。若孟轲所谓无恒产有恒心者，厥几人哉！

至于今日士之所以为学者，乃大异尔。国之公民莫不有学，学不仅以治人也，自治其身之余，服畴懋迁，至于水火工虞，凡所以承天时、出地宝、进人巧、驱百昌以足民用者，莫不于学焉，修且习之，治以平等为义矣。故官无所谓贵，民无所谓贱。然则吾党之成学于兹者，尚庶几言仕进治人之途，而有以自食乎？不必为颛孙之学，而为司马迁之所悲，未可知已。诸生将退，先生止而进之曰：且孔子之告子张也，曰多闻阙疑慎言其余，则寡尤；多见阙殆慎行其余，则寡悔。吾尝怪近今学者，其闻见或既多矣，顾其所倡之言，则多疑而未定者也；其所操之行，则多殆而不安者也。其能阙疑殆者何少也！

夫西东之学，其疑且殆者亦众矣，用是而有禄将尤悔，岂独其身哉！其中于国与民可决也。天下之理，非年时之学所能尽也，一国之事，非一哄之众可得专也，敬告吾党慎之而已。

---

* 作于1912年11月，原件藏于中国历史博物馆。本篇选自《严复集》，第二册，291～292页。

上大总统和教育部书*（约1912）

大总统察核示尊

大部察核示复：

再有陈请者，近“财政部以库款支绌，通行京内外各衙门，凡薪水在六十元以下者，照旧支给；其在六十元以上者，一律暂支六十元”等因，自系楮柱危局，万不得已之图，本应照办理，奈学校性质与官署迥殊，强令从同，立形窒碍。请为大总统、大部觇缕陈之：

部司寮寀名隶官规，俸给既优，位置已固，迩日虽薄尽义务，将来之权良多。学校任务则有似雇佣，既无考绩之可言，又乏酬庸之希望。此碍难曲遵者一。

内外官俸视爵秩高下而分等差，学校月薪则以事务繁减而判丰啬。如平均给予，事减者固安，素常任重者必怀觖望，倘各恪日力，放弃职任，表面之经费虽省，无形之贻误实多。此碍难曲遵者二。

教员薪水本以钟点为衡。授课者多，每星期二十或十六七点钟，一旦减薪，非抱璞长辞，即随意旷课，欲加之罪，则无可置词；欲改聘师资，则高材莫致。自前令颁布之后，教员中告假而去者，已不乏人。若不稍予通融，便与停办无异。此碍难曲遵者三。

为今之计，除校长一人准月支六十元，以示服从命令外，其余职教各员，在事一日，应准额全支，以示体恤，而昭公允。总之，本校长深悉时局艰难，决不肯丝毫浮费。即如开办之初，归并科目，裁撤教务各提调、庶务帮提调、帮支应、监学、检察暨司事书记，共二十余名，所省已属不少。此后如有涉于糜费者，尚当力求撙节，以期涓滴皆归实济。

---

* 约作于1912年。本篇选自《〈严复集〉补编》，114～115页。

诗庐说*
(约 1912—1913)

铅山胡梓方旧治西学，晚而好诗，神游魄恋，若非诗无以为悦也者。课其所作，则后者辄进乎前，逋峭精警，于其乡宋以来诗人，以赓续派系无甚愧。民国定鼎，梓方官教育部，曹事清简，则益注意于诗。凡时事之变迁，师友离合之赠处，仰观俯思，悲来悼往，莫不形于诗。僦居城西，室中铛罨几研，床书砌花，四壁黏诗稿殆满。食饱扪腹，散行环省，吟啸以为全乐，乃颜之曰诗庐。又得善画者以意为图，广征题记，最后以书及复，若必要一言而后释者。

复得书叹曰：嗟夫！诗者，两间至无用之物也。饥者得之不可以为饱，寒者挟之不足以为温，国之弱者不以诗强，世之乱者不以诗治。又所谓美术之一也。美术意造，而恒超夫事境之上，故言田野之宽闲，则讳其贫陋；赋女子之妍妙，则掩其伫蚩。必如其言，夷考其实，将什八九无是物也。故诗之失，常诬而愚，其为物之无用而鲜实乃如此。

虽然，无用矣，而大地自生民以来，异种殊俗，樊然离居，较其所以为群者，他之事或偏有无，至于诗歌，则莫不有。且恒发于隆古，盛于锐今，调韵按节，侔色揣称，不谋而皆合。《记》曰："十口相传曰古。"其所传者，大抵皆有韵之词也。是故，诗之于人，若草木之花英，若鸟兽之鸣啸，发于自然，达其至深而莫能自已。盖至无用矣，而又不可无如此。

嗟夫！使梓方审于前二说之间，则诗之真形见矣。且吾闻之，世之

---

* 约作于 1912 年到 1913 年间，胡梓方名朝梁（1879—1921），为陈三立的弟子，曾任教育部社教司主事。严复诗集之中有《题胡梓方诗册并寄陈散原》。本篇选自《〈严复集〉补编》，132～133 页。

有所为而后为者，其物皆奴系而不足贵者也。术焉器焉，得其所蕲，则皆等诸蘧庐而已。然则诗之所贵者，非以其无所可用也耶？无所可用者，不可使有用，用则其真丧焉。今梓方则既取而庐之矣，索居环堵，湛冥宽邁，诗庐非蘧庐也，声气禽犊之事，吾知免已，姑赠之以为说。

思古谈[*]
(1913)

吾国向者以笃故称五洲，而今之后生言维新者，咸以为耻。摧剥戟诟，其志非尽袪古物，若无以与人格也者。故今之时，号曰革命，又曰新世。上自民国之伟人，下至市井小工、裁衣、理发，莫不以新为职志。美哉焕乎！此真吾国之新机也。顾自鄙陋言之，则古物之所以珍，而人心之所以笃故，亦自有说。仆，陈人也。不辞朽腐，姑为一谈。柳子厚有云："朽楠枯株，不能生殖，犹足蒸出芝盖，以为瑞物。"夫瑞物故不敢言，而毛茹香蕈，要足充馔，冀或为言新者之所不弃耳。

自孔子以信而好古标其学派，由是则古昔称先王，遂若为被服儒术者唯一之天职，是其论说众矣，无取不佞为之繁称而复引也。则请观西人之言论为何。如刺士经约翰者，英之文豪而兼美术家也，其言曰："凡物为数百千年人类所宗仰赞叹者，必有至高之美，实非以其见赏者众，而人类平均之识力感会，足以得其物之真也。乃以过实之誉，无据之毁，理不久存之故。惟识真之品题，其始也，发之最少数之人，而久之乃达于社会。其理若积圆物为锥形者然，其尖一也，以此一而接于三，由此三而接于九，其降愈下，其推愈广，由是而达全体。盖各禀于上级之所云云，而下者附焉而不敢异，不必灼然皆知其物之为可贵也。是故凡传作之不可埋没，而能抹粲一曙之荣者，其势必以渐，而于一切高等之美术乃尤然也。是故侮莫大于谓古人不世出之巨制，为其时常识之所知，何则？其真知者，必程度过于作者，抑与之埒焉而后可跂也。常识或为其表之所慑，则神竦意摇而过其实；或坐无所知而轻诋毁。二

---

* 原发表于1913年4月21日到22日，《平报》。本篇选自《严复集》，第二册，322～324页。

者毁誉不同，其于失真一也。且天下之思想言词，未有散之成非者，其合足以成是也。其合之而近是者，必其分之易于得是也，如法庭之助理是已；其合之多非者，以其分之易于成非也，如美术著作之事是已。是故前之类利用其多数，而后之类利用其少数。用少数者，其于众人也，一问题之发生，非使之表决也，必先为决焉而后表之。其为物愈上，则其知者愈希。始于是最少数之一二人，其次智足以通此一二人之所言而信之，由是焉而喻于下级，历时綦久，又经无数人之反激摇撼，此真且是者弥坚确而光明，而遂为不易之定论。古之神物，其不朽而传于今者类如此。"

夫剌士经之言如此，可知古人有作，其所谓"不废江河万古流"者，断非幸致。何则？其无真价值而适合时人多数之程度，虽幸窃时名，不胫而走；至于时异趣阑，将如飘风之过，而不存留于社会久矣。顾如前之作者，往往代不数人，即其所成，亦恒有数，所谓国得之而荣，种得之而贵者。故英人有云：值〔假〕使其国于五印度之领土、狭斯裴尔之文字二者不可得兼，则无宁弃前而取后。此其矜宠欢幸为何如乎？夫今人所日日揭橥以号于众者，莫若爱国，爱国者转译西文 Patriotic 之名词也。其本义原于拉体诺之 Pater，译言祖父，然则爱国云者，爱其祖父之所自生，而以自爱其祖父始明矣。夫爱祖父，非仅以其生我已也。质文递嬗，创制显庸，聚无数人之心力，勤苦为之礼乐文章焉，至于吾侪，乃得于民种之中，而犹有当前之地位，如是之阶级，则推原返本，非席吾古人之遗泽，又何从而得之！呜呼！蔑古之徒，可以返矣！

且诸公所以醉心于他族者，约而言之，什八九皆其物质文明已耳。不知畴国种之阶级，要必以国性民质为之先，而形而下者非所重也。中国之国性民质，根源盛大，岂可厚诬。即在他族，亦有言论。其肆口诋娸者，大抵皆彼中不学之夫。使其人于东方历史，稍加探讨，则未有不色然惊异者，其探讨愈深，其惊异亦愈至。盖六十载以还，吾国适逢阳九百六之厄。以兹厄运，当彼中锐达孟晋之秋，因以日形其短。虽然，国之为物，与个人大异。一二百年，弹指顷耳。且殷忧启圣，岂独于君德为然；其于民族，理亦犹是。吾意他日将于拂乱险阻之余，变动光明，从此发达进行。如斯宾塞所谓动、平、冲者，而成不骞不崩之国种，而其所以致然之故，必非乞灵他种之文明余唾而后然也。其国性民质所受成于先圣先王数千年之陶熔渐渍者，有以为之基也。须知四万万黄人，要为天壤一大物，故其始动也，其为进必缓，其呈形甚微，至于成行，乃不可御。而亦以是之故，其结果也，数十百年之牵变，必不敌数千载之遗传。使吾民所受于古者而无可言，则吾国虽有百华盛顿、千拿破仑、万亿卢梭以为之革命巨子，犹将无益于存亡之数。呜呼！蔑古之徒，可以返矣！

与《宗圣汇志》杂志社书*

(1913)

近承大教，慕仰钦载，不知所云。伏惟中国孔道如日经天，纵有交食，必无停耀。何者？以所发明合夫人心之公，世变虽殷，必不可畔故也。鄙人早习旁行，晚闻至道。旧所纂箸，不皆折中。睹兹风波方深悔惧，而公等猥以输进哲理、启发人文目之，盖其过矣。

大社忧人道之牿亡，慨世运之颓靡，结合同志以事号呼，乃宗圣之前驱，振坠绪于将绝。愿宏敌大，道远心孤，甚矣，诸君子之道之使人悲也。承勖勿自菲薄，于文字时有所助商驱驰，何敢不努力。惟是年来耳目震荡，魄魂旷枯，手挛舌绊，心如眢井，须收召神魄而后有以贡献耳，谨此先答，以副盛心。即颂

山西宗圣社诸公道祉。

复上状

五月十一日

---

* 作于1913年5月。本篇选自《〈严复集〉补编》，309页；亦参考柯璜编：《孔教十年大事记》，卷8，页112上～下，太原，宗圣会，1923。

“民可使由之，不可使知之”讲义*
——癸丑仲秋丁祭在国子监演讲（1913）

今日孔教会举行丁祭礼，单中列讲经一事，原属告朔饩羊备礼之意，事前经发起人到处敦请名德硕师，共襄此举，顾皆谦让未遑，不肯担任，不获已，乃谋诸复。当此孔道菱蔀千钧一发之时，今日我辈释菜先师，似于讲经一节又不宜听其虚阙。诸公能者，既皆袖手旁观而不肯一宏斯道，则庸浅梼昧如复，而不得不起而承其乏，非敢谓于圣人大义微言有何心得，乃今举似以饷诸公，不过谨依行列取备节文而已。伏冀诸公谅而教之。

不佞今日演讲，乃择《论语》“民可使由之，不可使知之”一章。今案此章圣言，自西学东渐以来，甚为浅学粗心人所疑谤，每谓孔术胚胎专制，此为明证，与老氏“国之利器不可以示人”一语同属愚民主义，与其平日所屡称之“诲人不倦”一语矛盾参差，不可合一，此其说甚似矣。特自不佞观之，则孔子此言，实无可议，不但圣意非主愚民，即与“诲人不倦”一言，亦属各有攸当，不可偏行。浅人之所以横生疑谤者，其受病一在未将章中字义讲清，一在将圣人语气读错。何以言之？考字书，民之为言“冥”也，“盲”也，“瞑”也。荀子《礼论》有云：“人有是，士君子也；外是，民也。”可知此章“民”字，是乃统一切氓庶无所知者之称，而圣言之贯彻古今者，因国种教化，无论何等文明，其中冥昧无所知与程度不及之分子恒居多数。苟通此义，则将见圣

---

* 原发表于1913年9月5日到6日，《平报》。本篇选自《严复集》，第二册，326～329页。严复撰写此文可能受到John Morley所著*Burke*（London：Macmillan and Co.，1897）一书的影响。他于1907年批注该书时在“the world would fall into ruin，‘if the practice of all moral duties，and the foundations of society，rested upon having their reasons made clear and demonstrative to every individuals.’”（21页）一句旁边即写上“民可使由之，不可使知之”。

言自属无疵。又章中“不可”二字乃术穷之词，由于术穷而生禁止之义，浅人不悟，乃将“不可”二字看作十成死语，与“毋”、“勿”等字等量齐观，全作禁止口气，尔乃横生谤议，而圣人不得已诏谕后世之苦衷，亦以坐晦耳。

复次，章中两“之”字，皆代名词，顾今吾党试思当日圣人言下此两“之”字所代者果属何物，若不佞以己意测度，则所代不离三者：道德一也，宗教二也，法律三也。是三物者，皆生民结合社会后所不可一日无者，故亦遂为明民图治者所必有事，今若一一考其所以推行之方，更见孔子之言殆无以易也。

则请首从道德以观此言，不佞所以先道德而后宗教者，因依最近天演学家研究，凡社会进化阶级，道德常在宗教之先。道德为物，常主于所当然，而不若学门之常主于所以然，是故西哲穆勒约翰有言：“道德乃方术，而非学理 Morality not a science，but an art（*Mill's Logic*，p. 546 Ⅱ）。”夫所以然，乃知之事；而所当然，乃由之事。《诗》不云乎：“民之质矣，日用饮食。”是故孩提索乳，亦不知有意于卫生；燕雀营巢，岂复萦情于存种！使必先知而后有由，则社会之散而不群久矣！然则所谓可使由，不可使知，民之于道德也已如此。

更进则试从宗教以观是言，将见圣言更无以易。何以明之？盖社会之有宗教，即缘世间有物，必非智虑所得通，故夫天演日进无疆，生人智虑所通，其范围诚以日广，即以日广之故，而悟所不可知者之弥多，是以西哲尝云：“宗教起点，即在科学尽处。”而斯宾塞尔亦云：“宗教主体在知识范围之外，Religion——its subject mater passes the sphere of the intellect（Spencer，*First Principles*，p. 12）。”此孔门性与天道所以不可得闻，而子入太庙之所以每事问，而世间一切宗教，无分垢净，其权威皆从信起，不由知入；设从知入，即无宗教。然则所谓“可使由，而不可使知”，民之于宗教也又如此。

最后则有法律。夫法律者，治群之具，人之所为，而非天之所制也。然则其用于民，似可使由而兼可使知，莫法律若矣！且察古人，月吉象魏之意，似亦未尝不欲民知，以为法律利行之助。西哲边沁（Bentham）亦谓法律有易知程度（Cognoscibility of Laws），为立法家所当祈向之一端，顾祈向如是，而以求诸事实，则其境界终存理想，无论何等社会，民之程度莫有至者，不特民质僿野之时有所不逮，即在文化大开之国，其中法令，本于随时之义所不得已，而有事者常若牛毛，是以侨肸皆贤，而郑铸刑书，主张各异。至于法令繁兴之后，欲明法典之统系与其解释请比之宜，每资专门毕生之学而后能之，使必知之而后有由，将法律之行无日。且谛而言之，此能由而不尽知者，其于民德治柄亦非无所利也。西国法家又尝深论之矣（H. Sidgwick，*The Elements of Politics*，Ch. 1，part. 2）。彼谓法律之行于民，犹夫道德之条诫，转不欲划然分明，制为畛畔，使持循者严于文字而弃其精神。夫民彝日用之常，所谓善恶是非，自其彰明较著者言，虽在蚩氓，不知盖鲜。即在疑似之际，使其人第本良知，以为断决，其违道不至甚睽法律之事，亦如此耳。身为国民，皆有服从法律之义务，顾从其大者言，法之所求至易尽也：勿杀人性命，勿残人肢体，勿玷人名誉，勿盗人财产，勿行侵欺，勿背契约，勿播弄黎老，勿凌害幼孤。凡斯种种，几于尽人所知，设其犯之，固亦自知有罪；至有嫌疑难明之狱，俟精辨而后，是非以明。则国家设置理官，讼者延雇辩护，正以为此。彼编户齐民，固不必深谙科律，使得舞文相遁，或缘法作奸，以为利己损人之事。是故风俗敦庞之国，其民以离法甚远之故，于法律每不分明，而锥刀堂争之民，其国恒难治，其民德亦必不厚也。由斯而论，则虽在法律，其于民也，亦可使由而不可使知，何则，知之转于乱而近于治远耳。

夫使民于道德、宗教、法律三者，以事理情势利害言，皆可使由而不可使知。如此则圣人此章之言，后世又乌可议乎？抑不佞更有言者，从来吾儒讲经旧法，皆以语必经见不背本师为归，今日伏蒙推定，谬登讲席，固欲证明圣谛间执诐邪，顾乃杂引旁行鞮寄之书，以为吾说之助，诸公闻此。得勿讶之？顾私心为此，政以见圣言垂训，五洲大同，非效时贤数典常忘侮圣言而夸丑博，而亦惟诸公宥之而已。

读经当积极提倡[*]
(1913)

民人熙熙穰穰，生于大地之上，结合团体，以其言语风俗之同，于是据一领土，内足自治，外可御侮，而国成焉。国成而治化日蒸，国力日展。于是吸收邻种，规取外域，而渐渍之以本国之文明，施被之以同等之法律，始为要荒，继为藩属，再进而同于内国，其疆索甚广，其户口日滋，纲举目张，处中央而驭四极，如是者，吾国谓之天下，西人谓之帝国。天下犹帝国也，若以名词而论，彼称帝国，实不及吾言天下之优。盖帝国初不必皆有帝，希腊、罗马当为民主时，其所成之天下，固自若也。

考泰东西之历史，邃古以来，民种以其国力之扩张，由一国而为天下者众矣。欧洲最著于古者，有希腊，有罗马，中叶有拂林，有斯巴尼亚；今则有日耳曼，有俄罗斯，有不列颠。古有已亡，今之所有，皆新造也。亚洲有巴比伦，有波斯，有印度，有蒙兀，此四者，皆散矣亡矣。日本新造，骅骝骎骎，居然帝国，而根基尚浅。然则横览五洲，纵观历史，五帝尚矣，自唐虞三代以至于今，虽官家之事世殊，而民族所居，长为天下如故，深根宁极，不可动摇，夫非吾等所有所居之中国耶！地大物博，山川灵秀，而风气适中；至于人民，虽吾人日恨其程度之低，顾笃而言之，要为五洲开明种族，此吾人所不自言，而西人觇国所代言者。诸公生为此国之人，独无可以喜幸者耶！食旧德而服先畴，不可不知所以然之故也。

大凡一国存立，必以其国性为之基。国性国各不同，而皆成于特别

---

* 严复约于1913年9月在中央教育会发表演说，亦曾于1914年5月7日在孔教会演讲。该孔教会之演讲稿以《读经说》为名，原发表于1922年《昌明孔教经世报》第1卷第3号之上。本篇选自《严复集》，第二册，329～333页。

之教化，往往经数千年之渐摩浸渍，而后大著。但使国性长存，则虽被他种之制服，其国其天下尚非真亡。此在前史，如魏晋以降五胡之乱华、宋之入元、明之为清，此虽易代，顾其彝伦法制，大抵犹前，而入主之族，无异归化，故曰非真亡也。独若美之墨西、秘鲁，欧之希腊、罗马，亚之印度，非之埃及，时移世异，旧之声明文物，澌然无余。夷考其国，虽未易主，盖已真亡。今之所谓墨西、秘鲁、希腊、罗马、印度、埃及，虽名存天壤之间，问其国性，无有存者，此犹练形家所谓夺舍躯壳，形体依然，而灵魂大异。庄生有言："哀莫大于心死。"庄生之所谓心，即吾所谓灵魂也。人有如此，国尤甚焉。

嗟呼诸公！中国之特别国性，所赖以结合二十二行省，五大民族于以成今日庄严之民国，以特立于五洲之中，不若罗马、希腊、波斯各天下之云散烟消，泯然俱亡者，岂非恃孔子之教化为之耶！孔子生世去今二千四百余年，而其教化尚有行于今者，岂非其所删修之群经，所谓垂空文以诏来世者，尚存故耶！

然则我辈生为中国人民，不可荒经、蔑古，固不待深言而可知。盖不独教化道德，中国之所以为中国者，以经为之本原。乃至世变大异，革故鼎新之秋，似可以尽反古昔矣；然其宗旨大义，亦必求之于经而有所合，而后反之人心而安，始有以号召天下。即如辛壬以来之事，岂非《易传》汤武顺天应人与《礼运》大同、《孟子》民重君轻诸大义为之据依，而后有民国之发现者耶！顾此犹自大者言之，至于民生风俗，日用常行，其中彝训格言，尤关至要。举凡五洲宗教，所称天而行之教诫哲学，征诸历史，深权利害之所折中，吾人求诸《六经》，则大抵皆圣人所早发者。显而征之，则有如君子喻义、小人喻利，欲立立人、欲达达人，见义不为无勇，终身可为惟恕。又如孟子之称性善、严义利，与所以为大丈夫之必要，凡皆服膺一言，即为人最贵。今之科学，自是以诚成物之事，吾国欲求进步，固属不可抛荒。至于人之所以成人，国之所以为国，天下之所以为天下，则舍求群经之中，莫有合者。彼西人之成俗为国，固不必则吾之古，称吾之先，然其意事必与吾之经法暗合，而后可以利行，可以久大。盖经之道大而精有如此者。

夫经之关系固如此矣。而今人耸于富强之效，乃谓教育国民，经宜在后。此其理由，大率可言者三：一曰苦其艰深，二曰畏其浩博，三曰宗旨与时不合。由此三疑，而益之以轻薄国文之观念，于是蔑经之谈，阒然而起，而是非乃无所标准，道德无所发源，而吾国乃几于不可救矣。

夫群经乃吾国古文，为最正当之文字。自时俗观之，殊不得云非艰深；顾圣言明晦，亦有差等，不得一概如是云也。且吾人欲令小儿读经，固非句句字字责其都能解说，但以其为中国性命根本之书，欲其早岁讽诵，印入脑筋，他日长成，自渐领会。且教育固有缮绠记性之事，小儿读经，记性为用，则虽如《学》、《庸》之奥衍，《书》、《易》之浑噩，又何病焉？况其中自有可讲解者，善教者自有权衡，不至遂害小儿之脑力也。果使必害脑力，中国小子读经，业已二千余年，不闻谁氏子弟，坐读四子五经，而致神经瞀乱，则其说之不足存，亦已明矣。彼西洋之新旧二约，辣丁文不必论矣，即各国译本，亦非甚浅之文，而彼何曾废。且此犹是宗教家言，他若英国之曹沙尔、斯宾塞、莎士比儿、弥勒登诸家文字，皆非浅近，如今日吾国之教科书者，而彼皆令小儿诵而习之，又何说耶？

若谓经书浩博，非小、中、大学年之所能尽，此其说固亦有见。然不得以其浩博之故，遂悉废之，抑或妄加删节，杂以私见，致古圣精旨坐此而亡。夫经学莫盛于汉唐，而其时儒林所治，人各一经而已。然则经不悉读，固未必亡，惟卤莽灭裂，妄加删节，乃遂亡耳。夫读经固非为人之事，其于孔子，更无加损，乃因吾人教育国民不如是，将无人格，转而他求，则亡国性。无人格谓之非人，无国性谓之非中国人，故曰经书不可不读也。若夫形、数、质、力诸科学，与夫今日世界之常识，以其待用之殷，不可不治，吾辈岂不知之？但四子五经，字数有限，假其立之课程，支配小、中、大三学年之中，未见中材子弟，坐此而遂困也。

至谓经之宗旨与时不合，以此之故，因而废经，或竟武断，因而删经，此其理由，尤不充足。何以言之？开国世殊，质文递变，天演之事，进化日新，然其中亦自有其不变者。姑无论今日世局与东鲁之大义微言，固有暗合，即或未然，吾不闻征诛时代，遂禁揖让之书，尚质之朝，必废监文之典也。考之历史，行此者，独始皇、李斯已耳。其效已明，夫何必学！总之，治制虽变，纲纪则同，今之中国，已成所谓共和，然而隆古教化，所谓君仁臣忠、父慈子孝、兄友弟敬、夫义妇贞，国人以信诸成训，岂遂可以违反，而有他道之从？假其反之，则试问今之司徒，更将何以教我？此康南海于《不忍》杂志中所以反覆具详，而不假鄙人之更赘者矣。是故今日之事，自我观之，所谓人伦，固无所异，必言其异，不过所谓君者，以抽象之全国易具体之一家，此则孔孟当日微言，已视为全国之代表，至其严乱贼、凛天泽诸法言，盖深知天下大器，而乱之为祸至烈，不如是将无以置大器于常安也。苟通此义，则六经正所以扶立纪纲，协和亿兆，尚何不合之与有乎！

吾闻顾宁人之言曰：有亡国，有亡天下。使公等身为中国人，自侮中国之经，而于蒙养之地，别施手眼，则亡天下之实，公等当之。天下兴亡，匹夫有责，正如是云。公等勿日日稗贩其言，而不知古人用意之所在也。

译卫西琴《中国教育议》序*
(1914)

吾与卫君，始不相识也，近者来见，辞气烦冤，谓其怀来，将以救一国之亡。顾以所论投人，落落然徒见姗笑，而莫有合。将欲转之为中国之文字，使见之者多，或能得吾之用意，则历数十百人无一焉能达吾旨者。吾旦暮将东旋，他无所恨，独惜此行无益于贵国耳。

仆闻其语，适然惊疑。叩其所挟，则出所书三四种，曰："先生幸赐观览，有以教我。"客去委之，不措意也。一日晨起，取其《教育议》而读之，愈读乃愈惊异。其所言虽不必尽合于吾意，顾极推尊孔氏，以异种殊化，居数千载之后，若得其用心。中间如倡成己之说，以破仿效与自由，谓教育之道，首官觉以达神明，以合于姚江知行合一之旨，真今日无弃之言也。乃缄告之曰：愿且住，勿便去，吾将为子译之。盖其言虽未必今日教育家之所能用，顾使天下好学深思之人，知有此议，以之详审见行之法之短长，其益吾国已为不少。孟德斯鸠不云乎：立宪之民，不必其能决事也，但使于国事一一向心脑中作一旋转，便已至佳。惟卫君愿宏，若仆之所求，则不过如是而已。

---

* 原发表于1914年3月，《庸言》第27号。此文系严复译Afred Westharp的*Chinese Education: How East and West Meet*之序文。此译文曾刊于1914年《教育周报（杭州）》，题名《论东西二教育所以汇合之术》。本篇选自《严复集》，第二册，341页。

导扬中华民国立国精神议*
(约1914)

闻之孔子有言："自古皆有死，民无信不立。"管子曰："礼义廉耻，国之四维；四维不张，国乃灭亡。"是知国于天地，其长存不倾、日跻强盛者，必以其民俗、国性、世道、人心为之要素。此所由来旧矣。且不独吾国之圣经贤传所言为然，乃至观诸外国，其中国亡种灭，或为异族所奴隶，亦以道德扫地、人心窳涣为之先，从未有好义首公、忠信相扶之民，而不转弱为强、由衰而盛者。著诸历史，其故可深长思也。盖国之通患，存夫贫弱。顾有土有财，则贫者可徐转而为富；生聚教训，则弱者可振刷以为强。即今民智闭塞，学术空疏，无乘时竞进之能力，此其患若较前二者为甚矣。然得先知先觉之传，为振兴其教育，专门普通分程并进，则拙者可巧，蠢者可灵，其转移尚非无术也。独至国性丧亡，民习险诈，则虽有百千亿兆之众，亦长为相攻相感不相得之群，乃必鱼烂土崩而不可救耳！

故近世之言群治者曰：无机之物，则有原子；有机之体，则有细胞；原子细胞，皆为么匿。么匿一一皆有相吸、相拒之二力者含于其中，此天之所赋也。相吸力胜者，其么匿聚而成体，相拒胜甚者，其么匿散而消亡。国者，有机之体也；民者，国之么匿也；道德者，其相吸力之大用也。故必凝道德为国性，乃有以系国基于苞桑。即使时运危险，风雨飘摇，亦将自拔于艰难困苦之中，蔚为强国。

今夫五洲民族，部处州居，号为国者以百计，其中强盛仅七八焉。吾人觇其国性，与其所以保邦制治之精神，虽相分殊，固皆可指。如德

---

* 约作于1914年，原发表于《宗圣汇志》，卷1期10（1914），39～41页，篇名是《建议提倡国民性案原文》。此案为严复1914年10月27日于参政会第十九次会所提议案。本篇选自《严复集》，第二册，342～345页。

意志民族，起于垂亡，联为帝国，勇果坚鸷，凡学问、营业、政策，皆以胜人必达为期，不及百年，遂执牛耳。英美之民，最长自治，贵信义，重责任，明于自由之权界，故能立宪，为法治国楷模，日进富强，迄今未艾。法民革命，经历最危，内讧外仇，几于不振，独以爱国之殷，终能有立，忧深虑运，家有盖藏，故于世界金融，有左右之能力。俄罗斯政教合一，其君称天而治，国主教主，一身兼之，为全属国民所信仰。斯拉夫民种，生齿繁盛，而感情棣通，与条顿民族，几有代兴之势，故能雄视北徼，跨有三洲。若夫日本肇兴，不过三十余载，推翻幕府，连二千余年一姓不绝之皇室，为一切政令宗教之中枢。民之视听，入维新而有所统集，感于孤危，忠勤尚武，故能再战再胜，遂跻列强。之数国者，其立国垂统，虽各有特别之精神，至其教民以先公后私，戒偷去懦，以殉国为无上光荣者，则一而已矣。

然则我中华民国，处此五洲相见、竞争激烈之秋，必遵何道始足图存，大可见矣。今夫建邦东亚，号一统者，四千余年。聚数百兆之民人，有二十余省诸藩之土地，绵绵延延，至今未沬。吾国民祈天永命，尚冀有一日之富强者，夫非忠孝节义之风为之要素欤！稽我先民，坚苦卓绝，蹈义凛然之事，史不绝书。其遗芳流韵，感人之深，后世或形歌咢。西人笃于功利，或疑纪述之浮夸，则不知此实为吾民之特性。而后此所恃以为立国精神者，将亦在此。盖忠之为说，所包甚广，自人类之有交际，上下左右，皆所必施，而于事国之天职为尤重。不缘帝制之废，其心德遂以沦也。孝者，隆于报本，得此而后家庭蒙养乃有所施，国民道德发端于此，且为爱国之义所由导源。（西字爱国曰“巴特里鄂狄”，本于拉丁语之所谓父。）人未有不重其亲而能爱其祖国者。节者，主于不挠，主于有制，故民必有此，而后不滥用自由，而可与结合团体。耻诡随，尚廉耻，不懘不竦，而有以奋发于艰难。至于义，则百行之宜，所以为人格标准，而国民程度之高下视之。但使义之所在，则性命财产皆其所轻。故蹈义之民，视死犹归，百折不回，前仆后继，而又淡定从容，审处熟思，绝非感情之用事。

今者幸此四端，久为吾国先民所倡导，流传久远，而为普通夫妇所与知。公等以为吾国处今，以建立民彝为最亟，诚宜视忠、孝、节、义四者为中华民族之特性。而即以此为立国之精神，导扬渐渍，务使深入人心，常成习惯。文言曰：贞者，事之干也。必以此四者为之桢干，夫而后保邦制治之事，得所附以为施。以言其标，则理财而诘戎；以言其本，则立法而厉学。凡兹形式之事，得其君形者存，庶几出死入生，而有以达最后之祈响。准斯而行，实于民国大有裨益。谨依〇法第〇条提议，并拟办法若干条如左，寅候付议公决：

一、标举群经圣哲垂训，采取史书传记所纪忠、孝、节、义之事，择译外国名人言行，是以感发兴起合群爱国观念者，编入师范生及小学堂课本中，以为讲诵传习之具。

一、历史忠、孝、节、义事实，择其中正逼真者，制为通俗歌曲，或编成戏剧、制为图画，俾合人民演唱观览。

一、各地方之忠、孝、节、义祠堂坊表，一律修理整齐，以为公众游观之所。每年由地方公议，定一二日醵赀在祠举行祭典，及开庙会。

一、人民男妇，不论贵贱贫富，已卒生存，其有奇节卓行，为地方机关所公认，代为呈请表章者，查明属实，由大总统酌予荣典褒章。

一、治制有殊，而砥节首公之义，终古不废。比者政体肇变，主持治柄之地，业已化家为官。大总统者，抽象国家之代表，非具体个人之专称，一经民意所属，即为全国致身之点。斯乃纯粹国民之天职，不系私昵之感情，是故言效忠于元首，即无异效忠于国家。至正大中，必不得以路易“朕即国家”之言相乱也。此义关于吾国之治乱存亡甚巨，亟宜广举中外古今学说，剖释精义，勒成专书，布在学校，传诸民间，以袪天下之惑。

一、旧有传记说部，或今人新编、西籍撰著，其有关于忠、孝、节、义事实者，宜加编译刊布，以广流传。

提出〇〇〇

赞成〇〇〇

费鉴清家传*
(约 1914)

费鉴清名启丰，居南通之平潮市，以治家教子、收宗族、倡公益著于乡。中华民国元年十月卒。年仅四十有六。孤"师洪致书具状于严复曰："师洪际遇奇穷，稍知名节，不知阿媚世俗。其于父丧，罪孽滋重。舍乞文贤达，无以为表彰之道，惟先生哀之，使有传于后。则按状。"公固南通望族。先世居刘桥市，有费埭、费庄者，其故址也。十二世祖君宰，始奠今居。营业致富而好善，积德累勤。洎王父叶篪，则生二子修来、泰来。修来无子，泰来有子而蚤世。故公生七岁而孤，抚于世父，承两宗焉。性至孝，善事父母，所生所后，无闲言。稍长就傅，资敏而业劬。出入有定时，行坐有常度。塾师顾孝安先生深器之。其于父母，虽长大犹孺子也；其于外傅，虽稚小犹成人也。家适中落，则负米走江淮间。操奇计赢，以赡亲戚。交易之际，言若丹青，既诺矣，后有贵贱，未尝以反也。由是信誉大著，号廉贾，人争趋之。岁即不登，则罄所积，以平价粜。里有石桥曰翔凤，将圮。公以谓此交通要道，一方民生计所系为盛衰，谋诸其翁，条筑法甚具，告父老集资为修复之。时方溽暑，翁戴台笠，彳亍烈日中。执杖持引，指挥工役。而公役走督察，供琐屑焉。数月桥成，坚利逾旧。里之人洎今颂道之。又尝建宗祠，赋立经入以为可久。岁时率子弟以祀其先，必为言世系所传。前人缔造垂统之艰，子孙保世之不易，则咸肃然循礼而益亲。有疏属鬻宅，且署券矣。公以祖宗遗传，不克永世，为可痛叹也，为醵赀复焉。配李氏，生子三。长师洪，次师昶、师恒。师洪蚤慧，嗜学有文，尝以州试

---

* 约作于 1914 年冬，原发表于《文艺杂志》，第 9 期。本篇选自《严复集》，第二册，345～346 页。

冠其曹偶。会科举废，无所得。旧俗视衿服绝重，而公夷然，转令其子游学四方，习法政江宁。毕业归，地方议会、行政官厅争罗致也。昶、恒皆有所执业，称其家儿。盖公接物和厚，于课子则甚严；自奉甚简，于为人则无所惜。是宜颐养尽年，长为世俗矜式矣。顾未满五十而卒，岂天道之不可知耶？或曰：费氏世仁慈厚善，至公尤不失长者。躬虽不享大年，而三子奉其教，师洪尤卓然，皆未可量。费氏方兴未艾，则天道不可知而又可知也。

严复曰：鉴清生平所尽力，大抵皆庸行，无奇诡照耀人耳目者。然而既去而宗族乡党思之。世道方革，或谓宜破家族为军国民。其尤悖者，乃云用家族主义，则贪官污吏为孝子顺孙。邪说诐行，沦胥以铺。辛壬以来，其效盖可睹矣。嗟夫！使吾国乡里多善人，以孝悌忠信相勖，其所保全，顾不大耶。然则如鉴清其人者，固不可使无传于后也。

四弟观澜六十寿序*
(1915)

日者，从子家驺来请曰："今年阴历七月二十四日，阿翁甲子周矣。家驺方谒假南旋，治具会族鄙请比邻，为老人称庆，意者伯父不可以无言乎。愿有述，家驺且张之以娱二亲，亦可以昭示来叶，俾勿忘。伯父傥许之。"则诺而告之曰："吾长若翁三岁，方吾失怙时，吾年十有四，而翁谨十一龄耳。其次年，汝大父亦弃养，两家贫相若，皆上存寡母，群众阶级立，环顾无以为朝夕资。当记某日，若大母从南台买船移家，归阳崎乡居。吾偕行。齿稚不习舟船摇簸，伏篷底眩卧呕㲉。天深黑，乃舍船登门，前步不数武，抵老屋；屋之半，当质未赎，为他人居，其南墙圮，上见星而下见土。若大母含泪指示余曰：'幸祖宗留此百余年屋，粗为吾曹盖庇，不然，何所托足乎?'当时吾兄弟虽幼，皆悲不自胜也。"

洎吾应国家募为海军生，四十余年奔走四方，遭遇时变，往往不自意全。至今颓龄已侵，父子远宦京辅，又复无补于时，每念狐正丘首之言，未尝不忸怩愧若翁也。昔日马伏波述其从弟少游言，谓人生但求衣服裁足，乘下泽车，御款段马，乡里称善人，益求赢余，祗用自苦。今若翁生世，不席前人咫尺之基，自食其力，不觊非分，总其岁入，可谓微谫。顾独以淡泊积累，抑取撙给，卒能奉亲送往，持门户，长子孙，力田、葺宅、莳果、种鱼；上于祖宗之坟墓、祠宇、松柏、牲鸡，畚插岁勤，祀事时修，缔具章规，使可永久。嗟夫！今之人每以所谓家族主义为中国诟，不知彼以家忘国者固非也。然而国者家之积也，而欲强，必以富为之先；富不必京垓亿梯也。第使人人身家生事出入之际，黜糜

* 作于1915年。本篇选自《〈严复集〉补编》，162～163页。

惩滥，知制节谨度，以各致于绰然自立之域，而后合群力、均负担、讲教化、明荣辱，乃可言耳。然则吾弟之所为，岂独大有造于厥家，即举之以为国民之模范可也，仅于一乡称善已哉？

家驺尝游学美洲，去年毕业归国；受室，生子能负薪矣；主教滦州唐山工业学校，今将谒归，率其妇子为老人称寿。乃命子璩录前言于屏风，使持归以为之献。

民国四年岁次乙卯六月吉日

兄复撰

从子璩敬书

安徽巡按使少卿李公七十寿序*（1915）

民国之三年，参政院立，大总统项城袁公，顿八纮之网，罗海内新旧之人才以实之。于以协赞讦谟，造立宪纪。四年〇月，审计院院长长乐李公受代，转而专一席二于其中。惟公自前清为牧令日久，于闾阎疾苦，吏道回穴，知之最详。得以为僚，于谘询便，同院诸公，喜过望也。居无何，而皖巡按使阙。惟皖南控吴、赣，北接齐、豫，革政以来，反侧接踵，吏民睊睊，须强明长。大总统求所以予节者，环顾无以易公。乃〇月日特任公为安徽巡按使，并授少卿。吾党已得复失，后有大议，靡所畴咨，同院诸公，意眴若也。继而念公之年，今政七十，览揆初度，乃当仲秋，于是谋所以寿公者，于以抒其思而申其祝。以复为与公最久，则授管于复，俾为之祝辞。

谨按：

复曩游于直隶总督合肥李文忠公之门，则闻畿辅有三循吏，曰：桐乡劳玉初乃宣，滁州吕君止增祥，其余一人，则长乐李公星冶是。君止吾执友。庚、辛义和拳匪乱，以民事殁开州。劳公日辛亥革命去为冥鸿，不复见。独公天假之年，聪明强固。今者开府南服，垂庥无疆，此真天所以厚民国也。

公持躬谦谨，事上尤恭，不知者以为习唯诺，顾实方质为气，至于砥节。当官，为民请命，虽贲育有不如。始补望都，望都以明末三饷加赋，易代独未减复。邑仅万户，而岁征至万三千余金。又当孔道，繇役繁，民不堪命，乃多流亡。官其土者，心知赋不均，然以例严惮改作，

---

* 作于1915年9月，李公为友人李兆珍（1846—1927），担任安徽巡按使的时间为1915年7月31日至1916年4月22日。本篇选自《严复集》，第二册，346～348页。

官满辄嚬蹙去。公至则毅然为通牒大吏，奏蠲半赋，又岁发库帑三千金为繇，永著为令，民获苏醒，至今望都人尸祝之。义和拳之乱，清室庙谟失中，纵民仇教杀使者，坐是召外兵，守宰恇惧前后，莫敢谁何。而当是时，公方奔走蔚州、宣府间，镇慑劳徕。客至与相撑拄，其所保全尤大。时则荐剡，有胆略兼优，品行端谨，遇事不避艰险，地方赖以乂安之褒。而公之受知今大总统，自此始矣。寻迁河南汝宁府，调权陈州，补开封兼南汝光道，所至皆有政绩。迨武昌事起，皇纲解纽，法纪荡然，不逞之众，争倡民权之说以相高，南汝、皖、鄂之间，民尤颠沛。而公凛天命之疾威，悼生人之涂炭，盖虽欲归老一邱，独善其身有不得者，矧其为知遇所感激者耶！

公天秉特异，精力过人，当官门无留宾，案无积牍。客岁来居京邸，虽头须尽白，而神明不衰。今夫天之畀贤者以老寿康强，岂但使之自有余而已，固将以之持危定棼，而为一群之蔽。士苦泽不下施，惟公之壮，其所为既已及物矣，乃今老而益宏。然则以天之爱民，吾党有以卜我公之期颐也。谨祝。

《马氏文通要例启蒙》序*
(1916)

昔英学者穆勒有云，欲通本国之文辞而达其奥窔，非兼通数异国之文字言语不能办也。不佞尝以其言为无以易。欧人为学，文字言语为一专宗。顾其童子就傅，必肄罗马文，更进则希腊文。罗马文尤所重，号拉体诺书，不习拉体诺书，不名学者也。故欧人为学，未有孤习本国文字者也。夫道生于对待，得所比较，错综参互，而后原则公例见焉。故欧人国有文规而中国无者，所坐非他，书同文字而又孤习焉，故也。吾国文字之学至于国朝（谓前清）可谓极盛，《说文》释词标为小学，然终无文规。独亡友丹徒马眉叔少习拉体诺、法兰西语，又极嗜律训，淫于故籍，则于是有《文通》之作，其积功迨廿年，平生精力抚略尽于是编。书出，海内呿绁，以为绝伦，特其文繁而征引旧籍多，今贤所束阁者，故不独喻之者寡，即寓目者亦已尠矣。吾党舒城陶散生，通中西文，得是书，大通其说，乃以近俗语言为发凡例。盖《文通》者，说文字言语之原则公例者也。原则公例近道，道无往而不存，使其信于古文辞而异于近俗言语者，非《文通》矣。且吾闻之，进化之民，其言有经。然则是书之行，将不徒取便蒙塾而已，其于吾国进化庶有助乎！若陶君者，可谓知所致力者矣。故喜而为弁数言如右。

民国四年十一月　侯官严复

---

* 作于1916年，见陶散生著：《马氏文通要例启蒙》，天津，华安印刷局，1916。本篇选自《〈严复集〉补编》，164页。

无锡王荩承先生七十寿序*（1916）

不佞治中西学四十余年。考德行之源流，究事物之条贯，头鬓斑白，所得甚希。顾所笃信者，种性之必有遗传。而闳材卓识，丁纠纷，御蕃变，能不为风气惑乱，必其聪明疆固，而常为寿考所钟者也。荩承先生者，前清洪杨之乱以知县殉节武昌王武愍公之少子也。当彼之时，乱势浩穰。虽前有清议，后有刑诛，吏之风靡者何限。故临危授命，非明智断决而勇于踏义者不能。夫智勇者，性业之最足宝贵者也。性业不可以学而得。而先生席于其先资，以为百为之桢干，长而历仕，乃变动而愈光明，相其材识诚悃。盖以定大计建大业而有余。不幸生值季代垂老，浮湛牧令贰别间，而物不大被其泽。顾其所为，已足张前徽而垂不朽。此不佞所为于先生七十悬弧之日，欲用为词而以为称祝之助者也。

盖先生之仕，始京职，改外，膺民社者三十余年。持廉当官，所可纪述者何限。其尤卓卓而为人所难者，莫若当光绪庚子、宣统辛亥二国变。清室末造，衅伏宫邻间。景皇慽于甲午东方之衄，由是喟然有戊戌之变法。坐新进锋锐，致变法不效，而母子之意益睽。孝钦临朝，称训政，日夜欲行大事，以景皇为外国所附，则贸然欲杀逐国中诸羁，然后遂其所以废立者。外国利火器，义和拳号有神术，能御之不为害，试之果然。乃纵一国设坛降神习拳法，往往见亲贵大臣家，朝宁以排外为宗，而闾阎以杀害耶稣教民为正，炽然沸腾矣。记曰：国家将亡，必有妖孽，非是谓与！当是时，先生权知宝坻县事，愸然深忧之，奔走谒大

---

* 约作于1916年夏天，王荩承为严复学生侯毅之姑丈。原发表于1933年10月1日，《国风半月刊》，第3卷第7期，《无锡文献》，38～40页。

府，言邪术必不可恃，外衅必不可启，当用便宜急解散。而大府方以曲承内间意旨为忠，于先生语裒然也。既弗纳，退则力诫邑绅耆毋为惑，所治大口屯镇有天主教堂，教民避难其中，麇集殆数千众，义和拳尤甘心之。方公然持大吏令箭，啸聚传术，伺便而发。先生知县势力微，不得明禁，即禁亦无补。乃别练精壮数百人，阴储授利械部勒之，以为备符，护外国传教士令出境，更与拳民为约束，禁不得妄焚杀扰平民。顾乱众势张，怒县令弗已助，反庇教民，忽一日，数十人豨突县廨，轰然发火器欲为变，先生出挥民壮，取其首二人，揭橥所犯戮诸市。方事亟，宾客咸为先生危，先生夷然曰：朝廷即奖拳民，宁纵其戕官耶，戕官则为匪，纵匪乱所治，吾如职何，取而戮之，法固如是也。二人既被缚，出犹诂喃诵神咒，意能避兵；及临刑观者数千人，街两旁屋山几满，而漠然不见他异，则由是流传崇信之说，稍稍衰矣。群无赖渐舍去，一方清夷。朝士商旅避地者相率保先生宝坻邸舍，一时阗咽，而京中台官，方用蜚语弹劾，谓先生全家通敌雠。有诏顺天府尹令逮治，已解职就逮矣。适会八国联军，入据京师，指名索祸首；两宫仓黄出走，西狩咸阳，事乃解。而联军续遣兵，用奸民为导，四出搜义和余孽，报相寻喋，复血偏畿辅，独宝坻以先生向所为，敌无所用为责，得瓦全，县之人乃知先生当匪势盛时，独婴逆鳞，不随俗举措，其造福于一邑为无穷也。嗣赔款议定，合淝李文忠公还督北洋，闻先生前事，则大激赏之，委知定州；定州联军犹未退也，而民乘乱多去为盗。先生至，戴星出入，抵抗抚循；客去逾年，创夷始复，到今民尸祝之。宣统辛亥，天下盛倡排满，号光复。盖自清室道咸以来，西力东趋，大地殊俗，异教猝然相遭，防制通输，为道与古大异。而当路忕侈，不加究思。故吾国自有外交，无适不败，狧糠及米。迨甲午、庚子两役，赋税尽于赔偿，民不得喙。而捃扯新学之士，宝其蹇浅，又不察宜否，欲取旧贯一蹴而悉更之，愈益纷扰。况国家时丁阳九，有成哀平国嗣三绝之厄。至于童騃执柄，以临睊睊之民，虽尧言舜趋，而劫运不可挽矣，嗟夫！此诚皇炎种族之悲。而爱新觉罗氏一姓废兴，滋其小小者耳。于时先生方治柏乡也。次年壬子，南方议者或言迁京，由是北军大哗，四出焚掠，柏乡中无一卒资守御，全城业业然。先生乃立斸私钱数千缗，呼乱兵分给之，谕以大义，使缴械，自散去，治以无事。世方以破坏旧法为文明，纲常伦纪之说，几无一存，坊制人欲之资，埽地尽矣。仅剽窃东西绪余，甚者或其所已弃用，以售征利怙权之私。天下哼哼，几何不大乱。

至于今虽有圣智，盖莫测国运之所终极；即有能言之士，号先觉知，亦徒以文字攻伐瑕疵，鼓努民气。今牙蘖萌起，愈不得调。至于揆文奋武，悚外侮而集国力，先稍措神州于无危，则横览宙合，犹未知其谁属也。不其痛欤！顾唯先生则垂垂老矣，念先人尝为旧朝臣节，而己之所学，又与今世龃龉，无一合者，乃浩然解组归，归之日，旧书数百卷外，行李无长物也。初服既遂，萧然于世事，无所谁何。德配候夫人，长先生二岁，暮齿相庄，康强愉怡，而无姬侍之奉。平生以教育为最乐，而诸子亦皆成德达材。自长君以降，于世事咸有所尽力，无忝元德，而为时所推。诸孙岐嶷，一门雍睦。若先生者，虽不幸丁季世，亦可谓人伦全福者已。则天道与善之言，亦有时而信也。岁六月下瀚，诸公子将为二亲称庆于家，叔氏镜明介其外弟侯毅征文于复，虽忧感寓，不能纯于九如三多之辞，而祝鲠侍前，祝饐侍后，愿先生睹此，姑为复辈晋一觞焉。

候官严先生几道，学问文章，为世所共知。当项城谋称帝，任公由沪上通电反对。袁氏恐其声势，必欲得严先生一贯以为之制，故威迫利诱，无所不至，而先生终不屈。项城恨，将加之祸，时先生方为余先外祖撰书寿序，泰然自若，其语家人曰：余生平不作酬世之言，因荩承先生为当世难得之循吏，故为文寿之。君子之诺，虽危难不可移也。书竟，家人促之行，甫登车，而百骑随至矣。此事余表舅侯毅始先生尝为文纪之，见《云在山房丛书》。今夏余得见先生所书寿屏，字正锋圆，一笔不苟，阅之起敬，既为之装轴，因复抄以投《国风》，俾世人皆知先生之志，且不以此文作寻常寿序读也。

民国二十二年夏　毓琇敬跋

《西湖游记》序*
(1919)

古者左史记事，右史记言，言为《尚书》，事为《春秋》，此《史记》之名所由昉也。夫《史记》者，龙门一家言也。龙门之文，得于善游，夫人而能言之矣。则当其临广武之墟，历鸿门之坂，三望云梦之决漭，睹九嶷之芊绵，访潜龙之巷陌，景霸主之雄图，吊蚕丛、鱼凫之疆，扪石栈、天梯之险，非其兴会之所属，则游而弗记焉。读其文，可以知其游之道矣。

陈君孟熊，香山望族，申浦寓公，气壮元龙，才高倚马，善画山水，爱吟风月，尝读龙门《史记》，心有所得，乘此春日，忙里偷闲，偕其友朋，携其孙子，作西湖四日游。舟车所至，屐杖所经，有兴而来，兴尽而返。凡六桥三竺，名胜古迹，一一收入奚囊，笔之于记，形之于诗，而又绘图十二叶，以补其余兴。龙门善游，诚不多让，此亦如米海岳七十二芙蓉，不必买棹杭州，人手一编，而砚山几席间，山色湖光，可卧游而得之矣。属序于余，因本龙门善游之意，以广其义云尔。

戊午腊月除夕前五日　几道严复序

---

* 作于1919年1月26日，《西湖游记》为陈之祥著。本篇选自《严复集》，第二册，353页。

观海大兄八十寿序*
（1920）

惟阳崎严氏，始由中州固始迁闽，当五季倥偬俶扰之世，盖占籍以来近千载矣。而族姓寥落，至今可名而数者，都数十百家；其为主事，所驱远游四方者，指不胜俦。故阳崎之严，虽传次疏逖，皆相亲附犹一再从者然。庄生有言：逃空虚者，闻足音而喜。又况謦欬于其侧者乎？此余所为于观海大兄八十称寿之日不能已于言也。惟余与兄分八世矣。顾如前所云，本支而外于余最亲。犹忆先君在日，寓钓龙台，以医名一时，其翁〇〇伯父每来谈乡中事，时余尚幼，侍侧听之，娓娓忘倦也。大兄弱冠失怙，备历诸艰，乃弃学佣于药肆，得钱以养母。母病衣不解带，于其丧也，哀感行路。停辛伫苦，垂四十年。洎诸弟妹咸有室家，而身亦颓然老矣。晚娶卢孺人，一室相庄，持家谨俭，每勤十指，以佐饔飧。年将知命，始生子瑜，胜衣之雏，不忘折蔆之教，尝抚而叹曰：是获诸者能见其长成矣乎？乃今瑜长，受事盐官，娶妻生子，而兄与卢孺人之梦抱孙者已四年矣。其处乡族谦抑诚敬，后辈惮其严而服其教。杖乡之年，则为乡长，于一乡之事多所更新，而人不以为牾。岁己未，余归而病，适兄亦病，高年暴疾，人以为危，子瑜吁神乞算，疾遂以安。然则兄不独由困渐亨，康强寿考，而且有孝子慈孙之可乐，谓非生平忠厚有阴德，为人所不知者，其食报不能如是之丰也。於戏！其可称也已。庚申八月廿六日，瑜将在里称觞，书来曰，愿有述也，则为之序如此。

弟复序，侄琥书
民国九年十月穀旦

祝寿相期似松鹤
还家犹得话桑麻

---

* 作于1920年10月7日。本篇选自《严复集》，第二册，357～358页。

《学易笔谈》二集序*（1920）

辛斋老友别三十年矣。在光绪丙申、丁酉间，创《国闻报》于天津，实为华人独立新闻事业之初祖。余与夏君穗卿主旬刊，而王菀生太史与君任日报。顾余足迹未履馆门，相晤恒于菀生之寓庐。时袁项城甫练兵于小站，值来复之先一日必至津，至必诣菀生为长夜谈。斗室纵横，放言狂论，靡所羁约。时君谓项城，他日必做皇帝，项城言："我做皇帝必首杀你。"相与鼓掌笑乐。不料易世而后预言之尽成实录也。次年《国闻》夭殂，政变迭兴，遂相契阔去。

今夏偶于友人案头，获睹《学易笔谈》，云为君之新著。展卷如遇故人，携之而归，未暇读也。冬寒多病，拥炉摊书，阅未终卷，惬理餍心，神为之旺。而友人又致君意，谓二集亦已脱稿，乞为序言。自维素未学《易》，而君之所言，乃与吾向所学者靡不忻合。忆当年余译斯宾塞尔《劝学篇》、《原富》诸书，皆发表于《国闻旬刊》，修辞属稿，时相商兑。得君诤论，益我良多。今我顾何益于君之书，言之奚为？然声应乞求，又乌得无言。呜呼！予怀渺渺，慨朋旧之多疏；千古茫茫，欣绝学之有托。述陈迹，证夙闻，亦聊况于雪泥鸿爪云尔。

庚申冬日　几道严复

---

* 作于1920年冬，《学易笔谈》为杭辛斋著。本篇选自《严复集》，第二册，356～357页。

梅兰竹菊诗*
（1920）

一

历尽水霜见玉英，人间熟恼一时清。颓垣老屋幽人宅，冷月空山太古情。

桃李任夸春色艳，松杉长共岁寒盟。无端作赋伤迟暮，却怪当年宋广平。

二

移植何须九畹中，空山十步有芳丛。根深幸溉原泉力，香好金滋雨露功。

托迹不妨凡卉伍，同心知有古人风。斋门莫怪遭锄去，逐臭而今世大同。

三

凌云高节问谁如，莫笑龙钟意态疏。结实能充丹凤食，分阴常护绿天居。

平安消息终无舛，慈孝名传定不虚。更祝孙枝长盛满，春来雷雨长徐徐。

---

* 作于1920年。原发表于上海《广益杂志》，第20期。本篇选自张仲民《严复佚文六篇》，载《或问》，2012（22）。

四

万里西风雁阵哀，苍然秋色满楼台。那知玉露凋林日，犹有黄花冒雨开。

绿蕙方兰俱寂寞，寒蛩冷蝶共徘徊。平生惟有陶元亮，日向东篱把酒来。

西学

《天演论》自序·译例言*
(1896—1898)

自序

英国名学家穆勒约翰有言："欲考一国之文字语言，而能见其理极，非谙晓数国之言语文字者不能也。"斯言也，吾始疑之，乃今深喻笃信，而叹其说之无以易也。岂徒言语文字之散者而已，即至大义微言，古之人殚毕生之精力，以从事于一学。当其有得，藏之一心则为理，动之口舌、著之简策则为词。固皆有其所以得此理之由，亦有其所以载焉以传之故。呜呼！岂偶然哉！

自后人读古人之书，而未尝为古人之学，则于古人所得以为理者，已有切肤精忾之异矣。又况历时久远，简牍沿讹，声音代变，则通段难明；风俗殊尚，则事意参差。夫如是，则虽有故训疏义之勤，而于古人诏示来学之旨，愈益晦矣。故曰：读古书难。虽然，彼所以托焉而传之理，固自若也。使其理诚精，其事诚信，则年代国俗，无以隔之。是故不传于兹，或见于彼，事不相谋而各有合。考道之士，以其所得于彼者，反以证诸吾古人之所传，乃澄湛精莹，如寐初觉。其亲切有味，较之觇毕为学者，万万有加焉。此真治异国语言文字者之至乐也。

今夫六艺之于中国也，所谓日月经天、江河行地者尔。而仲尼之于六艺也，《易》、《春秋》最严。司马迁曰："《易》本隐而之显。《春秋》推见至隐。"此天下至精之言也。始吾以谓本隐之显者，观象系辞以定

---

* 《自序》作于1896年重九，1897年删修，原名《赫胥黎治功天演论序》。《译例言》亦从1896年开始撰写，至1898年定稿。本篇选自《严复集》，第五册，1319～1323页。

吉凶而已；推见至隐者，诛意褒贬而已。及观西人名学，则见其于格物致知之事，有内籀之术焉，有外籀之术焉。内籀云者，察其曲而知其全者也，执其微以会其通者也；外籀云者，据公理以断众事者也，设定数以逆未然者也。乃推卷起曰：有是哉，是固吾《易》、《春秋》之学也。迁所谓本隐之显者，外籀也；所谓推见至隐者，内籀也。其言若诏之矣。二者即物穷理之最要涂术也。而后人不知广而用之者，未尝事其事，则亦未尝咨其术而已矣。

近二百年，欧洲学术之盛，远迈古初。其所得以为名理公例者，在在见极，不可复摇。顾吾古人之所得，往往先之，此非傅会扬己之言也。吾将试举其灼然不诬者，以质天下。夫西学之最为切实而执其例可以御蕃变者，名、数、质、力四者之学是已。而吾《易》则名、数以为经，质、力以为纬，而合而名之曰《易》。大宇之内，质力相推，非质无以见力，非力无以呈质。凡力皆乾也，凡质皆坤也。奈端动之例三，其一曰："静者不自动，动者不自止；动路必直，速率必均。"此所谓旷古之虑。自其例出，而后天学明，人事利者也。而《易》则曰："乾其静也专，其动也直。"后二百年，有斯宾塞尔者，以天演自然言化，著书造论，贯天地人而一理之。此亦晚近之绝作也。其为天演界说曰："翕以合质，辟以出力，始简易而终杂糅。"而《易》则曰："坤其静也翕，其动也辟。"至于全力不增减之说，则有自强不息为之先；凡动必复之说，则有消息之义居其始。而"易不可见，乾坤或几乎息"之旨，尤与"热力平均，天地乃毁"之言相发明也。此岂可悉谓之偶合也耶？虽然，由斯之说，必谓彼之所明，皆吾中土所前有，甚者或谓其学皆得于东来，则又不关事实适用自蔽之说也。夫古人发其端，而后人莫能竟其绪；古人拟其大，而后人未能议其精，则犹之不学无术未化之民而已。祖父虽圣，何救子孙之童昏也哉！

大抵古书难读，中国为尤。二千年来，士徇利禄，守阙残，无独辟之虑。是以生今日者，乃转于西学，得识古之用焉。此可为知者道，难与不知者言也。风气渐通，士知弇陋为耻。西学之事，问涂日多。然亦有一二巨子，訑然谓彼之所精，不外象数形下之末；彼之所务，不越功利之间。逞臆为谈，不咨其实。讨论国闻，审敌自镜之道，又断断乎不如是也。赫胥黎氏此书之旨，本以救斯宾塞任天为治之末流，其中所论，与吾古人有甚合者。且于自强、保种之事，反复三致意焉。夏日如年，聊为迻译。有以多符空言，无裨实政相稽者，则固不佞所不恤也。

光绪丙申重九　严复序

译例言

一、译事三难：信、达、雅。求其信已大难矣，顾信矣不达，虽译犹不译也，则达尚焉。海通已来，象寄之才，随地多有，而任取一书，责其能与于斯二者则已寡矣。其故在浅尝，一也；偏至，二也；辨之者少，三也。今是书所言，本五十年来西人新得之学，又为作者晚出之书。译文取明深义，故词句之间，时有所傎到附益，不斤斤于字比句次，而意义则不倍本文。题曰达旨，不云笔译，取便发挥，实非正法。什法师有云："学我者病。"来者方多，幸勿以是书为口实也。

一、西文句中名物字，多随举随释，如中文之旁支，后乃遥接前文，足意成句。故西文句法，少者二三字，多者数十百言。假令仿此为译，则恐必不可通，而删削取径，又恐意义有漏。此在译者将全文神理，融会于心，则下笔抒词，自然互备。至原文词理本深，难于共喻，则当前后引衬，以显其意。凡此经营，皆以为达，为达即所以为信也。

一、《易》曰："修辞立诚。"子曰："辞达而已。"又曰："言之无文，行之不远。"三曰乃文章正轨，亦即为译事楷模。故信达而外，求其尔雅，此不仅期以行远已耳。实则精理微言，用汉以前字法、句法，则为达易；用近世利俗文字，则求达难。往往抑义就词，毫厘千里。审择于斯二者之间，夫固有所不得已也，岂钓奇哉！不佞此译，颇贻艰深文陋之讥，实则刻意求显，不过如是。又原书论说，多本名数格致，及一切畴人之学，倘于之数者向未问津，虽作者同国之人，言语相通，仍多未喻，矧夫出以重译也耶！

一、新理踵出，名目纷繁，索之中文，渺不可得，即有牵合，终嫌参差，译者遇此，独有自具衡量，即义定名。顾其事有甚难者，即如此书上卷《导言》十余篇，乃因正论理深，先敷浅说。仆始翻"卮言"，而钱唐夏穗卿曾佑，病其滥恶，谓内典原有此种，可名"悬谈"。及桐城吴丈挚父汝纶见之，又谓卮言既成滥词，悬谈亦沿释氏，均非能自树立者所为，不如用诸子旧例，随篇标目为佳。穗卿又谓如此则篇自为文，于原书建立一本之义稍晦。而悬谈、悬疏诸名，悬者玄也，乃会撮精旨之言，与此不合，必不可用。于是乃依其原目，质译导言，而分注吴之篇目于下，取便阅者。此以见定名之难，虽欲避生吞活剥之诮，有不可得者矣。他如物竞、天择、储能、效实诸名，皆由我始。一名之立，旬月踟蹰。我罪我知，是存明哲。

一、原书多论希腊以来学派，凡所标举，皆当时名硕。流风绪论，泰西二千年之人心民智系焉，讲西学者所不可不知也。兹于篇末，略载诸公生世事业，粗备学者知人论世之资。

一、穷理与从政相同，皆贵集思广益。今遇原文所论，与他书有异同者，辄就谫陋所知，列入后案，以资参考。间亦附以己见，取《诗》称嘤求、《易》言丽泽之义。是非然否，以俟公论，不敢固也。如曰标高揭己，则失不佞怀铅握椠，辛苦迻译之本心矣。

一、是编之译，本以理学西书，翻转不易，固取此书，日与同学诸子相课。迨书成，吴丈挚甫见而好之，斧落徽引，匡益实多。顾惟探赜叩寂之学，非当务之所亟，不愿问世也。而稿经新会梁任公、沔阳卢木斋诸君借钞，皆劝早日付梓，木斋邮示介弟慎之于鄂，亦谓宜公海内，遂灾枣梨，犹非不佞意也。刻讫寄津覆斠，乃为发例言，并识缘起如是云。

光绪二十四年岁在戊戌四月二十二日　严复识于天津尊疑学塾

鸦乘羊者*
(1898)

羊徐行邱陇闻。鸦踏其背而俯啄，状若甚适者。羊狼顾曰："吾知尔不敢以是施诸彼犬也。"鸦噪曰："然！微子言，吾亦自知之。吾方戴雄而乘雌。所遇者雄，则吾为雌；所遇者雌，则吾为雄。雌雄何常，视所与接者而已矣。今子雌也，奚怪吾之雄乎?"羊欿然无以应，垂颔啮草，而与鸦相忘。伊术曰："痛矣，鸦之为言也。先志有之：不自强者无朋，以所遭皆仇雠也"。

---

* 原发表于1898年2月21日，《国闻报》，是严复对《依索寓言》中一段文字的翻译。The Crow and the Sheep: A Troublesome Crow seated herself on the back of a Sheep. The Sheep, much against his will, carried her backward and forward for a long time, and at last said, "If you had treated a dog this way, you would have had your deserts from his sharp teeth." To this the Crow replied, "I despise the weak and yield the strong. I know whom I may bully and whom I must flatter; and I thus prolong my life to a good old age." 最早使用"伊索寓言"一书名的是林纾，他的版本于1902年出版，由严璩（严复的长子）口授。本篇选自《严复集》，第一册，78页。

《如后患何》按语*
(1898)

严复曰：谢安石有言，有识者不异人意。观于前论，岂不然哉！佛兰金仙怪物者，傀儡也，见于英闺秀谐理之小说，傅胶鞹革，挺筋骨以为人，机关枨触，则跳跃杀人，莫之敢当，惟纵其酣卧乃无事。论者以此方中国，盖亦谓吾内力甚大；欧之人所以能称雄宇内者，特以吾之尚睡未醒故耳。其所称中国得天之厚，皆实录无虚词，得有为者席之以兴，诚哉，其可畏也！

所谓现任大元帅者，盖乌里西子爵，其平居论中国之大可用同此。彼盖得于戈登也。昨又见他报载，俄国闺秀名鄂尔喀讷维考福者，论其国借旅顺口事，旨亦同此。且谓德人犯天下不韪，以规胶澳，恐他日者租限未满，以得去为幸也。之数公者，皆当世达人，或居中国日久，详审后发，必当灼有所见而后云然也。

西洋谶纬之家谓一千八百九十八为应谶之年，天下古今大变局将见于此，而中国如烧饼歌、黄蘖山人诗皆隐约有预言者与相应，然神道惝恍，纬谶支离，固格物君子所不宜道者。第以人事物理求之，则固数过时可治化之事。往者由亚而欧，由欧而墨，今者由墨而复西行入亚，此所谓凡动必复者也。二百年来之天运人事皆为其通而不为其塞。汽机、电气既用，地球固弹丸耳。夫非澳二洲之内地夐绝深夐，所谓天囷奥

---

* 此文系王学廉译文之按语，译文原发表于1898年3月22日，《国闻报》，原文出自1898年1月1日英国某份报纸，其中文译名为《国运报》(原文不详)。文中提及之"佛兰金仙怪物者，见于英闺秀谐理之小说"，是指英国的女性作家 Mary Wollstonecraft Godwin Shelley (1797—1851)，*Frankenstein*：*The Modern Prometheus*，1818。"佛兰金仙"为书中之男主角、科学家 Dr. Victor Frankenstein 姓氏之音译。"乌里西子爵"为 Garnet Joseph Wolseley (1833—1913)。"戈登"为协助清朝镇压太平天国运动的英国将领 Charles George Gordon (1833—1885)。本篇选自《严复集》，第一册，78～79页。

区，绝无通理，乃今者皆施缰索为移实之用；而谓五洲上腴如中国者，可深闭固拒以守其四千年之旧俗，虽至愚者，知其不然矣。故百余岁来，吾之外事皆抑之愈跃，塞之愈洞，惟不知大易随时之义，致如此耳。然而忧戚患难，皆所以玉汝于成。前论云云，必然之数，特吾党善为之，则其然也早；不善为之，则其然也迟。顺天者昌，逆天者亡，要不出此二言已耳。诸公以为何如？

论译才之难*
(1898)

自中土士大夫欲通西学，而以习其言语文字为畏涂，于是争求速化之术，群起而谈译书。京内外各学堂所习书，皆必待译而后具。叩其所以然之故，则曰：中国自有学，且其文字典贵疏达，远出五洲之上，奈何舍此而芸人乎？且大学堂所陶铸，皆既成名之士，举令习洋语，将贻天下观笑，故不为也。顾今日旧译之西书已若干种，他日每岁所出新译者将几何编？且西书万万不能遍译，通其文字，则后此可读之书无穷，仅读译书，则读之事与译相尽，有志之士，宜何从乎？若以通他国语言为鄙事，则东西洋诸国当轴贵人，例通数国语言，而我则舍仓颉下行之字不能读，非本国之言语不能操，甚且直用乡谈，援楚囚之说以自解，孰鄙孰不鄙，必有能辩之者矣。

然此不具论。即译才岂易言哉！曩闻友人言，已译之书，如《谭天》、如《万国公法》、如《富国策》，皆纰谬层出，开卷即见。夫如是，则读译书者，非读西书，乃读中土所以意自撰之书而已。敝精神为之，不亦可笑耶？往吾不信其说，近见《昌言报》第一册译斯宾塞尔《进说》数段，再四读，不能通其意。因托友人取原书试译首段，以资互发。乃二译舛驰若不可以道里计者，乃悟前言非过当也。今本馆请并列之，以供诸公共鉴何如？

《昌言报》原译

第一论论进境之理

言进境者，至噤口敝舌而人云云而后可，考其进境何如也。

友人同段译稿

---

* 原发表于1898年9月1日，《国闻报》。本篇选自《严复集》，第一册，90～92页。

原进

夫世俗之言进也，说屡迁，而其义也混。有以滋长为进者，如国则指其民人之加多，与其幅幁〔员〕之弥广；有以所产之丰歉言进者，则树畜工虞之事是已；有时以所殖之美恶良楛言进，有时以操术之巧拙精粗言进，举无定矣。至于验德智之进否，则第人品能事之高下；言学问艺术之进否，则又视其思索之所及，与夫制作之所成。感物造耑，随地而易，盖不仅殽杂不章而已，谬误则太半也。夫言进有道，今既置其本而求其末，追其影而失其形矣。则以人为论，由孩提以至〈长〉大成人。以国为论，由野蛮以至于开化，将徒见其发现外缘之先后，而不悟有内因焉实为之本。外缘者是内因所呈露之端倪，有所待而后能变者也。是故彼论一国一群之进化也，徒诧于人民欲求之日得，居养之日优，抑其生命之日安，财产之不寇，与其优游多行，日以自由，而无所抑困；而不知是国与群之中，必其条理形官有其先变者存，夫而后乃有是之显效也。惟常智不离人见，而穷理因以不精。不离人见者，举两间之变境，皆自人之利不利而进退之。苟利斯以为进矣，苟不利斯以为不进矣。而不知求进理之真实，必尽祛人见，而后其变之性情体用可得言也。今有为地学者，不知地体之进有大例，不系夫生民之初、生民之后也，乃凡水土奠分草天本条之事，皆执民居、民食以验天演之浅深，于地学庸有当乎。故原进者，必就进以言进，而凡与进同时而并著，及夫利我之境，偶与偕行，皆不容稍杂于其际。能如是，则进之真可以见矣。

按斯宾塞氏此篇之论，乃其少作，为天演先声，全书嚆矢。其旨欲牢笼万化，并为一谈。读其书者，非于天地人、动植、性理、形气、名数诸学尝所从事，必不知其为何语也。此段所谓未祛人见，即庄周所谓其见未始出于非人，息之至深而后有此。《昌言报》一述一受，贸然为之，无怪其满纸唵〔喰〕呓也。西书可译而急用者甚多，何必取此以苦人自苦，吾愿后生以为戒也。

西学门径功用*
(1898)

昔英人赫胥黎著书名《化中人位论》，大意谓：人与猕猴为同类，而人所以能为人者，在能言语。盖能言而后能积智，能积智者，前代阅历，传之后来，继长增高，风气日上，故由初民而野蛮，由野蛮而开化也。此即教学二事之起点。当未有文字时，只用口传。故中文旧训以十口相传为"古"，而各国最古之书，多系韵语，以其易于传记也。孔子言："言之无文，行之不远。"有文无文，亦谓其成章可传诵否耳。究之语言文字之事，皆根心而生，杨〔扬〕雄言："言，心声也；书，心画也。"最为谛当。英儒培根亦云："世间无物为大，人为大；人中无物为大，心为大。"故生人之事，以炼心积智为第一要义。炼心精、积智多者为学者。否则常民与野蛮而已。顾知炼心矣，心有二用：一属于情，一属于理。情如诗词之类，最显者中国之《离骚》。理，凡载道谈理之文皆是。然而理，又分两门：有记事者，有析理者。而究之记事之文，亦用此以为求理之资，所谓由博反约、博文约礼皆此意也。

大抵学以穷理，常分三际。一曰考订，聚列同类事物而各著其实。二曰贯通，类异观同，道通为一。考订或谓之观察，或谓之演验。观察、演验，二者皆考订之事而异名者。盖即物穷理，有非人力所能变换者，如日星之行、风俗代变之类；有可以人力驾御移易者，如炉火、树畜之类是也。考订既详，乃会通之以求其所以然之理，于是大法公例生焉，此大《易》所谓圣人有以见天下之会通以行其典礼，此之典礼，即西人之大法公例也。中西古学，其中穷理之家，其事或善或否，大致仅

* 原为严复1898年9月18日于通艺学堂之演说，发表于1898年9月22日到23日，《国闻报》。《化中人位论》之原名为 *Man's Place in Nature*。本篇选自《严复集》，第一册，92～95页。

此两层。故所得之大法公例，往往多误，于是近世格致家乃救之以第三层，谓之试验。试验愈周，理愈靠实矣，此其大要也。

吾人为学穷理，志求登峰造极，第一要知读无字之书。培根言："凡其事其物为两间之所有者，其理即为学者之所宜穷。所以无大小、无贵贱、无秽净，知穷其理，皆资妙道。"此佛所谓墙壁瓦砾，皆说无上乘法也。赫胥黎言："能观物观心者，读大地原本书；徒向书册记载中求者，为读第二手书矣。"读第二手书者，不独因人作计，终当后人，且人心见解不同，常常有误，而我信之，从而误矣，此格物家所最忌者。而政治道德家，因不自用心而为古人所蒙，经颠倒拂乱而后悟者，不知凡几。诸公若问中西二学之不同，即此而是。又若问西人后出新理，何以如此之多，亦即此而是也。而于格物穷理之用，其涂术不过二端：一曰内导，一曰外导。此二者不是学人所独用，乃人人自有生之初所同用者，用之，而后智识日辟者也。内导者，合异事而观其同，而得其公例。粗而言之，今有一小儿，不知火之烫人也，今日见烛，手触之而烂；明日又见鲈，足践之而又烂；至于第三次，无论何地，见此炎炎而光、烘烘而热者，即知其能伤人而不敢触。且苟欲伤人，且举以触之。此用内导之最浅者，其所得公例，便是火能烫人一语。其所以举火伤物者，即是外导术。盖外导术，于意中皆有一例。次一案，二一断，火能烫人是例，吾所持者是火是案，故必烫人是断。合例、案、断三者，于名学中成一联珠，及以伤人而人果伤，则试验印证之事矣。故曰印证愈多，理愈坚确也。名学析之至细如此，然人日用之而不知。须知格致所用之术，质而言之，不过如此。特其事尤精，因有推究精微之用，如化学、力学，如天、地、人、动、植诸学多内导。至于名、数诸学，则多外导。学至外导，则可据已然已知以推未然未知者，此民智最深时也。

诸公在此考求学问，须知学问之事，其用皆二：一、专门之用，一、公家之用。何谓专门之用？如算学则以核数、三角则以测量、化学则以制造、电学则以为电工、植物学则以栽种之类，此其用已大矣。然而虽大而未大也，公家之用最大。公家之用者，举以炼心制事是也。故为学之道，第一步则须为玄学。玄者悬也，谓其不落遥际、理该众事者也。玄学一名、二数，自九章至微积，方维皆丽焉。人不事玄学，则无由审必然之理，而拟于无所可拟。然其事过于洁净精微，故专事此学，则心德偏而智不完，于是，则继之以玄著学，有所附矣，而不囿于方隅。玄著学，一力，力即气也。水、火、音、光、电磁诸学，皆力之变也。二质，质学即化学也。力质学明，然后知因果之相待。无无因之果，无无果之因，一也；因同则果同，果钜则因钜，二也。而一切谬悠如风水、星命、禨祥之说，举不足以惑之矣。然玄著学明因果矣，而多近果近因，如汽动则机行、气轻则风至是也，而无悠久繁变之事，而心德之能，犹未备也，故必受之以著学。著学者用前数者之公理大例而用之，以考专门之物者也。如天学，如地学，如人学，如动植之学。非天学无以真知宇之大，非地学无以真知宙之长。二学者精，其人心犹病卑狭鄙陋者，盖亦罕矣！至于人学，其蕃变犹明，而于人事至近。夫如是，其于学庶几备矣。然而尚未尽也，必事生理之学，其统名曰拜欧劳介，而分之则体用学、官骸学是也。又必事心理之学，生、心二理明，而后终之以群学。群学之目，如政治、如刑名、如理财、如史学，皆治事者所当有事者也。凡此云云，皆炼心之事。至如农学、兵学、御舟、机器、医药、矿务，则专门之至溢者，随有遭遇而为之可耳。夫惟人心最贵，故有志之士，所以治之者不可不详。而人道始于一身，次于一家，终于一国。故最要莫急于奉生，教育子孙次之。而人生有群，又必知所以保国善群之事，学而至此，殆庶几矣。诸君子力富而志卓，有心力者任自为之，仆略识涂径，聊为老马之导，非曰能之也。

《支那教案论》提要*
(1899)

《支那教案论》，英人宓克撰，福建侯官严复译。原著成于光绪十八年。时长江教案蜂起，作者盖深忧夫民教不和，终必祸延两国，而又悯西人之来华传教者，胶执成见，罕知变通，徒是己而非人，绝不为解嫌释怨之计，故著是书以讽之。

书凡四篇：首发端，次政治，次教事，终调辑大旨。谓吾华崇尚虚无，散布流言之积习，实足为教案之媒；而要无非教士处置之失当，有以推波而助澜。至于助以兵戎，坚以盟约，尤足动华人仇耻之念，而自塞其流行之机。其言真洞见症结矣。

观书中所论，天主教士，不愿受法国保护。英国大牧师斯考德，谓教士在内地，契掌产业为不尽合公法。似彼教中人，未尝不深思远虑，而幡然欲变其计。孔子曰："躬自厚而薄责于人，则远怨矣。"吾不谓教士之先知此意也。

方今时势艰难，外侮日逼，小民逞血气于前，而国家偿金币割土地于后。民愚吾不之责，而读书明理之士，独不当思患豫防，而谋所以纾君父之忧耶？至若龂龂然于夷夏之防、邪正之辨，是则非吾之所敢知，而亦恐为作是书者之所窃笑已。

---

* 该书于1899年由南洋公学译书院出版。原书为Alexander Michie，*Missionaries in China*（London：Edward Stanford，1891），《支那教案论》之译文收入王庆成编《严复合集5：严复未刊诗文函稿及散佚著译》（台北：财团法人辜公亮文教基金会，1998），216～262页。Alexander Michie（1833—1902），苏格兰人，毕生在中国经商，并曾担任在天津之英文报纸*Chinese Times*之编者，另著有*China and Christianity*与*The Englishman in China during the Victorian Era*等书。严复说此人"于中国绝爱护之"（《与张元济书九》）。本篇选自《严复集》，第一册，54～55页。

《日本宪法义解》序*
（1901）

《日本帝国宪法义解》一卷，日本伊藤博文撰，金粟斋属桐乡沈纮译。既卒事，以序诿侯官严复。案其书凡七章，章各为条若干，为天皇者十有七，为臣民权利、义务者十有五，为帝国议会者二十有二，为国务大臣、枢密顾问者二，为司法者五，为会计者十有一，为补则者一，总七章七十三条。而日本维新之规，凡所以体国保民、纪纲四国、经纬万端者，具于此矣。斯大礼必简之义也。义解者，所以达宪法之旨，而明夫其用者也。日本之立宪也，伊藤氏之曹，实杂采欧洲诸国所已行者就之，间亦度其国势民情所能行者以为损益。故是编者，谓之日本帝国宪法可耳，若以概欧洲立宪之制，则亦有僢驰不相比附者矣。此读者所要知者也。

今夫政学家之言国制也，虽条理万殊，而一言蔽之，国立所以为民而已。故法之行也，亦必视民而为之高下。方其未至也，即有至美之意，大善之政，苟非其民，法不虚行；及世运之进也，民日以文明矣，昧者欲殉区区数百千人之成势私利，执其湿束虏使之法，挟天祖之重，出死力保持，求与之终古，势且横溃荡决，不可复收，而其群以散。此为治之家所为必消息于二者之间，以行其穷变通久之术，则法可因民而日修，而民亦因法而日化；夫而后法与民交进，上理之治，庶几可成。而所谓富强之效，抑其末已。是故日本帝国宪法者，非明治维新之众之所能为也，日本通国之人实为之，又非日本通国之人之所能为也，日本所席之旧治，与所遭之时世实为之。盖一果之成，固必有其无数因者，合而使之，必出于此。使见者而曰是某与某之业也，其于言治逖矣。

辛丑三月侯　官严复序

---

* 《日本宪法义解》为日本伊藤博文著，沈纮翻译，1901年金粟斋铅印本，卷首有此序。本篇选自《严复集》，第一册，96～97页。

译斯氏《计学》例言[*]
（1901）

计学，西名叶科诺密，本希腊语。叶科，此言家。诺密，为聂摩之转，此言治。言计，则其义始于治家。引而申之，为凡料量经纪撙节出纳之事，扩而充之，为邦国天下生食为用之经。盖其训之所苞至众，故日本译之以经济，中国译之以理财。顾必求吻合，则经济既嫌太廓，而理财又为过陿，自我作故，乃以计学当之。虽计之为义，不止于地官之所掌、平准之所书，然考往籍，会计、计相、计偕诸语，与常俗国计、家计之称，似与希腊之聂摩较为有合。故《原富》者，计学之书也。

然则何不径称计学，而名《原富》？曰：从斯密氏之所自名也。且其书体例，亦与后人所撰计学，稍有不同：达用多于明体，一也；匡谬急于讲学，二也。其中所论，如部丙之篇二、篇三，部戊之篇五，皆旁罗之言，于计学所涉者寡，尤不得以科学家言例之。云原富者，所以察究财利之性情、贫富之因果，著国财所由出云尔。故《原富》者，计学之书，而非讲计学者之正法也。

谓计学创于斯密，此阿好者之言也。夫财赋不为专学，其散见于各家之著述者无论已。中国自三古以还，若《大学》，若《周官》，若《管子》、《孟子》，若《史记》之《平准书》、《货殖列传》，《汉书》之《食货志》，桓宽之《盐铁论》，降至唐之杜佑、宋之王安石，虽未立本干，循条发叶，不得谓于理财之义无所发明。至于泰西，则希腊、罗马，代有专家。而斯密氏所亲承之师友，若庚智仑、若特嘉尔、若图华尼、若休蒙大辟、若哈哲孙、若洛克、若孟德斯鸠、若麦庚斯、若柏柢，其言论謦欬，皆散见于本书。而所标重农之旨，大抵法国自然学会之所演

---

* 约作于1901年9月，为严复译《原富》（南洋公学译书院版）中的译事例言。本篇选自《严复集》，第一册，97～102页。

者，凡此皆大彰著者也。独其择焉而精，语焉而详，事必有征，理无臆设，而文章之妙，喻均智顽。则自有此书，而后世知食货为专科之学。此所以见推宗匠，而为新学之开山也。

计学于科学为内籀之属。内籀者，观化察变，见其会通，立为公例者也。如斯密、理嘉图、穆勒父子之所论著，皆属此类。然至近世如耶方斯、马夏律诸书，则渐入外籀，为微积曲线之可推，而其理乃益密。此二百年来，计学之大进步也。故计学欲窥全豹，于斯密《原富》而外，若穆勒、倭克尔、马夏律三家之作，皆宜逡译，乃有以尽此学之源流，而无后时之叹。此则不佞所有志未逮者，后生可畏，知必有赓续而成之者矣。

计学以近代为精密，乃不佞独有取于是书，而以为先事者，盖温故知新之义，一也。其中所指斥当轴之迷谬，多吾国言财政者之所同然，所谓从其后而鞭之，二也。其书于欧亚二洲始通之情势，英法诸国旧日所用之典章，多所纂引，足资考镜，三也。标一公理，则必有事实为之证喻，不若他书勃窣理窟，洁净精微，不便浅学，四也。

理在目前，而未及其时，虽贤哲有所不见。今如以金为财，二百年以往，泰西几无人不然。自斯密出，始知其物为百货之一，如博进之筹，取前民用，无可独珍。此自今日观之，若无甚高之论、难明之理者，然使吾辈生于往日，未必不随俗作见，并为一谈也。试观中国道咸间，计臣之所论议施行，与今日朝士之言通商，可以悟矣。是故一理既明之后，若揭日月而行。而当长夜漫漫、习非胜是之日，则必知几之神，旷世之识而后与之，此不独理财之一事然也。

由于以金为财，故论通商，则必争进出差之正负。既断断于进出差之正负，则商约随地皆荆棘矣，极力以求抵制之术，甚者或以兴戎，而不悟国之贫富，不关在此。此亦亚东言富强者所人人皆坠之云雾，而斯密能独醒于二百年以往，此其所以为难能也。

争进出差之正负，斯保商之政。优内抑外之术，如云而起。夫保商之力，昔有过于英国者乎？有外输之奖，有掣还之税，有海运之条例，凡此皆为抵制设也。而卒之英不以是而加富，且延缘而失美洲。自斯密论出，乃商贾亦知此类之政，名曰保之，实则困之。虽有一时一家之获，而一国长久之利，所失滋多。于是翕然反之，而主客交利。今夫理之诚妄，不可以口舌争也，其证存乎事实。歌白尼、奈端之言天运，其说所不可复摇者，以可坐致数千万年过去未来之躔度，而无杪忽之差也。斯密《计学》之例，所以无可致疑者，亦以与之冥同则利，与之舛驰则害故耳。

保商专利诸政，既非大公至正之规，而又足沮遏国中商业之发达，是以言计者群然非之。非之诚是也，然既行之后，欲与更张，则其事又不可以不谨。盖人心浮动，而身被之者，常有不可逭之灾故也。已寘母本，不可复收，一也；事已成习，不可猝改，二也。故变法之际，无论旧法之何等非计，新政之如何利民，皆其令朝颁，民夕狼顾，其目前之耗失，有万万无可解免者，此变法之所以难，而维新之所以多流血也。悲夫！

言之缘物而发者，非其至也，是以知言者慎之。斯密此书，论及商贾，辄有疾首蹙额之思。后人释私平意观之，每觉所言之过，然亦知斯密时之商贾，为何等商贾乎？税关屯栈者，公司之利也。彼以谋而沮其成，阴嗾七年之战。战费既重，而印度公司所待以搘柱其业者又不訾，事转相因，于是乎有北美之战，此其害于外者也。选议员则购推举、议榷税，则赂当轴，大坏英国之法度，此其害于内者也。此曹顾利否耳，何尝恤国家乎？又何怪斯密言之之痛也！虽然，此缘物之论也。缘物之论，所持之理，恒非大公，世异情迁，则其言常过，学者守而不化，害亦从之。故缘物之论，为一时之奏札可，为一时之报章可，而以为科学所明之理必不可。科学所明者公例，公例必无时而不诚。

斯密于同时国事，所最为剽击而不遗余力者，无过印度之英公司。此自今日观之，若无所过人者。顾当其时，则英公司之烨〔烜〕赫极矣，其事为开辟以来所未曾有。以数十百处污逐利之商旅，际蒙兀之积弱，印民之内讧。克来福一竖子耳，不数年间，取数百万里之版图，大与中国并者，据而有之。此亚烈山大所不能为、罗马安敦所不能致，而成吉思汗所图之而无以善后者也。其惊骇震耀各国之观听者为何如乎？顾自斯密视之，其驴非驴、马非马。上焉既不能临民以为政，下之又不足懋迁而化居。以言其政令，则鱼肉身毒之民，以言其垄断，则侵欺本国之众，徒为大盗，何裨人伦。惟其道存，故无所屈。贤哲之言论，夫岂耸于一时功利之见而为依阿也哉！呜呼，贤已！

然而犹有以斯密氏此书为纯于功利之说者，以谓如计学家言，则人道计赢虑亏，将无往而不出于喻利。驯致其效，天理将亡，此其为言厉矣。独不知科学之事，主于所明之诚妄而已。其合于仁义与否，非所容心也。且其所言者计也，固将非计不言，抑非曰人道止于为计，乃已足也。从而尤之，此何异读兵谋之书，而訾其伐国，睹针砭之伦，而怪其伤人乎！且吾闻斯密氏少日之言矣，曰："今夫群之所以成群，未必皆善者机也。饮食男女，凡斯人之大欲，即群道之四维，缺一不行，群道乃废，礼乐之所以兴，生养之所以遂，始于耕凿，终于懋迁。出于为人者寡，出于自为者多，积私以为公，世之所以盛也。"此其言藉令褒衣大祒者闻之，不尤掩耳而疾走乎？则无怪斯密他日之悔其前论，戒学者以其意之已迁，而欲燬其讲义也。

《原富》本文，排本已多，此译所用，乃鄂斯福国学颁行新本，罗哲斯所斠阅者。罗亦计学家，著《英伦麦价考》，号翔赡，多发前人所未发者。其于是书，多所注释匡订，今录其善者附译之，以为后案。不佞间亦杂取他家之说，参合已见，以相发明，温故知新，取与好学深思者，备扬榷讨论之资云尔。

是译与《天演论》不同，下笔之顷，虽于全节文理，不能不融会贯通为之，然于辞义之间，无所傎倒附益。独于首部篇十一释租之后，原书旁论四百年以来银市腾跌，文多繁赘，而无关宏旨，则概括要义译之。其他如部丁篇三，首段之末，专言荷京版克，以与今制不同，而所言多当时琐节，则删置之。又部甲后有斯密及罗哲斯所附一千二百二年至一千八百二十九年之伦敦麦价表，亦从删削。又此译所附中西编年，及地名、人名、物义诸表，则张菊生比部、郑稚辛孝廉于编订之余，列为数种，以便学者考订者也。

夫计学者，切而言之，则关于中国之贫富；远而论之，则系乎黄种之盛衰。故不佞每见斯密之言于时事有关合者，或于已意有所枨触，辄为案论，丁宁反覆，不自觉其言之长而辞之激也。嗟夫！物竞天择之用，未尝一息亡于人间。大地之轮廓，百昌之登成，止于有数。智佼者既多取之而丰，愚懦者自少分焉而啬。丰啬之际，盛衰系之矣。且人莫病于言非也而相以为是，行祸也而相以为福，祸福是非之际，微乎其微，明者犹或荧之，而况其下者乎！殆其及之而后知，履之而后艰，其所以失亡者，已无艺矣，此予智者罟擭陷阱之所以多也。欲违其灾，舍穷理尽性之学，其道无由，而学矣，非循西人格物科学之律令，亦无益也。自秦愚黔首，二千岁于兹矣。以天之道，舟车大通，通则虽欲自安于愚，无进于明，其势不可。数十百年以往，吾知黄人之子孙，将必有太息痛恨于其高曾祖父之所为者。呜呼，可不惧哉！

光绪二十七年岁次辛丑八月既望　严复书于辅自然斋

斯密亚丹传*
(1901)

斯密亚丹者，斯密其氏，亚丹其名，苏格兰之噶谷邸人也。父业律师，为其地监榷，死逾月而亚丹生。母守志不再醮，抚遗腹甚有慈恩，卒享大年，亲见其子成大名。而亚丹亦孝爱，终其身不娶妇，门以内，雍雍如也。亚丹生而羸弱，甫三岁，游外家，为埃及流丐所掳。寻而复归，入里小塾学书计。十四进格拉斯高乡学，十八而为巴列窝选生，资以廪饩，入英之鄂斯福国学。当十七稘中叶，英国国论最淆，教宗演事上无犯之旨。凡后此所严为立政宪法者，皆以谓叛上褻天之邪说而斥之。韩诺华氏新入英为王，英前王雅各党人，潜聚其中，阴谋所以反政者。以故国学师资窳怠，章则放纷。斯密游于其间，独亹亹罛罛，沉酣典籍，居之六年，而学术之基以立。既卒业，居额丁白拉，以辞令之学授徒，一时北部名流，多集馆下。于是而交休蒙大辟。休蒙大辟者，以哲学而兼史家，为三百年新学钜子。斯密与深相结，交久而情益亲。继而主格拉斯高名学讲习，其明年改主德行字，又时时以计学要义演说教人。盖斯密平生著作，传者仅十余种，《原富》最善，《德性论》次之，皆于此时肇其始矣。一千七百六十三年，有公爵拔古鲁者，挟斯密以游欧洲，居法国者三十阅月。法人为自然学会，会中人皆名宿，而休蒙适副英使居巴黎，则介斯密游其曹偶，遂与拓尔古、格斯尼、摩礼利辈，皆莫逆为挚交，而斯密之见闻乃益进。

当是时，欧洲民生蕉然，大变将作，法国外则东失印度，西丧北美，内则财赋枵虚，政俗大坏。华盛顿起而与英争自立，两洲骚然。自

---

* 约作于1901年9月，刊于南洋公学译书院版《原富》卷首。本篇选自《严复集》，第一册，102～104页。

由、平等之义，所在大昌。民处困厄之中，求其故而不得，则相与归狱于古制。有识之徒，于政治、宗教咸有论著。斯密生于此时，具深湛之思，值变化之会，故《原富》有作。虽曰其人赡知，抑亦时之所相也。归里杜门十年，而《原富》行于世。书出，各国传译，言计之家，偃尔宗之。而同时英宰相弼德，于其学尤服膺，欲采其言，尽变英之财政。适与拿破仑相抗，兵连军兴，重未暇及也。然而弛爱尔兰入口之禁，与法人更定条约，平其酒榷，不相齮龁，则皆斯密氏之画云。夫兵者，国之蠹贼，而变法与民更始，非四封无警尤不行。北美自立，英国债之积已多，洎连普鲁士，以抗拿破仑，海陆倥偬，斯英人无释负之一日矣。顾英国负虽重，而盖藏则丰。至今之日，其宜贫弱而反富强者，夫非揞锁廓门，任民自由之效欤！则甚矣，道之无负于人国也。

居久之，斯密为格拉斯高国学祭酒，年六十四矣，逾三年死，葬于额丁白拉刚囊门之某园。斯密于学靡所不窥，少具大志，欲取经世之要而一理之，道远命促，仅竟其二。《德性论》言风俗之所以成。其与同时哲学家异者，诸家言群道起于自营，《德性论》谓起于人心之相感。性岂弟，人乐与亲，与人言论，不为发端，俟有所起而后应之。机牙周给，强记多闻，举座惊叹。燕居好深湛之思，当其独往，耳目殆废。家本中赀，以学自饶，然勇于周恤，尽耗其产。死日独余楹书，以畀其外弟窦格拉斯云。

译史氏曰：德人最重汗德《心学》，见谓生民未有，必求其配，无已，其《原富》乎？夫二书辞旨，奥显绝殊，而德人称之顾若此。或曰：斯密之游法也，去革命之起无几时，然于事前未闻一论及之。此以云先几之识，殆未然欤？嗟夫！此以见斯密之不苟，而立言之有法也。夫妄亿一国之变，虽庸夫优为之，中以邀名，不中无谴。独至知言之士，一言之发，将使可复。彼宁默然者，知因缘至繁，无由施其内籥之术故也。不然，据既然之迹，推必至之势。理财禁民之际，一私之用，则祸害从之。执因而穷果，以斯密处此，犹畴人之于交食，良医之于死生，夫何难焉！虽然，吾读其书，见斯密自诡其言之见用也，则期诸乌托邦。其论四民之爱国也，则首农而黜商贾。顾死未三十年，大通商政，行之者不独一英国也。而死守稼律，联田主以旅距执政，乃农而非商也。事之未形，其变之不可知如此，虽在圣智，有时而荧。然则后之论世变者，可不谨其所发也哉！可不谨其所发也哉！

译《群学肄言》自序*（1903）

群学何？用科学之律令，察民群之变端，以明既往测方来也。肄言何？发专科之旨趣，究功用之所施，而示之以所以治之方也。故肄言科而有之。今夫士之为学，岂徒以弋利禄、钓声誉而已，固将于正德、利用、厚生三者之业有一合焉。群学者，将以明治乱盛衰之由，而于三者之事操其本耳。斯宾塞尔者，英之耆宿也。殚年力于天演之奥窔，而大阐其理于民群，盖所著之《会通哲学》成，其年已七八十矣。以其书之深广，而学者之难得其津涯也，乃先为之肄言，以导厥先路。二十年以往，不佞尝得其书而读之，见其中所以饬戒学者以诚意正心之不易，既已深切著明矣。而于操枋者一建白措注之间，辄为之穷事变、极末流，使功名之徒，失步变色，俛焉知格物致知之不容已。乃窃念近者吾国，以世变之殷，凡吾民前者所造因，皆将于此食其报。而浅谫剽疾之士，不悟其所从来如是之大且久也，辄攘臂疾走，谓以旦暮之更张，将可以起衰而以与胜我抗也。不能得，又搪撞号呼，欲率一世之人，与盲进以为破坏之事。顾破坏宜矣，而所建设者，又未必其果有合也，则何如其稍审重，而先咨于学之为愈乎！诚不自知其力之不副，则积朞月之勤，为迻译之如左。其叙曰：

含灵秉气，群义大哉！强弱明暗，理有由来。哀此流俗，不知本始。在筌忘鱼，操刃伤指。译《砭愚》第一。

执果穷因，是惟科学。人事纷纶，莫之掎摧。虽无密合，宁鲜大同。籀此公例，彪彼童蒙。译《倡学》第二。

---

* 约作于1903年2月前，刊于1903年4月由上海文明编译书局出版之严复译《群学肄言》。本篇选自《严复集》，第一册，123～125页。

真宰神功，曰惟天演。物竞天择，所存者善。散曰幺匿，聚曰拓都。知微之显，万法所郛。译《喻术》第三。

道巽两间，物奚翅万。人心虑道，各自为楦。永言时位，载占吉凶，所以东圣，低佪中庸。译《知难》第四。

难首在物，是惟心所。传闻异辞，相为旅距。见者支叶，孰察本根。以槿议椿，如虱处裈。译《物蔽》第五。

主观二义，曰理与情。执己量物，哀此心盲。简不逮繁，小不容大。滞碍僻坚，举为群害。译《智絯》第六。

忧喜恶欲，皆使衡差。以兹目眚，结彼空花。所严帝天，所畏魔蝎。以是言群，几何能达。译《情瞀》第七。

心习少成，由来学最。杨取为我，墨尚兼爱。偏至之德，所伤实多。曷建皇极，以救厥颇。译《学詖》第八。

民生有群，而傅以国。竺我忘人，爱或成贼。反是为粤，矫亦失中。惟诚无妄，其例乃公。译《国拘》第九。

演深治久，群有众流。以各争存，乃交相鳍。或怒诪张，或怨施夺。民德未隆，安往不刺。译《流梏》第十。

国于天地，基命黔首。云何胥匡，独责元后。朝有政党，乐相诋谌。元黄水火，鉴蔀衡迻。译《政惑》第十一。

天人之际，宗教攸资。听神蔑民，群治以衰。举人代天，教又不可。释景犹回，皆有负荷。译《教辟》第十二。

夫惟知难，学乃殆庶。厉于三科，曰玄间著。玄以观法，间乃穷因。习著知化，乃凝于伸。译《缮性》第十三。

一神两化，大德曰生。咨此生理，群义以明。群实大生，而生之织。欲观拓都，视此幺匿。译《宪生》第十四。

我闻佛说，境胥心造。化万不同，肇于厥脑。主道齐者，民情是因。不洞幽漠，孰知陶甄。译《述神》第十五。

惟群有学，以因果故。去私戒偏，来导先路。盍勿孟晋，犹怀蘧庐。译此悬论，敢告象胥。译《成章》第十六。

《群学肄言》译余赘语*
(1903)

《群学肄言》，非群学也，言所以治群学之涂术而已。此书枢纽，在《知难》一篇。其前三篇，第一《砭愚》，言治群之不可以无学；第二《倡学》，明此学之必可以成科（凡学必有其因果公例，可以数往知来者，乃称科学）；第三《喻术》，则檃栝本科大义。凡此皆正面文字也。顾治斯学有甚难者，一曰在物之难，次曰在心之难，三曰心物对待之难。故第五《物蔽》，所以著在物之难也。而在心之难，又分两义：有见于理者，故第六称《智绞》；有见于情者，故第七曰《情瞀》。是二者之惑不祛，未见其人之可与论治化也。若夫心物对待之难，则意逐境迻，一视其人之所薢茩〔邂逅〕。略而举之，则所承之学、所生之国、所业之流、所被之政、所受之教，斯其尤大荦荦者矣。盖作者之意，以谓道之不明，起于心物之交蔽，故为学之方，始于解惑。假其笃时拘虚，虽学未必不为害，又必知其难之所在，而后省察克治之功有所施。此前八篇意也。虽然，知其难矣，使徒知之，于修己治人考道讲德之功，犹未济也，则亦不足以与于斯学。故《缮性》尚焉。今夫学有三科，而各有姱心之用，必于学之事无阙，而后于心之德无亏。乃至群学，则有其尤切者，自民质言之，则生理也；自民彝言之，则心灵也。故言《宪生》矣。而继之以《述神》，君子由此，庶几为成章之达，而与言民生治道，可以弗畔矣夫。

荀卿曰："民生有群。"群也者，人道所不能外也。群有数等，社会者，有法之群也。社会，商、工、政、学莫不有之，而最重之义，极于

---

* 约作于1903年2月前，刊于1903年4月由上海文明编译书局出版之严复译《群学肄言》。本篇选自《严复集》，第一册，125～127页。

成国。尝考六书文义，而知古人之说与西学合。何以言之？西学社会之界说曰：民聚而有所部勒东学称组织祈向者，曰社会。而字书曰：邑，人聚会之称也。从口，有区域也；从卪，有法度也。西学国之界说曰：有土地之区域，而其民任战守者曰国。而字书曰：国，古文或，从一，地也；从口，以戈守之。观此可知中西字义之冥合矣。

东学以一民而对于社会者称个人，社会有社会之天职，个人有个人之天职。或谓个人名义不经见，可知中国言治之偏于国家，而不恤人人之私利，此其言似矣。然仆观太史公言《小雅》讥小己之得失，其流及上。所谓小己，即个人也。大抵万物莫不有总有分，总曰"拓都"，译言"全体"；分曰"幺匿"，译言"单位"。笔，拓都也；毫，幺匿也。饭，拓都也；粒，幺匿也。国，拓都也；民，幺匿也。社会之变相无穷，而一一基于小己之品质。是故群学谨于其分，所谓名之必可言也。

斯宾塞氏自言，此书为旁及之作，意取喻俗，故其精微洁净，远不逮《会通哲学》诸书。不佞读此在光绪七、八之交，辄叹得未曾有，生平好为独往偏至之论，及此始悟其非。窃以为其书实兼《大学》、《中庸》精义，而出之以翔实，以格致诚正为治平根本矣。每持一义，又必使之无过不及之差，于近世新旧两家学者，尤为对病之药。虽引喻发挥，繁富吊诡，顾按脉寻流，其意未尝晦也。其《缮性》以下三篇，真西学正法眼藏，智育之业，舍此莫由。斯宾塞氏此书，正不仅为群学导先路也。

又是书出版当一千八百七十三年，去今盖一世矣。其中所有讥弹之时事，今日什九皆非其故。东方学者，闻见囿于一隅，于彼所言，将嫌滟不相涉。虽然，寓言十九，皆筌蹄也。寓言交臂成故，所寓历古犹新，使学者有所住而生其心，则所论者虽取本国目前事实，犹无益耳。

不佞往者每译脱稿，即以示桐城吴先生。老眼无花，一读即窥深处。盖不徒斧落徽引，受裨益于文字间也。故书成必求其读，读已必求其序。此译于戊戌之岁，为《国闻报》社成其前二篇，事会错迕，遂以中缀。辛丑乱后，赓续前译。尝以语先生，先生为立名"群学奇胲"，未达其义，不敢用也。壬寅中，此书凡三易稿，岁暮成书，以示廉惠卿农部。农部，先生侄女婿也。方欲寄呈先生，乞加弁言，则闻于正月十二日，弃浊世归道山矣。呜呼！惠施去而庄周亡质，伯牙死而钟期绝弦，自今以往，世复有能序吾书者乎！

京师大学堂译书局章程*（1903）

设员总译一人，以总司译事。凡督率、分派、删润、印行及进退译员等事皆主之。分译四人，分司迻译。其不住局而领译各书者无定数。笔述二人，以佐译员汉文之所不及。校勘二人，即以笔述之员兼之。润色二人，分司最后考订、润色及印书款式之事。图画二人，一洋一华，司绘刻图式。监刷一人，主刻刷印行之事。书手四人，司钞录。司帐一人，司支应及发行书籍。

局章

一、现在所译各书，以教科为当务之急，由总译择取外国通行本，察译者学问所长，分派浅深专科，立限付译。

二、教科书通分二等：一为小学，一为中学。其深远者，俟此二等成书后再行从事。

三、教科分门：一、地舆，二、西文、律令，三、布算，四、商功，五、几何，六、代数，七、三角，八、浑弧，九、静力，十、动力，十一、气质力，十二、流质力，十三、热力，十四、光学，十五、声学，十六、电磁，十七、化学，十八、名学，十九、天文，二十、地气，二十一、理财，二十二、遵生，三十三、地质，二十四、人身，二十五、解剖，二十六、人种，二十七、植物状，二十八、动物状，二十九、图测，三十、机器，三十一、农学，三十二、列国史略，三十三、

---

* 原发表于1903年8月29、30、31日，《大公报》。本篇选自《严复集》，第一册，127～131页。

公法，三十四、帐录，三十五、庶工（如造纸、照象、时表诸工艺），三十六、德育，三十七、教育术，三十八、体育术。

四、所有应译、拟译各书，总译应将译价并需时若干，约估开列，以凭分派。

五、译员分住局、不住局二等，住局者给月薪、缴日课；不住局者视所译之书难易、长短，由总译拟估价目，立合同，约限若干月日缴稿。

六、译员住局者，到局之始，酌给月薪，俟译有成书，如果需时敏捷、文笔通达、即堪印行者，得按照原估书价匀算酌加，如原书估定译价六百金，该译员以三个月蒇事，而所食薪水止月百五十金者，于月薪外应予酌增，以资鼓舞而收速效。所加之数，临时裁酌。

七、译员领译之书，估价六百金，月食薪水百二十金而五个月不能蒇事者，其薪水摊算作减。

八、住局译员稿本每十日呈阅一次，由总译商改盖戳；其不住局者，分期寄稿。

九、所有翻译名义，应分译、不译两种：译者谓译其义，不译者则但传其音，然二者均须一律。法于开译一书时，分译之人另具一册，将一切专名按西国字母次序开列，先行自拟译名，或沿用前人已译名目（国名、地名，凡外务部文书及《瀛寰志略》所旧用者从之），俟呈总译裁定后，列入《新学名义表》及《人、地专名表》等书，备他日汇总呈请奏准颁行，以期划一。

薪俸

总译一员，月薪京平足银三百两。分译二员，月薪京平足银各百三十两；又二员，月薪京平足银各百两。笔述兼校勘二员，月薪京平足银一六十两、一四十两。润色二员，月薪京平足银各〇两。洋图工一名，月薪京平足银〇两；华图工一名，月薪京平足银各〇两。书记四名，月薪京平足银各八两。司帐一名，月薪京平足银三十两。

领译合约

具领译合约某，今由大学堂译书局领出某书，其西名系某，系何式书本，共若干叶，所有条约如左，情愿一一恪遵无辞，须至合约者：

一、是书译费若干两，分为三起收领。

一、领译时，一俟全书译至三分之二，一俟书完。

一、译期限若干月，过期不缴，每月扣全费二十分之一。

一、所译书分三期呈验，如译文讹谬无从改削者，即于第一期饬停，原书原款照缴。

一、如译者自请笔述润色，不得于定费外率请添给。

一、原稿须誊清缴局，以便考订付印。

一、译文中经总译签出应行订改之处，译者应改无辞。

一、原书有可行删节者，须先向总译陈明，方准从略。

一、书中所有名目，须另具册簿将华洋文开列，呈请总译鉴定。如有未妥，另行考订改正。

某年月日某谨具

章程条说

一、翻译书籍，谨遵原奏，专备普通学课本之用，应取西国诸科学为学堂所必须肄习者，分门翻译，派员办理，是为译书处。

一、翻译课本，拟照西学通例，分为三科：一曰统挈科学，二曰间立科学，三曰及事科学。一、统挈科学课本分名、数两大宗，盖二学所标公例为万物所莫能外，又其理则钞众虑而为言，故称统挈也。名学者，所以定思想、语言之法律。数学有空间、时间两门：空间如几何平弧，三角八线割锥；时间如代数、微积之类。世谓数学为西学权舆，诚非妄说。但今所取译，务择显要用以模范学者之心思，且以得诸学之锁钥，至于探赜索隐，则以俟专门之家，非普通学之所急也。一、间立科学课本者，以其介于统挈、及事二科之间而有此义也。间科分力、质两门：力如动静二力学、水学、火学、声学、光学、电学，质如无机、有机二化学。此科于人事最为切要，而西书亦有浅深。今所译者，以西国普通课本为断，其他繁富精深之作，则以俟后图。一、及事科学课本者，治天地人物之学也。天有天文；地有地质，有气候，有舆志，有金石；人有解剖，有体用，有心灵，有种类，有群学，有历史；物有动物，有植物，有察其生理者，有言其情状者。西籍各有其浅深，今所译者，则皆取浅明以符普通之义。一、以上三科而外，所余大抵皆专门专业之书，然如哲学、法学、理财、公法、美术、制造、司帐、卫生、御舟、行军之类，或事切于民生，或理关于国计，但使有补于民智，则亦不废其译功。

一、翻译宗旨，理须预定，略言其要。一曰开瀹民智，不主故常；二曰敦崇朴学，以棣贫弱；三曰借鉴他山，力求进步；四曰正名定义，以杜杂庞。

一、各门课本，拟分两项办法：一、最浅之本，为蒙学及寻常小学之用；一、较深之本，为高等小学及中学之用。惟两项课本相因为用，详略之间，宜斟酌妥善，不当过涉重复，至精深宏博，西国各有专籍，大学各有专师，则所谓专门之学者尔。

一、蒙学课本及中学分班课本，西国皆有类函专书，俟办到后急行分译成书，以便颁行各省。

一、译书处经已奏明办理，除派总办一员外，拟先派分译四员、笔述两员，各听所长，分别认译。分译各给书手一名，总办处给书手二名。

一、如有才任分译，而身膺职差、不能派令住局者，应准限期定价领译各书。领译者由总办与之订立合约办理。

一、分译诸员多通英文，其所译者，亦皆英文原本，如以后觅有法、德、义、班诸文高手，应准随时添派，以收转益多师之效。

一、原奏译书事宜，与两江、湖广会同办理。但外省所译者，多系东文，今拟即以此门归其分任，庶京师译局可以专意西文。间有外省翻译西文之书，应令于拟译之先，行知本处，免其重复。成书之后，咨送一部，以备复核，庶于原奏一道同风之语不至背驰。

一、分译暨笔述各员，应常川住局。译事不得随意作辍，每遇星期，将所译稿本汇呈总办处复核。

一、译书遇有专名要义，无论译传其意，如议院、航路、金准等语，抑但写其音，如伯理玺天德、哀的美敦等语，既设译局，理宜订定一律，以免纷纭。法于所译各书之后附对照表，以备学者检阅，庶新学风行之后沿用同文，不生歧异。

《群己权界论》译凡例*
(1903)

或谓旧翻自繇之西文 Liberty 里勃而特，当翻公道，犹云事事公道而已，此其说误也。谨案：里勃而特原古文作 Libertas。里勃而达乃自由之神号，其字与常用之 Freedom 伏利当同义。伏利当者，无罣碍也，又与 Slavery 奴隶、Subjection 臣服、Bondage 约束、Necessity 必须等字为对义。人被囚拘，英语曰 To lose his liberty 失去自由，不云失其公道也。释系狗，曰 Set the dog at liberty 使狗自繇，不得言使狗公道也。公道西文自有专字，曰 Justice 扎思直斯。二者义虽相涉，然必不可混而一之也。西名东译，失者固多，独此天成，殆无以易。

中文自繇，常含放诞、恣睢、无忌惮诸劣义，然此自是后起附属之诂，与初义无涉。初义但云不为外物拘牵而已，无胜义亦无劣义也。夫人而自繇，固不必须以为恶，即欲为善，亦须自繇。其字义训，本为最宽。自繇者凡所欲为，理无不可，此如有人独居世外，其自繇界域，岂有限制？为善为恶，一切皆自本身起义，谁复禁之？但自入群而后，我自繇者人亦自繇，使无限制约束，便入强权世界，而相冲突。故曰人得自繇，而必以他人之自繇为界，此则《大学》絜矩之道，君子所恃以平天下者矣。穆勒此书，即为人分别何者必宜自繇，何者不可自繇也。

斯宾塞《伦理学说公》（*Justice in Principle of Ethics*）一篇，言人道所以必得自繇者，盖不自繇则善恶功罪，皆非己出，而仅有幸不幸可言，而民德亦无由演进。故惟与以自繇，而天择为用，斯郅治有必成之一日。佛言一切众生，皆转于物；若能转物，即同如来。能转物者，

---

* 作于 1903 年 7 月 24 日，刊于 1903 年 9 月由上海商务印书馆出版之严复译《群己权界论》。本篇选自《严复集》，第一册，132～135 页。

真自繇也。是以西哲又谓，真实完全自繇，形气中本无此物，惟上帝真神，乃能享之。禽兽下生，驱于形气，一切不由自主，则无自繇，而皆束缚。独人道介于天物之间，有自繇亦有束缚。治化天演，程度愈高，其所得以自繇自主之事愈众。由此可知自繇之乐，惟自治力大者为能享之。而气禀嗜欲之中，所以缠缚驱迫者，方至众也。卢梭《民约》，其开宗明义，谓斯民生而自繇，此语大为后贤所呵，亦谓初生小儿，法同禽兽，生死饥饱，权非己操，断断乎不得以自繇论也。

名义一经俗用，久辄失真。如老氏之自然，盖谓世间一切事物，皆有待而然，惟最初众父，无待而然，以其无待，故称自然。此在西文为 Self-existence。惟造化真宰，无极太极，为能当之。乃今俗义，凡顺成者皆自然矣。又如释氏之自在，乃言世间一切六如，变幻起灭，独有一物，不增不减，不生不灭，以其长存，故称自在。此在西文谓之 Persistence，或曰 Eternity，或曰 Conservation，惟力质本体，恒住真因，乃有此德。乃今欲取涅槃极乐引伸之义，而凡安闲逸乐者皆自在矣。则何怪自繇之义，始不过谓自主而无罣碍者，乃今为放肆、为淫佚、为不法、为无礼，一及其名，恶义坌集，而为主其说者之诟病乎！穆勒此篇，所释名义，祇如其初而止。柳子厚诗云："破额山前碧玉流，骚人遥住木兰舟，东风无限潇湘意，欲采蘋花不自由。"所谓自由，正此义也。

由、繇二字，古相通假。今此译遇自繇字，皆作自繇，不作自由者，非以为古也。视其字依西文规例，本一玄名，非虚乃实，写为自繇，欲略示区别而已。

原书文理颇深，意繁句重，若依文作译，必至难索解人，故不得不略为颠倒，此以中文译西书定法也。西人文法，本与中国迥殊，如此书穆勒原序一篇可见。海内读吾译者，往往以不可猝解，訾其艰深，不知原书之难，且实过之。理本奥衍，与不佞文字固无涉也。

贵族之治，则民对贵族而争自繇。专制之治，则民对君上而争自繇，乃至立宪民主，其所对而争自繇者，非贵族非君上。贵族、君上，于此之时，同束于法制之中，固无从以肆虐。故所与争者乃在社会，乃在国群，乃在流俗。穆勒此篇，本为英民说法，故所重者，在小己国群之分界。然其所论，理通他制，使其事宜任小己之自繇，则无间君上贵族社会，皆不得干涉者也。

西国言论最难自繇者，莫若宗教。故穆勒持论，多取宗教为喻。中国事与相方者，乃在纲常名教。事关纲常名教，其言论不容自繇，殆过西国之宗教。观明季李贽、桑悦、葛寅亮诸人，至今称名教罪人，可以见矣。虽然，吾观韩退之《伯夷颂》，美其特立独行，虽天下非之不顾。王介甫亦谓圣贤必不徇流俗，此亦可谓自繇之至者矣。至朱晦翁谓虽孔子之言，亦须明白讨个是非，则尤为卓荦俊伟之言。谁谓吾学界中，无言论自繇乎？

须知言论自繇，只是平实地说实话、求真理，一不为古人所欺，二不为权势所屈而已，使理真事实，虽出之仇敌，不可废也；使理谬事诬，虽以君父，不可从也，此之谓自繇。亚理斯多德尝言："吾爱吾师柏拉图，胜于余物，然吾爱真理，胜于吾师。"即此义耳。盖世间一切法，惟至诚大公，可以建天地不悖，俟百世不惑。未有不重此而得为圣贤，亦未有倍此而终不败者也。使中国民智民德而有进今之一时，则必自宝爱真理始。仁勇智术，忠孝节廉，亦皆根此而生，然后为有物也。

是故刺讥谩骂、扬讦诪张，仍为言行愆尤，与所谓言论自繇行己自繇无涉。总之自繇云者，乃自繇于为善，非自繇于为恶。特争自繇界域之时，必谓为恶亦可自繇，其自繇分量，乃为圆足。必善恶由我主张，而后为善有其可赏，为恶有其可诛。又以一己独知之地，善恶之辨，至为难明。往往人所谓恶，乃实吾善；人所谓善，反为吾恶。此干涉所以必不可行，非任其自繇不可也。

此译成于庚子前，既脱稿而未删润，嗣而乱作，与群籍俱散失矣。适为西人所得，至癸卯春，邮以见还，乃略加改削，以之出版行世。呜呼！此稿既失复完，将四百兆同胞待命于此者深，而天不忍塞其一隙之明欤？姑识之以观其后云尔。

光绪二十九年岁次癸卯六月吉日　严复识

译《群己权界论》自序*
(1903)

严子曰：呜呼！扬子云其知之矣。故《法言》曰：周之人多行，秦之人多病。十稔之间，吾国考西政者日益众，于是自繇之说，常闻于士大夫。顾竺旧者既惊怖其言，目为洪水猛兽之邪说。喜新者又恣肆泛滥，荡然不得其义之所归。以二者之皆讥，则取旧译英人穆勒氏书，颜曰《群己权界论》，畀手民印板以行于世。夫自繇之说多矣，非穆勒是篇所能尽也。虽然，学者必明乎己与群之权界，而后自繇之说乃可用耳。是为序。

---

* 作于1903年7月31日，刊于1903年9月由上海商务印书馆出版之严复译《群己权界论》。本篇选自《严复集》，第一册，131～132页。

译《社会通诠》自序*
(1903)

异哉吾中国之社会也！夫天下之群众矣，夷考进化之阶级，莫不始于图腾，继以宗法，而成于国家。方其为图腾也，其民渔猎，至于宗法，其民耕稼，而二者之间，其相嬗而转变者以游牧。最后由宗法以进于国家，而二者之间，其相受而蜕化者以封建。方其封建，民业大抵犹耕稼也。独至国家，而后兵、农、工、商四者之民备具，而其群相生、相养之事乃极盛而大和，强立蕃衍而不可以克灭。此其为序之信，若天之四时，若人身之童少壮老，期有迟速，而不可或少紊者也。

吾尝考欧洲之世变，希腊、罗马之时尚矣；至其他民族，所于今号极盛者，其趾封建，略当中国唐宋间；及其去之也，若法、若英，皆仅仅前今一二百年而已。何进之锐耶！乃还观吾中国之历史，本诸可信之载籍，由唐虞以讫于周，中间二千余年，皆封建之时代，而所谓宗法亦于此时最备。其圣人，宗法社会之圣人也。其制度典籍，宗法社会之制度典籍也。物穷则必变，商君、始皇帝、李斯起，而郡县封域，阡陌土田，燔诗书，坑儒士。其为法欲国主而外，无咫尺之势。此虽霸朝之事，侵夺民权，而迹其所为，非将转宗法之故，以为军国社会者欤！乃由秦以至于今，又二千余岁矣，君此土者不一家，其中之一治一乱常自若，独至于今，籀其政法，审其风俗，与其秀桀之民所言议思惟者，则犹然一宗法之民而已矣。然则此一期之天演，其延缘不去，存于此土者，盖四千数百载而有余也。

嗟乎！欧亚之地虽异名，其实一洲而已。殊类异化并生其中，苟溯

---

* 约作于1903年年底，刊于1904年由上海商务印书馆出版之严复译《社会通诠》。本篇选自《严复集》，第一册，135～136页。

之邃古之初，又同种也，乃世变之迁流，在彼则始迟而终骤，在此则始骤而终迟。固知天演之事，以万期为须臾，然而二者相差之致，又不能为无因之果，而又不能不为吾群今日之利害，亦已明矣。此不佞迻译是编，所为数番掷管太息、绕室疾走者也。

光绪癸卯十一月　侯官严复序

《袖珍英华字典》序*
(1903)

英国字典之盛，近百数十年事也。当乾隆中叶，约翰孙博士始荟萃群籍，依字母次第列八部之言，一一著其音切、义训、源流，书成，一时号渊博，为学界鸿宝。嗣而美之韦柏士特踵而修之，于前书加繁富，是为字书大成。二公皆起穷约，以一人之精力，闭户搜讨，多历年所而后成书，固为难也。比者半期以还，国学言语别为专科，邃其学者谓由此可以得治化隆污种类分合之实，盖不徒夸博闻斗多识而已。而诸科之学，有如动植虫鱼之属，举而论者日以益多，如立名字百倍于古。是故今日字典欲为完备，必聚通国学人之力，人主一科，或专数字，合而成之。以比前者约翰孙、韦柏士特之所为，犹以邓林比夸父之杖矣。盖欧美文物其进而益繁如此。虽然，字典之用，所以释义解惑者也。考古者于一字之立，讨本寻条，而常人日用诵读之时，则取了大义，期捷速、简当而已。故字典大者其籍专车横列数十百卷；而小者如拳、如拇，怀挟褚袖之中，以便舟车翻检，夫亦各适其用而已。商务印书馆主人往者有《华英字典集成》一书，既为学旁行者所宝贵矣，乃今酌删繁重，主捷速简当之义，排为袖珍之本，以便肄应者之所挟持，其于学界意良厚已。因其乞言，乃为序之如右。

癸卯十一月　侯官严复

---

* 约作于1903年12月，刊于上海商务印书馆出版之《袖珍英华字典》。本篇选自《严复集》，第一册，143～144页。

孟德斯鸠传*
(1904)

孟德斯鸠，法国南部几奄郡人也，姓斯恭达，名察理。世为右族，家承两邑之封，凡二百余年，曰布来德，曰孟德斯鸠。世即以其一封称之曰孟德斯鸠男爵云。生一千六百八十九年，当名王路易第十四之世。当是时，法战胜攻取，声明文物冠诸欧，然值政教学术，乐新厌古，人心物论，穷极将变时。于是论治道者，英有郝伯思、洛克，义有墨迦伏勒，而法有孟德斯鸠，则导福禄特尔、卢梭辈先路者也。家于西土仅中赀，以善治生，未尝窘乏。地望势力，高不足以长骄，卑常足以自厉，然约情束欲，安命观化，幼而好学，至老弗衰。常语人曰：吾读书可用蠲忿释悁，虽值佛逆，得开卷时许，如回温泉以销冰雪、扇清风而解热烦也。其姿之近道如此。

年二十五，入博尔都郡议院为议员。法旧制诸郡议院，法家所聚，民有讼狱，则公享之。先是其季父入赀，为其院主席，父子冠假髹、衣黑衣，时以为宠。逾二载而季父捐馆舍，遗令以其位传犹子孟德斯鸠，俸优政简，时事国论，多所与闻，然而非其好也。视事十稔，年几四九，又以其位让人，退归林墅。盖自兹以往，至于没齿，都三十年，舍探讨著述之事，无以劳其神虑；而舍历史、政治，又无以为其探讨著述。若孟德斯鸠者，殆天生以为思想学问者欤？

其著书甚蚤，年方二十龄，有《神学论》。又尝考罗马宗教所与治术关系者。然不甚求知于人，世亦不知重也。年三十二，成《波斯文录》。借彼土之文辞，讽本邦之政教，移情剡目，通国为欢，而教会深

---

* 约作于1904年，刊于上海商务印书馆出版之《法意》第一册卷首，原题为《孟德斯鸠列传》。本篇选自《严复集》，第一册，144～146页。

衔之。方其罢博尔都议院主席也，适巴黎国学有博士阙待补，孟德斯鸠甚欲得之。而翊教伏烈理使谓其长曰："《波斯文录》于国教多微辞，今国学顾容纳其作者，王将谓何？"其长惧而不敢。孟德斯鸠乃以书抵之曰："足下辱我已甚。吾计惟出奔他国，庶几栖息余生，自食其力。所不能得诸同种者，犹冀遇诸他人耳。"伏烈理不得已罢攻，而孟德斯鸠补博士。已而游奥之维也纳，更匈牙利，尽交其贤豪。逾岭度威匿思入罗马，谒教王。教王礼遇有加，不以《文录》为意。北旋，登瑞士诸山，溯来因之水，北出荷兰，渡海抵大不列颠，居伦敦者且二稔。于英之法度尤加意，慨然曰："惟英之民，可谓自由矣。"入其格致王会，被举为会员。最后乃归法，徜徉布来德、巴黎间。一千七百三十四年，成《罗马衰盛原因论》。论者称其裁勘精究，断论切当，于古得未尝有者。顾所发愤，乃在《法意》一书，当此时，属稿者已六七年矣，前论特其嚆矢而已。精锐绠修，穷昼夜矻矻，凡十有四年，而《法意》行于世。遐搜远引，钩湛瞩幽。凡古今人事得失之林，经纬百为，始终条理。于五洲礼俗政教，莫不籀其前因，指其后果。既脱稿，先以示同时名硕海罗怀纣。海罗怀纣叹曰："作者宇宙大名，从此立矣。"印板既布，各国迻翻，一载间板重者二十二次。风声所树，暨可知矣。福禄特尔尝称曰："人类身券，失之久矣，得此而后光复。"拿破仑于兵间携书八种自随，而《法意》为之一。后为其国更张法典，勒成专编，近世法家仰为绝作，而《法意》则其星宿海也。年六十有六，卒于家。方其弥留也，以宗教有忏悔之礼，神甫辈以孟生平于其法多所诽毁，颇欲闻其临终悔罪之言，然卒不可得，但叩之曰："孟德斯鸠，若知帝力之大乎？"对曰："唯其为大也，如吾力之为微。"

译史氏曰：吾读《法意》，见孟德斯鸠粗分政制，大抵为三：曰民主，曰君主，曰专制。其说盖原于雅理斯多德。吾土缙绅之士，以为异闻，虑叛古不欲道。虽然，司马迁《夏〔殷〕本纪》言伊尹从汤言九主之事，注家引刘向《别录》。言九主者，有法君、专君、授君、劳君、等君、寄君、破君、国君、三岁社君，凡九品，是何别异之众耶？向称博极群书，其言不宜无本。而三制九主，若显然可比附者。然则孟之说非创闻也，特古有之，而后失其传云尔。

读新译甄克思《社会通诠》*（1904）

是书原名《政治短史》。盖西国晚近学术分科，科各有史，而政治为学术之一科，其史所载，必专及治理之事，他若马书、班志所论，皆摈弗列。民生有群，群必有治，是书所言，著治理之天演，自其粗简，以至精繁，使因果相生，厘然可指，故曰史也。

欧洲论治最古之书，有柏拉图之《民主主客论》，与亚理斯多德之《经国论》，为泰西言治之星宿海、昆仑墟。至〔自〕百数十年来，英奇辈出，皆有论著，若郝伯恩、若洛克、若孟德斯鸠、若卢梭、若恭德、若边沁、若穆勒、若托克斐、若浑伯乐，皆蔚成一家之言，为言治者所取法。最后则有麦音、斯宾塞尔、伯伦知理诸家，为近世之泰斗。而斯宾氏于本年十月化去，成功者退，然学界哲人萎矣。

欲观政理程度之高下，视其中分功之繁简。今泰西文明之国，其治柄概分三权：曰刑法，曰议制，曰行政。譬如一法之立，其始则国会议而著之；其行政之权，自国君以至于百执事，皆行政而责其法之必行者也。虽然，民有犯法，非议制、行政二者之所断论也，审是非，谳情伪，其权操于法官。法官无大小，方治职时，其权非议制、行政者所得过问也。谳成奏当，而后行政者施罚，责其法之必行。此文明通法，而盎格鲁之民尤著。故其国无冤民，而民之自任亦重。泰东诸国，不独国主君上之权为无限也，乃至寻常一守宰，于其所治，实皆兼三权而领之。故官之与民，常无所论其曲直。见晚近租界中，如苏报馆案、寰泰碰船案，皆以政府与商民或公司，辨质曲直于法权之下，而昧者乃诧以

---

* 原发表于1904年4月20日到23日，《大公报》。本篇选自《严复集》，第一册，146～151页。

为大奇。不知此事之在西国，几日日行，彼非轻吾政府长官而以是相窘谑也。昔拿破仑第一极盛时，英报聚攻之，而或不实，拿破仑尝大憾，以为言于英使。使者曰："足下何勿讼之？为民谤讪诋諆，虽英政府不能免。吾辈所以自救者，亦赖有法庭耳。"拿破仑语塞。是知法权无上，不独下民之有所芘也，即为民上者，亦得此而后成其尊。而习于东方之治者，不能知也。

是故中西二治，其相异在本源。治体之顺逆良楛，其因，而国势之强弱，民生之贫富，其果。浅者耸于富强之表，则徒从其末而求之。稍进乃有所建设，有所补苴，有所变改，独至本源之地，则变色相戒，以为不道之言。则何怪徒糜财纷更，而于国事无毫末补益乎？

凡专制治体，未有不沿宗法之旧者。故张横渠曰："大君者，吾父母宗子。"中国而外，如俄罗斯，其扎尔于其种族例为族长，于其宗教例为朴伯（译言法王）。突厥之沙尔丹亦然，皆其证也，盖天王一人之身，实兼天、地、君、亲、师五者。方社会幼稚，势若必此而后安。特其制既成之后，又常至坚难变，观于巴尔干半岛之事可以见矣。

宗法社会之民，未有不乐排外者，此不待教而能者也。中国自与外人交通以来，实以此为无二惟一之宗旨。颈欲排外有功，其事必资于知彼，而吾之操政柄者又不能也，故所为辄败。至庚子之役，使通国三十年以往之财力，捆载输之外洋，而国愈不救矣。至今物极者反，乃有媚外之象。然其外媚之愈深，其内排之益至，非真能取前事而忘之也。而自谓识时者，又争倡民族之主义。夫民族主义非他，宗法社会之真面目也。虽然，处今之日，持是义以与五洲之人相见，亦视其民品为何如耳。使其民而优，虽置此义，岂至于灭？使其民而劣，则力持其义者，将如昔商宗之计学，以利国不足，而为梗有余。不佞闻救时明民之道，在视其所后者而鞭之。民族主义，果为吾民所后者耶？此诚吾党之所不及者矣。

为今日吾中国之大患者，其惟贫乎！何以知其然耶？曰：以其息贵而庸贱，价廉而赋轻。至于轻而犹不胜、廉而莫之雇，斯吾民之可哀极矣。百万之产，此在欧美，至寻常耳，乃吾国数府之间，往往而绝。夫内地之民之为生，日数十钱，即可苟活，而有时且不可得，则藏富之说，徒虚语耳。是故吾国一切之弊，皆可自贫以求其因。其智之不瀹，以贫故；其力之不奋，以贫故。问何污秽而不蠲，贫也；问何作伪而售欺，贫也。疠疫之所以流行，盗贼之所以充斥，官吏之所以贪婪，兵卒之所以怯弱，乃至民视其国之存亡若胡越之相视其肥瘠，外人入境甘为前驱，甚或挽其长留以为吾一日之慈母，无他，举贫之为患而已矣。此虽巧言饰说，苟用自夸，指一二挥霍侈靡之家，以为中国不贫之据，特晋惠肉糜之说而已，非事实也。故居今而言救国，在首袪此贫。惟能疗贫，而后有强之可议也，而后于民力、民智、民德可徐及也。

然而救贫之方，何由出乎？将以农乎？将以工乎？将以商乎？曰三者皆宜修也。然而其事皆甚缓。必待是三者进，而后有以救贫，则索我于枯鱼之肆矣。且是三者，非能徒修也，其体在于学，而其用在道路之大通。微是二者，虽力讲百年而仍不进可耳。故今日救贫之大经，仍即地而求之，而其要在路矿。吾之为路矿，将以富用路矿之吾民也，非徒以富治路矿者也。世之人惟不知此，故其说无往而不左。

今天下所并为一谈而以为至当不可易者，非曰路矿之事，必吾自为之，而无令利源外溢者耶？此犹往者欧洲保商之说也。虽然，使果克自为之，固甚善，而无如不能。盖使中国路矿，必自为而后可，虽期之以五十年，吾决其犹不进也。而此五十年中，或强权用事，而是可为路矿之地，已不知其谁属？彼南作之特兰斯哇尔、南洋之斐律宾，与今日之辽沈，非殷鉴耶？且吾所以知中国之不能自为者，固亦有说，其一曰无母财。夫一路之设、一矿之成，动需千万，使吾国而办此，则其民岂可谓贫？且吾国母财之家，其举事也，规十一之厚利，商政幼稚，其股票不可以通，三年不分利，则众志堕矣。故纵竭力尽气为之，成一二所至矣，其于国民救贫之说，仍无当也。试观通商以来，凡中国之公司矿路，其有一二处成者，何一不资于洋债，可以见矣。尚待论耶？

而议者曰：中国固有财。则吾且与之作有财观，而又如不习其事何耶！夫中国路矿无民办者也，必官督商办而后可，而督者于事云何，又天下所共见也。然令雇用外人，亦必有其能用之者。夫民出至重之母财，以供不习其事者之挥霍，一旦汲深绠短，辄委之商业利钝之常，则招股之时，彼掉头而去者，亦其所耳。

而议者又曰：是亦无患，但使财具，彼习其事者将自至也，则亦姑以为如是，而其终尚有至难者，则无如其无权何也。幸而有冒险之家，积丘山之母本，以侥幸于一试，而居中国之境土，其法度治制，非官者固无权，小之守令、大之督抚，乃至政府朝廷，皆可以一旦之觊觎，一纸之文书，而夺其所有。此又近事，而无假不佞赘言者矣。夫民之置财也，固必措之至安之地而后为之，而吾国之法如此，谁复有取其辛苦仅得之财，而措之至不安之地者，则趑趄缩葸，犹人情耳。

是故以前三者之为梗，而中国自为路矿之说，终空言而莫能行。路矿既莫能行，则中国之救贫为无术。救贫无术，则一切进化求治求富强之事皆废。

嗟乎！使中国不以路矿救贫，则亦已耳；使中国而以路矿救贫，揆今日之时势，非借助于外力，固不可。吾闻计学家之言曰：国之殖财，常资三物：地也，人也，母本也。三者亡一则不行。而亦各有应得之分利：主地者收其租赋，人工禀其庸钱，而出母本者则享其赢利。是三者，中国于前二则得其全，于后一则分其半。使既不能自为者不乐与人共利，是谓靳其一而亡其三，则以为理财长算可乎？且此犹言其直接之利而已。以言间接之利，实较直接者为愈宏。往来之便、百货之通、地产之增值，前之弃于地而莫求者，乃今皆可以相易。民之耳目日新，斯旧习之专、思想之陋，将不期而自化，此虽县县为之学堂，其收效无此神也。故曰：路矿之宏开，乃用路矿者之大利也，而治路矿者之富又其次已。知此，尚何有利源外溢之事乎？

虽然，必谓资外国之财而通吾路矿者为有利而无害，此在不佞亦不敢以云也。何以害？则正坐中国之为宗法社会故耳。以其为宗法，故种界严；亦以其为宗法，故外人常握治外法权，与之俱至。种界严而治外法权与之俱至，故交涉之荆棘，常起于不可知，而为吾患。假其不然，而中国之法，如拿破仑之法典，曰：生于华土者为土人，既居华之国中，斯为华法权之所治，则向者之患，又何有乎？彼受廛占籍而为吾氓可也，于利源外溢乎何有？故曰：中国之不兴，宗法之旧为之梗也。

总之，五十年以往，吾中国社会之前途，虽有圣者，殆不敢豫；而所可知者，使中国必出以与天下争衡，将必脱其宗法之故而后可。而当前之厄，实莫亟于救贫。救贫无无弊之术，择祸取轻，徐图补苴之术可耳。彼徒执民族主义，而昌言排外者，断断乎不足以救亡也。

《英文汉诂》叙*
（1904）

扬子云曰："言，心声也。"心声发于天籁之自然，必非有人焉能为之律令，使必循之以为合也。顾发于自然矣，而使本之于心而合，入之于耳而通，将自有其不可畔者。然则并其律令谓之出于自然可也。格物者，考形气之律令也；冯相者，察天行之律令也；治名学者，体之于思虑；明群理者，验之于人伦。凡皆求之自然，著其大例以为循守。文谱者，特为此于语言文字间耳。故文法有二：有大同者焉，为一切语言文字之所公；有专国者焉，为一种之民所独用。而是二者，皆察于成迹，举其所会通以为之谱。夫非若议礼典刑者有所制作颁垂，则一而已。庄周曰："生于齐者，不能不齐言；生于楚者，不能不楚言。"小儿之学语，耳熟口从，习然而已，安有所谓法者哉！故文谱者，讲其所已习，非由此而得其所习也。

十稔以还，吾国之习英文者益众，然学者每苦其法之难通，求之于其浅，又罕能解其惑而餍其意。癸卯南昌熊子访不佞于京师，慇然谆诿，意谓必纂是编，乃有以答海内学者之愤悱。窃念吾国比者方求西学，夫求西学而不由其文字语言，则终费时而无效。乃以数月之力，杂采英人马孙摩栗思等之说，至于析辞而止。旁行斜上，释以汉文，广为设譬，颜曰《英文汉诂》。庶几有以解学者之惑而餍其意欤？未可知也。虽然，文谱者，讲其所已习，非由此而得其所习者也。诚欲精通英文，则在博学多通，熟之而已。使徒执是编以为已足，是无异钞食单而以为果腹，诵书谱而遂废临池，斯无望已。

侯官严复

---

* 约作于1904年6月4日到13日间，刊于1904年上海商务印书馆出版之《英文汉诂》。本篇选自《严复集》，第一册，151～152页。

《英文汉诂》卮言*
(1904)

中国自甲午一创于东邻，庚子再困于八国，海内憬然，始知旧学之必不足恃，而人人以开瀹民智为不可以已。朝廷屡降明诏，诏天下广立学堂，省、府、州、县有大、中、小之程级，寻常高等，民立官设，名称纷繁，又设大学于京师，置学务大臣以总通国之教育。且虑利禄之路不开，不足导天下使归之于一也，则议递减制科所岁进之人数，欲十年以往，中国之人才，无一人不出于大学。盖百年之间，行政之殷，求效之切，未有过于此一事者，可谓盛已。

然而事有至难。夫吾国教育所不可不改图者，以旧有之经义词赋，议者以为无所用也。德行道义，一切形上之学，此吾所归求之而有余；犹功利机巧兵商工虞之事，吾国失官久矣，是必求之于彼而后能。此体用主辅之谈，所以日腾于士大夫之口也。然学固不可以徒得，是必有讲业解惑之师资，又必有觇毕揣摩之编简，是二者将皆求之于外乎？则文字语言，又为山之一篑，而不可阙矣。循此说也，又虑鞮寄象胥之业，古先圣王所视为至贱者，浸假乃徧于党庠术序之中，而吾之典籍文章，所谓支那之国粹者，举以扫地。此亡国沦种之先驱也，又恶乎可？

由是不得已而有译书之说焉。其意以谓：吾之所患，特无书耳，第藉令有书，虽有至深之术业、奥衍之文辞，伏而读之，皆可谙解，中西新旧，不过一转移闻耳。则由是向之所苦于无师者，今可以我为之师。其所诵读而揣摩者，将皆旧有之文字。凡学校之师保，依然往日之搢绅先生也。而西国之文字语言，即欲治之，为吾一科之译学焉可耳。乌有异言之人，接迹于学校，操其贱业，以比诸吾国经史之列者乎？此真今日海内讲教育者之公言也。

---

* 约作于 1904 年 6 月 4 日到 13 日间，刊于 1904 年上海商务印书馆出版之《英文汉诂》。本篇选自《严复集》，第一册，152～157 页。

虽然，吾尝思之，昔英博士约翰孙有云：“民无论古今也，但使其国有独擅之学术，有可喜之文辞，而他种之民，有求其学术、赏其文辞者，是非习其文字语言必不可。文字语言者，其学术文辞之价值也。夫入市求物，不具价者无所得也，矧文辞之精，学术之宝贵者乎”？此其言尽之矣。又使反而观之，仲尼之述作，莫大于《易》、《春秋》，今使西人欲会其微言，考其大义，则译而求之，可乎？秦汉之文辞，屈原之《离骚》，司马迁氏之《史记》，非绝作欤？今使西人欲知其悃款之诚，赏其吊诡之观，则译而求之，得乎？而西之与中何以异？且西学之难以译求者，不止此已。其名词标目，则未有其观念也；简号公式，则未有其演习也。

使闻者而疑吾言乎？则试与举其浅易者以譬之。今夫读历史固莫重于其人之氏姓也，言舆地又莫切于国土之专名也。其在本文，一举其形声，则章别源流，靡弗具焉，不独易为称而便记忆也。而于译则何如？一名之转写，辄聚佶屈钩磔雅俗互有之字以为之，少者一文，多至八九，羌无文义，而其音又终不相肖。虽有至敏强识之夫，尚犹苦之。以之阅图则溢目，以之读史则吃口，唇呿舌绁，前后相忘，又况名不一译，字不一音，谓能融合贯通、了然心目者，欺人而已。此非天下至难而困惫学者脑气者欤？且史乘、地志，西学之粗者耳，待译而治之，其扞格不操既若此，遑问其精者哉！嗟乎！南民不可与语冰者，未有其阅历也；生瞽不足以喻日者，无可为比例也；天下言西学而云可不习其文字者，惟未之学故耳。

而不佞尝闻世俗之论矣，曰：吾云西国语言文字之不必学者，非恶其物也，妨其学之流弊也。夫中才莫不牵于所习，彼习某国之语言文字者，莫不崇拜某国之文物而心仪之。海通以来，互市之场，所在多有，不独官求译人也，而彼族亦需之。使学堂而课外国之语言文字乎？彼于于而来者，其志非以求学也，变其口耳，冀为西人效奔走以要利耳。夫立学堂，将以植人才铸国民也。乃今以习其语言文字之故，驱吾国之少年为异族之奴隶，如立学之本旨何？吾闻国之将兴，未尝不尊其国文、重其国语，未闻反是而以兴者。且今日学堂所以进西学而跻于旧文之列者，所望其学浸假将为吾学也。使犹治之以西国之文字乎？则所谓西学者，必终于为西学。西学既日兴，则中学固日废，吾观今日之世变，中学之废，殆无可逃。顾必自吾曹为之开关延敌而助之攻，夫非与于不仁之甚者耶！

今之主毋治西文、毋学西语者，其忧深虑远，而持有故、言成理者，有过于前说者乎？殆无有也。虽然，吾又思之，窃以谓凡此皆见浅而不见深、知一而不知二之论也。夫事变之来也，往往果者非其所期，而所期者不必果；非所果与所期者，必相遁也。坐常人之为虑粗，而耸于近似之说故耳。今且无言其悬理，而请证之以已形之事实。夫国学而习外国之文字者，不徒中国有此事也，故今日东西诸国之君若臣，无独知其国语者。有之，独中国耳。且所习者不止一国也，兼五六国者常有之，果使必牵于所习而崇拜之，则西国之卿大夫，将人人皆犯交通之刑宪，此其事然耶？否耶？且交通之为贼，固莫甚于使与将。而彼职外交者，于外国之语言，固最习也；所不习者，且不中选焉。英之陆军，且增其资俸以劝将弁之通俄语者矣；法之陆军，其将校且必娴德语；至于各国海陆军中，莫不重其通知外国语者，何我之所忌与彼之所求，竟如是其相反也耶！

至谓习西语者多为西人效奔走，此诚数见不鲜之事。虽然，为此者其能事皆至浅薄，至于精通，吾见亦罕。且吾人于此，上不责之用人行政之家，下徒责之急谋生计之学子，此其为论，无乃苛欤！夫草野之人，恒产无资，故必以治生为最切，此人之至情也。且使其人治业十余年，或具私财，或资官帑，幸而成业，于其身有一节之用，而为上者于其才之短长，既莫之鉴别，于其身之饥饱，又漠然无概于其心，则相率而听外人之招，又奚足怪乎？夫开学堂，固云植人才、铸国民也。彼治西学习西语者，固不尽为人才，亦不尽及国民之平格，然使果有人才而得为国民之秀杰者，必不出于不通西语、不治西学之庸众，而出于明习西语、深通西学之流，则今日之厘然可决者矣。岭表之民，有习京师之言而从官为胥役者，某乡之人乃以子弟之习官音为戒，曰是且相率为奴隶也。彼谓习西文则为异族之奴隶者，其持论与此，岂有异乎？

至谓国之将兴，必重国语而尊国文，其不兴者反是。此亦近似得半之说耳。夫将兴之国，诚必取其国语、文字而厘正修明之，于此之时，其于外国之语言，且有相资之益焉。吾闻国兴而其文字语言因而尊重者有之矣，未闻徒尊重其语与文而其国遂以之兴也。二百余年以往，英、荷、法、德之硕师，其著书大抵不用本国之文，而用拉体诺语。此如斯平讷查之《外籀哲学》、虎哥觉罗挟之《战媾公法》、奈端之《格物宗论》、培根之《穷理新机》，凡此皆彼中之"不废江河万古流"也。顾其为书，不用本语，而当时之所以为习者，又可知已。然则必如议者之言以西文治西学者，西学将终于为西学，是必英至今无格物、德至今无哲学、法至今无公法而后可，否则所议去事实远矣。

曩者吾人以西人所知，但商业耳、火器耳、术艺耳、星历耳。自近人稍稍译著，乃恍然见西人之所以立国以致强盛者，实有其盛大之源。而其所为之成绩，又有以丰佐其说，以炫吾精。于是群茶然私忧，以谓西学必日以兴，而中学必日以废。其轻剽者，乃谓旧者既必废矣，何若翘弃一切，以趋于时，尚庶几不至后人，国以有立。此主于破坏者之说也。其长厚者则曰：是先圣王之所留贻，历五千载所仅存之国粹也，奈之何弃之，保持勿坠，脱有不足，求诸新以弥缝匡救之可耳。此主于保守者之说也。（往者桐城吴先生汝纶，其用心即如此。其哲嗣辟疆有句云："饥饱上通黄帝鬼，存亡高瞩素王文。"情见乎辞矣。）二者之为说异，而其心谓中国旧学之将废则同。虽然，自不佞观之，则他日因果之成，将皆出两家之虑外，而破坏、保守，皆忧其所不必忧者也。果为国粹，固将长存。西学不兴，其为存也隐；西学大兴，其为存也章。盖中学之真之发现，与西学之新之输入，有比例为消长者焉。不佞斯言，所以俟百世而不惑者也。百年以往，将有以我为知言者矣。呜乎！世变之所以不测，以笃时者观化之甚肤；救败之所以难为，以拘墟者防弊之无当。老氏曰："既以为人已愈有，既以与人已愈多。"当秦之逐客也，幸李斯之言用耳，不然秦之帝业不成可也。吾安得风华蹈衰者，与之议道国明民之业乎！

虽然，吾之为此言也，非谓教育之目，必取西文而加诸国文之上也，亦非谓西学之事，终不可以中文治也；特谓欲以中文治西学读西史者，此去今三十年以后之事。居今日而言教育，使西学不足治，西史不足读，则亦已矣。使西学而不可不治，西史而不可不读，则术之最简而径者，固莫若先通其语言文学，而为之始基。假道于迻译，借助于东文，其为辛苦难至正同，而所得乃至不足道。智者所为固若是乎！夫此时之所急者，通其术而得其情云耳。而所以通所以得之涂术，不暇校也。洎夫家通其术，人得其情，将向所谓授业解惑之师资，觇毕揣摩之编简，皆不期而自集，而不必勤求乎其外。夫而后以外国文字为一科之学可也。一切之学，治以国文，莫不可也。夫公理者，人类之所同也。至于其时，所谓学者，但有邪正真妄之分耳，中西新旧之名，将皆无有，而吾又安所致其断断者哉！

光绪甲辰四月下浣识于海上之嬛琴寓斋

述黑格儿惟心论 ——Hegel's Philosophy of Mind* (1906)

德哲黑格儿之言心也，其分为三：曰主观心、客观心，终之以无对待心。其论至深广，见所著《智环通解》*Encyclopedia*。今为举其大义，略述之如左。谈心性者，或有取欤？

主观心（Subjective mind）者，就吾一人而得之者也。黑格儿曰："人之所以为人，唯心。"心之德曰知觉，曰自由。方其始也，为蛮夷、为童幼，其心德未发皇也，存于其理而已。万物为天演所弥纶，而人心亦如此，故所谓知觉、所谓自由，当其滥觞，不可方物。天演之行既久，其德形焉。心德者，天演之产物也，而天演之迹，历史载之。

草昧之未开也，童幼之未经教育也，盲然受驱于形气，若禽兽然，顺其耆欲，为自营之竞争。浸假而思理开明，是非之端稍稍发达，乃知有同类为一己之平等。所谓理想、所谓自由、所谓神明（三者实为同物），非其一身之所独具也，乃一切人类之所同具，而同得于天赋者（此老氏所谓知常）。由是不敢以三者为己所得私。本一己之自由，推而得天下之自由，而即以天下之自由，为一己之自由之界域、之法度、之羁绁。盖由是向者禽兽自营之心德，一变而为人类爱群之心德，此黑氏所谓以主观之心通于客观之心 Objective mind。客观心非他，人群之所会合而具者也。（案：客观心即吾儒所谓道心。）

黑氏之论客观心也，曰主观心受命于形气。有饮食男女之大欲，一以为自存，一以为蕃育，有所拂逆，则祸害仇疾之情生。之数者，虽经进化，犹常存也，而其形质则大变。有先觉之民起，乃教之以礼让，而

* 发表于1906年8月，《寰球中国学生报》。此文之原文来源为 *Hegel's Philosophy of Mind: Being Part Three of the Encyclopedia of the Philosophical Sciences*（1830）。本篇选自《严复集》，第一册，210～218页。

婚姻饮醴之俗成；董之以刑威，而流宥锾杀之法立。盖礼刑兴，而向之耆欲竞争，乃出于禽兽，而成于人道矣。

故客观心之发见也，首著于人类之天直。天直者何？人人所受自由之封域。其一身自由，而为社会所同认者，谓之一民。一民之享是自由封域也。自其所主之产业，所受之利益而见之，故法典认其人有主物之天直，复由主物之天直，而得通物交易之天直。通物，交易之天直，以契约质剂，为之证书。故契约质剂者，国家法制之胚胎也。

主观之人心，忽而有所欲为，而所为或与众志（客观心）迕。当是之时，其所享之天直封域最显。此时之客观心，其大经皆著于社会之法典矣。迕之而过，则罪犯形焉。罪犯者，越其天直封域者也。故谓之不法，又谓之不直。彼为此之主观心，固以为未尝犯也，然天直封域，众志之所定也，虽暂为私者之所胜，而公道必有时而伸，伸则行其诛罚。无道奸慝之行，徒以显公道之权力，见公理天直之尊于私欲云尔。故诛罚之行，依于法典，非弼教也，非改良也，乃公道之报复。报复事之终也，鹄也；弼教改良，事所由也，微也；天直，自直者也；法者，去不平也，罪其人所以昭法戒也。刑而平允，则大辟宜勿除。今之欲除大辟之刑者，皆以刑为使民更新之具。果如是言，彼死者不可复生，断者不可复续，以之弼教，非滋谬欤！社会之有刑，非以怵为恶者使自新也；公理天明，为其人所侵犯，而法为施其所当得之刑而已。

此言，法家之言也。法家之说覈，而易使人失其真。盖法家所重者法，与实法之必行耳。法外之意，非彼之所及也。今有人于此，其言行，自其外言，于法无不合，而其人之用心，于所谓客观心者，可以大迳庭焉。此法所以于化民易俗之事，有时而穷也。

虽然，化之进也，此主、客二心之相迕而不协者，将尽泯而悉除。向者虚悬无所附之公志，所谓天直、所谓公理，必散而分丽于社会之人心，主于中而为言行之发机。向之法典，今为民德。此自黑氏言，所谓以客观心为主观心而已。

然则仁义者，民心之法典也。而国家之三尺法，乃与人心方寸所怀之志愿无殊，曰义理，曰良心，曰德行，举凡人心所为善者，乃深入于隐微，而为之防检。向也，法典自为法典，人心自为人心，乃今有民义焉，其异于法典者，所课不徒外迹之合也，神明之地所发中而起迹者，皆无遗焉。故法典之坊民，事止于形质。其刑民也，犹以杞柳为杯棬，极其能事，形利而已。若夫义理之所治则不然。形之利者，将进之以为神善而后可。道德义利之行于社会，于何而见之？曰：见于伦理也，见于礼俗也。伦理、礼俗之为用，将以会人人之志气而使之共从事于一涂。（所谓一涂，即客观心之证果，下文所谓皇极是也。）

伦理、礼俗基于家，而为一切之基础。则夫妇之匹合也，父子、兄弟之相维也，由此而后有社会，亦由此而后有国家，无家不可以为国。故夫妇匹合，为斯民天职所由昉，而其合也，必不可以不由礼。方一男女之合也，使其以社会为心，以国家为心，则其合义也；即不然，将其事下同于苟合。文明国之于嫁娶也，皆称天以临之，虽夫妇道苦，律许休离，而其事望于不得已，为之制限至严，何则？法之所容，而礼之所讳故也。其事之严且重如此，夫亦曰国基于斯而为下民幸福之原已耳。观于历史，凡有男女淫佚，易内窃妻，与夫民恤己私，各立于独，其国种未有不陵夷衰微者也。

家积而为宗，宗聚而成群，如是之群，尚未足以为国也，以其宗旨在保护小己之利益故。逮进而成国，将其所以为一二人之私利泯焉，而所祈向之公义立，此成国与未成国之社会之大分也。其未成国也，以个人之利益为最重；其既成国也，以求臻于所祈向之上理为最重。所祈向之上理，思想之所成也。每有欲臻此境，虽牺牲个人之利益而不恤。故往者之治，散而近于私，极其成就，分据小康而止；后乃除蔽去偏，和同调燮而成一统大同之治体，一统大同者，思理之治制也，客观心之现象也，而人治以此为之极则。向者之宗法，小成之分据，不合不公，特此境之前驱资为蜕变而已。

是故自黑氏言，庶建共和 Republic 之治，非治之极则也。以主其说者，不知群与国之分殊，而视小己之利害过重。古之庶建，其制恒不可以长久，而号令其众之枋，常卒归于一姓。此其故何耶？彼不悟国有皇极，皇极即向所求臻之上理，所合成之客观心，所由思想而得之胜义。国之进者，必以此为鹄，而牺牲其个人之利益以趣之。乃今不然，转牺牲此皇极焉，以为个人，以为私家，以为品流。希腊之霸朝、罗马之帝制，为世所颦蹙而言久矣。顾其物之所由成，皆此庶建民主与夫贵族擅朝，先私益而后公义者开之耳。

君主者，治之正制也。一人首出，其所行无所屈，其所居为至尊，而向之皇极上理胜义客观心，乃于此得代表焉。向也为虚悬之理想，乃今得此而道与器合，余为天王神柄攸属。往古相传大经大法，一是宪章文物，于此焉得守器之长子，建极求诣，彼之职也。故大君者，有形之皇极也，变虚悬之道，而为有知觉之道，所以会亿兆之公志而为一人之大志者也。路易十四之言曰："朕为国家。"其精义盖如此。呜呼！炎炎大言，黑氏之言皇极与君主也。

政治之自由（Political Liberalism），黑氏之所訾也；民族之自由（National Liberalism），又黑氏之所右也。自功利家（Utilitarian）之眼藏而观之，聚异族之民，以为联邦合众之国可也。瑞士为国，固如是耳。虽然，国者民族之所成也。民族者何？一言语，同文字，乃至宗教礼俗与夫道德之观念，靡有殊也，如是者谓之一民族。是故国以强力。取一绝异之民而羁平之，不顾其所不欲，而强使服焉，如是者犯大不韪，而行逆性之事者也。脱其众有能起而叛之者，为无罪，国之合，以观念之先合为之。未有观念不合而能强合其民者也。

虽然，犹有辩。夫羁轭异种之民，所以犯天下之大不韪者，以所胜所羁之民，乃有道之种民也。其国民思想之所标揭，其上下所求臻之上理，精深博大，而可自存于天演界者，无所愧于胜家，夫如是而夺其国土、虏其种民，乃为大戾，而可叛也。假其不然，叛乃逆耳。天下固有民族，伧然无礼义，即其始有教化可言，而经数百千年之陵迟衰微，已为天下之敝民，而丧其所以立国者，如是而不强为善；抑见他族之有善，又虚憍傲慢，耻于相师，斯其国固宜灭。如法国之布勒敦，与其南之巴斯几种人，其见并于法与西班牙，正天理之极则耳，乌有所谓不韪而可叛者乎。

五洲无虑数十百国，国各有道，以为存立。道之胜者常为雄，是征诸历史而不惑者也。夫历史所载无他，前立之国家，与后起之国家，二者继继绳绳，相与竞于无穷而已。且道者，观念之事也，其始浑然暗然，莫之知孰为优劣，至各持之而有胜负，斯其优者见。见乃形，形乃进，是故历史所载之前后国家，皆道之有形者也。随时而暂成，不久而蜕化，道常新，故国常新，至诚无息，相与趋于皇极而已矣。虽然，皇极无对待，无偏倚者也，无对待无偏倚。故不可指一境以为存，举始终，统全量，庶几而见之。是故国家进化于何而极，虽圣者莫能言也。皇极在在而是，无在而是。其在在而是也，以历史所载之国家，莫不以此为归墟也；其无在而是也，以此问题必后乃能决，而后之后，又有后也。历史之所载，其渐进之能决也。皇极如佛氏浮图然，古今并世之国家，于造是浮图也，皆有一砖一石之布施。然而民族各有种业，种业与皇极之大道常反对，以反对故早晚亡。自皇极之道言，凡为国家所存立者，莫不载其一义而莫或载其全体者，故曰无不亡之国、无不败之家。皇极以下皆对待之物也，惟对待乃相胜，故国恒相灭；然而灭者必载而传所灭者之典章文物而加张皇焉。然则虽号胜家，寔则所胜者之法嗣，而承其衣钵法器者也，惟其承之，是以保之。（此节入理最深，非熟看深思不能得其妙义。）

黑格儿曰：民族朝代相传，以后者受前之文物，此历史之相生名学也（Dialectics of History）。夫相生名学（黑氏之言名学也，谓理之相克者恒相生，近而譬之，如警察之法愈严，将奸宄之术亦愈出。老子所言，大抵皆此等名学），于寻常理想，着人心思想天演之情态耳。而于历史则著世界思想天演之情态。然则依黑氏之名义，此无异云寻常名学，乃主观心之名学，而历史为客观心之名学。二者所论，异者特在外缘，至所明之理趣，所用之涂术，故无少异。人心之进化也，悬意观念相续，前之偏狭而黮暗者日退，后之溥博而条理者益臻。万物之进化也，形象官品相续，前之混沌不精者日远，后之井画分理者日滋。是二者既如此，历史之进化何为独不然？其为进也，人心之观念，渐而著于事物名迹之中，纠合经纬，日就月将，缉熙光明，相与趋于人类之终局而已。是故其为物也，为心意之玄冥，而哲人收视之所独见可也；为物体之粲著，而森列于上天下地之间亦可也；或相与组织鸠合，而成历史递嬗之国家。三者为物至殊而其进化之情，所以隤然沛然，相与趋于无对之皇极为归墟者，其秩序浅深，不可丝毫紊也。夫理者，史之内精也。此所以为客观之心，而与主观之心为对待也。欧之帝国，古曰希腊、罗马，今曰英、法、德、俄，亚之帝国，曰波斯、曰突厥、曰蒙古、曰支那，此数者起伏相乘，成功者退，史家但见朝代之兴亡、人民之相竞、军旅之相斫已耳，岂知此之现象，皆人心观念之代表，非国之争为雄也，乃道之争为优也。两军交绥之间，以黑格氏之法眼观之，皆新旧教化之争，宜孰存立而已。（按：此节已开斯宾塞天演学之先声。）

刑罚古酷而今祥，战伐古烈而今恕，此文明进化之实征也。虽然，以云弭兵，殆犹远尔。何则？国群天演，所以淘汰劣者之利器也。自十八世纪末造以还，民皆知今之为战，大异于古所云。古之为战也，以一二人之私忿欲，率其民人，以膏血涂野草；乃今为战，将必有一大事因缘。质而言之，恒两观念两主义之争胜。向谓民族国种，有共趋之皇极，今之战而胜者，其所持之主义，必较战而负者之所持，其去皇极为稍近。何则？世局已成，非近不能胜也。胜者，天之所助也；败者，天之所废也。故居今而言强国，问所持主义之何如？显而云乎，则察乎其通国之智力与教化耳。不讲于此，而痛哭流涕，为苌叔之违天，专专乎于排外争野蛮文明之稍异，则浅之为庚子之义和团，深之为今日之日本留学生，而是二者皆亡国之具也。博塞读书，其于亡羊等耳。黑氏曰："亡国败群，皆天谴（Divine Reprisals）也。"其所加者，恒即于有限（Finite）、一偏（One Sided）与不完全（Incomplete）者，此真无穷不变之天威 Eternal Dies Irae 生于两间者所莫能逭也（Nothing earthy can escape）。五洲之民，相与竞进于皇极而世降世升，常有其最近之民族。此当其时，则为世界文明主人而为他族所宗仰。此如古之埃及、叙利亚、希腊、罗马、法兰西是已。盖一切之民族，各自为其客观心，而无对待心，为之环中枢极。前所指之先进民族，尝一一焉为其喉舌，为其代表者也。

故民群天演为三候焉，萌蘖一也，膨胀二也，会萃三也，其见于历史者常如此。亚洲之国家，建于君主之一身，总至尊之主权，以临御亿兆之小己。及其过也，小己之所为小己者亡。国犹海也，小己犹沦漪也，海固未尝为沦漪计也。

希腊尝席卷亚洲矣。亚之风俗，入希腊而一变。振其颓惰宁谧之风，而为事业之勤竞。此专制之后所以往往为共和也。共和而后有国民。盖专制虽有民，其于国无所与，非若共和之民，为国家一切事根本也。故共和之民常日重，知国家之有待于彼为成立也。古欧之民主，其存立必小己与大群之利害，得调燮而平均。故其局之散也，恒由小己奋其私，各立于独不相下，而害大群之公义。当此之时，则必有专利之霸权兴焉，以弹压小己之私。使有所服而用命。其初起也，势恒至利，足以大启土宇，齐一异俗，致同文同轨之盛规。此如中国之秦、隋，欧之凯撤〔撒〕、复律芒，蒙古之成吉思，西域之铁木真，皆其选矣。浸假而大群小己之利害又过于不平，其势复不可以终日，则于是景教起，而国会之制，乃以众治救独治之末流，而底于今日之治制。英伦法度，其模型已。

严复曰：欧洲之言心性，至迪迦尔（Descartes）而一变，至汗德（Kant）而再变。自是以降，若佛特（Fichte），若諰林（Schelling），若黑格儿（Hegel），若寿朋好儿（Schopenhauer），皆推大汗德之所发明者也。然亦人有增进。足以补前哲之所未逮者，而黑、寿二子所得尤多，故能各有所立，而德意志之哲学，遂与古之希腊，后先竞爽矣。考汗德所以为近代哲学不祧之宗者，以澄澈宇宙二物，为人心之良能。其于心也，犹五官之于形干，夫空间、时间二者，果在内而非由外矣，则乔答摩境由心造，与儒者致中和天地位〔为〕万物育之理，皆中边澄澈，而为不刊之说明矣。黑格儿本于此说，故惟心之论兴焉。古之言化也，以在内者为神明，以在外者为形气。二者不相谋而相绝者也。而黑则以谓一切惟心，特主、客二观异耳。此会汗德、迪迦尔二家之说以为说者也。由是而推古今历史之现象、起伏变灭，皆客观心理想之所为。然而其中有秩序焉，则化之进而共趋于无对待之心境，此鄙人所译为皇极是已。故其言化也，往往为近世天演家之嚆矢，又于吾国往圣之精旨微言有相发者。（如张横渠云，为天地立心，试问天地之心于何而见？）黑氏著论至多，后之学者，辄苦难读。丙午夏日，鄙人自皖旋沪，适《寰〔环〕球学生报》出，总理李君登辉等，踵门求文字，前后书七八通，殆不可已。则勉强挥汗，为发黑氏之蕴如右。所论止于主、客观二心，尚有无对待心者，则未暇及也。

孟德斯鸠《法意》之支那论*
（约1906）

中国今日开从古未有之局，举行立宪。然宪立矣，不问吾国民性、民质、民材之程度如何，其数千年所受于地理、历史风俗之根本如何而贸贸然颁行宪法，则其宪法之成文必致与吾民之性质、习惯背驰而不合有其形式而无其精神，则宪法自宪法，国民自国民而已。故立宪者必从吾民根本精神上着手，而后远采欧美、旁师日本融合而成一完全精美之宪法，以深印于国民之心脑内，坚巩而不可摇动，斯则立宪之幸耳。今采集法儒孟德斯鸠所著《法意》一书，其致论吾国民性风俗之要者，以为操枋者之知所因革损益焉。孟氏为法学大家，其所著皆经纬百为，瞻瞩幽远，于五洲礼俗、政教莫不籀其前因后果，至其考察吾东方政俗用意尤勤。是篇真吾对证之药，吾甚愿国民之一省也，记者识。

支那之奢俭

国家之制生事律也，有逼于地势国俗，而不得不然者。以其天时之故，户口极易蕃滋。而养民之物，不常可恃。则通国之民，必尽力田，而后能济。如是之国，以浮华侈靡之为患殷也。故国家严生事之律，使必出于制节谨度而后已。是故国于浮靡之俗，或为奖进，或为禁绝，是二者之分，察于民数稠稀与夫民食难易之间而已。英民之业，曰农与工，其土之所出，资以养是二者而有余。故虽作为无益之业，邻于浮奢，不为害也；至于法国亦然，农工之食，不忧不足，其于外邦互市也，往往以伎巧，易资生所不可少者，故于民之逐末，不必禁也。

* 约作于1906年，原发表于《政艺通报》，第5卷第13期，6～10页。

复案：孟氏此言，与近世计家之说，不相似矣。即所谓英国地产所出，足养其农工有余，即在当时，亦未必即为笃论也。

若夫支那之为国也，其情与英若法乃大异。其女子好孕而善育，户口之进几于无时。故虽无土不耕，而犹不足于养，然则奢侈之弊，于其国最大。是以虽在专制，而俗之敦崇节俭，如民主公治之国正同，此务本重农之令，所由自古不忘，而奇技淫巧，在所必禁也。

至今中国，犹传前古皇帝之诏书，文辞粲然，义训深厚，如唐高祖诏毁天下佛寺铜像，其中有云：一夫不耕，或为之饥；一女不织，或为之寒。盖用古之建言也。

其廿一朝之第三帝（盖明成祖），则禁伐山采玉之工，以为玉之为物，饥不可食，寒不可衣，不欲以此劳民而损社会也。

其最著称者，如汉贾谊之对文帝陈政事也。有曰：帝之身自衣皂绨，而富民被文绣；天子之后以缘其领，庶人孽妾以缘其履；民之卖僮者，为之绣衣丝履偏诸缘，内之闲中。夫百人作之，以衣一人，欲天下无寒不得也；一人耕之，十人聚而食之，欲天下无饥不得也；饥寒切于肌肤，欲其无为奸邪不可得也。

支那奢侈之敝

自夏商以至于今，为中国之君者，盖廿二姓。然则其国所阅历之革命，大者二十二，而割据偏安，旋起旋灭者，为数至多，所不论也。三代享国最长久，此虽由其治之有道，亦以古之幅员，其广轮比今甚狭之故。吾辈考其历史，大抵一朝开创，莫不有初，仁圣恭俭，畏天勤民，而奕世之基以立，至其后嗣乃坠丧耳，真主以汗马起家，其所受代者，例皆淫昏之末造。敬胜者吉，怠胜者亡，则其崇道德而戒淫侈者势也。然而数世之后，继其位者，生帷幬之中，不识下民之疾苦，稼穑之艰难。则恣睢荒谳，忽于治理者，又其势也。其智则日微，其年则世促，支叶披离，权奸兴而阉宦日以信用，所推戴而拥立者，非襁褓即其童昏，朝廷所行，事事与天下冲突。勤者耕作，而惰者有秋，甚且取其业而败之。夫如是则篡弑兴而覆亡无日。虽然，故社屋矣，一姓兴矣，而三四传之后，其新者又一循其故者之覆辙，享国短长不同，而平陂往复，一治一乱之机，莫不如是。是则支那之历史而已矣。

支那帝国

不佞此篇之说，难者贯实多，故于其终，必有以应之，而后其说乃足存也。彼景教宣福之徒，游于东土而归也，莫不曰美哉中国之治制也。其所以为精神者，实兼道德、荣宠、恐怖三者而并用之。夫使其言而信，将不佞往者三制之分，为无谓而强生区别者矣。

虽然，荣宠、恐怖二者之为合难，夫使其民之奉令守法，皆出于怀刑畏威而后为之，虑一不当，则鞭笞随其后。（自注：神甫竺赫德言治中国者非他，夏楚而已。）则吾不知其民所谓荣宠者，为何等观念也。

复案：此不足以为吾辱也。夫礼所以待君子，而刑所以威小人。如孟子言则必君主之治，不用鞭笞箠朴而后可。而今日即最尚荣宠如英、法、德诸邦，其为法然耶否耶。虽然必訾中国以无礼则有无可逃者矣，其证安在？则如明代之廷杖所至，本朝而革焉者；也如试场之搜捡所至，本朝而因焉者也。是二者一见于士大夫进身仕国之初，一见于荣名委质之后，皆大丧廉耻，而于治无几微益者。使孟氏举此而曰，吾无荣宠之足云，则吾有呿口绁舌而已矣。

又使叩支那之俗，于吾国之商于彼土者，将其所言于支那人之道德，未见如传教者之倾倒也。官吏号牧养小民，保卫商旅，顾其宠赂之章，侵夺之暴，盗贼不翅焉。且此非仅仅一二见也。暴者其常，平者其偶，道德之民，讵若此乎？使闻者犹以是为不足也。则吾请征诸爵主安孙之所闻见者，庶吾言非妄发已。

复案：安孙者，英之海军提督也，生康熙间，当是时，斯巴尼亚海权大盛，逾南美而远及太平洋支那海。安孙尝以寥寥数舟，大挫斯巴尼亚于马哲兰飞猎滨间。盖尝亲至吾国闽粤之南境云。

又神甫裴伦宣函稿，载其皇帝诛戮弟兄之事。某某亲王，皈依景教，坐是获谴，盖猜嫌积久，定必死之之画。忍心害理，所谓以冷血杀人，较之仓卒相戕者，尤为暴矣。

欲考支那之政治，吾党所可据者，裴神甫而外，尚有游客戴眉兰之纪载。今但举数端，覈而论之，则向之隐约难明者，皆可见矣。

则安知彼传教者，不耸于其外之治迹，而不见于其真，遂倾慕赞叹之若此者乎？且宗教者，服于一尊之制也，则又安知彼不本其夙成之心习，见泰东朝廷，以一人托于亿兆之上，而威令之行，有如彼者，则以为上理之隆规，而欢喜诵叹之乎？总之彼教侣之游于印度诸邦（复案：前之西人于安息、葱岭以东诸国，大抵通呼印度，不甚著分别也），将以致大变于其俗者也。故其入手而著力也，宁得于无穷权力之帝王，不愿从其下流，而致力于莫之服从之氓庶也。（自注：竺赫德云，景教往往为官吏所排，而神甫尝得圣祖之权力以为抵御。）顾吾辈之听人言论也，往往于谬悠无实之中，思之而得其真实者。夫支那之以专制而治，固必有特别之原因，且必有非常之原因以成其如此。则如其国之天时地利，所以陶冶牵系其风俗人心者，出于见闻所未尝有者，可也。

支那之风土，于人民之蕃殖，殆有奇效。其女子之繁毓，甲于五洲。虽有至残极暴之君，不能使不虚生而以为通国天下所托庇。夫此二种之人，其出于何地至不可知者也，亦如至愚极恶者然。生于宫禁之中可也，生于圭窦之中亦可也，故生学家以此为造物之游戏。设有国焉，其中之法俗，能使如是之材，上不为富贵之所腐，下不为稿饿之所芸，俾之成材，而任之以其所最宜之事，人类进步终必赖之，不仅强一国、盛一种而已也。且果使教育之家具真识别，而能得此二种之人才乎，则其所以培成之者，虽费至厚之资，犹不折阅也。何则使人才如瓦德、如法拉弟、如大斐者，而可以财易得，则英国虽人以兆金为价，其为廉犹粪土耳。呜呼！是三人者，皆实业家也，其诸吾党，可以奋矣。

不佞近以衰疾，精爽旷枯，思理锈涩。每有所讲，辄叹心之精微，口不能尽。今夕承诸君子厚爱敦率，勉为此谈，以相期之深，不觉意复词繁如此。乃诸君子屏哗圜听，逾时不衰，以折杨皇荂之曲，邀移情忘味之赏，令人感极而惭也。

书《百科全书》*（1907）

百科全书者，西文曰婴塞觉罗辟的亚，正译曰智环，或曰学郛。盖以一部之书，举古今宇内，凡人伦思想之所及，为学术，为技能，为天官，为地志，为各国诸种有传之人，为宗教、鬼神可通之理，下至草木、禽兽、药物、玩好，皆备于此书焉，元元本本，殚见浃闻，录而著之，以供检考。泱漭浩瀚，靡所不赅，唐乎奓乎，真人慧之渊海，而物理之圜枢哉！尝谓方治化之进也，民有余于衣食，则思想问学之事兴焉。仰观俯察，远物近身，十口相传，阅历斯富。有圣人作，文学肇兴，变口述而为记载，由是金石而外，东有杀青铅椠，西有贝叶羊皮，书籍之用斯浛，小学之功日繁。贤者识大，不贤识小，此民智之所以日辟也。虽然，未已，必剞劂用以省传抄之劳，绘画行以得物形之似，而图画之功，乃不胜用尔。且学之演也，常作始于简，成终于繁。而教之神也，又先为其分，而后期于合。是故西哲有言：自古及今，凡人类之理想，如锒铛然，无一环而特起，又若纲目然，必联系而相资。此诚见其会通而不刊之论也已。

往者龙门太史迁，生西汉之代，承百家蜂起之余，九流分出之际，创为通史。自谓罔罗天下放失旧闻，故纪传世家而外，为十表八书。其自序也，首载父谈所论六家要指之言，继乃详其述作之缘起。其意亦曰：古之人方为其分，至于我而后为其合，自吾书成，一切载籍，学者皆可以不治，必欲为学，治吾书可耳。是亦中国学郛之权舆也。

欧洲学郛之作，发现于十八世纪之中叶。而夷考本始，则希腊硕师

---

* 约作于1907年8月，刊于英国《泰晤士报》编、上海商务印书馆代发行之《百科全书》。本篇选自《严复集》，第二册，251～252页。

雅里斯多德，已有人类智慧总一拓都而支流节目皆相搘拄之言。近古元明间，英有罗哲尔佩根，德有阿尔思迭，皆斐然述作，事勤文富，有足多者。降至康乾之间，欧洲文明肇启，旧者宗教之迷信、政法之专制，在在无以协于人心理想之安。于时法国笃生两贤：曰狄图鲁，曰达林白。本英国哲家法兰硕培根之指，号召同志，闳规大起。议造此书，用分功之术。其著论也，人各贡其所知，而两贤司其编辑。当是之时，法有孟德斯鸠、福禄特尔、卢梭、拓尔古、康特什之伦，英有亚丹斯密、休蒙，德有汗德、赖伯聂子，相与矫尾砺角，摧陷廓清。而智环一书，实群言之林府。于是政教笃旧之家，心骇神愕，出死力以与是书抵距。盖其书越二十年而始成，编辑之人，屡及于难。迨成书，而大陆革命之期亦至，其学术左右世运之功，有如此哉！是故言智环者，必以此书称首。

顾百年以来，欧洲学术，川增潮长，是以列国各有其书，而数数增修，与时偕极。至于今，虽名仍智环，而所载悉非其故矣。伦敦《泰晤士》者，五洲报章之岱斗也。其为报，常集数十百巨子名公，于天下事靡所不论，其隆富可谓极已。乃今汇而集之，编为是书，以饷学者。学者家置一编备考览，则不出户可以周知天下。上自国家政、法、兵、农之大，下至一名物、一器饰之微，皆可开卷了然，究终本始。夫岂馈贫之粮，益智之囊已哉！惜乎，吾国《图书集成》徒为充栋之书，而不足媲其利用也。

《习语辞典集录》序*
（1907）

顷自十余载以还，五洲之交通日密，吾国士大夫憬然幡然，知往者之峻柜〔极〕自封，无补于国势之强弱，乃皆以周知四国之故，为莫亟之先务。然其为此也，必以通其言语文字为之邮，故习读欧文者日益众。其有时过年长，力不足以为其新，则常勖其家之子弟以为此。如吾友卓太守芝南之遣其哲嗣，游学四方，犹此志耳。

今夫语言虽极其聱牙，一种之民，安之若素；文字虽极其奥衍，一国之士，以为至常。然则语言文字者固不足以为学，然而非此欲求其所谓学者，则其势不能，此所以其道虽小，而必不可忽也。且求语言文字之通也，岂独一字一音习其散焉者而已。往往字与音散则犹是也，而倚合参两焉，其意义乃大异。况乎一种之存，一国之立，垂数千年，则其中必有聪明睿智之民，其思虑知识，所大异于凡民者，会其声而成辞，此其文以见意。而闻者或默以识，或笔于书，而一物之精理以明，一心之深情以达，历世既多，而所积弥富，此吾文字相传之所以称古也。

且吾闻善为学者，在即异而观其同。今夫五洲之民，苟从其异而观之，则诡制殊俗，其异不可以言词尽也。顾异者或牵乎天，或系乎地，又以相攻相感，所值之不齐，而其异乃大著。虽然，异矣，而其中常有同者，则形质不殊，而所受诸天以为秉彝者，莫不一故也。是故学者，居今而欲识古之圣人所谓达道达德者乎，则必取异民殊种，所必不可畔者而观之，所谓达之理著矣。是故彼此谣俗，古今典训，在彼有一焉为其民所传道。迨返而求诸吾国，亦将有一焉与之相当。必识夫此者多，

* 作于1907年，该书由商务印书馆出版，卓定谋、曾牖编，名《英华习语辞典》。本篇选自《严复集》，第二册，358～359页。

而后能用其文字语言，以通夫吾之意思，此为学之术也，亦即所以为文字语言者也。

卓君禀其父命，学英之文字语言甚勤，见吾国近者有字典之编辑，有文法之译著，其心以为是其为书，皆有助于学者。顾使未知其文，仂语半辞之中，有自为其倚合参两近譬曲喻者，则虽习其散焉，犹不可以为达。又使未知在彼之建言谣俗，一一于我皆可以求其同者，将不知二者异辞之同指也。乃奋其日力，汲汲然为《习语集录》一书，将饷海内，先质其父，其父乃寓书于同里严复曰："为吾儿序之。"

《蒙养镜》序*
(1908)

晋人有言："子弟亦何与人事，政复欲使其佳。"应者曰："此如玉树琼林，欲其生吾阶除而已。"此其言似达，然而大误。东晋之所由不振，姬汉畺索，遂为腥羶驰骤之场，至隋暨唐而后粗定者，未始非燕翼之情甚轻，有以致之也。夫一国一种之盛衰强弱，民为之也。而民之性质，为优胜、为劣败，少成为之也。国于天地，数千百年，一旦开关，种与种相见，而物竞生焉，每大为其外者之所齮龁。当其存亡危急之秋，环视其群，了然见智、仁、勇三者之皆不及，思自奋勉，以为存种救国之功，则对镜自诡曰：吾亦老矣。已而自课其隐，还溯生平，虽名位显达，居养丰饶，详审所为，几无一事可自慰者。又不幸性习既成，即愿勉所优胜，去所劣败，往往不能，则旁睨其子若孙，喟然曰：尚庶几为我之所欲为者乎！将无知尚公、尚实、尚武，于以合群进化，而为吾种之荣光者乎？呜呼！厉之人夜半生子，取火视之，汲汲然惟恐其似己也。深推所念，夫亦可谓大哀也已！则由是蹶起而事教育之事，设学堂、置教科、植师范、讲普及焉。此姑勿论其效未效，乃若其志，又可尚也。虽然未至，请循其本。

昔者九方歅以子綦之子梱也为祥，而子綦索然出涕曰："吾未尝为牧而牂生于奥，未尝好田而鹑生于宎，若勿怪何耶?"由此言之，一切法莫大于因果。子弟之德，堂构之美，夫非偶然而至者，灼灼明矣。故谢安之妇，尝怪其夫之不教子。安曰："吾尝身自教之。"斯宾塞曰：

---

* 作于1908年8月。德国萨瓦士曼氏原著，大村仁太郎编述、吴燕来译补。该书日文原名为《儿童矫弊论》。德文原书为：Christian Gotthilf Salzmann，*Moralisches Elementarbuch nebst einer Anleitung zum nützlichen Gebrauch desselben*。英译书名为：*Elements of Morality, for the Use of Children*。本篇选自《严复集》，第二册，254～256页。

"子孙者，汝身之蜕影也。"伤今之人，日为乾没无已之事，而望其子以光明；日为腆鲜不涓之事，而望其子以高洁。汝以为不汝知也耶？又大误也。且私之甚者，其视所生，亦草芥然，无几微痒痛之相涉，涅伏瞀乱，喜怒变常。夫如是乃默而祝曰：天地不偏覆载，吾黄人神明之子孙，宜日进而与一世抗也。此何异取奔蜂以化藿蜀，用越鸡以伏鹄卵。一或有之，则一切天演之说，皆可焚也。然则家庭教育，顾不重耶！

且国弱种困，则有深望于后之人，此不独吾今日之事然也。彼欧西诸邦，莫不如此。吾尝读英洛克氏、法卢梭氏诸教育书，见其和蔼恺恻，大异平日反对政府之文辞。然皆大声疾呼，谓非是则国种决灭。德之最困，莫若十八、十九两世纪之交，而教育哲家，如佛队、汗德诸公遂出。兹编撒氏之作，亦于其时者也。顾其作意，所与诸家异者，彼以为多言其反，将正者自明。此犹庄周以非指喻指、作马喻马，而齐桓公亦云仲父教我以所善、不若教我以所不善。其为特色，天下父母当自知之。既译于日本，而今者桐城吴君燕来，以通雅之才，躬迻译之事，明白晓畅，殊便家人。《记》曰："教学相长。"使公等知后生之可畏，思来日之大难，各手此书，深稽其说，将不独于子弟有大造，而长者之心德身仪亦以日即于优胜，其为国福，岂有涯哉！其为国福，岂有涯哉！

戊申八月　侯官严复序

《名学浅说》序*
(1908)

不佞于庚子、辛丑、壬寅间，曾译穆勒《名学》半部，经金粟斋刻于金陵。思欲赓续其后半，乃人事卒卒，又老来精神茶短，惮用脑力，而穆勒书精深博大，非澄心渺虑，无以将事，所以尚未逮也。戊申孟秋，浪迹津沽，有女学生旌德吕氏，谆求授以此学，因取耶芳斯《浅说》，排日译示讲解，经两月成书。中间义旨，则承用原书，而所引喻设譬，则多用己意更易。盖吾之为书，取足喻人而已，谨合原文与否，所不论也。朋友或訾不佞不自为书，而独拾人牙后慧为译，非卓然能自树者所为，不佞笑颔之而已。

* 约作于1908年11月，刊于1908年出版之严复译《名学浅说》。本篇选自《严复集》，第二册，265～266页。

《英华大辞典》序*
（约 1908）

夫西文辞典众矣，以言其卷帙，则自盈握小书，至于数十巨册；以言其说解，则自粗标互训，至于历著异义引伸，与夫其国古今文家所用其字之世殊，乃至里巷谣俗。凡国民口之所道、耳之所闻，涉于其字，靡不详列。凡此皆以备学者之搜讨，而其国文字所以不待注解而无不可通也。今夫中国字书旧矣，自《尔雅》列诸群经，而考者谓为周公之作。降而中车府令之《爰历》。汉人《凡将》、《滂憙》，至于洨长《说文》、《五雅》、《三仓》、《玉篇》、《广韵》，代有纂辑，而国朝《康熙字典》、阮氏《经籍纂诂》，集二千余年字书天演之大成，所以著神洲同文之盛。虽然其书释义定声，类属单行独字，而吾国名物习语，又不可以独字之名尽也，则于是有《佩文韵府》以济其穷。字典以部画相次，而韵府则以韵为分，此其嘉惠学者，使自得师，其用意皆可尚也。盖惟中古文字，制本六书，故二者难合。而自葱岭以西，南暨竺乾，西讫欧美，重译殊化，大抵切音。虽以埃及之鱼鸟画形，状若金石款识，而究其实，亦字母也。惟用字母切音，是以厥名易成。而所谓辞典者，于吾字典、韵府二者之制得以合。此其国名物所以降多，而辞典所以日富也。

十稔以还，吾国之民，习西文者日益众，而又以英文为独多。模略人数，今之习西文者，当数十百倍于前时，而英文者又数十百倍于余国。商务印书馆营业将十年矣，前者有《英文辞典》之编，尝属不佞序之矣。此在当日，固已首出冠时。乃近者以吾国西学之日进，旧有不足

* 约作于1908年，刊于颜惠庆等编《英华大辞典》。本篇选自《严复集》，第二册，253～254页。

以餍学者之求，以与时偕进也，则益展闳规，广延名硕，而译科颜进士惠庆实总其成，凡再易寒暑，而《英华大辞典》出焉。蒐辑侈富，无美不收，持较旧作，犹海视河，至其图画精详，迻译审慎，则用是书者，将自得之，而无烦不佞之赘言也。

光绪三十四年正月

泰晤士《万国通史》序*
（1909）

右英国泰晤士报馆所纂《万国通史》廿四帙，又检目一帙。用大八开纸，计一万七千余版。其所记录，自先耶稣降生四千余年至于今日。中间六千年之世变，人类进化之时期，首于埃及，次而巴比伦、阿叙利亚、以色列、腓尼加、安息、波斯、印度诸古文化，欧洲开幕，希腊、罗马两族代兴，中古之巴社、天方、斯巴尼亚、蒲陀牙竞立更仆，法德两雄并起大陆，俄罗斯以斯拉夫坐大于东陲，不列颠以图顿鸿渐于西岛。其间诸部若瑞典、哪威、荷、比、瑞士、奥匈，蜕嬗争存，终以不堕。已而美洲凿空，北为不列颠所殖民，南为斯巴尼亚之领土。他若突厥开基波兰不国，保尔干半岛之分区，阿斐利加北陲之进步。澳洲开辟最晚，自荜路而成大国，亦有可书。凡此皆西史之旧详者也。他若契丹旧壤、蒙古故藩、日本三韩、越南九郡，事有相涉，亦与疏通。震旦神洲，略图骨干，四千年代，寥寥数编，盖纂著者，阙其所不知，默于所不测之义也。猗欤祎而，可谓成体之鸿编，旷代之巨制也已。顾其纂辑非若类书然，徒取各国史籍，译而丛聚之也。乃以天演文明，为之主义，根荄主干，支叶派分。诸国载记诚所借资，而皆经专修独治之家为之详审。事必垂其可信，疑常有所折衷，各为部居，分立宗案，考订既备，而后总其成者。衡准博约，载加要删，共贯相揩，不相抵捂。犹梓人之成室，指挥众工，譬大江之经流，交汇诸水。故其为书，繁而有

---

* 作于 1909 年 2 月 25 日，刊于泰晤士报馆编纂之《万国通史》。此书原名：*The Historians' History of the World：A Comprehensive Narrative of the Rise and Development of Nations as Recorded by Over Two Thousand of the Great Writers of All Ages*（New York，Outlook Company，1904），由 Henry Smith Williams（1863—1943）主编。本篇选自《严复集》，第二册，268～271 页。

条，详而无类，学者生今之世，欲识人群进化阶级，据往事推来者，舍是书盖莫属也。

尝谓泰西史学始于晚周，希腊喜洛多图、刁锡大智二家所为，后代诵习崇称，无殊吾国迁、固。顾二史之为绝作则同，而著述之旨大异。喜洛多图纪述波斯之战，中及埃及国风，审瞻包罗，蔚为鸿制。但浮夸钩奇，或畔事实。论者以谓作者意存美术，偏工文词，其脍炙人口以此，而其有遗议亦以此。至于刁锡大智纪白罗波尼战事，文辞深美固矣，然而谨严斟酌，事变常疏其因由，举动必推其效果。论者谓其书非仅历史而已，乃群理哲学之深切著明者也。自兹以降，国有实录，种有宝书，若芝诺芬、李费，则循喜洛氏之轨而有作者也。其用刁锡大智义法者，则希腊有波理表，罗马有挞实图。凡此六家，皆西文中之江河不废者矣。古者铅椠所加，中国则以汗青、缣素，西国则以贝叶、羊皮。之数者，皆非经数百年不坏之物，是以古哲著书，脱非传写甚繁，则数世之余，多就湮灭，固不必有始皇、亚利其人，以为古籍无存之归狱也。如西史喜、刁二家尚矣，顾前乎喜、刁者，数百千家。（如魏晋间希腊雅司枭撰《博闻会馔》一书，中间所引作者之名八百余人，为书二千五百种。今所失传不见者，近七百余家。如吾国《三国志》裴注所引诸籍，其无得者乃过半也。）后乎喜、刁者，亦数百千家。（如隋唐间斯多标和纣及《君士但丁》诸集所引者。）至今所传，十不及一。盖印刷未行，学者矻矻著述，求为藏山传人，其难如此，可胜惜哉！可胜叹哉！且其所传，多一时利俗，而与其民程度相跂及者。至有孤怀远瞩，则赏音用希，斯其为传尤不易易。左氏固相斫之书，柱下乃家人之语。至若究文明之进步，求世变之远因，察公例之流行，知社会之情状，欲学者毋忘前事，资为后师，用以迎蜕进之机，收竞存之利，则求诸古人著作，或理有不逮，或力所未皇。此十八世纪以降之史家所为远轶前修，而其学蔚成专科，最切于人事而不可废也。其间作者，若英之吉贲（著《罗马季世史》），德之聂勃（著《罗马盛时史》），英之休蒙（著《英国史》）、古禄（著《希腊史》），德之满唔孙（著《罗马法典》、《社会商业史》），皆博蒐遐讨，厘然理顺。其他哲匠，国有其人。然以求之至精，证之详尽，故所发明于一姓，或不过一二朝；于一时，或不外一二事（玛珂里所为《英史》上下仅十七年，嘉米勒所为《德史》不过佛烈大力□世）。此所谓炳烛之明，可为细书，而不利远望者也。

然则通史之作，又乌可已乎？盖自达尔文、斯宾塞提证天演之说，于是言人群者，知世变之来，不独自其相承之纵者言之，必后先因果，倚伏召从，无一事之为偶也；乃自并著之横者观之，亦远近对待，感应汇成，缺一焉则其局不见。故欲言一民之质文强弱、一国之萌长盛衰，独就其民其国而言，虽详乃不可见，必繁俗殊化，合叙并观，夫而后真形以出。又况亚欧之民，自其皇始言，则皆出于西域，而后乃散分。就其今日言，则汽电大用，交通日闳，继今以往，欲为离立分治，殆无其事。当国事者为教育，为内政，为外交，思欲高视远规，造一章程，立一法典，不至枯守其旧，盲随于新，而以阶其国之大厉者，非于通史之求，将无幸尔。夫泰西通史之作旧矣。远之则有氏阿多卢，生于西锡里，而其书出于耶苏降生之前。所撰四十卷，至今传者仅十五卷而已。罗马东迁之世，有优塞卑，而明代有逻礼括德。此在其时，皆为名作，而至于今，则仅资览涉，不足致精者，世限之也。自十九世纪以还，日耳曼通史之辑，则有如斯落塞、如罗特格、如安坚，而最著者莫如韦白。而英国则赖尔的涅、拔克勒二家。顾赖则事赡乏翦裁，拔则理烦而略事变。

文明进步，群治日新，必借鉴于古先，乃可求其幸福，此泰晤士《世界通史》之所为作也。其书序者之言曰："处今之日，身为国民，人人有不可放弃之天职。求胜厥职，史学必不可无。无史学者，欲攘臂于政治之间而求其无误国者，难已。"故德哲希勒尔有言："恨不三十年读史。使我读史三十年，则吾之为吾，必大异，且大过于今我。"英伦旧立宪国也，今之少年，他日投票出占者也。今之女子，他日将辅其父、夫、兄、弟、子以有事于吾国者也。吾不敢望公等以三十年读史，如希勒尔之所云，然用其三十星期之日力可耳。使诚如是，彼一帙卒业之后，吾知其虽欲置而不能也。则国之保世滋光，庶有赖乎！其为言如此。近者泰晤士馆主以此书托商务印书馆分售于吾国学界中，是其用意至厚，而书价又甚廉。窃愿吾国学人亟购勿失。但其卷帙颇富，前所云以三十星期尽读之者，谓欧人耳；至于吾党，则请易希勒尔之所谓年者，以月庶几了之。不佞老矣，又日以译事自督顾于此业，犹将亲行，学界诸君，尚有意乎？虽然，或读或不读，异日皆当思鄙言。

宣统元年二月　严复序

孙译《化学导源》序*（约1910—1911）

曰二仪，曰五行，中国言数与理者之宗也。五行始见于《虞书》，曰：水、火、金、木、土，穀，谓之六府。至于《洪范》，始以穀合土，由是五行为言数言理者不离之宗。其为用，不独以言物质而已。帝王德运之相嬗，鬼神郊祀之分列，推而至于人伦之近、物色之常、音律之变、藏府之官，无一焉不以五行为分配。牵涉傅会，强物性之自然，以就吾心之臆造，此所以为言理之大蔀，而吾国数千年格物穷理之学，所以无可言也。今夫地非天配也，天无穷，而大地者，行星之一而已。醯鸡□于瓮中，乃执瓮配天，则伊威哭之。人之言地也，何以异此？然犹得曰乾坤者，所以名其德耳。以坤为地，举其最近而易见者为言，非地遂足以尽坤也。而至五行则又何说？将以言物原乎，则水木皆杂质矣；将以尽万物乎，则何以处乎风？火非质，而万物之动相也，既取乎火矣，则电与声又何为而见也？凡此皆极百思巧说不能通其义者也。

身毒之民之言物也，则尽之以四大。四大者，地、水、火、风也。物之凝者，皆曰地；聚而流者，皆曰水；散而为气者，皆曰风；而火则以概三者之变。由凝而为流，由流而为气，方其变迁，则皆火而已矣。然而此物所居之境也，而非可以言其质也，故其说虽瘉于五行，而于其实同为无当。

泰西化学，滥觞于黄白之术。黄白，非学也，而自布栗思理得养、淡、炭酸三气，又知水为可分，达尔敦明物质分合有定率，由是其学大昌。欧美二洲之学者，缊火持衡，群然以求万物之原质为事。原质者，穷吾人之力而不可更析而异之者也。二百余岁，得所谓原质者六十余，

* 约作于1910年到1911年。本篇选自《严复集》，第二册，290～291页。

而金类居其太半。虽然，吾闻造物者以易简为量者也，始于至少，终于至繁。故今日之所谓原质者之尚繁也，吾知原质之真不在此。必每析而弥少，进而得其四五者焉，则太素之物质庶几见矣。故今之所谓原质者，只以征人力之穷而已，非其实也。

顾化学之事，以言其体虽未足以穷极，而以言其用，亦既多已。虽谓泰西今日之富强，化学实尸之，未为失也。盖自农桑、医药，至于一切之制造，皆非化学不为功。舟车非是不驶，火器非是不威，而卫生悊狱，所以进斯民于仁寿，而刑法无滥冤者，向非此道，亦乌由进乎？是故西国之为数也，以是为普通之一门，自童子以上莫不学。特其功有阶级，不可以躐等治耳。罗士戈者，英之化学硕师也。其著作于此科至闳备，而是书则以浅语近功，与初学者明其科最要之义者也。故其为说，特取梵说“四大”之旧，以为之次，乃若吾国五行之说，宜乎为彼所不知者也。

连江孙大令芗霭，治西学有年，近以课徒之不可无善本也，乃取而译之。明哲雅辞，以为后学之先导，其可谓知所择也夫。

侯官严复序

《普通百科新大词典》序*
(1911)

自欧美学科东渐亚陆，其所扬搉而举似者，不独名物异古已也，即其理想往往为古人之所无。将欲废之乎？则于今日之事，必有所之。将欲倡之乎？则其势且将以蔑古。缅维吾国古先圣王，自庖牺画卦、苍轩造书，下逮籀、斯，历汉、唐、宋、元，暨于昭代，凡所以考文开物，于以造黄人于文明之域者，源至盛大，流至深远。使古而蔑，将吾国之有存者几何？此顷岁以来，尊古忧宗之民，所以皇皇然有保存国粹之说也，於戏仁已！虽然，古不能以徒存也，使古而徒存，则其效将至于不之存。韩愈氏之《原道》也，其言曰：尧、舜、禹、汤、文、武、周公、孔子之道，黄、老于汉，佛于魏、晋、梁、隋之间。夫黄、老犹吾物也，虽见乘不为患。而佛非吾物也，其入吾土也，起汉、魏以迄于今，所为力尝大矣。然而卒不足以夺吾古者，非仅辞而辟之者之功也，亦在用吾古以翕收之以成吾大。此古之道所为变动而弥光明，而转译傅会之功为不可没也。

今夫名词者，译事之权舆也，而亦为之归宿。言之必有物也，术之必有涂也，非是且靡所托始焉，故曰权舆。识之其必有兆也，指之其必有橥也，否则随以亡焉，故曰归宿。吾读佛书，考其名义，其涵闳深博，既若此矣，况居今而言科学之事哉！夫科学者，举凡宇宙之所有，与人心之所得思，莫不标之以为学。搜秘日广，炫奇无穷，即在夙学，但治专科。至于末学之众，滋无论已，自航业交通，学官广厉。又顷年以来，朝廷锐意改弦，以图自振，朝暮条教，皆殊旧观，闻见盱眙，莫

---

* 作于1911年2月28日，刊于上海国学扶轮社编《普通百科新大词典》。本篇选自《严复集》，第二册，276～277页。

知的义。其尤害者，意自为说，矜为既知，稗贩传讹，遂成故实，生心害政，诐遁邪淫。然则名词之弗甄，其中于人事者，非细故也。

国学扶轮社主人，保存国粹之帜志也，其前所为书，已为海内承学之士所宝贵矣。乃今以谓徒于其故而求之，犹非保存之大者也，必张皇补苴，宏纳众流，而后为有效也。则发心而为普通词典之事，观其起例，其所以饷馈学界、裨补教育，与所以助成法治之美者，岂鲜也哉？出书有日，索叙于余，而仆是时适领名词馆于学部，乐其有以丰佐吾事也，则欣然为弁数语以归之。

宣统三年正月晦　侯官严复

英文汉解*
(约 1910—1911)

总论

天下文字皆切音，独中国以四象为文字。四象者，象形、象意、象事、象声也。四象为经，而以假借、转注为纬，是谓六书。此可考之小学、字书而得之者也。释氏书载古造字者兄弟三人：曰仓颉，曰沮诵，曰佉卢。仓颉所造者为下行，而沮诵、佉卢所造为旁行书，而有左右之异。此其说可信与否，不可考矣。特世间文字实有三者，如中国、蒙古、希百来与今泰西诸国，皆其证矣。泰西诸国文与竺乾梵字为一源，而支分派别有克罗特 Keltic、拉体诺 Latina、希腊 Hellenic、斯拉方 Slavonic、条顿 Tentonic 五者，此治言语学者之所有事，非初学者之所急也。所不可不知：英之语言为条顿之一种，而他种文字杂行其中。民智愈开，引者愈众。故英文一篇，其中字原于拉体诺、希腊者盖太半也，其纯为撒逊盎格鲁者 Saxon-Anglo，特常物名字与人事之近者而已。

出于口者曰语言，笔之于篇曰文字，而通谓之辞，辞者以所达人心之意者也。故孔子曰："辞达而已矣。"《易》曰："修辞立其诚。"扬雄曰："言，心声也，书，心画也。"凡此皆能言语言文字之用者矣。辞者，积文字、积言语而为之。

辞必有法而后能达，此天下言语之所同也；故吾人谓无法之辞为不通，不通犹不达也。英文明辞法之学曰葛拉马 Grammar。葛拉马者，文辞之律令也，其事始于一字。盖察切音之字，其中恒有三者之可言。

---

* 约作于 1910 年到 1911 年间，有缺漏。本篇选自《严复集》，第二册，286～289 页。

一、其字之音声。（中国有四声，西国无之，其缓急、长短、清浊皆视而可识者也。）

二、其字之义训与其本原流变之可知。

三、其字之对待所以与句中他字相缀属而成理者。

故审一字之音声，则有一字之孤行，有数音之并合，不若中国之字皆一音也。若察之于楮墨，则所谓音者，皆表之以有定之文。音者Sounds也，文者Letters也，亦谓之曰字母。盖俗之意，以谓凡字皆以之生也，实则Letter之于文字，犹化学物质之原行而非其母也。

以言其义训，则文字之于人意有各当之异用。西人类别群分，区之为八九类，不若中国之但以虚实云也。乃至本原流变，则其义愈繁，往往初义与引伸者绝异，而其用于文辞也，往往有所分合而其遂殊。虚者可以为实，动者因而成静，乃至增减阴阳皆以立别，不若中国之但存读破一法而长呼短呼之也。

至字在句子相为系属，此其关于辞理尤深，达或不达，皆由于此，必有定法而后可言。

观前之说，而葛拉马之所论大可见矣。

一曰：论字母音声拼切之理，是谓Orthography鄂拓古拉非。

二曰：论字之门类与其转变之法，是谓Etymology叶谛摩洛支。

三曰：论字与字所相为系属之伦脊，而为之著定例，当是谓Syntax沁忒格斯。

鄂拓古拉非依其本义可译正书，叶谛摩洛支可译字论，沁忒格斯可译造句，今应先言正书。

正书

欧洲文字成于字母拼切成音，而英之字母凡二十六，有大小写如左：

A，a	B，b	C，c	D，d	E，e
F，f	G，g	H，h	I，i	J，j
K，k	L，l	M，m	N，n	O，o
P，p	Q，q	R，r	S，s	T，t
U，u	V，v	W，w	X，x	Y，y
Z，z				

右二十六字母与罗马旧用字母无殊，而多一 W 字。

其中有元音，有仆音，元音亦名主音，仆音亦名附音。元音五，a、e、i、o、u，与中国之五音宫、商、角、徵、羽合。o，宫也；a，商也；e，角也；i，徵也；u，羽也，其音可以独呼。至于仆音所云，仆音以必附元音而后可呼而闻也，其用所以变声，或以止气，视居于元音之前后。元音曰 Vowel，仆音曰 Consonant。

元音之正变凡十有三。如 a 之正变，其在 fall，五歌之音也；father，六麻之音也；其在 fate 则读若埃；在 fat 则读若鷖。其 e 之在 met，则音若额；在 mete，则又若夷。其 i 之本音，长呼则如伊，短呼则如亦。o 之本音，长呼如倭，短呼如沃。其 u 之正变，在 rule，在 pull，皆七虞之音也，特长短别耳。英 u 无六角音，法 u 音则如是。在 fur 则略如，而在 but 则又如阿之入声。

合两元为一呼者谓之合音，英语曰 Diphthong，其大略有四：

一、寻常之 g 字虽用独元，实乃合音，其为合用六麻之 a 与四支之 e 而成九佳之 i，此中国所谓变徵之声也。

二、oi 之在 boil 或 oy 之在 boy，其为合用五歌之 a 与四支之 e 而成十灰之 oi。

三、如 eu 之在 eulogy，或独用 u 如在 mute，或用 ew 如在 few，eau 如在 beauty，用 ui 如在 quit，用 ue 如在 hue，或用 yu，如在 yule，皆合音也。

四、如 ou 之在 noun 字，或如 ow 之在 bow 字。

此外虽合二三元音，而其用与一元等者，此为赘合，名 digraph。

字母之 w 与 y 谓之半元，大抵用之元音之前则同仆音，用之元音之后则成合音，y 之用同 i，w 之用同于 u 也。

至于仆音，可分两类：舒与促也。舒者出气，促者闭气。出气者有流音，t 与 p 是也；有鼻音，m 与 n 是也；有齿音，s 与 z、j、g 是也；有轻唇，f 与 v 是也。闭气者 p、b 为重唇，t、d 为舌腭，r、c、g 为喉音，至于 h 则嘘气而止之喉音。

以上诸音皆必学于师，耳受口习而后得之。

英文中有同此字母、同此拼切而随处异读者，又有异母异切而同读此音者，今此不及枚举。其字又一音者……①

---

① 此稿下缺不全。——编者注

进化天演*
——夏期讲演会稿
(1913)

（一）天演之学滥觞何代（二）近代天演学最先发明者何家（三）达尔文、斯宾塞著论之异同（四）同时发明尚有几辈（五）天演名义及其要（六）社会以何为起点（七）男女夫妇之进化阶级（八）女子在社会之地位（九）女权（十）女子教育

不佞今所担任为诸君演讲者进化天演。旧日拙著有《天演论》一书，颇为社会所不弃。但其原书，乃英人赫胥黎零编小识，不甚经意之作，并非成体专书。当时以其简约，姑为通译，而于天演全体精义，少所发明。故今欲为诸君演讲，必须将天演二字名义历史，略加诠释讨论，庶于继此所言，易于明了，而不致误会。

案：天演学说滥觞于周秦之间，中土则有老庄学者所谓明自然。自然者，天演之原也。征之于老，如云："天地不仁，以万物为刍狗。"征之于庄，若《齐物论》所谓"寓庸因明"，所谓"吹万不同，使其自己"；《养生主》所谓"依乎天理，薪尽火传"。谛而观之，皆天演之精义。而最为深切著明者，尤莫若《周易》之始以乾坤，而终于既未济。至泰西希腊，则有德谟吉来图诸公，其学说具在，可以覆案。虽然，今学之见于古书，大抵芒芒昧昧，西爪东鳞，无的然畫然之可指，譬犹星气之浑然。故天演之称为成学专科，断于十九世纪英国之达尔文为始，达独以天演言生理者也，而大盛于斯宾塞尔。斯宾塞尔者，以天演言宇宙一切法者也。

---

* 原发表于1913年3月，《今闻类钞》。严复之《进化天演》，见《今闻类钞》（北京，国群铸通俗讲义社，1913），第2册，1～21页。

一千七百九十八年，有景教士马尔图 Malthus 者，著论云："人民生齿日繁，地产虽增，必有不足养之一日。"达尔文居家方治生理之学，因读是书，而作惟念，谓世间种类既以日蕃繁，而所具能力多异，或强，或弱，或黠，或愚，或捷疾，或迟钝。然则当不足于养之时，是强、黠、捷疾者，其得食而存之数，岂不以多，而反是者，岂不邻于馁绝，不宁惟是，势必强、〈黠〉、捷疾者，其种多传；而弱、愚、迟钝者，其种易灭。此即达氏《原种》书中《天择》一篇之所深论者也。案：《原种》一书印行于一千八百五十九年。当是时，斯宾塞氏方运至深之思，著为《会通哲学》，言一切自然之变，名天演学，见达氏之说，翕然欢迎，而以"最适者存"四字，诠达氏"天择"之义。

天演，西名"义和禄尚"，最先用于斯宾塞，而为之界说，见拙译《天演论》案语中，如云："天演者，翕以合质，辟以出力，方其用事之时，物质由浑而之画，由散而之凝，由纯而为杂，质力相缄，相与为变者也。"今欲取此界说所云，而一一为之引证，此诚非鄙人所暇及。故独举似其语，以为诸公研究之资。而本日所欲特标而求诸公留意者，则有达尔文所发明之二例。其一即天择，所谓各争传衍，最宜者存；其二则先世所习，传为种业。至今学者于第一例翕然承认，以此为天演最要功能，一切进化皆由于此。其第二例虽为达氏所笃信，而学者则不必以此为信例。彼谓祖父虽有薰习，然与体性所原具者异，其效果不必遂传。德人怀士满驳之尤力。然其例虽不必尽信，而亦不得尽斥为妄，盖经后人博验，生物界中固有以先世薰习传为种性者。如医家验有一种传疫微生，以经入病体之后其毒弥烈，由是传衍所具毒性皆烈于前。由此观之，则达之第二例所云：先世薰修，传为种业者，亦不得遂斥为诬，尽行抹弃明矣。

通此二家之说，而后进化天演可得而言。夫进化之事众矣，广而言之，则一切众生皆有进化之事。顾吾今日所欲共诸君讨论者，乃人群社会之进化。既论社会之进化，欲吾言之有序，自不得不言社会之太初，然此又见于拙译《社会通诠》、《群学肄言》等书，故今又可以不论。所特为诸君举似者，当知西人旧籍中有著名巨谬而必不可从者，如卢梭《民约》之开宗明义，谓："民生平等，而一切自由是已。"盖如其言，民必待约而后成群，则太古洪荒，人人散处，迨至一朝，是人人者，不谋而同，忽生群想，以谓相约共居乃极利益之事，尔乃牵率搂合，若令人发起党会者然，由是而最初之第一社会成焉。此自虚构理想、不考事实者观之，亦若有然之事，而无如地球上之从来无此。何也？必欲远追社会之原，莫若先察其么匿之为何物。斯宾塞以群为有机团体，与人身之为有机团体正同。人身以细胞为么匿，人群以个人为么匿。最初之群，么匿必少。言其起点，非家而何？家之事肇于男女，故《易传》曰："有男女然后有夫妇，有夫妇然后有父子，有父子然后有君臣，有君臣然后有上下，有上下然后有礼义所错。"此吾国之旧说也，而亦社会始有之的象也。

然则顺序而言，不得不略及男女夫妇之进化。天下有于言为甚美，于理想若至顺，而与事实不相应者，如道德家言，人类男女之伦，始必杂乱繁多，而后教化日高，乃渐专一而为匹合。此不独彼辈著论然也，即鄙人前此亦以为理必如是。意当为原人之时，男女必然无别，而后则或多夫焉，多妻焉，而渐归于匹合。夫匹合之为善制，鄙人固无异辞，特其渐进之序，察之事实，则不如此。盖匹合不独为浅化原民之所多有，乃至下级生类每有然者，而于禽鸟为尤多见，雎鸠挚而有别，即吾国旧学早有知之者矣。总之，据最后学者所调查者言之，则杂乱无别在人类乃极少之俗，而匹合发现极早，不必甚高之教化而后然。若夫多妻、多夫及他种牉合制度，则依所居之外缘牵系而发生，譬如丁口之间有所偏重，多妻因于少男，多夫缘于少女。而匹合之制所以最善者，以其最便家庭教育之故。即吾国多妻之制，往往为新学家所深诟，然而西国主持其说者亦不乏人，即在西洋诸国，大抵莫不行匹合矣，而自由结婚之余，亦未必尽离苦趣。夫妇道苦，由是而二弊生焉：一曰不事嫁娶，一曰轻为离异。前之弊中于生齿，后之弊中于所生，故至今论者尚纷然无所折中。鄙人今日所以及此者，盖变法之后，人人崇尚欧美之风，俯察时势所破坏者，似首在家法。顾破坏之而国利民福，其事宜也；苦〔若〕破坏矣，而新旧之利两亡，尚冀诸公凛其事之关系重大，种族之进退视之，慎以出之可耳。

既言男女婚配之进化，则女子地位，关于社会进化者，亦有可得而言。吾国近十余年来，始有男女平权之说，寖假言自由结婚矣，言女子参政权矣。此其为是与否，哲家不敢轻下断语。但就事寔上之实验，科学上之研究，有可言者，请为诸君更一及之。

盖匹合非最后之制，而旧说妄为一概之论，谓浅化之民，其待女子必然深加压制者，已成不根之论。观群学家威思马克之所发明，始知旧史所言多为谬说。盖初民妻女，往往据地颇高，不必尽为奴隶。即在澳洲内地土人，其女子亦有应得之权利。曩时以男役女，不啻牛马之说，大抵子虚。盖社会无分文质，其中男女原为天设之分功，男子固不无自利之私，而女子所居实未若旧说之污下。大抵旧说常谓野蛮人必多妻，而多妻之社会，其女子必无善地，此其说不必深辨。但今日所可断言者，世间有无数野蛮人，确然匹合，即使俗用多妻，而实行者必其中之少数，其大多数仍匹合也。

人类世系多用男统，有德人巴卓芬者，言世界有用女统之一时，当此之时，女权最重。不知女统之用，乃坐不知谁父之故，此正女权最劣之时。故至今学者谓社会自古至今，女统从未行用。惟是女子之在社会，当进化之际，其地位隆污实为不一。其所以然之故，因缘复沓，难以断言，但其大略有可论者。盖人类以食为天，而能食人者，其品皆贵。是故耕稼之世，女子之地位渐高，而畋牧之世，女权最弱。虽然弱矣，而犹未至于贱也。独至宗教说兴，以妇女为污秽不可事神之物，而女界乃大受影响。比如婆罗门、佛陀、谟哈蓦德、犹太、希百来诸宗教，皆难逃其责者矣。西人好言妇女地位增高，景教之功为独伟，顾考之历史，则又不然。当天主教宗初行组织之数百千年间，其贵男贱女，灼然可知矣。至吾中国之女权受损，大要而言，在于宗法。但男女地位相悬，要不尽如今人之论。今人之论，于吾国旧法，什八九皆过情实也。

是故新学家言：观一国进化程度之高下，观其女权之大小、其地位之贵贱而可知。又谓女子地位弥隆，其教化之文明弥进。此为不易之说，即不佞亦无间然。顾其中亦有难言者。际今日新旧递嬗时代，此事殆关国种之命脉，故不得不为诸公郑重言之。彼西洋先进国，既以为大危，窃愿吾国不必重寻其覆辙耳。

试举不嫁一端而论。自生理学言之，则有生之分功，天生女体，固有最郑重、最分明之天职。天职唯何？曰继续种类，无使灭绝。且经最多数医家之考验，知凡女子而不为妻母者，其精神形体往往不良，而致成大病者有之，然则反天性违自然之大罚也。

今日女子所与男子竞争者，名曰女权。顾权不可徒得。既得之后，必明所以用之之方。故既倡女权，不可不从事于智育。而不幸女子智育推于极点，则于所以为母之能事性质，大致而论，必有相妨，此又西医之经验也。故今日问题，是与女子以甚高之智育矣。而智育程度当达何点，乃能无害于生生之机，此甚难解决之问题也。

虽然，谓女子智育必与女性相妨，亦非极挚之论。盖使斟酌得宜，转于女子之体力、神明有其利而无其害。一种之进化，其视遗传性以为进退者，于男女均也。且后此社会必由匹合，而欲室家和顺，则女子教育自在必讲之一端。夫男子既受完全教育，长成求偶，其为满志，必不仅在形容丑好之间，假使秀外而不慧中，则色衰爱弛，又将属意他人，以求相喻相知之乐，而匹合之制乃尔不牢。古者，雅典全盛时有所谓赫媞黎者可以证也。

惟是进化以今日阶级而言，其智育实有制限。制限维何？即因其形体天成，别有大用之故。夫精神本于体力，而女子体力，以经数言，常逊男子，此学者所共知。诸公尝治物理之学，则知力量功效有效实、储能之分。效实之力易见，储能之力难知。然不可谓其非力量而无关系。故女子以生生为天职，其力以储能为多；而男子之力见于事功，固多效实。又近时生理家谓，女子能事主于翕聚，而男子能事则在发施。女子有翕聚功能，种族乃有蕃衍继续之效，而既有此项重大功用，自不能复竞于效实发施之功。是故，使具女体者，而成于女体，如大《易》所谓"坤作成物"，自不能复与男子竞于开物发业之场，其必骛此者，是谓违天，是谓丧其女性。夫以女而丧其女性，亦未必遂得成男也。

且治进化之学，则观物必于其微。每恨常俗之人，有见于显，无见于幽。须知无论何级社会，女权本皆极重，观于中西历史，凡大变动时，必有女子为之主动之力，此治史学所同认也。即如吾国目前之事，岂非全出前清孝钦之手？故女子教育，所不可不亟者，一曰妃偶关系，二曰遗传关系，而最后则有生计关系。凡此皆社会极大问题，而皆操诸粥粥群雌之手。故西谚有曰："旋乾转坤即是握〔推〕动儿蓝〔篮〕之手。"又曰："世界可趋光荣，可趋黑灭，而道引之人，必女非男。"夫女权谛而言之，其大如此。而无知者，乃日出以与男子争于事业之场，此无异主人见奴仆之有功，而攘臂褰裳，欲代其役，不悟其争之也，正所以缩小之耳。常人但知近效，社会所以重可叹也。

总之，今日吾国所谓女权，无非与男子争权。既与男子争权则不得不过于智育，过于智育，则女性必衰。女性之衰非他，一曰不事嫁娶，二曰不愿生育，此欧美之已事。是故至今各国生齿，其进步皆逊于前，惟俄国、中华、日本不在此例。但今俗好趋新说，果其不改，则数十百年，将亦同之。至此之时，恐不止夫妇道苦，将人类亦少生活之趣，吾人果何取而必尤效之耶！

论社会为有机体

此说发于斯宾塞尔，乃取一社会与一生物有机体相较，见其中有极相似者。如生物之初，其体必先分内外部。外部所以接物，内部所以存生，而社会亦然。稍进则有交通俵散之机，如生物有血脉，社会则有道路、商贾。再进则有统治机关，如生物有脑海神经，社会则有法律、政府。诸如此类，比物属类，殆不可仆数。学者欲考其详，观拙译《群学肄言》可也。案：此说中西古人莫不知之。盖社会进化则有分功易事，相待为存之局。而生物之体亦然，是故耳目藏腑皆有常职，西人谓之机关功用，而中国谓之官司。有机关则有功用，犹之有官则有司也。有时取无官之物，而予之以官，今人谓之组织，古人谓之部署，谓之制置。

以二者之分功，有其极相似如此，吾人既以天演言化，见一可以知二，观此可以知彼，乃极有益之事。顾其中有极异之点。何以言之？生物之有机体，其中知觉惟一部主之，纵其体为无数细胞、无数么匿所成，是无数者，只成为一。至于社会有机体，则诸么匿皆具觉性，苦乐情想几于大同。生物知觉聚于脑海，而以神经为统治之官，故以全体得遂其生，为之究竟。至于社会团体则不然，其中各部机关通力合作，易事分功，求有以遂全体之生固也，而不得以是为究竟。国家社会无别具独具之觉性，而必以人民之觉性为觉性。其所谓国家社会文明福利，全属其人民之文明福利，舍是即无可言。生物有时以保进生命，其肢体可断，其官骸可隳，而不必计肢体官骸之苦乐。君形者利，不暇顾其余故也。而社会无此独重之特别主体也。

斯宾塞曰：生物么匿无觉性，而全体有觉性。至于社会，则么匿有觉性，而全体无别具之觉性。是故，主国是者，必不能以公利之故，而强使小己为之牺牲。盖以小己之利而后立群，而非以群而有小己。小己无所利，则群无所为立，非若生物个体，其中一切么匿支部，舍个体苦乐存废，便无利害可言也。

虽然，公等须知此是十八世纪以来纯粹民主学说，而与前人学说、治道根本反对。希腊、罗马前以哲学，后以法典，皆著先国家后小己为天下之公言。谓小己之存，惟以国故，苟利于国，牺牲小己，乃为公道。即我中国旧义亦然，故独治之制得维持至六千年不废；必待二十世纪，外潮震荡，而所谓共和国体始兴。或曰：古今之说，各有所长，谓国立所以为民，此重人道之说也；而谓民生所以为国，此重公义之说也。由前之说，而后政平；由后之说，而后国固。两者皆是，不可偏非，视时所宜用之而已。应之曰：子云民生所以为国固矣。然子所谓国者，恐非有抽象悬寓之一物，以为吾民牺牲一切之归墟。而察古今历史之事实，乃往往毁无数众之权利安乐，为一姓一家之权利安乐，使之衣租食税、安富尊荣而已。此其说之所以不足存也。路易“朕即国家”之说，虽近者不概见于明言，乃往往潜行于事实，此后世民主之说，所由终胜也。

顾我辈试以己见而为之折衷，则不佞以谓，使社会而非有机之体，与生物个体无比例之可言，则一切之争，等于龟毛兔角。使社会团体与生物个体分官区部，在在有比例可言，是其比例等于天设。今乃云独至统治之官，忽无可比，此于论理实有未安。大抵百余年来，民主说胜，所以标明二体之异者，即无异言，君主之说不足存也。理想良枯，征诸事实，窃意后数十百年，此疑必有破决之一日。吾辈食肉不食马肝，未为不知味，于此存而不论可耳。顾不佞所欲郑重分明，为诸公敬告者，则须知言国立所以为民，不应牺牲小己利益以为团体利益者，此主治之人所当奉为金科玉律者也。而至身为社会一分子，则当知民生所以为国，而后种族国土有以长存。斯宾塞极端主张民权者也，顾其所标进化三例，最后则云：两利相权，必其己轻群重，如是者群存，不如是者群灭。自顷革命，平等自由之说炽然大兴，使吾民视小己之利益皆重于国家，至事事以私利为前提，则亡国灭群之祸必不远耳。

论民业贵贱之起点

自民约风行，于是乎有民生平等之说。今姑无论其说之信否，而吾人于社会滥觞之始，试于一切作平等观。然而此等社会成后，朝以平等始者，夕必以不平等终。是中必有一人出，而为其群之所归往者，是可以灼灼然断言者也。其理无他，即缘造物生材，自昆虫、草木以至为人，其生质精神，必无一切从同之故。谁为领袖，谁为枝叶，谁为刀俎，谁为砧质，一若哇哇坠地之始，即已划然分明也者，无如何也。《易》曰“圣人首出庶物”，《书》曰“亶聪明作元后”。此最初社会中所崭然头角，而为其众所服从者，即后世君主之起点也。治群学而言天演者，于世间一切法起点，常欲探讨以得其真形。今试言君臣一伦之起点。

旧说最初社会，为之君者，必一群中，最为勇健之夫，其力足为大众所严惮而屈服者。此说前此信之者多，即不佞少时，亦以为当然之事。乃近者有一学士法拉哲尔 folden〔James G. Frazer，1854—1941〕著《金支》*Bough*〔*The Golden Bough*〕一书，其中深论此事，学者始知旧说之实误。其言曰："社会有君臣之制，必求天演之真形，则第一可以断言者，君之所以为君，乃以智之过人，而非以力之服众。"又曰："民执业之最古者，莫逾于巫与医，其力足与神抗者也。"其中固多迷信谬诞，而初民之智，又不足以破之。墺斯大利内地，医师位置乃在酋长之先，而酋长亦多巫觋之苗裔，若中国之张道陵然。近者非洲内部，多为学士所游，于巫觋为王之说，亦多实证。是故质而言之，知初民之君，其所以号令种人，当以智而不以力。至今进化程度，较之初民，诚不可以道里计，然所谓君王神圣，具役使幽冥之能力，又足以祓除不祥者，尚有影响可追寻也。且其说即证之以中国上古事，亦从同。盖太古之君，未闻有武功之赫濯，而所谓庖牺、女娲、神农、轩、顼，大抵皆以神智前民，而与巫医事近。又三代以前，辅佐多以巫史为之，此其所以然之故，亦可由此例而得之。

佛拉哲又言：人类自草昧而入文明，其时期以有独治之君为之始。其君为大巫，以通神道故，浸假而此种种迷信渐轻，以民之阅历日积、智力渐开故。然而，迷信未常绝也。于是民于君德则生一种之观念，以与其时宗教之观念同兴。特此时所谓宗教观念，与吾人所谓迷信不甚悬殊，于是则有感生神种之说。佛拉哲尝编考五洲历史，以征此例之信。再降，民又哓然于感生神种之不足信，于是班彪《王命论》之说大行，谓王者诞膺天命，此说殆与独治之制相为终始者矣。

由是而知民业贵贱之分，肇于智慧者为多，而始于武力者为少。智慧首于巫医，由巫医而生君长。其由巫医滥觞，又演为今日之二类人，其一曰宗教家，又其一曰学术家。是二类之民至今反对，不知其至何日乃合为一途者也。夫巫医之徒，皆以使物通神、弹压呵禁为能事，旱能致雨，潦使放晴，而又有前知之验。则由是而有研究物情，深求理数之人，夫如是谓之学术家。又由是而有笃信主宰，谓世间一切皆有神权，即至生民其身虽亡，必有魂魄以为长存之精气者，如是谓之宗教家。宗教、学术二者同出于古初，当进化程度较浅之时，宗教之范围极广，而学术之事亦多杂以宗教观念，无纯粹之宗风，必至进化程度日高，于是学术之疆界日恢，而宗教之范围日缩。二者互为消长，甚者或至于冲突，此至今日而见诸事实者也。

论社会之宗教起点

有社会必有宗教，其程度高下不同，而其有之也则一。然则宗教者，固民生所不可须臾离者欤？世之以宗教为业者，必以其教主为上通帝谓、膺命受箓之家，玄符通神，不可赀议。又为之徒侣者，受法具仪之后，必负道扬传布、度世救人之义务。盖自彼意而言之，若生人舍此一切法皆空花无实也者，其重也如此。故其事与民群进化有绝大之关系。持较法政，所以治其躯骸，制其行谊者，进退左右之能力，殆过之而无不及，是不可不取其起点状态而细论之也。景教士之四出传道也，见五洲崇信，杂然不同，其心固以己之道为独挚，而其余皆外道。久之乃见教中大有从同之点，且诸教之与己教亦有从同之点。往者，犹太教以希百来为选民，耶和华独于其种有显灵降衷之事，乃最后而适美洲，见红种人亦有大神之说，则于是以为显灵之事随土有之。而谓最初皆一神之教，由于民种退化，渐丧本来，而后有多神以下诸教。然而最初之神理，虽于程度极低之宗教，犹可认取云云。

虽然此说实谬，而征诸事寔，乃一无左证之可言。一神之教，绝非最初，以天演眼藏观之，乃在末第二级。然则宗教滥觞又何如？

宗教起点，其存于今，有二说焉：其一发于法人忆是恭特 Comte，其一发于斯宾塞。二家之说，皆有真理，而后说尤胜。今请先明其第一说，彼谓人之心理，不能安于所不知，而必从而为之说也，又往往据己之情，以推物变，故物变必神鬼之所为。而是神鬼者，又有喜、怒、哀、乐、爱、恶之事，是故宗教之起，必取山川、阴阳而祀之。震电风涛之郁怒，日月星彗之流行，水旱厉灾之时至，彼之智不足以与其所以然也，则以为是有神灵，为之纲维张主。神之于物变，犹己心志之于百为，故其祠山川、祀阴阳也，所祀所祠非山川、阴阳也，只畏其主之之神而已。

是说也，其所据之心理公例，所弥纶至广。凡古人之拜明神、警天变，皆可用此例以为推。且由是而知必科学日明，而后宗教日精。宗教日精由迷信之日寡也。宗教、迷信二者之不可混如此。

此其说固然。然以谓一切宗教之兴，皆由是道，则吾人又未敢以其义为无漏，而其说为至信也。盖使即野蛮人，抑村里之小民之心理而实验之，未见其于物变恒作尔尔之推求也。旦作夕息，鼓腹含哺，纯乎不识不知而已。问以日月之所以周流，霜露之所以时施，彼将瞠目而应曰，是之为物固如是也。夫即两间之物变，而叩其所由然，如是而不能通，乃以为是居无事，而披拂之者有鬼神焉。其情如是已，其时圣哲之事也，而非所望于蚩蚩然休养生息者矣。彼以谓主变有神，而神又无形气之可接。则神鬼观念，彼必先成之于心，夫而后可用以推物变明矣。而是神鬼之观念，果何自而起欤？

斯宾塞之言宗教起点也，则又不然。彼谓初民之信鬼，始于人身，身死而游魂为变，实而尚与人间之事，如是名曰精气观念 Animinou〔animism〕。乃从而奉事之、亲媚之，以祈人事之福利。惟先信此而后推之为物魁、为天神，而宗教之说乃兴。故宗教者以人鬼为起点者也。然而人鬼之信，又何从昉乎？曰：始于以人身为有魂魄也，信人身之有魂魄，又由于生人之有梦。浅化之民，以梦为非幻，视梦中阅历无异觉时之阅历也。

以梦为非幻，于是人有二身，其一可死，其一不可死。又因于生理学浅，由是于迷罔失觉诸暴疾无由区别，而不知有似死、真死之分。谓似死则暂死而魂返，真死则长往而魂不返，于是有皋复招魂之事，以灵魂为不死而长存。此中国古制一切丧礼祭仪之所由起也。民之造像范偶而拜之者，非信是像偶为有灵也，亦谓有神灵焉，主是像偶者。

则由是而有多神之教，多神而统之以一尊，则由是而有太岁、有玉皇，浸假而多神之说不足存，于是乎有无二之上帝，此读旧新二约，可以得进化之大凡者也。

前谓宗教、学术二者必相冲突。虽然，学术日隆，所必日消者特迷信耳，而真宗教则俨然不动。真宗教必与人道相终始者也。盖学术任何进步，而世〈间〉必有不可知者存。不可知长存，则宗教终不废。学术之所穷，即宗教之所起，故曰：宗教可以日玄而无由废。

客岁教育部设夏期讲演会，延严几道先生讲《进化天演》，精理名言得未曾有，一时学者翕然悦服。特会中油印稿本错误夺落几难属读，本社更请先生特为校正，载之杂志，以公同好，学者所当奉为瑰宝也。

《民约》平议*
(1914)

卢梭者，瑞士之几泥洼人也，其生去今二百年矣。家至贫贱，困苦殆不足自立，然好读古书，能为文。千七百四十九年，法之南部曰地棠Dijon学校者征文发策，问文物礼乐之事果所以进民德者乎？卢梭奋笔为对，其说大似吾国之老庄。见者惊叹，乃日有名。越五年，而《人类等差原始》之书出。又八年，而《民约论》、《教育说》诸书见于世。《民约论》之出，穷簷委巷，几于人手一编。适会时世，民乐畔古，而卢梭文辞，又偏悍发扬，语辩而意泽，能使听者入其玄而不自知。此遂见于美之独立、法之革命。嗣是以来，风声所施，社会岌岌，笃其说者，或不惜捐躯喋血，国量死者以求之。然而经百余年，诸种之民，用其法以求之。而所求者卒未至也。欧美言治之家，于卢梭各有所左右，亦大抵悟其说之不可行。顾旋死旋生，生则其祸必有所中。往尝谓杨墨所存，不过二家之学说，且至今观之，其说于治道人心，亦未尝无一曙之用。然而孟轲氏奋毕生气力以与相持，言其祸害比诸洪水猛兽。至于情见乎辞，则曰：予岂好辩，予不得已。盖至今如闻其声焉，呜呼，岂无故哉！

中国老庄明自然，而卢梭亦明自然。明自然，故皆尚道德而恶礼刑。彼以为民生而有困穷苦痛者，礼刑实为之祸首罪魁焉。虽然，欧洲言自然，亦不自卢梭始。自希腊苏斐宗之天人对待，斯多噶（Stoics）之平等，罗马该克禄（Cicero）之取以明法，中间数百千年，宗教、法律两宗，人多所发明。直至钴禄虎哥（Hugo Grotius）之言国际，根于自然之说，未尝绝也。八十九年之大义（如平等、自由、博爱之属，革命家

---

* 原发表于1914年2月，《庸言报》。本篇选自《严复集》，第二册，333～340页。

所奉以为主旨者，史家谓之八十九年大义，以法革命于千七百八十九年也），当十六世纪，英人已唱之，以起君民之争矣。其主之尤力者，又莫若布休几（Bouchefr）、麻利安（Mariana），或谓人类自由之身契久亡，得卢梭（Jean Jacgues Rousseau）尊札，始为恢复者。其说乃大误也。

且卢梭之为政论也，固先熟于两英人之书，其一曰郝伯思（Hobbes），其一曰洛克（J. Locke）。二人者，欧之哲学、政治大家，不独于英为杰出。民约之义，创于郝而和于洛，卢梭特发挥昌大之而已。民约云者，民相约而后立群也。顾二公虽皆主民约，而其书之言所以为约者乃大异。郝之书曰：《勒肥阿丹》（*Leviathan*），亦名《国家形质力论》。其言曰：民之始犹禽兽也，离群处独，狞毅犷愚，人以其一而与其群为战。当此之时，其小己之自由固甚大也，然而弱肉强食，昼夜惴惴，无一息之休居，不得已，乃相约为群焉。夫群者，有君者也。既推择其一而为之君矣，则取其一身天赋之自由，与所主万物之权利，一切而皆付之。是故己之愿欲，其君之愿欲也；己之是非，其君之是非也。方其约之未解也，君有完全之自由，而民无有。何以故？民相约为服从，而其君则超乎约，而未尝有所服也。必如是者，其群治；不如是者，其群乱。郝之所谓民约者如此。今夫社会之未有君也，虽人人自由，平等无差，然以其性之恶，恒必出于竞争，其末流或至于相食，各具求存之性，乃相约而求君，此郝之说似也。顾谓如奴虏然，举其性命物产，一切而付之，惟所愿欲是非，无所复问。此又反于人情，而不必然之说也。由是洛克著《治术论》以诤之。其言曰：人之性善。其生也，秉夫自然，本无拘碍，亦无等差。拘碍、等差之兴，其始于各有其有，而民乐僭奢者欤？自淳朴散而末流纷，不得已而有治权之立。何言夫不得已？治权立求自由之无缺必不能也。虽然，民之生也，有其直焉。（如《诗》爰得我直之直。）天之所赋，可以复之以理者也。理存于虚，法典所以定理，吏者所以举法，而兵刑者所以行法也，无治权则举无是焉。是故治权者，所以安其身，保其有而后有事者也。民屈自由焉，以为治权之代价。顾其奉此代价也，势必出于至慎，知其不可不奉者而后奉之。至于其余，方留若诅盟，而不轻为主治者之所侵夺。是故政府非佳物也，用事之权，必有所限制，而理者又最高之法律也。方群之未立，依乎天理，外无法焉。群之既立，法之存废，视理之从违。违理之法，虽勿从可矣。洛之所谓民约者又如此。此其说自今之学者而观之，常以为陋浅不足道，然为常识之所共知，而以为胜于郝，则以郝为绝对主义（Absolutism），以洛为限制主义（Constitutionalism）。而卢梭之为民约也，其名虽本于郝，而义则主于洛者为多云。

今试举卢梭民约之大经大法而列之：（甲）民生而自由者也，于其群为平等而皆善，处于自然，则常如此。是故自由、平等而乐善者，其天赋之权利也。（乙）天赋之权利皆同，无一焉有侵夺其余之权利。是故公养之物，莫之能私。如土地及凡土地之所出者，非人类所同认公许者不得据之为己有也；产业者，皆篡而得之者也。（丙）群之权利，以公约为之基；战胜之权利，非权利也。凡物之以力而有者，义得以力而夺之。

民约之大经大法具如此，以其所系之重，不佞既谨而译之，于其义不敢有豪厘之增损。然而执是推行，将果为人伦之福利也欤？抑其深极，所害者不仅富贵之家，而贫贱者所蒙乃尤烈。自此论之出，垂二百年，不徒暴烈之子，亦有仁义之人，愤世法之不平，闵民生之况瘁，奉若玉律金科，以为果足以救世。一误再误，不能自还。此今吾平议之所由作也。

今案其第一条曰，民生自由，其于群为平等，则赫胥黎尝驳之矣。其言曰：吾为医，所见新生之孩为不少矣，累然块肉，非有保赤之勤，为之时其寒饥，历十二时，寡不死者。是呱呱者，尚安得自由之能力乎？其于社会，尤无平等之可言。言其平等，无异九九家言一切无皆平等耳。脑浆至气，不结意影。不结意影，而指为善不善之主体，卢梭殆谑耳。不然，不如是之恢诡也。且不必言其最初，即逮稍长，至十五六，使皆处于自然之境，而享其完全之自由，吾不知何等社会而后有此物也。儿之言语自由而成之欤？儿之饮食自由欤？穿著自由欤？所据以为是非宜忌之标准者自由欤？先生休矣，吾与汝皆奴隶也！缧绁鞭策，莫之或逃，逃且于其人大不利。特其事皆施于无形，而受者不自觉耳。

且稍长之儿，其不平等，尤共见也。若强弱，若灵蠢，若贤不肖，往往大殊，莫或掩也。一家之中，犹一国然。恒有一儿，严重威信，不仅为群儿之领袖也，即其长者异之。乌在其于群为平等乎？他日卢梭之论等差原始也，亦尝区自然之殊异，与群法之等威而二之矣。乃不知群法等威，常即起于自然之殊异。均是人也，或贵焉，或贱焉，或滋然而日富，或塌然而日贫，此不必皆出于侵陵刮夺之暴，亦不必皆出于诡谲机诈之欺也。无他，贤不肖、智愚、勤惰异耳，谁非天赋之权利也哉？

而卢梭曰："此不足论，使奴持此以论于其主之前可耳。"此语何足以服人。盖彼亦知深言之，则其说将破也。吾闻雅理斯多德之言曰：人生而奴。此诚诐辞，顾以比卢梭之言，犹为近耳。

虽然，吾意卢梭以贫士而著一书，其影响及于社会之大如此，一唱群和，固亦其时之所为，而其意之所存，必有深入于人心，而非即其文辞可以辄得者。故尝平情静气，以察其所据依，庶几为当于作者，而无如其不可得也。夫自由平等之言，于欧洲尚无，然至罗马法家，乃奉之以为法律之公论。（二字依几何原来译"Omnes homines natura aequales sunt"。）此缘中古之时，罗马幅员最广，异族杂糅，本有等差。而法政所施，随地辄生荆棘。由是划除苛绕，揭示大同，民乃欢虞，而国势益固。是故自由、平等者，法律之所据以为施，而非云民质之本如此也。大抵治权之施，见诸事实，故明者著论，必以历史之所发见者为之本基。其间抽取公例，必用内籀归纳之术，而后可存。若夫向壁虚造，用前有假如之术（西人名学谓之 a′priori），立为原则，而演绎之，及其终事，往往生害。卢梭所谓自然之境，所谓民居之而常自由、常平等者，亦自言其为历史中之所无矣。夫指一社会，考诸前而无有，求诸后而不能，则安用此华胥、乌托邦之政论，而毒天下乎！

夫言自由而日趋于放恣，言平等而在在反于事实之发生，此真无益，而智者之所不事也。自不佞言，今之所急者，非自由也，而在人人减损自由，而以利国善群为职志。至于平等，本法律而言之，诚为平国要素，而见于出占投票之时。然须知国有疑问，以多数定其从违，要亦出于法之不得已。福利与否，必视公民之程度为何如。往往一众之专横，其危险压制，更甚于独夫，而亦未必遂为专者之利。不佞少尝于役海军，稍知御舟之事。假使波兴云谲之际，集舟中水手，乃至厨役火工，使之议决轮帆针向之事，则此舟前路，当为何如？夫政海风波，过于瀛海者千万，顾可争出手眼，轻心掉之也耶？然则平等非难，亦惟吾人慎用此平等已耳。

天然之自由、平等，诚无此物，即稍变其说，而谓国民宜以完全之自由、平等为期，此亦非极挚之说也。盖一国之民，宜皆自由、平等与否，而所谓郅治极乐之世，其现象为然与否，此犹未定之问题，而有待于论证者也。所谓无侵人即得自由一言，亦不能即取之以为籀证前辞之用，何以故？盖当为后语之时，以名学言，已据人有平等权利一言为原例。既已据之，则不得更用之以籀证所据。且其言即含政论哲学，而求之宗教之中，其与卢梭之意吻合者，亦渺不可得。盖佛固言平等矣，而意指平等于用慈；亦言自由矣，而实明自由于解脱。即使求诸犹大之旧与夫基督之新经，固言于上帝前诸色人平等。然其平等者，平等于不完全，平等于无可比数。然则宗教之所谓平等者，乃皆消极之平等，而与卢梭民约所标积极之平等，倜乎相远，有必不可强同者矣。

卢梭所标之平等、自由，今求之各方面之中，既已为绝物如此。则（乙）款所谓人人不得有私产业，凡产业皆篡者，将不攻而自破矣。夫地为一行星，于古以为无穷，而今人知其有域。降邱宅土，可居之见方里数，可积算而坐得之者也。顾不幸人物孳乳寖多，设无凶灾兵燹疾疫之相乘，其数常数十年而自倍。夫以有域之土地，待无尽之孳生，早晚不可知，夫固必穷之势也，是故持政论者不一宗。至于户口问题，虽有圣者，莫措其手。今用卢梭之说，人皆平等，则坠地占居，本无主客，所以至于无立锥者，连阡越陌者害之也。乃恫然为之说曰：土地者，莫谁属者也，而出产者，皆有分者也。以谓得其说而存之，则相养、相生，平等、自由之局，将可与天地比寿，而免于竞争之厄者矣。而孰知其说之又大谬耶！盖土地出产者，皆有限者也，无论科学如何进步，农矿之事，无限神奇，而天之所畀，只有此数。自一国而言之，强弱侵陵，尚有以邻为壑之事。若夫合大地而为计，总人类以为言，求相养之无穷，则固无术。卢梭民约，尝一变而为社会主义，于是有领土国有之政谈。此无论其繁重难行，行之或以致乱也，籍第令一日吾国毅然行之，则以天之灵，是二十二行省之封疆，与夫满、蒙、回、藏之戎索，皆吾黄人子孙之所固有，我疆我里，移密就疏，期可为一二千年之生聚，是亦稍可自慰已。乃不幸卢梭之言又曰："公养之物，莫之敢私，土地物产，非人类所同认公许者，莫克有也。"今如有万分一，一日神州禹甸之土地物产，其宜归吾人永保享用与否，听大会之表决于海牙，异时之事不可知，或乃贸然以吾人为篡。当此之时，公等将俯首帖耳，以为此实民约之至平乎？抑将制梃揭竿，奋空拳，竭余力，以与之争一旦之命也。由此言之，则社会最后之事，固必出于竞争。而竞争矣，则返本复原，又必以气力为断。卢梭之说，仁则仁矣，而无如其必无是也，则奈何欲乱人国以从之乎？

至（丙）款所云，其最重者，莫若消灭战胜之权利。而云物之以兵力而取者，义得以兵力复夺之。此其大旨，犹是产业皆篡之所前云。而以生于十八世纪之欧洲，社会尚沿封建之余制，彼见民生困苦，而衣租食税者，席先人余烈，不独无所裨补于其众也，方锯牙钩爪，朘勤动者以为生。由是切齿腐心，而为此根本消除之学说。乃至今日，则欧美二洲，倡为社会主义者，又集矢于资本之家产。夫因时立义，各有苦心，虽在吾国，何尝不尔。是以远之则忠、质、文三政之相嬗，降之则任、清、和三圣之相资，凡皆救敝补偏，有所不得已也。今若取卢梭之说，而施之神州，云以救封建之弊，则为既往；将以弭资本之患，则犹未来。然则悬之勿论可耳。虽然，但据其语，以课其所主之是非，则亦较然有可论者，此又不妨与崇拜民约者共商榷也。

今夫社会一切权利，必以约为之基，此其说诚无可议。此在中国，谓之必有所受。产业权利之大者也，亦必有所受焉而后可。战胜之利，力征经营，故虽得之，实无所受。此卢梭之大法也。第必如其法，凡人得一权利，必待一切人类之公许而后成，此不独于实事为难见，即在理想，亦有可疑。不得已而求其次，则问凡战胜攻取者，果皆不应得之权利也欤？今不必言三代汤武，以征诛开国为顺天应人之事。即取近且小者而譬之，假有商舶，忽逢海盗，舶中有备，因而禽盗，并取其船。如卢梭言，将谓彼收此船者，乃以力而不以约，所以为不应得之权利也耶？此不必由法律言也，即以情理道德言，亦可以无疑义已。则由是而推之，乃至两战国之兵事，方其讲解术穷，不得已而出于战。胜者占城据港，要之以为息战之偿。夫和约亦约也，犹交易然。所售者，和平而争息也。而受约者，以土地为之代价。当此之时，计无复之，夫亦各得分愿矣。盖两国之宣战也，无异讼者之两造，质诸兵神，使为之理。理之成谳，则讼者不容以不遵，其权利遂为胜家所永享，约固在也，力实成之。安在力之不足畀人以权利耶？

总之，卢梭之说，其所以误人者，以其动于感情，悬意虚造，而不详诸人群历史之事实。孟子曰："物之不齐，物之情也。"物诚有之，人尤甚焉。而卢梭所以深恶不齐者，以其为一切苦痛之母也。求其故而不得，则以为坐权利之分殊。而权利分殊，又莫重于产业。由是深恨痛绝，一若世间一切主产承业之家，皆由强暴侵陵诪张欺诈而得之。非于其身，则其祖父，远虽百世不可宥也。是以其书名为救世，于穷簷编户，妪煦燠咻，而其实则惨刻少恩，恣睢暴戾。今者其书之出百数十年矣，治群学者，或讨诸旧文，或求诸异种，左证日众，诚有以深知其说之不然。无论何国，其产业起点，皆由于草莱垦辟者为最多，而不必尽由于诈力。乃至其书所乐称之自然时代，犹吾人所称之："无怀葛天，皞皞熙熙。”家得自由，人皆平等，则尤为往古之所未尝，且恐为后来之所无有。盖草昧之民，其神明既为迷信之所深拘，其形骸又为阴阳之所困厄，忧疑好杀，家相为仇。是故初民，号为最苦。然则统前后而观之，卢梭之所谓民约者，吾不知其约于何世也。

感时咏事

戊戌八月感事*
(1898)

求治翻为罪，明时误爱才。伏尸名士贱，称疾诏书哀。燕市天如晦，宣南雨又来。临河呜犊叹，莫遣寸心灰。

* 作于1898年。本篇选自《严复集》，第二册，414页。

哭林晚翠*（约 1898）

相见及长别，都来几昼昏。池荷清逭暑，丛桂远招魂。（余以戊戌六月晤晚翠，而晚翠以八月遇难。）投分欣倾盖，湛冤痛覆盆。不成扶荬弱，直是构恩怨。忆昨皇临极，殷忧国命屯。侧身求辅弼，痛哭为黎元。大业方鸿造，奇才各骏奔。明堂收杞梓，列辟贡玙璠。岂谓资群策，翻成罪莠言！衅诚基近习，祸已及亲尊。惝恍移宫狱，呜呼养士恩。人情方翕訿，天意与偏反。

夫子南州彦，当时士论存。一枝翘国秀，三峡倒词源。荐剡能为鹗，雄图欲化鲲。杨谭同御席，江郑尽华轩。卿月辉东壁，郎星列井垣。英奇相搘柱，契合互攀援。重译风皆耸，中兴势已吞。忽惊啼晚鴂，容易刈芳荪。古有身临穴，今无市举幡。血应漂地轴，精定叫天阍。犹有深闺妇，来从积德门。抚弦哀寡鹄，分镜泣孤鸳。加剑恩牵犬，争权遇偾豚。空闻矜庶狱，不得见传爰。投畀宁无日，群昏自不论。浮休齐得丧，忧患塞乾坤。上帝高难问，中情久弗谖。诗篇同乘杌，异代得根原。莫更秦头责，休将朕舌扪。横流看处处，只合老邱樊。

* 约作于 1898 年。本篇选自《严复集》，第二册，362 页。

和夏穗卿二首*
（1900）

男儿贵自我，安用五车书？老聃岂不云，先王有蘧庐！日月贵常新，光景乃足娱。东鲁彼何人？两马从一车。凤皇日以远，河水不出图。临流叹洋洋，作计讵尔疏。接舆兴狂歌，疾去不为徐。安知非微旨，信宿更难居！峨冠读黄唐，田陇成丘虚。坐令三千载，民气郁不舒。吾方骋雄辔，高步天演衢。努力追来者，剿说供驱除。回头视东鲁，微茫存有无。

微尘如恧国，治具有不张。闭门谢宾友，偃息常在床。遥闻鶗鴂叫，百草惨不芳。境孤心以莞，道屈神难王。颇同净名意，吾疾非膏肓。恨不插两翅，倒景凌风翔。举头叱星辰，遵彼汉成行。炮烹群龙孽，煮海使为汤。纤微去人害，嚼血靡蚊虻。愚公进一篑，夸父走且僵。皇人各受穀，容成弹清商。惜哉钧天舞，上帝亦淫荒。弱丧苦不归，安用歌履霜！金泥与玉检，求彼名山藏。至道不终隐，逝将发其光。

---

* 作于1900年。本篇选自《〈严复集〉补编》，193页。

挽李鸿章*

(1901)

使先时尽用其谋，知成功必不止此。
倘晚节无以自见，则士论又将何如。

---

* 作于1901年11月。本篇选自《〈严复集〉补编》，11页。

赠熊季廉[*]
（约 1901）

一十九稘初告终，抟抟员地趋大同。神机捭阖纵变化，争存物竞谁相雄？大哉培根氏告我，即物观道冥纤洪。至人先天戒凝滞，高下体合如张弓。从其后鞭向仁寿，岂假食苦师蓼虫。三皇五帝各垂法，所当时可皆为功。蚩蚩之氓俾自治，奚翅洲渚浮艨艟。及其已过尚墨守，无益转使百弊丛。矧今天意存混合，殊俗异种终棣通。是时开关用古始，何异毛毳当炉烘。履而后艰常智耳，如惩弗毖宁非懵。四百兆民皆异种，卒使奴隶嗟神恫！所以百千万志士，争持建鼓挝顽聋。贤愚度量几相越，听者一一褎耳充。胶胶扰扰何时已，新旧两党方相攻。

去年北方致大祸，至今万乘犹尘蒙。亦知天心未厌乱，南奔避地甘长终。岂意逃空得謦欬，知交乃遇四五公，就中爱我最真挚，屈指先数南昌熊。心期浑欲忘彼此，圭角相遇加磨砻。人生行止不自诡，扁舟又欲随南风。临行执手无所赠，惟有真气如长虹。横流他日傥相遇，窃愿身道双加丰。

---

* 约作于 1901 年前。本篇选自《严复集》，第二册，364～365 页。

挽吴挚父京卿*
(1903)

仙舟几日去东瀛，梁木归来忽就倾。难遣此哀惟后死，忍将不哲累先生。人间鸡廱方为帝，海内雄文孰继声？地下倘逢曾太傅，定知老泪各纵横。

---

* 作于1903年。本篇选自《严复集》，第二册，365页。

玉溪剑南诗句*
(约 1903)

府君五十一岁。甄克思《社会通诠》E. Jenks' *History of Politics* 脱稿。《穆勒名学》半部亦已脱稿。吴丈汝纶卒，府君伤感不已。集玉溪剑南诗句为挽曰："平生风义兼师友，天下英雄惟使君。"尚有挽诗七首，见诗集中。府君常言吾国人中旧学淹贯而不鄙夷新知者，湘阴郭侍郎后，吴京卿一人而已。

---

* 约作于1903年。本篇选自严璩编：《侯官严先生年谱》，见《严复集》，第五册，1549～1550页。

挽熊季廉*
(1906)

与君同为国伤心，何期憔悴江潭，楚些翻成招宋玉；
此业不蒙天所福，枉自张皇幽渺，玄经那更恩侯芭。

---

* 约作于1906年4月。本篇选自《〈严复集〉补编》，58页。

自拟书房联语*
（1906）

有王者兴，必来取法；
虽圣人起，不易吾言。

* 约作于1906年6月。本篇选自《〈严复集〉补编》，83页。

挽张百熙*
（1907）

谓公来日方长，为清时丕焕新猷，画索开疆，功名接武曾胡左；
讵尔昊天弗吊，不中国慭遗一老，山颓人萎，太息同声亚美欧。

* 作于1907年3、4月间。本篇选自《〈严复集〉补编》，87页。

郑太夷时文*
(1908)

读书跂禄仕，道已成禽犊。彼哉东方生，文史三冬足。魏晋用九品，隋唐取书牍。词赋资求才，如网张一目。美意制十科，迂论司马涑。已而程经义，作计非不熟。悠悠九百年，奚翅亿管秃！得者矜文儒，类进如凫鹜。假令长闭关，千世用一律。庸知天运转，因应纷万族。瞠目倚虚桥，旧学等无术。

往者经济谈，洎今令人恧。回首赵幽州，半部语真毒。迩来又一变，龙蛇起新陆。论语充烧薪，六经任生醭。泛海求羊皮，归为五羖鬻。操瑟与吹竽，所志皆食肉。侈侈输文明，都成果蠃祝。乃知变法令，真无与清浊。夫惟大雅姿，于法无所宿。当为彀中游，已蹇方外蠋。斟酌新旧间，缘此为经督。读君制艺文，同时须膺服。

---

* 作于1908年。本篇选自《严复集》，第二册，367～368页。

侯官严几道先生与朱彊村书[*]
(约 1908—1909)

昨承枉教，为赐甚厚。去后极思更有所作，以邀教益。刻乃勉成解连环一阕，谨录呈左右。伏望佛不吝法，更与指点裕之有云：文章有圣处，正脉要人传。果他日此学成就，则先生的髓法嗣也。不胜伫仰之至。此颂彊村词伯旅安。复顿首。

又

沤尹侍郎先生执事，得正月廿三日损书，及新刻重斠梦窗四稿。知先生指导之意无穷也。不胜感，不胜感，来教以浣花玉谿于诗，犹清真梦窗于词，斯诚笃论。复于清真词不尽见。就其得见者言，窃谓梦窗词旨，实用玉谿诗法。咽抑凝迴，辞不尽意，而使人自遇于深至。钩𫓯杂碎，或学者之过，犹西昆末流。诚不可归狱梦窗。至于清真之似子美，则拙钝犹未之窥见也。别纸所示，都中症结，初学人能得法师如此，不禁窃熹自负耳，谨再磨琢奉呈。伏惟垂诲。复顿首。二月朔日。

又

彊村词老执事，顷承手教，于鄙作尽无所否，非所望也。复以为词之为道，嵇叔夜手挥目送二语尽之。至于形色，尤不可苟。而声情神思，则作者各有天焉，不得强而致也。先生以为然乎？前作去后，尚有商量数处，不过取其圆溜。惟东阁阁字，必应改作观字，谨别纸更录呈政。并颂兴居。复再顿首。（春水梦窗二家，短长安在，望破例相告。）

附解连环（己酉灯节呈彊村用梦窗韵）

绾同心结（别作褰裳佩结），正春舒柳眼，嫩条柔极（别作柔条嫩极）。

---

* 约作于 1908 年到 1909 年间，首次发表于《词学季刊》，创刊号，1933 年 4 月，并附严复作词《解连环》以供对照。本篇选自《〈严复集〉补编》，212 页。

料庾信愁满江关，更吴雨潇潇（别作酥雨寒寒），落梅风色。社酒犹赊，燕泥冷郁金梁（别作堂）北。问巢痕东阁（别作东观，又作藻井），伞影西清（别作斧廊），可堪重忆。试灯（一作遨春）故情未掷。为（别作替）东风作主，商略红白。怕元都去（一作此）后桃花，又浥露泛霞，自骄绀碧（别作别饶缃碧）。玉宇孤蟾，瞰来去（别作阅日夜）沧溟潮汐。且寻伊（别作有霜腴），玉龙怨调，倚声捩得（别作傍墙捩得）①。

几道先生在近代学术界之地位，固已尽人皆知。至其倚声填詞，殊不多见。以上三札，作于宣统元年，时方任京师大学校长。而卑辞请益，若惟恐彊翁不屑为指点者。前辈进学之猛，虚怀之切，令人惊佩。一词几经修改，只字未安，皇皇焉不能自已。宜其从事译述时，对一名词，或旬日而后定，不肯丝毫苟且也。沐勋附记。

① 此处引用刊于《词学季刊》创刊号的版本，170 页。末句别作“傍墙捩得”，见《〈严复集〉补编》，212 页。

见十二月初七日邸钞作*（1909）

自笑衰容异壮夫，岁寒日暮且踟蹰。平生献玉常遭刖，此日闻韶本不图。岂有文章资黼黻？敢从前后论王卢。一流将尽犹容汝，青眼高歌见两徒。

* 作于1909年。本篇选自《严复集》，第二册，378页。

《巩金瓯》国歌词*
（约 1911）

巩金瓯，承天帱，民物欣凫藻。喜同袍，清时幸遭。真熙皞，帝国苍穹保，天高高，海滔滔。

* 约作于 1911 年。本篇选自《〈严复集〉补编》，111 页。

民国初建，政府未立，严子乃为此诗*（约1912）

镫影回疏棂，风声过檐隙。美人期不来，乌啼蜃窗白。

* 约作于1912年。本篇选自《严复集》，第二册，380页。

题侯疑始填词图册*（约1913）

天生人能群，语言资缱绻。心声精者传，韵语亦天演。君看五大洲，何国无歌谚？周诗三百篇，无邪圣所荐。楚辞逮唐音，中间凡几变。由来声利涂，不中风人践。宋元乃词曲，以使民不倦。甲乙起旗亭，宫征起衖院。浏亮苏辛能，婉娈周姜擅。降斯五百年，往往获冷善。梁溪倚声国，软浪摇歌扇。侯子生其中，蔚作群工殿。思贤哀窈窕，刻意写盼倩。了知天机深，每恨抽思浅。缥渺阳台云，迷蒙神女巘。但乞一字安，岂惜千须撚。梦醒起视国，四野方龙战。火急写为图，庶令知者见。博弈岂能贤，权利吾知免。

---

* 约作于1913年。本篇选自《严复集》，第二册，382页。

六十一岁生辰，韩生以诗见寄，斐然有怀，次韵为答*（约1913）

成毁相因果，贤愚孰判分？立诚斯感物，执象总迷真。缅昔承平日，繄余淡荡人。所嗟闻道晚，常恐受恩深。鼹饮津沽水，燕居二十春。涓尘忘海岳，高下信乾坤。明发求无忝，生涯识有群。万间怀夏屋，一得永宵欣。学有今荼蔗，胸无夙怨恩。浑浑时见极，九九或疑神。亦欲新民德，相将讨国闻。裘成千腋集，书及万言陈。敢谓思无斁，方期德有邻。由来一爝火，不彻百重昏。积毁惊销骨，群吹起沸尘。不成一战伯，徒使万方嗔。输币仍前贯，回銮祇旧云。普天呻负担，划地见创痕。岂谓图强法，翻成失国因。朕言真不再，大患乃无身。末命凭虚几，皇图集近伦。龙飞群首见，蠖屈几人伸。伊傅原难降，研桑不易寻。运丁千世厄，民疾一夫尊。廪廪持三祀，睊睊逮八垠。平安望烽火，彗孛犯星辰。辙偾贪人败，言尨学子诜。早知民最贵，不必古能循。淅米非前甑，成风少妙斤。虚传馨郅治，直作纵妖氛。眼阅沧桑换，心惊甲子新。元黄犹未已，衰白日交臻。吉语征朋友，忧端悸梦魂。新知待培养，旧德愿终纯。莫动扁舟兴，群扶大雅轮。因君惠佳什，为数鲤鱼鳞。

* 约作于1913年。本篇选自《严复集》，第二册，384页。

题侯疑始印存五绝句*
（约 1914）

平生最爱莲生语，作么能消生有涯。闭户试为无益事，小窗映日斫龟螭。（泉唐词人项莲生言：不为无益之事，难遣有涯之生，其言最得美术三昧。）

何年花乳被龙虬，更有镫明出处州。今日田黄珍比玉，可能容易与雕锼。（《镏绩霏雪录》云：王元章始用花乳石刻印。又处州镫明石亦印材也。见郎瑛《七修类稿》。）

金粟前身顾阿瑛，未央宫瓦刻朱盛。摩挲印剂怀真乐，有癖谁如吾子行。（厉太鸿言：顾阿瑛得未央宫瓦头，朱伯盛为刻金粟道人印，又吾子行有“竹素山房”，有“我最懒”、“怀真乐”、“飞丹霄”诸印，常加韦佩，日手摩弄，欲和其四角，令有古意。）

汉印阴文感废兴，艺林规矩见斯冰。说文古籀勤搜补，未绝风流太仆能。（云门张绅云：天下皆用汉印，属兵象云云。乃强作解事语，吴恪斋在日，最工金石刻画。）

朴茂纡徐各有真，不分用志乃凝神。雕镌谁似侯疑始，刀笔中无一点尘。

---

* 约作于 1914 年。本篇选自《严复集》，第二册，386～387 页。

刘伯远、侯疑始偕枉不遇，诗以谢之*（约1914）

锡山侯子今词伯，南岳诸刘总好贤。心赏于人良已矣，足音及我固跫然。藏身聊复成中隐，治国何年著小鲜？泽不下施吾所讳，期君古斗劚龙泉。

* 约作于1914年。本篇选自《严复集》，第二册，389页。

哭项城归榇*
（约 1916）

近代求才杰，如公亦大难。六州悲铸错，末路困筹安。四海犹群盗，弥天戢一棺。人间存信史，好为辨贤奸。

霸气中原歇，吾生百六丁。党人争约法，舆论惜精灵。雨洒蛟龙匣，风微燕雀厅。苍苍嵩室暮，极眼望云軿。

夙承推奖分，及我未衰时。积毁能销骨，遗荣屡拂衣。持颠终有负，垂老欲畴依。化鹤归来日，人民认是非。

* 约作于 1916 年。本篇选自《严复集》，第二册，394 页。

欧战感赋*
（1917）

三年西宇战天骄，海上金银气尽销。（只以英计，每日费金钱殆五百万镑，今则六七百万镑矣。）入水狙攻号潜艇，凌云作斗有飞轺。壕长地脉应伤断，炮震山根合动摇。见说伤亡过十万，不堪人种日萧条。

---

* 作于1917年。本篇选自《严复集》，第二册，396页。

畴　人*
（约 1918）

畴人谈浑天，寥廓不可拟。赫然众阳宗，如海一沤耳。地为之从星，叙列居三四。民物生是中，扰扰小虫豸。号为三才中，可怜不自揣。品庶固冯生，殉名讵即是。炽然争夺场，辛苦权与利。无贵贱不悲，无贫富不喜。妄窃聊自娱，狙虎相渠帅。蓬蓬飘风过，各各食蝼蚁。魂魄倘有知，往者难悉记。借问此时情，优劣何处异。所以古达人，率性聊尔尔。为善似差乐，有酒君当醉。

孔门说人性，愚智都三科。其才可为善，著论先孟轲。至今二千载，为说弥不磨。脱若荀卿语，黔首长荐瘥。人当自相食，白骨高嵯峨。岂能若今者，治化方纷罗。以兹推人理，前路知无他。日去禽兽远，用礼能贵和。人皆得分愿，后舞间前歌。自由复平等，一一如卢梭。所忧天演涂，争竞犹干戈。藉云适者存，所伤亦已多。皇人未受瞉，荆棘悲铜驼。黄炎日以远，涕泪双滂沱。

---

* 约作于 1918 年。本篇选自《严复集》，第二册，400 页。

何嗣五赴欧观战归，出其记念册子索题，为口号五绝句[*]
（约1918）

太息春秋无义战，群雄何苦自相残。欧洲三百年科学，尽作驱禽食肉看。

战时公法徒虚语耳。甲寅欧战以来，利器极杀人之能事，皆所得于科学者也。孟子曰："率鸟兽以食人。"非是谓欤？

汰弱存强亦不能，可怜横草尽飞腾。十年生聚谈何易？遍选丁男作射弸。

德之言兵者，以战为进化之大具，谓可汰弱存强，顾于事适得其反。

洄漩螺艇指潜渊，突兀奇肱上九天。长炮扶摇三百里，更看绿气坠飞鸢。

自有潜艇，而海战之术一变；又以飞车，而陆战之术亦一变。炮之远者，及三百里外，而绿气火油诸毒机，其杀人剧于火器益进弥厉，况夫其未有艾耶！

牛女中间出大星，天公如唤世人醒。三千万众膏原野，可是耶和欲现形？

本年阳历六月一日，有新星现于牛女之分，光芒焕发，过于一等星。此自挽近星学家言之，固若无与于人事也。而其所可异者，独见于此时而已。四年苦战死伤总数逾三千万。宗教用其书之默示录语，疑世界乃近末日，抑救主有复临之机。此自人心乱极思治，

* 约作于1918年。本篇选自《严复集》，第二册，403页。

其然岂其然欤！

由来爱国说男儿，权利纷争总祸基。为忆人弓人得语，奈何煮豆亦然萁。

自爱国之说兴，而种族之争弥烈，今之欧战，其结果也。英有看护妇名迦维勒者，在比于扶裹创夷，虽仇敌不歧视，嗣缘英俘之逃，以嫌疑被法，临命告监者曰："吾有一语，烦告人间。"监者问"何语?"则曰："爱国爱国一言，殊未足以增进人道也。"语已，受枪而死。夫爱国之义，发源于私，诚不足以增进人道。然彼之相为屠戮者，犹以种族异耳。顾同种并化之中，独以予夺奋虐，此真百喙无以自解者矣。

书示子璿四十韵*

（1919）

吾思初生民，中国固独秀。一画开庖牺，衣裳垂轩后。虞夏丁中天，心法著授受。史臣所载笔，明白同旦昼。西旅当此时，蠢蠢犹禽兽。汤武行征诛，惟民在所救。孔子删诗书，述古资法守。时义大矣哉，道体弥宇宙。因礼有损益，百世难悉究。虽云世变殷，一一异经觏。嬴秦始变法，驱民用鞭杻。自兹更纷纭，王霸方杂糅。极盛推汉唐，宋明亦在宥。强胡入中原，始寇终昏媾。清人张大机，久乃见涩锈。

于时西方人，造化供镌锼。周髀函员舆，阴阳随指嗾。思潮百千涂，黄钟杂瓦缶。舟车所开通，势欲穷高厚。佳兵非不祥，远贾期必售。（韩句。）平等复自由，群龙见无首。岂徒财力雄，固亦祛荒陋。空穴嗟来风，黄人遂瞠后。推人曰文明，自处但怐愗。吁嗟四千春，声教总刍狗。宁知人道尊，不在强与富。恭惟天生人，岂曰资战斗！何期科学精，转把斯民蹂。君看四年战，兹事那可又。

汝今治旁行，如农始备收。毋忘七尺躯，幸托神明胄。所期取彼长，为国补缺漏。他年劫运回，端复资旧有。举国方饮狂，昌披等桀纣。慎勿三年学，归来便名母。内政与外交，主者所宿留。就言匹夫责，事岂关童幼。吾衰不足云，况亦多纰缪。然于二者间，衡量亦已久。不胜舐犊情，为儿进苦口。

---

* 约作于1919年7月。本篇选自《严复集》，第二册，409～410页。

元旦觐祖生*
(1920)

月吉南来报，衰迟得抱孙。喜心忽翻倒，佳气已腾轩。汗血思天马，精灵感白猿。神州须健者，勿止大吾门。

汝父意娱亲，殷然盼石麟。得吾儿出世，及尔祖为人。门户千秋业，乾坤万里春。吾衰家自振，老泪一沾巾。

雨水开寅月，青龙正值庚。食神横秀气，月健得长生。四柱纯阳贵，三春甲木荣。莫嗤谈小数，远祖有君平。

名尔为侨肸（儿名以侨，字彦国。），心仪到古贤。艰难支禹国，词命却强权。震旦方沈陆，何年得解悬。太平如有象，莫忘告重泉。

* 约作于1920年2月。本篇选自《严复集》，第二册，410～411页。

阳崎尚书庙扶乩，有罗真人者降，示余以丹药疗疾，赋呈四绝

庙祀南宋陈参政文龙*

（1920）

老来悲闵意如何，坊里维摩示疾多。多谢灵丹远相畀，与留衰鬓照恒河。

多生倚业删难尽，每对神明起内惭。敢望刀圭分九转，他年插翼作苏耽。

权利纷争事总非，乱来十见日周围。天公应惜炎黄尽，何日人间有六飞？

天水亡来六百年，精灵犹得接前贤。而今庙貌重新了，帐里英风总肃然。（时方修庙）。

---

* 约作于1920年12月。本篇选自《严复集》，第二册，412页。

启事

奉告开平矿务有限公司中国诸股东启*
（1901）

谨启者：

中国自海通以来，言矿利者众矣。至于今日，以贫弱之故，于是扼腕言矿利者尤多。顾矿之为物，非重本不兴，非坚忍必废。每闻某所矿苗绝佳，一二有力之家，方且集众擎之力以求厚利，及股已集、局已设，则或以销路之不通，或以水源之过旺，抑办理之未得其人，母财之中道无措，故凡矿之事恒九十九废，而其一仅成。此诚诸君所共闻共见之事，岂过论哉？至于中国之矿，则其势尤有难者，道咸以降，外人足迹所掩，不仅在二三十口租界间，各国皆有上上矿师深入内地，绘图立说，测其中藏，计其广远，凡神皋陆海之中，开辟以来历劫未发者，彼皆指而数之，传布欧美。而吾华人固未知，即知之亦不甚措意也，甚且持有明以矿丁致乱之瞽说，动色相戒。此何异匹夫穷子被褐怀玉，方且日日忧贫，而波斯贾胡则掀髯愁眼以议其后耶？故矿之为物，中国虽多而不数见者，伏而难成，一也；成而外国垂涎，又怀攫取之心，二也。今夫开平煤矿者，中国幸而仅成之矿也，质佳苗深脉远矣，而其地近海，其为泰东上上煤矿无疑。溯开办二十余载以还，始也有中辍之虑，继也有败坏之忧，卒也有被占之虞。甲午中东之役，使日人朝饮马于榆关，则唐山林西半壁店之煤田夕与俱去。至于客岁之乱，其保持无失尤难。初起之日，乱军拳匪焚掠遍京东西，而于西法之事尤致恨，恨不问其为谁主也。继而俄、继而德。俄之入唐山也，其将帅争电告森彼得政府，谓既取北清最美之煤矿而据之。当此时，督办张京卿乃以权宜之

* 原发表于1901年7月1日到2日，《中外日报》。本篇选自《〈严复集〉补编》，5～7页。

计，札津海关监榷德君璀琳为开平总办，假便宜使承檄得一切废置，则告俄人曰：此不可据而有也。此局以前负故已质德国矣，乃遍插德旗以保护。已而德人又欲乘势据之。德君又告之曰：此不可据而有也。此局以秦望〔皇〕岛兴作之故，已质之英国矣。枝左而梧右，其大局如千钧之重，上悬一发而下临深渊。设是时彼中有出而曰：此固官局，吾军所得籍者，籍而仞其所负，外人有股，仍一切分利，则虽十德君无如何也。德君知此乃请张京卿更札己令增募百万镑之新股，而以其局注于英商部之册，一切用英国商例为有限公司，夫而后泰山可摇，而开平之煤局不得动矣。

盖自客岁五月以还，三辅之间，万里淫痍，上自国家之仓庾，下逮商民之盐堆，彼中武人恃去国稍远不为君若相所悉知，则往往绝人理、背公法，寇攘而劫取之。我无所愬诉也。独唐山林西无水半壁诸局，至于天津塘沽诸坞员司苦力，上下百千犹可致力其中保持危局，卒以无事。此固德君之动合机宜，而亦张京卿知人善任、深信不疑之故。不然，岂有幸哉。且德君固德人也，而注册之时，乃舍德而取英者，则又以英国商律之平，无诈虞而可恃。此其一出于公无私之心，尤不佞所钦叹，而服其行事之磊落者也。而局中人与执券之股友，固未必尽知之。今者合办之章规既定，一切公司之事，将统于支那之总局，置议事首领，而华洋之总理各二，事资平权，不为畸重。全局旧母都一百五十余万金，百金旧股抵新之以一英镑为股者二十五股。盖一转移之间，前之出资百者，至今为百八十五，以比去岁夏秋方乱之际，股价陡跌至于百为四十五者，其同异之实，虽无目者犹睹之。煤局自开办至今历有年所，利之所在，弊亦丛之。新公司欲地宝之尽出，章程之可久也，则相与早夜孜孜爬垢振痂，而事或出于操促，其中身被之者，相与骈额蹙颎，叹事权之日去，恐岁月之后将悉归于洋人。虽然此非笃论，特近似之说耳。所以云其不笃者，盖公司办事之善否，以股利之盈绌为归，而股利之盈绌，视股价之上下为表。近者沪港之间，开平股份百金旧者价腾自二百五十至于四百者有之，最下亦售百九十。此非有美利之实，则众情难欺。谁复有以四易一者乎？故曰非笃论也。若夫恐吾人事权之日去，岁月之后悉归洋人，则或有然者矣。然此权利则中国股东操之也。盖开平矿业地亩余利之积过百万镑者数倍不止，洋人知之稔矣。华股东耸于目前数倍之利市，势将争以出售。使售之而尽，则华人于此矿为无权，即谓之尽归洋人可也。故曰近似之说也。使吾民而智，必欲与彼族争此矿之权者，尚其藏弆股券，以俟数年后之分利，则必有以吾言为不欺者。嗟夫！此所争者非仅一已之厚，实国民之权力实系之，则慎勿见小利而欲速也。

谨启

开平矿务有限公司广告*
（1901）

有股诸公公鉴：

启者，我中国之言矿利者数十年，而开平之成效最著。此诚非旦夕之所经营，而亦非一手足之烈也。始也，李傅相具几先之智，持坚毅之力，劳来匡翼，期以必成。而先后当事如唐景星、吴兰皋诸公，皆极惨澹维持之意。至鄙人承乏是局，继奉恩命督矿近畿十余稔以来，凿深缒幽，部署综核，幸赖华洋同事赞襄之雅，得勉奠可大可久之基础，而为北方开数百载不竭不塞之利源。夫固有股诸公所共见耳。开平煤质致佳，矿苗盛厚，绵亘数百里，入土逾千尺，且产地濒海，适当太平洋之冲，销路四达，缘此列强眈眈，环伺兴羡，盖不徒商利之厚而已，海上兵力待此后行。故近十余年间，边烽或警，此矿辄摇。记自甲乙至今，全局之危而复安者，屡矣。平日股友之中，抱前识独明之虑者，亦尝谓欲此矿之不倾，股本之永固，非制为中外合办之局不可。顾当时鄙人及同事等见虽及此而未决然迳行者，亦以宋艺祖有言：卧榻之旁，不欲他人鼾睡故耳。迨庚子夏间，猝遘拳团之乱。当是时，本局之炉厂、机器、屯栈、码头，水有舟船、陆有车轨，积煤成阜，何地而无？始则乱民溃勇有劫掠之虑，继则联军入境，有占据之忧。今夫盐者，民食所必需，运以商本，即遇用兵，公法例所不禁。彼俄法诸国，居然取之。何况开平有官督商办之名。煤之为物，军兴所用，公法既禁，取之有名，加以垂涎之素如前云云，则当日开平全局之危岌不问可知。何必张大其词，详列事状以渎诸君之清听乎？顾更有难者，方事之棘也，前北洋大

---

* 原发表于1901年7月16日到25日，《中外日报》。本篇选自《〈严复集〉补编》，8～10页。

臣裕寿帅已殉杨村之难，而合肥相国旌麾犹在粤也。仆困租界围地之中，彼族日以奸人侦探相待戍而守之，虽欲如无事时之周爰咨度势有不能，而事机存亡悬于呼吸之际。窃不自揆自承后责与素稔有力之洋友定议招募新股，立华洋台办有限公司，所画菲〔合〕同具在，于钦设矿路总局章程固未尝敢违背也。当此之时，仆所汲汲求保全者，国合一方莫大之利源，并有股诸公百数十万之本利与此后官府应征矿产之赋税已耳，至于萋家之繁兴，谣诼之不相谅，则固前知其如此，窃惟妖民愚竖肇乱以来，上之宫寝府库，中之廨署厂局，下洎穷簷编户之所盖藏，其亡于兵若盗者，何限？独唐山林西无水半壁，至于津沽水陆数百里间，寸铁半煤无有占夺，购者不分主客，价入而后货出，迄如平时，股友之本息有加，官府之征收如故。处兹胶扰之秋，当彼元黄之日，抚躬循省，夫亦可告无罪焉耳。至谓不能招数百万之新股，无假尺寸之权，使不得同于吾事，设悠悠者以此罪仆，则仆信有罪矣。诸公洞明商务谙晓理财，察今昔之时势与股价之低昂，意或者不随俗为附和欤！

总之，开平矿务总局今成开平矿务有限公司，事资合办，义取平权。自伦敦注册以来，所与欧洲新股诸东往返熟议，所期两得其平，不相侵抑，唇焦笔秃，至今年三月，始能粗具规模，勒为办法。所有先后画诺合同及合办章程等业已具咨北洋大臣、热河都统、矿路总局大臣，并行陈奏各在案，当时计定仓卒〔促〕，欲集诸股东会议，固所不能，即如合同原议于本年内邀集同人详告办法一节，亦以属有使事，不克承教。今仅能将前后情节，详列报端，伏祈有股诸公均鉴而已。再者依原定合同，旧股每百两为一股者，准作新股一镑为一股者，二十五股事属更张，自应统易单折，以凭存执支利。兹拟于津、沽、沪港各埠，先行兑换凭单，俟西历年终再行照给股票注册，以昭慎重。至二十六年局帐现正赶办清结。一俟旬月办成，即应照常刊布。今希即便换单，如以后有应分股利，即当按照凭单派给，不至有误。知念附布，统祈鉴察。不宣。

开平矿务有限公司督办张翼燕谋、总办严复又陵、梁诚震东同启

复旦公学募捐公启*
(1905)

以中国处今日时势，有所谓生死问题者，其惟兴学乎？问吾种之何由强立，曰惟兴学；问民生之何以发舒，曰惟兴学。欲地力之任乎，非学其术末由；欲治法之善乎，非学其效莫致。他若进民行、卫民生、言除旧、言布新，皆非不学无术者所可倖成。故中国维新以来，他议或有异同，乃至兴学，无贤不肖智愚，万喙一声，皆以为不可更缓。十稔之间，以中外形势之日益分明，屡闻明诏诏京师洎各直省，一切设立学堂有公私之别，大中小普通专门之差，训词深厚、主义闳远，盖深知民智不开，人才消乏，虽日取旧法改弦而更张之，无补于强，于国益病，此凡属国民所宜深体朝廷用心，而知何者为最急之义务矣。虽然，其事有诚难者。以地方财力之有限则经费难，以新学讲求之无素则师资难；而诜诜学子或负笈担簦，间关走数千里向学，无从日月跳丸，年力坐耗，审而言之，此岂独学子私人之不幸？国之所损，尤莫计程。故不佞等每见志学少年辗转失望，然犹奋发绵力、结合侪侣呼吁将伯所蕲得者，不过一师立法成之地得以自祓，其躬具后日国民资格，不至更为国种羞，辄感其志尚嘘者，不可为累欷，不觉涕下如绠縻也。岂诸公而独无感乎？

震旦学院者，丹徒马君相伯良之所创立也，于壬寅开课。当是时，无经费、无师资，徒以少年求学之殷，本其诲诱不倦之意，草创缔合，谈艺分科，惟绌经费，故不得不借地于教门；惟乏师资，故不得不借才于会友。然而三载之间，绰有成效。其所课者，皆微至朴属之学，为他校之所无。既有以餍学者之怀来矣。而有朋自远，日益加盛，盖开课之

* 作于1905年7月。本篇选自《〈严复集〉补编》，19～20页。

始，就班者不过二三十人；至于今春乃至百四五十而未已，乐与饵过客止，兹非其验欤。所不幸者，以经费师资之绌乏，而借地借才。以借地借才而教育之权界不清，以教育之权界不清，遂终于相激而解散。此今者复旦公学所以继震旦而求立，而募捐之举所不得已，而望海内外诸公之见助也。不佞等寓居海上，每见东西人士于利益同种之业，不惜捐斥巨赀，至于建设学校、培养后生，尤多指产倾资、不遗余力，又见我国数年以来，如救济救急十字善邻诸举，凡属为善，不吝解囊。今者复旦募捐，确资兴学，其为社会利益影响垂百千年，遍各行省，关系本图尤远且大。是以署两江总督、南洋大臣周尚书知之，当震旦解散之始，即殷然以维持规复为己任，首拨巨金为海内倡，又蒙江南提督杨军门假以吴淞行辕暂充校舍，栖止生徒，苏松太道袁观察禀拨吴淞官地若干亩为建筑新校之用，惟是造端宏大，需款犹多，必资众擎而后克举。用敢据实布启于海内外诸公，上自公卿，下逮士庶，倘蒙慨助，请列台衔邮兑法马路洋行街德发洋行曾少卿处，掣取收条，登报鸣谢。此外《中外日报》馆、《时报》馆二处亦可代收转交。至落成开学以后，所有用费以及每年出款功效，容随时造册胪列报端，庶使热心教育者晓然于款不虚糜，事有实济。总之，此举关系国家公益，亦非区区发起者所敢居其成功也。诸公鉴之。

严复 曾铸 陈涛 汪诒年 汤寿潜 庞元澂 黄公续 袁希涛
萨镇冰 熊希龄 陶在宽 姚文楠 王清穆 沈卫 熊元锷 李钟珏
张謇 方硕辅 叶景葵 吴馨 沈桐 陈季同 刘钟琳 王维泰
蒯光典 施则敬 况仕任 狄葆贤

同启

紧要广告*
（1906）

医学士张汝舟、女医士张施氏：

同乡张君汝舟家世业西医，父子兄弟皆以济世利人为己任。前十余年，不佞挈之赴北，入天津医学堂肄业，为英教习休士顿君所激赏，后游历内地各省，所至以其术鸣。去春赴南非洲，为金矿医官，既卒事，得其文凭。今来海上，其德配施女士，亦业医，旧学于福州妇幼医馆，有优等文凭，精于妇幼诸科，而妇产接生尤为得手，顷从张君居此，伉俪相庄，皆以治病安人为业，可尚也已。不佞与同乡，知其根底，故乐以告此方之抱病求良医者。寓河南路中国药房。德律风九百零三。晚在百老汇路弄内六十八号。

严复谨启

---

* 原发表于 1906 年 3 月 31 日，《中外日报》。

几道启事*
(1906)

前北洋海军学堂前后各学生鉴：

自遭乱停学之后，劳雁分飞，不知诸君现居何处，刻复在皖办理高等学堂，需用教员既多且亟，颇望同学诸君前来相助。为理为此登报，祈即通信前来，俾知居址。即在有事，诸君亦望以数行见教为恳。

严复白

* 原发表于1906年4月18日，《中外日报》。

几道启事*
(1907)

启者：

不佞近承复旦全体公举，并两江端制军檄派为复旦公学校长，辞不获命，实惧弗胜，但当勉竭鄙诚，以副期待。尚望知爱诸公有以匡助之耳。

谨白

* 原发表于1907年2月20日，《中外日报》论前广告第一版。

复旦监督严复启事*
（1908）

敬启者：

今年本公学庶务、财政奉督宪谕，归鄙人督率会计员自行经理。除丁未年，以前所有帐目报销，应有叶仲裕、张桂辛两员结算外，嗣后校政与之无涉。特此声明，以清界限。谨布。再启者，本公学校费，每学期旧生应缴学费及膳宿费六十元，新生应缴六十六元；又生每学期另交号衣费五元，洗衣费三元。均须于入校前亲赴本校会计处缴足，掣取收条，各自由监学派定学舍居住。其未行缴清楚，虽经擅入，均行挥出，决不通融。

特此敬布

* 原发表于1908年2月7日，《中外日报》第一章广告第三版。

严复启事*
(1908)

昨阅叶君景莱、张君桂辛两启，为之怃然。叶君所言尤与事实大有径庭，姑不与辩。但两君所未明者，丙午以前复旦公学虽赖众擎之举，尚为私立之校。自丁未春，经两江督宪奏拨常年经费、派定监督之后，已成官立之校。今昔性质皦然不同，夫岂吾党所能盘踞？校款挪欠，迄无报销，不佞责无旁贷，故尝于客岁五月、腊月亲谒督宪，一再力辞，不行不获命，是以决计本年将校政大加改良，驻校亲督。前者划清界限之启，乃至不得已而开罪于朋友。总之，此事解决不出两途，如两君自谓有永远管理此校特权，即烦具禀请撤监督，则校事从此与复无关。若犹是不佞而为监督也，则前者吾启固一字不可动也。至于交涉风潮，固前知其如此矣！诟何为者。

谨布

* 原发表于1908年2月12日，《中外日报》第一章广告第一版。

附录一：严复遗嘱*

民国十年，岁次辛酉，十月三日，瘉壄老人喻家人、诸儿女知悉：吾自戊午年以来，肺疾日甚，虽复带病延年，而揆之人理，恐不能久，是以及今尚有精力，勉为身后传家遗嘱如左。非曰无此汝曹或至于争，但有此一纸亲笔书，他日有所率循而已。汝曹务知此意。吾毕生不贵苟得，故晚年积储，固亦无几，然亦可分。今为汝曹，分俵。……

嗟呼！吾受生严氏，天秉至高。徒以中年攸忽，一误再误，致所成就，不过如此，其负天地父母生成之德，至矣！耳顺以后，生老病死，倏然相随而来，故本吾自阅历，赠言汝等，其谛听之。

须知中国不灭，旧法可损益，必不可叛。

须知人要乐生，以身体健康为第一要义。

须勤于所业，知光阴时日机会之不复更来。

须勤思，而加条理。

须学问，增知能，知做人分量，不易圆满。

事遇群己对待之时，须念己轻群重，更切毋造孽。

审能如是，自能安平度世。即不富贵，亦当不贫贱。贫贱诚苦，吾亦不欲汝曹傲之也。余则前哲嘉言懿行，载在典策，可自择之，吾不能覼缕尔。

瘉壄老人力疾书

* 此据严群先生抄件。书于1921年（民国十年）10月3日。

附录二：严复履历表*

十六日由兵部带领引

见奉

旨崇祥着交军机处记名钦此

严复，现年四十六岁，系福建侯官县人。由监生考充闽厂后学堂学生，肄习英国语言文字、九章几何代数、平弧三角、动静力学、水重学、微积分、割锥、电热声光磁、石化、格物各学，并天文地舆、测量驾驶、轮机枪炮等项，考取一等毕业，送上练船，巡历东洋、高丽、南北洋、中国海及新嘉坡、金山、小吕宋各等处，在海上五年。光绪三年二月，挑选出洋在英国格林大书院学习各国通商交涉律例、公法、理财书、高等格致、算学，守口炮台海军阵法肄业，三年考取头等毕业。六年十月调派天津水师学堂洋文总教习，前后课导学生五百余人，派充海军将弁十四年九月，报捐同知双月选用十二月，因在水师学堂出力，经海军衙门保奏请免选本班以知府不论双单月选用奉。

懿旨依议。十五年二月奉委会办天津水师学堂事宜，十七年九月因办理海军出力，经前北洋大臣李鸿章保奏，请以道员遇缺前先选用，奉旨允准。十九年十一月委办天津水师学堂，二十二年七月委办俄文馆事务，二十四年六月委办洋务总局并会办水师营务处事宜，七月经少詹事王锡蕃保奏，奉旨北洋差委候选道，严复着荣禄饬令来京预备召见，遵即起程北上，现在到京。

---

* 本篇选自秦国经主编：《清代官员履历档案全编》，上海，华东师范大学出版社，1997。

附录三：杰出的受教育的中国人——严复小传*

孔天增①

Taot'ai Yen-Fuh（严复），the President of the Anhwei High School and perhaps the most brilliant of the group of Anglo-Chinese Scholars living，was born in the same district where the late Commissioner and Viceroy Lin Tse-Tsu（林则徐）was a native〔i. e. Hou-Kwan（侯官县）of the district in Foo-chow，Fuh-Kien.〕He received his education in Chinese in the Foo-chow Naval College and his English in England.

After a distinguished collegiate career he joined the Chinese Government and was in Tientsin for a considerable time holding an

---

* 这篇英文小传是由孔天增发表在《寰球中国学生报》上，内容为介绍一些受过西方教育能通外语的近代中国知识分子，严复是其中之一。文中叙述严复的教育背景、经历及以典雅的文字翻译多种西方名著而有名于时。本篇传记里也披露严复的字“又陵”与“几道”之英译名——Yulin Khedau。

① 孔天增，1879 年 6 月 17 日出生于麻六甲。先在新加坡的英华学校学习，后又到印度就读。他在新加坡莱佛士图书馆担任高级管理员多年，曾在林文庆的建议下，整理了莱佛士图书馆藏书中有关中国的书目。同时，他还担任了“海峡三杰”林文庆、宋旺相、伍连德创办的《海峡华人杂志》的重要撰稿人。1899 年他结识李登辉，受李登辉爱国思想的影响，加入了李氏成立以协助推动清朝帝国进步为主的“寰球中国学生会”。1910 年他前往中国。1912 年在上海担任李登辉主编的《共和辩护士报》（*Republican Advocate*）主笔。这是一份专谈时事评论的英文周刊。这份刊物虽然在上海出版，却发行到了南洋。1913 年，他到了北京，任《北京每日新闻》（*Peking Daily News*）的编辑。他还充任袁世凯的翻译员。1914 年他被委任为总统图书馆（The Presidential Library）馆长，但不幸于 1915 年因感染上天花病故，当时正在从事编写袁世凯的传记。资料来源：http://bbs. voc. com. cn/topic－5504537－1－1. html，读取时间：2014 年 4 月 15 日。

important educational position under Li Hung Chang. He, however, resigned the appointment and returned to Shanghai, where he began to translate those English books into Chinese which rendered his name famous in the world of sinologues. Some of the books are: Adam Smith's "*Wealth of Nations*," Herbert Spencer's "*Study of Sociology*", John Stuart Mills' "*A System of Logic.*" Besides translating, Mr. Yen-Fuh has found time to compile some books, nobably an English grammer (英文汉诂) explained in Chinese, published by the Commerical Press, Shanghai. His most popular work, which was the result of his first attempt at translating foreign books, was his able translation of Huxley's work on Evolution. This work of his, which at once introduced him to the front rank of the pure Chinese literati, made a profound impression upon them.

Since the publication of the above-mentioned work, he has been regarded as a writer both tasteful and powerful. Mr. Yen-Fuh was appointed President of the Auhwei High School this year.

But he is still busy with translation and it is our sanguine hope that befoere long European works on philosphy as well as novels from Bacon's, "*Novum Organum*" to Sir A. Conan Doyle's "*Memoirs of Sherlock Holmes*" will be rendered into Chinese and made available to the great mass of Chinese literati, whose thirst for knowledge is now so great. Mr. Yen-Fuh is now about 55 years of age; his cognomen is 又陵几道 Yulin Khedau, as he spells it.

严复年谱简编*

1854 年（清咸丰三年　癸丑）　一岁

1 月 8 日，先生出生于福州南台苍霞洲（现今台江）。福建侯官阳崎乡（今福州市）人。谱名传初。

1859 年（清咸丰九年　己未）　五岁

开始进入私塾读书。

1861 年（清咸丰十一年　辛酉）　七岁

童年时先后从师数人，于是年回阳崎乡下，随其五叔父严厚甫读书习字。

1862 年（清同治元年　壬戌）　八岁

仍从严厚甫读书。从其所学均为《大学》、《中庸》等传统课程。

1863 年（清同治二年　癸亥）　九岁

从阳崎乡下来省垣苍霞洲，进入家塾，师从父亲所聘之黄少岩（宗彝）。黄少岩为闽地宿儒，其为学汉宋并重。在黄少岩的带领下，先生开始识读经书。

1866（清同治五年　丙寅）　十二岁

是年，喜丧一事各发生在先生身上。

春天，先生与同邑王氏结婚。

8 月间，父亲则因抢救霍乱病人受感染不治逝世。

不久，全家便搬回阳崎乡下居住，家境十分贫穷。

同年冬天，同为侯官县人的沈葆桢创设“马尾船政学堂”（初名为求是堂艺局），始招考子弟入学堂习海军。当年，入学作文试题为“大

* 此整理资料依据严璩、王蘧常、孙应祥等编著的各版本年谱与皮后锋的《严复大传》等编辑整理。

孝终身慕父母论”，先生刚蒙丧父之痛，其文文情并茂，为沈葆桢赏识，遂以第一名录取。

1867（清同治六年　丁卯）　十三岁

先生入船政学堂，所习者为英文、算数、几何、代数、解析几何、割锥、平三角、弧三角、代积微、动静重学、水重学、电磁学、光学、音学、热学、化学、地质学、天文学、航海术，计五年而卒业。

1871（清同治十年　辛未）　十七岁

5月，先生以最优等的成绩毕业于船政学堂航行理论科。

旋与同学刘步蟾、林泰曾、何心川、叶祖珪等人登“建威号”练习船实习。

1874（清同治十三年　甲戌）　二十岁

12月16日，长子严璩生。

1877（清光绪三年　丁丑）　二十三岁

李鸿章、沈葆桢奏请选派船政学堂学生30人，分赴英法留学。

先生便随监督李凤苞，学生刘步蟾、林泰曾、萨镇冰等人赴英留学。此为中国第一批海军留学生。

于英国，先生与驻英大臣郭嵩焘“结为忘年交”。并于9月通过入学考试，进入格林威治海军学院，成为该校有史以来第一批外国留学生。

1879（清光绪五年　己卯）　二十五岁

7月，以优异成绩完成格林威治海军学院的学业，随即受电召回国。

8月，离英返国，结束留学生涯。回国后，船政大臣吴赞诚聘先生为船政学堂教员。

1880（清光绪六年　庚辰）　二十六岁

李鸿章奏设北洋水师学堂，并调前船政大臣吴赞诚主持筹办事宜。

8月底，李鸿章电召先生任北洋水师学堂洋文总教习，旋赴津报到。

1885（清光绪十一年　乙酉）　三十一岁

9月，先生首次赴闽应乡试，不第而归。此其后，于1888年、1889年、1893年应乡试，仍不第。

1893（清光绪十九年　癸巳）　三十九岁

是年，次子严瓛生。

1895（清光绪二十一年　乙未）　四十一岁

2月至5月，因受甲午战败刺激，先生接连发表《论世变之亟》、《原强》、《辟韩》、《救亡决论》等著名政论文于天津《直报》上，提出“鼓民力、开民智、新民德”的救国方策。

1896（清光绪二十二年　丙申）　四十二岁

约夏季，先生始译《天演论》，至10月15日完成初稿及序言。

7月，先生在天津创办俄文馆，并自任总办，亲自拟定课程，聘请教员，此俄文馆暂时是以“北洋水师学堂空房”为学生肄业之所。

10月，始译《原富》。

1897（清光绪二十三年　丁酉）　四十三岁

4月12日，所撰《辟韩》一文转载于《时务报》第23册，时任湖广总督张之洞见之谓为“洪水猛兽”，命屠守仁撰文反驳。

7月6日，三子严琥生。

10月26日，与王修植、夏曾佑创办《国闻报》（日报）于天津。形式模仿英国《泰晤士报》，在日报之后，以旬报继之。

12月8日，《国闻报》之旬刊《国闻汇编》刊载先生所译《斯宾塞尔劝学篇》于第一、三、四册，《天演论悬疏》则刊于第二、四、五、六册。

1898（清光绪二十四年　戊戌）　四十四岁

1月27日至2月4日，作《拟上皇帝书》，提出“联各国之欢”、“结百姓之心”、“破把持之局”三项建议。

6月8日，《天演论》慎始基斋样本校阅完毕，再经增订译例言后，旋于是月正式雕版刊行。

9月14日，蒙光绪帝召见于乾清宫。

1899（清光绪二十五年　己亥）　四十五岁

2月间，因所办之《国闻报》于戊戌政变后屡遭严劾，先生最终将之卖给日本人。

是年，译成穆勒（John Stuart Mill）的《自由释义》，后更名为《群己权界论》。而另译之《支那教案论》则由南洋公学译书院出版发行。

长女严璸生。

1900（清光绪二十六年　庚子）　四十六岁

7月26日，在上海参加唐才常于上海召开的“中国国会”，先生被选举为副会长。

7 月至 8 月间，在上海创建中国第一个“名学会”，担任会长，系统地讲述名学（逻辑学）。

10 月至 11 月间，受金粟斋译书局蒯光典请托，翻译穆勒的《穆勒名学》。

1901（清光绪二十七年　辛丑）　四十七岁

1 月至 2 月间，完成《原富》的译稿。

5 月上旬，应开平矿务局督办张翼之邀，北上就任开平矿务有限公司华部总办。

是年，次女严璆生。

1902（清光绪二十八年　壬寅）　四十八岁

3 月 4 日，应管学大臣张百熙之聘，出任京师大学堂译书局总办。

5 月，发表《与〈外交报〉主人书》，表示不赞成“文明排外”说，并驳斥“中体西用”论，提出系统式的教育方案以及“统新故而视其通，苞中外而计其全”的新文化观。

是年岁暮，翻译斯宾塞著之《群学肄言》完稿。

1903（清光绪二十九年　癸卯）　四十九岁

1 月，所译《穆勒名学》部甲，由南京金粟斋木刻出版。

5 月，所译《群学肄言》四册，由上海文明译书局出版。

7 月，应其弟子熊元锷之请，先生开始编写英文文法书，题为《英文汉诂》。

10 月，所译《群己权界论》，由上海商务印书局出版。

11 月，翻译甄克思（Edward Jenks）之《社会通诠》完稿。

1904（清光绪三十年　甲辰）　五十岁

2 月至 3 月间，辞去京师大学堂译书局总办一职，拟赴上海。所译《社会通诠》，由上海商务印书馆出版。

6 月至 7 月间，编写之《英文汉诂》，由上海商务印书馆出版。

是年，所译孟德斯鸠之《法意》前三册，由上海商务印书馆出版。

四子严璿生。

1905（清光绪三十一年　乙巳）　五十一岁

1 月 6 日，随张翼抵达伦敦，助其兴讼开平矿务一案。

在伦敦与孙文会面，先生对孙文云：“中国民品之劣、民智之卑，即有改革，害之除于甲者，将见于乙，泯于丙者，将发之于丁。为今之计，惟急从教育上著手，庶几逐渐更新乎！”孙文对之反驳：“君为思想家，鄙人乃实行家也。”（《侯官严先生年谱》）显示两人立场不同，会谈不得结果。

5月，返抵上海。夏时，应上海青年会之邀，讲演西方政治学，鼓吹君主立宪。其讲演内容，后辑成《政治讲义》一书。

8月，《法意》第四册由上海商务印书馆出版。

夏至秋时，担任复旦公学校董，制定《复旦公学章程》。

10月，被安徽巡抚聘为安庆高等学堂监督。

冬时，所译《穆勒名学》上半部（八册），由南京金粟斋木刻出版。

12月，《侯官严氏评点老子》由东京并木活版所印刷发行。

是年，三女严珑生。

1906（清光绪三十二年　丙午）　五十二岁

4月5日，由上海赴安庆担任安庆高等学堂监督。

6月，《寰球中国学生报》在上海创刊，先生与李登辉、唐介臣、曾子安共同担任主编，曾先后发表《述黑格儿惟心论》等文。

9月至10月间，《法意》第五册由上海商务印书馆出版。

12月17日，在安庆高等学堂演说《宪法大义》。

1907（清光绪三十三年　丁未）　五十三岁

5月，《民报》登载章太炎所撰《社会通诠商兑》一文，反驳先生于《社会通诠》一书之言。

1908（清光绪三十四年　戊申）　五十四岁

4月至5月间，辞去复旦公学校长职。

8月，由上海到天津，被聘为新政顾问官。

10月，《订正群学肄言》由上海商务印书馆出版。

1909（清宣统元年　己酉）　五十五岁

2月，所译耶芳斯（William Jevons）之《名学浅说》，由上海商务印书馆出版。

5月25日，被派为宪政编查馆二等谘议官，又被学部聘为审定名词馆总纂。

1910（清宣统二年　庚戌）　五十六岁

1月17日，朝旨赐先生文科进士出身。

5月9日，资政院成立，先生以硕学通儒征为议员。

是年，五子严玷生。

1911（清宣统三年　辛亥）　五十七岁

6 月 20 日，被派为中央教育会成员。

8 月 12 日，先生与张元济、杨度等联名发表《中国教育会章程草案》。

12 月 8 日，被袁世凯派为南下议和代表。先生“蓄辫言志，反对共和”。

1912（民国元年　壬子）　五十八岁

2 月，清宣统帝下诏逊位，袁世凯被选为临时大总统。先生被派为京师大学堂总监督，接管大学堂事务。

10 月 7 日，辞北京大学校长职务。

11 月 11 日，受聘为海军部编译处总纂，处理翻译外国海军图籍。

12 月，发表《论国民责望政府不宜过深》、《砭时》，声援袁世凯政府，对中国当时实行之共和制深表忧虑。

1913（民国二年　癸丑）　五十九岁

6 月，与梁启超、林纾等二百余人发起组织“孔教会”。又在中央教育会发表演说积极提倡读经。

10 月，国会被迫选举袁世凯为正式大总统，其上任后便下令解散国民党。

1914（民国三年　甲寅）　六十岁

1 月 10 日，翻译卫西琴（Alfred Westharp）的《中国教育议》一书，呈中国教育会。

5 月 26 日，被袁世凯任命为参政院参政。

1915（民国四年　乙卯）　六十一岁

4 月，与伍光建、马相伯编译《欧战缘起》，作为《居仁日览》的一部分，进呈袁世凯。

7 月 3 日，被参政院推举为中华民国宪法起草委员。

8 月 14 日，“筹安会”宣言发表，先生名与杨度、孙毓筠、刘师培、李燮和、胡瑛名列宣言中。

12 月，袁世凯宣布接受帝位。

1916（民国五年　丙辰）　六十二岁

3 月 22 日，袁世凯被迫宣布取消帝制，但仍为大总统。

3 月至 6 月袁世凯去世期间，先生与学生熊纯如的书信以及几首诗文透露出他对于辛亥革命、共和政府、袁世凯帝制等事的看法，表露出先生独特的稳健、改革的想法。

6月，黎元洪继任大总统，发表惩办帝制祸首令，杨度、孙毓筠等人列名其中，但先生不在名单内。此段时期，先生赴津寓居，避免灾祸。

8月24日，由天津回京居。

9月，批阅《庄子》。

12月，用英文撰写的 A Historical Account of Ancient Political Societies in China（中国古代政治结社小史）发表于英文杂志《中国社会与政治科学学报》（*The Chinese Social and Political Science Review*）第1卷第4期。

1917（民国六年　丁巳）　六十三岁

4月，手批《左传》。

5月，作《欧战感赋》一诗，感叹战争伤亡之重。

7月，张勋拥立废帝溥仪复辟，以失败告终。这段期间，先生与熊纯如书信论“复辟”一事，表露出赞同此事得解国事当局之难，但时机尚未成熟之意。

12月，张元济函请先生续译《穆勒名学》。先生气喘发作，入北京东交民巷法国医院诊治。

1918（民国七年　戊午）　六十四岁

1月，复书上海灵学会会长俞复，讨论灵学知识。

2月23日，致侯疑始书，为讨论灵学问题。

7月间，与熊纯如讨论欧战相关问题。

7月间，三子严琥由陈宝琛做媒，与其台湾甥女林慕兰订婚。

8月14日，长女瑸与熊正瑾订婚。

11月4日，陪严琥回闽完婚。

12月9日，回到故乡阳崎。

是年，先生原欲续译《穆勒名学》，最终却无法完成。

1919（民国八年　己未）　六十五岁

6月6日，入上海红十字医院治病，至8月9日方得出院。

期间曾复熊纯如书，讨论五四运动，并对白话文运动提出反对意见。另，先生四子严璿在唐山工业学校参与五四运动，捐款五元支持被捕学生，先生闻讯去信斥责其之所为。

11月6日，被徐世昌任命为总统府顾问（时徐世昌为总统）。

12 月 15 日，入协和医院治疗。月底得出院，迁入东城大阮府胡同新寓，先生号为“瘉壄草堂”。

1920（民国九年　庚申）　六十六岁

2 月 20 日，长孙严以侨诞生于福州，题诗《元旦觐祖生》四首。

10 月 19 日，离京返闽，于 30 日定居于福州城内郎官巷住宅。

1921（民国十年　辛酉）　六十七岁

10 月 3 日，先生自觉病重，手书遗嘱，中云：（一）中国不灭，旧法可损益，必不可叛；（二）新知无尽，真理无穷，人生一世，宜励业益知；（三）两害相权：己轻，群重。

10 月 23 日，于福州郎官巷寓所逝世。

12 月 20 日，与原配王氏合葬于阳崎鳌头山。

中国近代思想家文库

方东树、唐鉴卷	黄爱平、吴杰　编
包世臣卷	刘平、郑大华　主编
林则徐卷	杨国桢　编
姚莹卷	施立业　编
龚自珍卷	樊克政　编
魏源卷	夏剑钦　编
冯桂芬卷	熊月之　编
曾国藩卷	董丛林　编
左宗棠卷	杨东梁　编
洪秀全、洪仁玕卷	夏春涛　编
郭嵩焘卷	熊月之　编
王韬卷	海青　编
张之洞卷	吴剑杰　编
薛福成卷	马忠文、任青　编
经元善卷	朱浒　编
沈家本卷	李欣荣　编
马相伯卷	李天纲　编
王先谦、叶德辉卷	王维江、李骛哲、黄田　编
郑观应卷	任智勇、戴圆　编
马建忠、邵作舟、陈虬卷	薛玉琴、徐子超、陆烨　编
黄遵宪卷	陈铮　编
皮锡瑞卷	吴仰湘　编
廖平卷	蒙默、蒙怀敬　编
严复卷	黄克武　编
夏震武卷	王波　编
陈炽卷	张登德　编
汤寿潜卷	汪林茂　编
宰鸿铭卷	黄兴涛　编

康有为卷　张荣华　编
宋育仁卷　王东杰、陈阳　编
汪康年卷　汪林茂　编
宋恕卷　邱涛　编
夏曾佑卷　杨琥　编
谭嗣同卷　汤仁泽　编
吴稚晖卷　金以林、马思宇　编
孙中山卷　张磊、张苹　编
蔡元培卷　欧阳哲生　编
章太炎卷　姜义华　编
金天翮、吕碧城、秋瑾、何震卷　夏晓虹　编
杨毓麟、陈天华、邹容卷　严昌洪、何广　编
梁启超卷　汤志钧　编
杜亚泉卷　周月峰　编
张尔田、柳诒徵卷　孙文阁、张笑川　编
杨度卷　左玉河　编
王国维卷　彭林　编
黄炎培卷　余子侠　编
胡汉民卷　陈红民、方勇　编
陈撄宁卷　郭武　编
章士钊卷　郭双林　编
宋教仁卷　郭汉民、暴宏博　编
蒋百里、杨杰卷　皮明勇、侯昂好　编
江亢虎卷　汪佩伟　编
马一浮卷　吴光　编
师复卷　唐仕春　编
刘师培卷　李帆　编
朱执信卷　谷小水　编
高一涵卷　郭双林、高波　编
熊十力卷　郭齐勇　编
任鸿隽卷　樊洪业、潘涛、王勇忠　编
蒋梦麟卷　左玉河　编
张东荪卷　左玉河　编

丁文江卷　　宋广波　编
钱玄同卷　　张荣华　编
张君劢卷　　翁贺凯　编
赵紫宸卷　　赵晓阳　编
李大钊卷　　杨琥　编
李达卷　　宋俭、宋镜明　编
张慰慈卷　　李源　编
晏阳初卷　　宋恩荣　编
陶行知卷　　余子侠　编
戴季陶卷　　桑兵、朱凤林　编
胡适卷　　耿云志　编
郭沫若卷　　谢保成、魏红珊、潘素龙　编
卢作孚卷　　王果　编
汤用彤卷　　汤一介、赵建永　编
吴耀宗卷　　赵晓阳　编
顾颉刚卷　　顾潮　编
张申府卷　　雷颐　编
梁漱溟卷　　梁培宽、王宗昱　编
恽代英卷　　刘辉　编
金岳霖卷　　王中江　编
冯友兰卷　　李中华　编
傅斯年卷　　欧阳哲生　编
罗家伦卷　　张晓京　编
萧公权卷　　张允起　编
常乃悳卷　　查晓英　编
余家菊卷　　余子侠、郑刚　编
瞿秋白卷　　陈铁健　编
潘光旦卷　　吕文浩　编
朱谦之卷　　黄夏年　编
陶希圣卷　　陈峰　编
钱端升卷　　孙宏云　编
王亚南卷　　夏明方、杨双利　编
黄文山卷　　赵立彬　编

雷海宗、林同济卷	江沛、刘忠良　编
贺麟卷	高全喜　编
陈序经卷	田彤　编
徐复观卷	干春松　编
巨赞卷	黄夏年　编
唐君毅卷	单波　编
牟宗三卷	王兴国　编
费孝通卷	吕文浩　编

图书在版编目（CIP）数据

中国近代思想家文库．严复卷/黄克武编．—北京：中国人民大学出版社，2014.10

ISBN 978-7-300-19948-1

Ⅰ．①中… Ⅱ．①黄… Ⅲ．①思想史-研究-中国-近代②严复（1854～1921）-思想评论 Ⅳ．①B250.5

中国版本图书馆 CIP 数据核字（2014）第 202919 号

中国近代思想家文库
严复卷
黄克武　编
Yanfu Juan

出版发行	中国人民大学出版社		
社　　址	北京中关村大街 31 号	**邮政编码**	100080
电　　话	010－62511242（总编室）		010－62511770（质管部）
	010－82501766（邮购部）		010－62514148（门市部）
	010－62515195（发行公司）		010－62515275（盗版举报）
网　　址	http://www.crup.com.cn		
经　　销	新华书店		
印　　刷	涿州市星河印刷有限公司		
开　　本	720 mm×1000 mm　1/16	**版　　次**	2014 年 11 月第 1 版
印　　张	33.5 插页 1	**印　　次**	2024 年 7 月第 3 次印刷
字　　数	530 000	**定　　价**	115.00 元